백발백중
2025

추천
도서
전국컴퓨터
교육협의회

추천 도서와 무료 동영상 강의 교재 로고 수록

컴퓨터그래픽 기능사 실기

윤한정, 김지숙 지음

IT연구회

해당 분야의 IT 전문 컴퓨터학원과 전문가 선생님들이 최선의 책을 출간하고자 만든 집필/감수 전문연구회로서, 수년간의 강의 경험과 노하우를 수험생 여러분에게 전달하고자 최선을 다하고 있습니다. IT연구회에 참여를 원하시는 선생님이나 교육기관은 ccd770@hanmail.net으로 언제든지 연락주십시오. 좋은 교재를 만들기 위해 많은 선생님들의 참여를 부탁드립니다.

권경철_IT 전문강사	김경화_IT 전문강사	김선숙_IT 전문강사
김수현_IT 전문강사	김 숙_IT 전문강사	김시령_IT 전문강사
김현숙_IT 전문강사	남궁명주_IT 전문강사	노란주_IT 전문강사
류은순_IT 전문강사	민지희_IT 전문강사	문경순_IT 전문강사
박봉기_IT 전문강사	박상휘_IT 전문강사	박은주_IT 전문강사
문현철_IT 전문강사	백천식_IT 전문강사	변진숙_IT 전문강사
송기웅_IT 및 SW전문강사	송희원_IT 전문강사	신동수_IT 전문강사
신영진_신영진컴퓨터학원장	윤정아_IT 전문강사	이강용_IT 전문강사
이은미_IT 및 SW전문강사	이천직_IT 전문강사	임선자_IT 전문강사
장명희_IT 전문강사	장은경_ITQ 전문강사	장은주_IT 전문강사
전미정_IT 전문강사	조영식_IT 전문강사	조완희_IT 전문강사
조정례_IT 전문강사	차영란_IT 전문강사	최갑인_IT 전문강사
최은영_IT 전문강사	황선애_IT 전문강사	김건석_교육공학박사
김미애_강릉컴퓨터교육학원장	은일신_충주열린학교 IT 전문강사	양은숙_경남도립남해대학 IT 전문강사
엄영숙_권선구청 IT 전문강사	옥향미_인천여성의광장 IT 전문강사	이은직_인천대학교 IT 전문강사
조은숙_동안여성회관 IT 전문강사	최윤석_용인직업전문교육원장	홍효미_다산직업전문학교

BM (주)도서출판 성안당

■ 도서 A/S 안내

성안당에서 발행하는 모든 도서는 저자와 출판사, 그리고 독자가 함께 만들어 나갑니다.

좋은 책을 펴내기 위해 많은 노력을 기울이고 있습니다. 혹시라도 내용상의 오류나 오탈자 등이 발견되면 "좋은 책은 나라의 보배"로서 우리 모두가 함께 만들어 간다는 마음으로 연락주시기 바랍니다. 수정 보완하여 더 나은 책이 되도록 최선을 다하겠습니다.

성안당은 늘 독자 여러분들의 소중한 의견을 기다리고 있습니다. 좋은 의견을 보내주시는 분께는 성안당 쇼핑몰의 포인트(3,000포인트)를 적립해 드립니다.

잘못 만들어진 책이나 부록 등이 파손된 경우에는 교환해 드립니다.

저자 문의 e-mail : sisa4u@naver.com

본서 기획자 e-mail : coh@cyber.co.kr (최옥현)

홈페이지 : http://www.cyber.co.kr   전화 : 031) 950-6300

Preface

1. 무료 동영상 강의로 마스터

Part 4 기출유형 모의고사와 Part 5 기출복원문제 4회에 무료 동영상 강의를 제공하여 책으로만 따라하기 힘들 거나 이해하기 어려운 부분을 언제 어디서든 볼 수 있도록 하여 쉽고 확실하게 시험에 대비할 수 있도록 하였습니다.(스마트폰으로 학습 가능)

2. 디자인 문제지(시험 문제지)로 실기시험 완벽 대비

본 책만의 아주 특별한 부록으로 실제 시험장에서 나눠주는 시험지처럼 시험 문제지에 그리드를 그리고, 작업을 할 수 있도록 시험 문제지를 별도로 수록하였습니다(PDF 제공).

3. 수험자들의 궁금증을 해결할 수 있는 FAQ

응시자들이 시험을 치르면서 자주하는 질문들을 FAQ 형식으로 시험에 관한 사항, 작업 기본 사항, 프로그램에 관한 사항, 출력에 관한 사항으로 나누어 누구나 작업 시 경험할 수 있는 사항을 미리 다루어 상황대처를 할 수 있도록 하였습니다.

4. 프로그램 핵심기능으로 기본기 다지기

Illustrator, Photoshop, Indesign 프로그램에서 기본적인 툴 박스나 반복 출제되는 기능을 중점적으로 다루어 기본 점수를 놓치지 않도록 하였으며, 프로그램별 핵심 메뉴에 대하여 '따라하기' 항목에 실제 활용사례를 다루어 이해에 도움을 줄 수 있도록 하였습니다.

5. 초보자도 이해하기 쉬운 기출문제 따라하기

이 부분에서는 시험장에 입실해 문제지를 받고 처음 시작하는 과정부터 시험을 마무리하는 과정까지 실제 기출 문제를 자세한 해설과 함께 수록하였습니다.

6. 기출유형 모의고사와 기출복원문제로 실전대비

자주 출제되는 기능 위주로 모의고사를 수록(해설은 무료 동영상 강의와 PDF 파일로 제공)하였으며, 최신 기출 문제를 수록하여 출제 유형과 기능을 익힐 수 있도록 하였습니다.

컴퓨터그래픽기능사 필기를 합격하고 실기를 준비하며 그래픽디자인 및 디자인 쪽 분야 진로를 계획하는 수험생 여러분.

본서는 컴퓨터그래픽기능사 실기 합격을 목표로 개정된 시험기준에 맞추어 실무에서 요구하는 프로그램 활용이 제시되어 있는 수험서입니다. 다년간 강의를 하며 축적해 온 프로그램 활용의 노하우와 실기시험에 반복 출제 되는 기능과 새롭게 반영된 문제 유형을 분석하여 컴퓨터그래픽기능사 실기 시험을 처음 대비하는 초보자와 실 무자 모두 쉽게 따라 할 수 있도록 책을 구성하였으니, 처음부터 차근차근 따라하고 학습한다면 자신있게 시험 에 도전하여 합격의 문턱을 넘을 수 있습니다.

열정을 가지고 최선을 다해 도전하는 수험생 여러분을 응원합니다.

저자 윤한정, 김지숙

자료 다운로드

❶ 성안당 도서몰 사이트(www.cyber.co.kr)에서 로그인(아이디/비밀번호 입력)한 후 **[자료실]**을 클릭합니다.

❷ 검색 란에 『**컴퓨터그래픽기능사**』를 입력하고 [검색] 단추를 클릭한 후 해당 도서명(2025 백발백중 컴퓨터그래픽기능사 실기)을 클릭합니다.

• '2025 백발백중 컴퓨터그래픽기능사 실기'에는 작업에 필요한 파일과 정답 파일 및 무료 동영상 강의 URL을 제공합니다.

❸ '315-8669.zip' 압축 파일을 클릭하여 다운로드한 후 반드시 압축을 해제하고 사용합니다.

2025 백발백중 컴퓨터그래픽기능사 실기 도서의 학습자료입니다.

- 무료 동영상 강의(4파트 1회~5회 기출유형모의고사/5파트 4회 기출복원문제 유튜브 URL 제공)
- 소스/정답 파일
- 4파트 기출유형 모의고사 해설(PDF 제공)
- 6파트 디자인 문제지(PDF 제공)

학습에 도움이 되시길 바랍니다.

※무료 동영상 강의는 "백발백중 컴퓨터그래픽기능사 실기-무료동영상강의" 제목을 검색하여 다운로드할 수 있습니다(용량이 커서 별도로 업로드했습니다).

이 책의 특징

FAQ

시험과 관련하여 수험생들이 궁금해하는 모든 내용을 해결해 드립니다.

무료 동영상 강의

PART 4 기출유형 모의고사 1회~5회, PART 5 기출복원문제 4회 문제에 저자 직강 무료 동영상 강의를 제공합니다([자료실]에서 유튜브 URL 제공) (스마트폰으로 학습 가능).

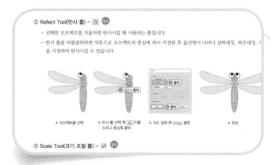

아주 중요해요

PART 2 프로그램 핵심기능에서 시험에 자주 출제되는 중요 기능에만 별도로 중요 표시를 하였으니 해당 기능을 꼭 숙지하세요.

TIP

본문의 내용 중 알아두면 좋을 내용을 보충 설명하였습니다.

기출문제 따라하기

대표적인 기출문제를 엄선하여 시험의 시작부터 마무리까지 자세한 해설과 함께 수록하였습니다.

기출유형 모의고사

단계별로 문제 해결 능력을 높일 수 있도록 자세한 해설과 함께 수록하였습니다(해설은 PDF 파일과 무료 동영상 강의로 제공).

기출복원문제

최신 기출문제를 수록하여 시험에 대해 전반적인 출제 경향을 이해할 수 있도록 하였습니다.

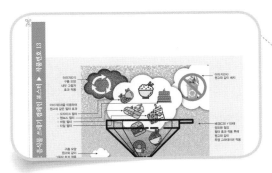

디자인 문제지

실제 시험장에서처럼 시험 문제지에 그리드를 그리고 작업할 수 있도록 시험 문제지를 별도로 제공합니다 (PDF 파일로 제공).

시험안내

1 응시자격

응시자격에 제한이 없으며 누구나 응시 가능합니다.

2 수험원서 접수

- 원서접수 홈페이지 : www.q-n et.or.kr
- 정기검정 및 상시검정 모두 인터넷 접수만 가능

3 인터넷 접수(개인 접수)

❶ 홈페이지(www.q-net.or.kr) 접속
- 접속 후 로그인하여 원서 접수
- 비회원의 경우 회원 가입 후 로그인(필히 사진등록)

❷ 원서 접수

- 응시 지역 및 장소 선택(지역에 상관없이 원하는 시험장 선택 가능)
- 카드 결제 또는 계좌이체를 통해 수수료 납부
- '선택분야'에서 '매킨토시'나 'IBM 호환용' 중에 선택

❸ 수검표 출력
- 화면상에 조회된 내역과 자신의 기재사항을 확인 후 출력 버튼을 클릭하여 수검표 출력
- 프린트 선택하여 인쇄

④ 합격 기준

	과목(작업내용)	응시형태 및 시험시간	합격기준
필기시험	1. 시각디자인 일반 2. 컴퓨터 그래픽	객관식 4지 택일형 60문항(60분)	100점 만점에 60점 이상
실기시험	일러스트레이터, 포토샵, 인디자인(페이지메이커, 쿼크 익스프레스)을 사용하여 작업	컴퓨터그래픽 운용 실무 (3시간 내외)	100점 만점에 60점 이상

⑤ 합격자 발표

http://www.q-net.or.kr

⑥ 수험자 유의 사항(작업형 실기시험)

- 수험자는 시험위원의 지시에 따라야 하며, 시험실 출입 시 부정한 물품 소지 여부 확인을 위해 시험위원의 검사를 받아야 합니다.
- 시험시간 중 전자 · 통신기기를 비롯한 불허 물품 소지가 적발되는 경우 퇴실 조치 및 당해 시험은 무효 처리됩니다.
- 수험자는 시험 종료 후 문제지와 작품(답안지)을 시험위원에게 제출하여야 합니다(단, 문제지 제공 지정 종목은 시험 종료 후 문제지를 회수하지 아니함).
- 수험자는 시험 중 안전에 특히 유의하여야 하며, 시험장에서 소란을 피우거나 타인의 시험을 방해하는 자는 질서유지를 위해 시험을 중지시키고 시험장에서 퇴장시킵니다.

국가직무능력표준(NCS)

1 국가직무능력표준(NCS)이란?

> 국가직무능력표준(NCS, National Competency Standards)은 산업현장에서 직무를 수행하기 위해 요구되는 지식 · 기술 · 태도 등의 내용을 국가가 산업부문별, 수준별로 체계화한 것이다.

(1) 국가직무능력표준(NCS) 개념도

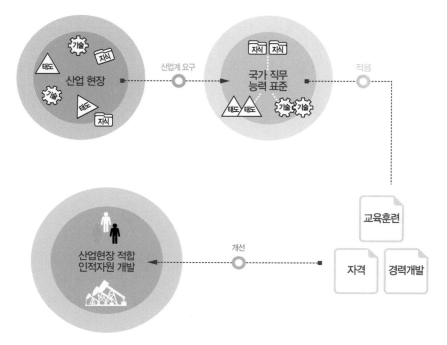

직무능력 : 일을 할 수 있는 On-spec인 능력
① 직업인으로서 기본적으로 갖추어야 할 공통 능력 → 직업기초능력
② 해당 직무를 수행하는 데 필요한 역량(지식, 기술, 태도) → 직무수행능력

보다 효율적이고 현실적인 대안 마련
① 실무중심의 교육 · 훈련 과정 개편
② 국가자격의 종목 신설 및 재설계
③ 산업현장 직무에 맞게 자격시험 전면 개편
④ NCS 채용을 통한 기업의 능력중심 인사관리 및 근로자의 평생경력 개발 관리 지원

(2) 국가직무능력표준(NCS) 학습모듈

국가직무능력표준(NCS)이 현장의 '직무 요구서'라고 한다면, NCS 학습모듈은 NCS 능력단위를 교육훈련에서 학습할 수 있도록 구성한 '교수 · 학습 자료'이다.

NCS 학습모듈은 구체적 직무를 학습할 수 있도록 이론 및 실습과 관련된 내용을 상세하게 제시하고 있다.

② 국가직무능력표준(NCS)이 왜 필요한가?

능력 있는 인재를 개발해 핵심 인프라를 구축하고, 나아가 국가경쟁력을 향상시키기 위해 국가직무능력표준이 필요하다.

(1) 국가직무능력표준(NCS) 적용 전/후

🔍 지금은,

- 직업 교육·훈련 및 자격제도가 산업현장과 불일치
- 인적자원의 비효율적 관리 운용

국가직무 능력표준 →

🔍 바뀝니다.

- 각각 따로 운영되었던 교육·훈련, 국가직무능력표준 중심 시스템으로 전환 (일-교육·훈련-자격 연계)
- 산업현장 직무 중심의 인적자원 개발
- 능력중심사회 구현을 위한 핵심 인프라 구축
- 고용과 평생 직업능력개발 연계를 통한 국가경쟁력 향상

(2) 국가직무능력표준(NCS) 활용범위

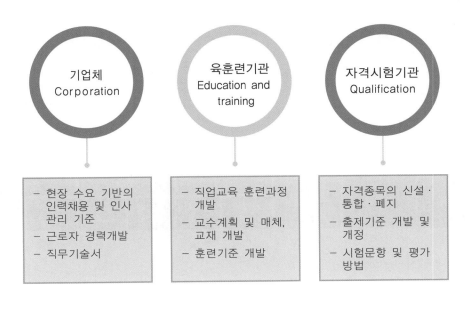

기업체 Corporation	육훈련기관 Education and training	자격시험기관 Qualification
- 현장 수요 기반의 인력채용 및 인사 관리 기준 - 근로자 경력개발 - 직무기술서	- 직업교육 훈련과정 개발 - 교수계획 및 매체, 교재 개발 - 훈련기준 개발	- 자격종목의 신설·통합·폐지 - 출제기준 개발 및 개정 - 시험문항 및 평가 방법

국가직무능력표준(NCS)

(1) NCS '시각디자인' 직무 정의

시각디자인은 시각정보 전달을 목적으로 콘셉트에 맞는 아이디어를 발상하여 디자인 요소를 시각화하고 매체별 다양한 제작 기법을 활용하여 창의적으로 표현하는 일이다.

① '시각디자인' NCS 분류

대분류	중분류	소분류	세분류
08.문화 · 예술 · 디자인 · 방송	02.디자인	02.디자인	01.시각디자인

② 환경분석(노동시장 분석)

● 산업현장 직무능력수준

직능수준＼세분류	시각디자인	제품디자인	환경디자인	디지털디자인
7(직무 경험: 20년 이상)	총괄디렉터	총괄디렉터	총괄디렉터	총괄디렉터
6(직무 경험: 15~18년)	아트디렉터	수석디자이너	수석디자이너	수석디자이너
5(직무 경험: 11~14년)	아트디렉터	책임디자이너	책임디자이너	책임디자이너
4(직무 경험: 7~10년)	선임디자이너	선임디자이너	선임디자이너	선임디자이너
3(직무 경험: 4~6년)	주임디자이너	주임디자이너	주임디자이너	주임디자이너
2(직무 경험: 1~3년)	디자이너	디자이너	디자이너	디자이너

● 사업체 및 종사자 수

소분류	세분류	관련업종	'19년		'20년		'21년	
			사업체 수(개)	종사자 수(명)	사업체 수(개)	종사자 수(명)	사업체 수(개)	종사자 수(명)
01. 디자인	01. 시각디자인	시각디자인업	2,627	9,228	10,015	19,329	10,722	19,634

[출처] 국가통계포털(http://kosis.kr)

● 직업정보

소분류	01. 디자인			
세분류	01. 시각디자인, 02. 제품디자인, 03. 환경디자인, 04. 디지털디자인, 05. 텍스타일디자인, 06. 서비스경험디자인, 07. 실내디자인, 08. 색채디자인, 09. 전시디자인, 10. 3D프린팅디자인, 11. 패키지디자인, 12. VR콘텐츠디자인			
직업명	시각디자이너	제품디자이너	실내장식 디자이너	미디어 콘텐츠 디자이너
세분류	01,03,06,08	02,11	03,07	04,12
종사자 수	64,851	46,601	41,284	67,461
종사현황 연령	30대(34.1%)	30대(35.5%)	40대(27.7%)	30대(39.9%)
종사현황 임금	평균: 3,500만원	평균: 3,800만원	평균: 3,867만원	–
종사현황 학력	평균: 대졸(80%)	평균: 대졸(80%)	평균: 대졸(83%)	–
관련자격	시각디자인산업기사, 시각디자인기사, 컴퓨터그래픽기능사	제품디자인산업기사, 기사, 기술사	시각디자인산업기사, 기사, 실내건축산업기사, 기사, 기능사, 전산응용건축제도기능사	웹디자인기능사, 컴퓨터그래픽기능사

[출처] 워크넷(http://www.work.go.kr), MDIS 마이크로데이터 통합서비스 지역별 고용 조사

③ NCS 능력단위별 능력단위요소

능력단위	수준	능력단위요소	분류번호
프레젠테이션	5	프레젠테이션 기획하기 프레젠테이션 제작하기 프레젠테이션하기	0802010106_20v3
디자인 제작 관리	5	디자인 파일 작업하기 샘플 확인하기 발주·감리하기	0802010108_20v2
디자인 자료화	4	프로젝트 결과보고서 정리하기 데이터베이스 관리하기 지식재산권 확보하기	0802010109_20v3
시각디자인 프로젝트 기획	6	프로젝트 파악하기 프로젝트 제안하기 프로젝트 계약하기	0802010111_20v3

국가직무능력표준(NCS)

시각디자인 리서치 조사	4	시장 환경 조사하기 디자인트렌드 조사하기 사용자 조사하기	0802010112_20v4
시각디자인 리서치 분석	4	시장 환경 분석하기 디자인트렌드 분석하기 사용자 분석하기	0802010113_20v4
시각디자인 전략 수립	6	포지셔닝 전략 분석하기 디자인 콘셉트 설정하기 크리에이티브 전략 수립하기	0802010114_20v4
비주얼 아이데이션 구상	3	아이디어 구상하기 아이디어 스케치 구상하기 비주얼 방향 구상하기	0802010116_20v4
비주얼 아이데이션 전개	4	아이디어 전개하기 아이디어 스케치 전개하기 비주얼 방향 전개하기	0802010117_20v4
비주얼 아이데이션 적용	5	아이디어 적용하기 아이디어 스케치 적용하기 비주얼 방향 적용하기	0802010118_20v4
시안 디자인 개발 기초	3	시안 개발계획 수립하기 아트웍하기 베리에이션하기	0802010119_20v3
시안 디자인 개발 응용	4	시안 개발 응용하기 아트워크 응용화하기 베리에이션 좁히기	0802010120_20v3
시안 디자인 개발 심화	5	시안 개발 확장하기 아트워크 고도화하기 베리에이션 완료하기	0802010121_20v3
최종 디자인 실행	5	디자인 준비하기 최종 디자인 개발하기 디자인 적용하기	0802010122_20v4
디자인 개발 완료	5	디자인 보완하기 최종 디자인 완성하기 애플리케이션 디자인 완성하기	0802010123_20v4

※ https://ncs.go.kr NCS활용 〉 NCS통합검색 〉 NCS 및 학습모듈검색 시각디자인 세분류 검색 결과 참고

PART 1 꼭 알아야 할 FAQ

PART 2 프로그램 핵심기능

일러스트레이터 작업 CS6

포토샵 CS6

인디자인 CS6

PART 4 기출유형 모의고사 (해설은 무료 동영상 강의와 PDF 파일로 제공)

※ 기출유형 모의고사 해설은 무료 동영상 강의와 PDF 파일로 제공합니다([자료실]에서 다운로드).

PART 5 | 기출복원문제(2016년 1회/2017년 4회/2018년 1회 기출복원문제와 해설은 PDF로 제공)

1회 기출복원문제(2018년 2회) | **역사기록전시회 포스터**

일러스트레이터 작업

2회 기출복원문제(2018년 4회) | **울산고래축제 포스터**

일러스트레이터 작업

3회 기출복원문제(2019년) | **그린피스 환경 포스터**

일러스트레이터 작업

7회 기출복원문제(2024년) | 음식물 쓰레기 캠페인 포스터

PART 6 디자인 문제지 (PDF 파일로 제공)

PART 1

수험생들이 시험 시 자주 묻는 질문이나 기본적으로 지켜야 하는 내용을 작업 과정별로 상세히 설명해 놓았습니다. 기본적으로 지켜야 하는 내용은 합격을 좌우할 수 있으니 시험 전에 꼭 숙지하시기 바랍니다.

꼭 알아야 할 FAQ

01 시험에 관한 사항

02 작업 진행 시 기본 사항

03 프로그램에 관한 사항

04 출력에 관한 사항

05 그리드 그리기

06 저장 및 출력하기

FAQ

01 ▶ 시험에 관한 사항

Q1 컴퓨터그래픽기능사 자격증에 대해 알고 싶어요.

1 컴퓨터그래픽기능사 검정 방법과 시험 시간

작업형으로 3시간 동안 진행

2 컴퓨터그래픽기능사 직무내용

디자인에 관한 기초지식을 가지고 컴퓨터그래픽 2D 프로그램을 활용하여 광고, 편집, 포스터 디자인 등의 시각 디자인 관련 그래픽디자인 작업을 하는 직무이다.

3 컴퓨터그래픽기능사 출제 기준

시험에서 요구하는 수행 준거는 다음과 같습니다.

1. 프로젝트의 디자인 콘셉트에 대한 다양한 생각들을 도출하고 표현할 수 있다.
2. 프로젝트의 디자인 콘셉트를 시각적으로 표현하고 전개할 수 있다.
3. 프로젝트의 디자인 콘셉트를 구체화하여 시각적으로 표현하고 적용할 수 있다.
4. 각종 디자인 작업 도구 및 컴퓨터 프로그램을 사용하여 프로젝트의 콘셉트에 맞는 여러 가지 디자인 시안을 제안하고 제작할 수 있다.
5. 각종 디자인 작업 도구 및 컴퓨터 프로그램을 사용하여 프로젝트의 콘셉트에 맞는 여러 가지 디자인 시안을 응용하여 제작할 수 있다.

실기 과목명	주요항목	세부항목
컴퓨터그래픽운용 실무	1. 비주얼 아이데이션 구상	1. 아이디어 구상하기 2. 아이디어 스케치 구상하기 3. 비주얼 방향 구상하기
	2. 비주얼 아이데이션 전개	1. 아이디어 전개하기 2. 아이디어 스케치 전개하기 3. 비주얼 방향 전개하기
	3. 비주얼 아이데이션 적용	1. 아이디어 적용하기 2. 아이디어 스케치 적용하기 3. 비주얼 방향 적용하기

컴퓨터그래픽운용 실무	4. 시안 디자인 개발 기초	1. 시안 개발계획 수립하기 2. 아트워크하기 3. 베리에이션하기
	5. 시안 디자인 개발 응용	1. 시안 개발 응용하기 2. 아트워크 응용하기 3. 베리에이션 좁히기

4 컴퓨터그래픽기능사 채점 제외 대상

① 기권

- 수험자 본인이 수험 도중 시험에 대한 포기 의사를 표시하고 포기하는 경우

② 실격

- 10Mb 작업범위(용량)를 초과한 경우
- 요구사항과 현격히 다른 경우(채점위원이 판단)

③ 미완성

- 제한시간을 초과한 경우
- 미완성 부분(80% 미만 표현)이 있는 경우(채점위원이 판단)
- 최종작업을 편집프로그램으로 하지 않았거나, 수험자 미숙으로 출력을 못하였을 경우

5 컴퓨터그래픽기능사 실기 주요 채점 항목

① 응용프로그램의 활용능력 및 최종 편집 프로그램 사용

② 색채, 그림요소의 표현

③ 그림 및 문자요소의 레이아웃

④ 타이포그래피(서체 특성 및 크기, 자간 및 행간의 정확도, 오타 등)

⑤ 원고 규격, 재단선의 적합성, 디자인 원고의 배치 등

Q2 실기시험 날짜와 장소를 정할 수 있나요?

네, 가능합니다. 실기시험 접수과정에서 날짜와 장소가 나열되어 있어 수검자가 원하는 날짜와 장소를 선택할 수 있습니다. 시험장의 좌석 수에 대한 제한으로 미리 접수를 해야 수검자가 원하는 장소와 날짜를 선택할 수 있습니다.

실기시험을 보러 갈 때 무엇을 준비해 가야 하나요?

수험자 지참 준비물				
재료명	규격	단위	수량	용도
연필	문구용	개	1	디자인 원고에 표기용
수성사인펜	문구용	개	1	빨강펜-그리드 그리는 용도, 검정펜-수험번호와 이름 기재용
가위	문구용	개	1	양면테이프 절단용
눈금자	30cm	개	1	디자인 원고 그리드 작업용
양면테이프	임의	롤	1	출력된 A4 인쇄물을 A3 용지에 마운팅(부착)

※ 참고사항

① 검정장 시설

컴퓨터	Intel® Core TM i3 이상	
	IBM	MAC
소프트웨어	• lllustrator CS2 이상 • Photoshop CS2 이상 • InDesign CS2 이상	• lllustrator CS2 이상 • Photoshop CS2 이상 • InDesign CS2 이상

▶ 시험장 기본시설 이외의 동등한 소프트웨어, 폰트 등(정품에 한함)을 사용하고자 할 경우 수험자가 지참하여 시험 시작 전 감독위원의 입회하에 설치할 수 있습니다.

▶ 동등한 소프트웨어를 설치할 수는 있으나, 그 외 무료 폰트, 프리웨어 소프트웨어(플러그인 포함)는 설치할 수 없습니다.

▶ 시험장은 인터넷이 차단되어, 웹사이트 접속 및 클라우드 서버 접속 방식의 프로그램은 설치할 수 없습니다(반드시 정품 라이선스 지참).

▶ 수험자가 지참한 펜마우스, 그래픽 태블릿, 디지타이저, 스캐너 등 입력장치는 사용할 수 없습니다.

▶ 지참 준비물 이외의 참고 자료 및 저장매체 등 어떠한 물품이라도 시험 중 지참할 수 없으며, 위반 시는 실격, 활용 시에는 부정행위자로 처리합니다.

Q4 실기시험장에서 수험생들에게 제공하는 것들은 무엇이 있나요?

시험지시서	실기시험 요구사항, 유의사항 등이 기재되어 있는 A4 인쇄물
디자인 원고	작업 완성물과 각 항목별 지시사항이 기재되어 있는 A3 인쇄물
참고자료(이미지)	해당 시험에 사용하는 참고 이미지 폴더 제공
A4 출력 용지	1인당 1~2장을 뽑을 수 있는 A4 프린트 전용지(프린터기에 내장)
A3 마운팅 용지	A4로 출력된 편집 결과물을 마운팅(부착)할 수 있는 A3 용지

Q5 필기시험 합격 후 실기시험은 언제까지 볼 수 있나요?

필기시험 합격일 기준으로 2년간 필기를 면제 받고 실기만 볼 수 있습니다.

예 2023년 2월 9일에 필기를 합격하셨다면 2025년 2월 9일까지 접수할 수 있습니다. 시험 시행일이 3월이라도 접수만 2월 9일 안에 이루어지면 응시할 수 있습니다.

Q6 실기시험에서 실격 처리되는 주요 원인에는 어떤 것이 있을까요?

가) 수험자 본인이 수험 도중 시험에 대한 포기(기권) 의사를 표시하고 포기하는 경우

나) 지정 작업 범위(용량)를 초과한 경우

다) 요구사항과 현격히 다른 경우(채점 위원이 판단)

라) 제한 시간을 초과하여 미완성인 경우

마) 과제 기준 20% 이상 완성이 되지 않은 경우(채점 위원이 판단)

바) 최종작업을 편집프로그램으로 하지 않았거나, 수험자 미숙으로 출력을 못하였을 경우

Q7 실기시험 접수 후 날짜 변경이 가능한가요?

아래와 같은 사유에 한하여 작업형 실기시험 일자를 변경해 주고 있으며, 변경 요청은 한국산업인력공단 해당 종목 시행 지역본부 및 지사를 방문하여 요청 가능하고, 방문 시에는 신분증(대리인일 경우 본인 및 대리인 신분증), 수험표, 근거서류(시험일자 변경신청서, 청첩장, 부고장, 진단서, 타기관 시행 시험인 경우는 시험일자가 표시되어 있는 수험표 등)를 지참하시기 바랍니다.

※ 단, 회별 시행일자가 1일로 한정되어 있는 종목은 제외
– 예비군 훈련 또는 군입영
– 본인, 배우자, 직계존비속, 형제자매의 결혼, 사망
– 국가행사 및 정규교육기관의 학력고사, 입학고사, 정규학교의 중간·기말고사, 타 기관에서 시행하는 국가 및 민간자격시험과 우리 공단에서 시행하는 작업형 실기시험의 일정이 중복된 경우. 단, 접수 시 공단시험일정과 위에 제기된 시험일정이 중복됨을 사전에 인지한 경우에는 변경 불가
– 필기시험 시행 초일 10일 전까지 Q-net 장소 변경 서비스를 이용하여 일정을 변경할 경우
– 개인사정으로 일정 변경(갑작스러운 질병 등) : 진단서 첨부로 일정 변경
– 천재지변에 의한 일정 변경

Q8 의무검정 시험을 본 사람은 다음 년도 의무검정에만 시험을 볼 수 있나요?

의무검정 응시 후에는 정기검정에도 시험을 치를 수 있습니다. 3회 의무검정에 응시하여 불합격하였다면 4회부터 정기검정에 응시할 수 있습니다. 단, 다음 해에 치러지는 의무검정에는 응시할 수 없습니다.

Q9 정기검정으로 필기시험을 합격하였는데 의무검정 기간에 실기시험을 볼 수 있나요?

3회에 치러지는 필기 면제자 검정은 실업계 고등학교 3학년 학생들이 필기를 면제받고 실기시험만 볼 수 있는 시험일정입니다. 그래서, 일반검정 시험 응시자는 의무검정 기간에는 시험을 볼 수 없습니다.

Q10 컴퓨터그래픽기능사 실기 합격률이 어떻게 되나요?

연도	실기		
	응시	합격	합격률(%)
2023	8,951	6,610	73.8%
2022	9,152	7,116	77.8%
2021	10,836	8,122	75%
2020	9,163	7,106	77.6%
2019	10,280	7,654	74.5%
2018	10,480	7,520	71.8%
2017	10,000	7,622	76.2%
2016	10,478	7,432	70.9%

Q11 시험장마다 프로그램 버전과 영문판, 한글판 등이 다른데 어떻게 준비해야 하나요?

시험장마다 프로그램 버전과 영문판, 한글판 등이 다르기 때문에 실기시험 접수 전에 시험장에 설치되어 있는 프로그램 버전을 확인하기 바랍니다. 시험장 확인은 실기시험 원서 접수 시 원하는 시험장 장소 선택 후 '장소 안내'를 클릭하거나 시험장으로 지정된 기관에 직접 전화로 문의하여 확인할 수 있습니다.

Q12 실기시험은 어떤 방식으로 채점하나요?

실기시험은 디자인 원고 채점과 프로그램별 채점 기준으로 나누어 아래와 같은 항목으로 채점을 진행합니다.
① 응용프로그램의 활용 능력 및 최종 편집 프로그램 사용
② 색채, 그림요소의 표현
③ 그림 및 문자요소의 레이아웃
④ 타이포그래피(서체 특성 및 크기, 자간 및 행간의 정확도, 오타 등)
⑤ 원고 규격, 재단선의 적합성, 디자인 원고의 배치 등

Q13 자격취득자 우대사항은 어떻게 되나요?

– 6급 이하 기술직 공무원 채용시험 시 시설직렬의 디자인 직류에서 3% 가산점을 줍니다. 다만, 가산 특전은 매 과목 4할 이상 득점자에게만, 필기시험 시행 전일까지 취득한 자격증에 한합니다.

– 한국산업인력공단 일반직 5급 채용 시 컴퓨터그래픽기능사 실기는 필기시험 만점의 3%를 가산합니다.

– 국가기술자격법에 의해 공공기관 및 일반기업 채용 시 그리고 보수, 승진, 전보, 신분보장 등에 있어서 우대 받을 수 있습니다.

– 자격부여 : [옥외광고물 등의 관리와 옥외광고산업진흥에 관한 법률 시행령] 제44조 별표6 옥외광고사업의 등록을 위한 기술능력 및 시설 기준에 의해 컴퓨터그래픽기능사 실기 자격을 취득하면 옥외광고 기술인력으로 활동할 수 있습니다.

Q14 자격증 취득 후 진로와 전망은 어떻게 되나요?

광고 제작업체, 프로덕션, 방송사, 게임제작업체, 프리젠테이션 제작업체, 애니메이션작업체 등 다양한 분야로 진출할 수 있습니다. 컴퓨터그래픽은 건설, 영화 · 방송, 애니메이션, 광고 및 각종 제조업 등 다양한 분야에 활용되고 있으며 정부에서도 이 분야에 대한 다양한 육성 · 지원책을 계획하는 등 증가 요인으로 고용은 증가할 것입니다.

– 광고/출판 디자이너: 광고 제작사, 출판사, 편집부 등에서 광고, 잡지, 책 표지 디자인 등의 업무 담당

– 웹 디자이너: 웹사이트 UI/UX 디자인, 배너 및 배경 제작, 아이콘 및 버튼 제작 등의 업무 담당

– 영상/애니메이션 제작자: 영화, TV 프로그램, 유튜브 등의 영상 콘텐츠에 필요한 다양한 그래픽 제작 업무 담당

– 게임 그래픽 디자이너: 게임 개발사에서 캐릭터, 배경, UI 등의 그래픽 요소 제작 업무 담당

– 제품/산업 디자이너: 실제 제품 개발 과정에 참여하여 제품 디자인, 제품 패키지 디자인 등의 업무 담당

02 작업 진행 시 기본 사항

Q1 시험을 진행하는 전반적인 순서는 어떻게 되나요?

① 시험 시작 30분 전에 컴퓨터실 또는 수검자 대기실에 입실해 수검번호를 확인한 후 등번호(비번호)를 부여받습니다.

② 시험장에 입실하여 등번호(비번호)를 착용한 후 같은 번호의 컴퓨터에 앉습니다.

③ 시험 시 주의사항 등을 알려줍니다(문제지에 누락된 부분이 있다면 주의사항 시간에 공지하니 잘 청취하시기 바랍니다).

④ 시험지는 총 2장으로 이루어져 있으며, 한 장은 전반적인 시험에 대한 내용이고 한 장은 문제지가 주어집니다.

⑤ 시험지를 받으면 자와 연필을 이용하여 그리드를 표시합니다(그리드를 표시하는 방법은 아래 항목을 참고하시기 바랍니다).

⑥ 문제지를 보고 일러스트레이터에서 작업해야 할 항목을 체크하고 마크나 캐릭터 등을 시험지에 나와 있는 모양대로 최대한 비슷한 형태로 작업합니다(최근 기출문제를 보면 평균적으로 일러스트레이터의 비중이 높아지고 있으니 고려하여 시험을 대비해야 합니다).

⑦ 포토샵으로 작업을 하고 포토샵 완성 파일인 PSD 파일과 편집 프로그램으로 가져갈 JPG 파일을 저장합니다 (PSD 파일은 최종 검토 중 잘못된 부분을 발견했을 때 빠른 수정을 위해 레이어가 보존된 상태의 파일이 필요하기 때문에 저장하는 것일 뿐 실제 편집 프로그램에서 작업 시에는 필요 없는 파일입니다).

⑧ 편집 프로그램에서 JPG 파일(IBM호환용 응시자)이나 PCT 파일(매킨토시 응시자)을 배치하고 문자나 재단선, 등번호(비번호)를 입력하고 저장합니다(저장 시에는 포토샵 JPG 파일과 편집 프로그램의 최종 파일을 합쳐 10Mb를 넘어서는 안 됩니다. 작업 시 작품 규격이나 해상도를 정확히 지정하시기 바랍니다).

⑨ 편집 프로그램을 닫고 저장매체를 뽑은 뒤 프린트는 감독위원의 별도 지시에 따라 순서에 의해 수험자 본인이 출력합니다. 단, 기계 이상 또는 출력 오류 등의 사유로 인쇄가 잘못되었을 시 감독위원의 확인 후 다시 출력할 수 있으며, 잘못된 인쇄본은 감독위원에게 제출하면 됩니다.

⑩ A3 용지 좌측 상단 표제란에 인적사항을 기재하고, 작품(출력물, A4)은 표제란을 제외한 A3 용지의 중앙에 마운팅(부착)하며, 작품 부착 경계선상에 감독위원의 확인 날인을 받습니다(단, 마운팅 소요시간 5분 이내).

⑪ 컴퓨터에 작업된 모든 내용과 시험 자료를 삭제하고 A3 용지를 감독관에게 제출 후 퇴실합니다.

Q2 레이아웃을 맞추기 위한 그리드는 어떻게 사용하나요?

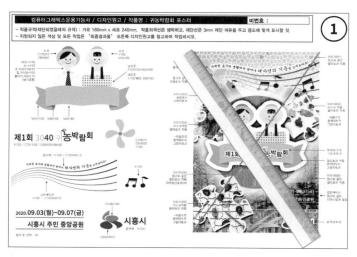

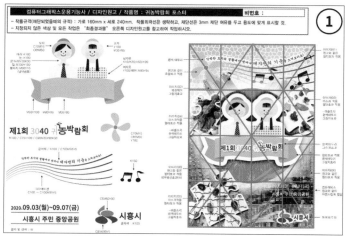

컴퓨터그래픽기능사 실기 자격증의 채점기준 중 많은 비중을 차지하고 있는 것이 레이아웃입니다. 레이아웃이 많이 틀어져 보이면 완성도면에서도 많은 차이가 있기 때문에 정확히 맞춰주는 것이 중요합니다. 일일이 자로 측정하여 정확히 그려주면 좋겠지만 그러기에는 시간적인 소요가 많이 됩니다. 이럴 때 문제지에 그리드를 그려서 작업하면 레이아웃을 설정하는 데 많은 도움이 됩니다.

먼저, 시험지를 받은 후 자를 이용하여 가로/세로 4등분씩 긋고 포토샵이나 일러스트레이터에서 같은 조건으로 그리드를 그린 후에 그림 요소들의 위치를 배치하면 됩니다.

Q3 3mm 여백 지정 및 재단선은 어떻게 표시하나요?

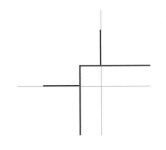

실무에서 재단선은 출력물이 완성됐을 때 작품 사이즈에 맞게 표시된 재단선을 기준으로 재단을 하기 위해 필요한 선입니다. 시험에서는 실제 재단까지 하지 않지만, 재단선은 실무에 맞게 표시해 놓아야 합니다.

작품 규격이 160mm×240mm로 제시가 되었을 경우 포토샵에서 작품 사이즈 설정 시 재단 오차 여백을 고려하여 사방 3mm씩 확장된 작업 사이즈를 설정하여 166mm×246mm로 작업하고, 재단선은 길이 5mm, 두께 0.25~0.5pt로 그려주면 됩니다.

재단선을 표시하지 않거나 잘못 표시할 경우 감점처리 되니 꼭 표시하도록 합니다.

Q4 등번호(비번호)는 무엇이고 어떻게 표기해야 하나요?

등번호(비번호)는 시험장 내에서 본인을 확인하는 번호입니다. 그렇기 때문에 작업을 마쳤을 때 작품 하단에 등번호(비번호)를 입력해야 합니다. 입력은 돋움, 10pt로 입력하면 됩니다.

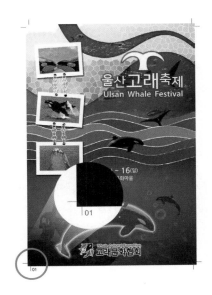

Q5 한자는 어떻게 입력하나요?

한자 입력 시에는 한 글자를 입력하자마자 한자 키를 눌러 나오는 한자를 선택해야 합니다. 매킨토시에서는 한글을 입력하고 [OPTION]+[Return]을 누르거나 입력환경에서 [한자 입력] 메뉴를 클릭하여 한자를 입력할 수 있습니다.

Q6 마운팅은 어떻게 하는 건가요?

시험이 끝난 후 A4용지에 작업물을 출력한 후 출력물 뒷면에 양면테이프를 네 모서리에 붙입니다.

감독관이 제공한 A3 용지 좌측 상단 표제란에 인적사항을 기재하고, 양면테이프를 붙인 작업 출력물을 표제란을 제외한 A3 용지의 중앙에 마운팅(부착)하며, 작품 부착 경계선상에 감독위원의 확인 날인을 받으면 됩니다.

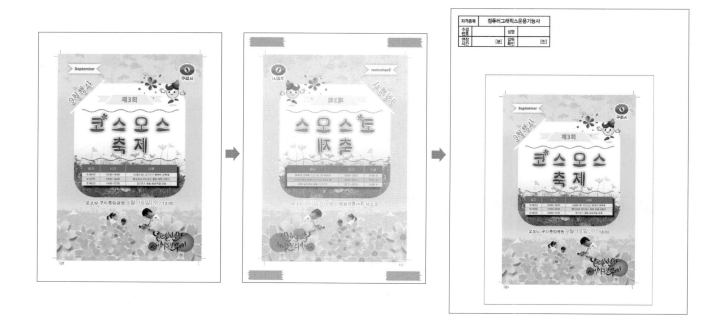

03 프로그램에 관한 사항

Q1 프로그램별 색상모드는 어떻게 설정하나요?

인쇄를 목적으로 한다면 원래 CMYK로 지정해야 합니다. 하지만 시험 시에는 일반용 프린터기로 인쇄를 하기 때문에 포토샵에서는 RGB 모드로 놓고 작업하고 색상값만 문제지에 제시된 값을 입력하면 됩니다. 일러스트레이터에서는 CMYK 모드로 놓고 작업하면 됩니다.

Q2 시험 시 포토샵 해상도는 몇으로 설정하는 것이 제일 좋은가요?

원칙적으로는 출력용 작업을 할 때는 300pixel/inch로 작업을 하게 됩니다. 하지만 시험 시에는 저장매체 범위 안에 저장되어야 하기 때문에 72~150pixel/inch를 지정합니다(권장 : 100pixel/inch).

Q3 시험에 나온 서체가 없으면 어떻게 해야 하나요?

일러스트레이터에서 레터링하기 위해 직접 드로잉한 문자 외에는 작품에 사용된 서체가 없을 경우에 최대한 유사한 서체를 사용해야 합니다.

Q4 특수문자는 어떻게 입력해야 하나요?

특수문자는 자음을 한 글자만 입력하고 [한자] 키를 누르면 오른쪽 하단에 사용 가능한 특수문자 목록이 나옵니다. 해당 목록을 클릭하면 특수문자가 입력되며, 매킨토시 응시자는 입력환경에서 〈심벌 입력〉 메뉴로 심벌을 입력할 수 있습니다.

Q5 갑자기 한글 입력이 안돼요. 어떻게 하나요?

잘 입력되던 한글이 입력이 안 될 경우 커서가 깜빡이는 곳에 마우스를 올려놓고 [Shift]+[Alt]를 누른 상태로 마우스 오른쪽 버튼을 클릭합니다. 그래도 입력이 안 될 때는 [한/영] 키를 다시 한 번 클릭하면 됩니다.

Q6 포토샵에서 JPG 포맷 방식으로 저장했는데 인디자인에서 불러들여지지 않습니다. 왜 그런가요?

JPG로 저장할 때 인터넷 저장방식으로 저장되면 편집 프로그램에서 불러올 수 없습니다. Format Options 항목 중 Baseline('Standard')이 체크된 상태로 저장해야 합니다.

Q7 일러스트레이터나 포토샵, 인디자인에서 눈금자의 단위를 어떻게 설정하나요?

일러스트레이터에서는 [Edit]−[Preferences]−[Units & Undo] 메뉴에서 설정을 바꾸고, 포토샵에서는 [Edit]−[Preferences]−[Units & Rulers] 메뉴에서 단위를 바꿔줄 수 있습니다.

보다 빠른 방법은 [Ctrl]+[R]을 눌러 작업 이미지에 눈금자를 꺼낸 뒤 눈금자 위에서 마우스 오른쪽 버튼을 클릭하여 단위를 바꿔주면 됩니다.

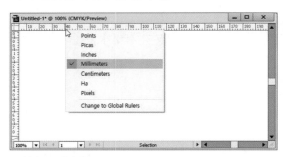
▲ 일러스트레이터

▲ 포토샵

▲ 인디자인

Q8 일러스트레이터에서 갑자기 색이 안 나오고 검정선만 나와요. 왜 그런가요?

일러스트레이터에서 작업 속도를 빠르게 하기 위해 채색된 상태를 선 형태로만 표시할 수 있습니다. [Ctrl]+[Y]를 누르면 다시 채색된 상태로 볼 수 있습니다.

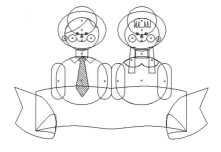

Q9 일러스트레이터 CS 버전에는 Twist 툴이 없는데 어떻게 해야 하나요?

툴 메뉴에서 Twirl 툴을 이용하거나 [Filter]−[Distort]−[Twist] 메뉴를 적용해주면 됩니다.

Q10 인디자인에서 여백 설정을 하는 이유는 무엇이며, 어떻게 하나요?

인디자인에서 여백 설정은 작품을 가운데 배치하여 출력하기 위해 필요한 작업입니다.

여백 설정은 포토샵에서 작업한 작품 규격이 166mm × 236mm로 작업했을 때를 가정하여 설명하면 다음과 같습니다. (A4용지 − 작품규격=결과값÷2=여백)

- 가로방향 : 210 − 166=44÷2=22
- 세로방향 : 297−236=61÷2=30.5

Q11 인디자인에서 세로쓰기는 어떻게 하나요?

인디자인에서는 [편집]−[세로쓰기] 메뉴를 이용하여 글씨를 세로로 쓰거나 써진 글자를 세로로 바꿔줄 수 있습니다.

Q12 인디자인에서 이미지가 모자이크로 보이는데 왜 그런가요?

인디자인은 출판 프로그램이기 때문에 기본값으로 그림의 요소는 간략히 표현하게 설정되어 있습니다. [파일]−[환경설정]−[일반] 메뉴를 선택하여 그래픽 표시를 〈고해상도〉로 지정하면 깔끔한 이미지를 확인할 수 있습니다.

Q13 인디자인에서 글씨가 작으면 음영으로만 표시되는데 어떻게 하나요?

인디자인에서는 기본값으로 최소 9px보다 작으면 글자가 표현되지 않습니다. [파일]−[환경설정]−[일반] 대화상자 내에서 [기타] 버튼을 클릭하여 최소 표현 텍스트 크기를 '0'으로 지정하면 모든 글자를 확인할 수 있습니다.

04 출력에 관한 사항

Q1 출력시간도 시험시간 4시간에 포함된 건가요?

아닙니다. 출력은 시험시간과 무관한 시간입니다. 그러므로, 작업만 4시간 안에 끝내면 됩니다.

Q2 출력물은 어떤 방식으로 제출하나요?

2009년 2회 시험부터 프린트 작업을 위해 파일 이동 수단 및 제출용으로 사용되었던 디스켓은 사용하지 않습니다. 대체 수단으로 USB나 네트워크 컴퓨터로 전송하는 방식으로 변경되었는데 시험 장소의 시스템 환경에 따라 각각 다릅니다. 그렇기 때문에 출력물 제출 시 감독관의 지시 사항을 꼭 확인하시기 바랍니다.

Q3 저장매체에 저장할 때 어떻게 해야 하나요?

작업을 진행하기 전 컴퓨터 바탕화면에 등번호(비번호) 폴더를 만들어 최종 작업에 필요한 이미지 파일과 편집 프로그램 파일을 저장합니다. 작업이 최종 마무리되면 저장매체(USB나 네트워크 전송)에 폴더를 저장한 후 프린트가 연결된 컴퓨터로 이동하여 프린트를 해줍니다.

05 그리드 그리기

작업 시 문제지와 프로그램에서 그리드를 그리는 것은 직관적으로 레이아웃을 판단하여 문제지와 같은 비율로 맞추기 위해 필요한 작업입니다.

1 디자인 원고에 그리드 그리기

컴퓨터그래픽기능사 실기 자격증의 채점기준 중 많은 비중을 차지하고 있는 것이 레이아웃입니다. 레이아웃이 많이 틀어져 보이면 완성도면에서도 많은 차이가 있기 때문에 정확히 맞춰주는 것이 중요합니다. 일일이 자로 측정하여 정확히 그려주면 좋겠지만 그러기에는 시간적인 소요가 많습니다. 이럴 때 문제지에 그리드를 그려서 작업하면 레이아웃을 설정하는 데 많은 도움이 됩니다.

① 시험지를 받으신 후 자를 이용하여 네 모서리를 사선방향으로 이어 ×선을 그어줍니다.

② ×선 중심 교점을 기준으로 수평수직으로 +선을 그어줍니다.

③ +선 꼭지점을 이어 ◇모양으로 선을 그어줍니다.

④ 마지막으로 교점들을 기준으로 수평수직 선들을 그어 그리드를 완성합니다.

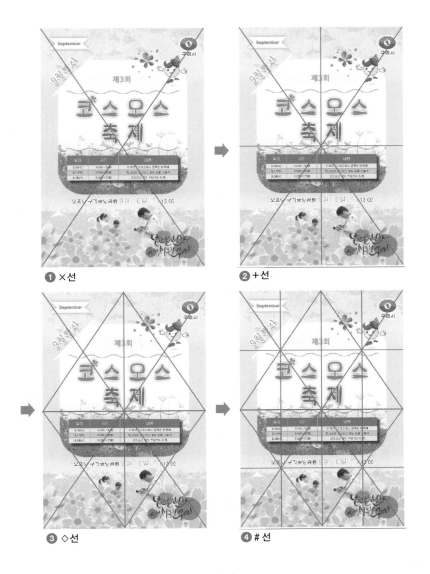

① ×선 　　　　**②** +선

③ ◇선 　　　　**④** #선

2 일러스트레이터에서 그리드 그리기

① 작품 규격에 재단선 3mm 여백을 고려하여 새 문서를 생성합니다.

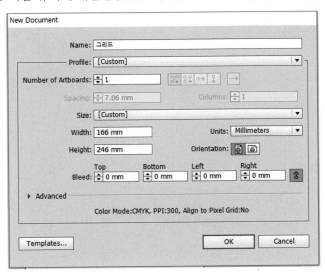

② 사각형 격자 툴을 선택하여 화면을 클릭하여 작품 규격에 맞는 사이즈를 설정하여 그려주고, Align 패널에서
Align to Artboard를 체크하여 [Horizontal Align Center] 버튼과 [Vertical Align Center] 버튼을 눌러 가
운데 정렬합니다.

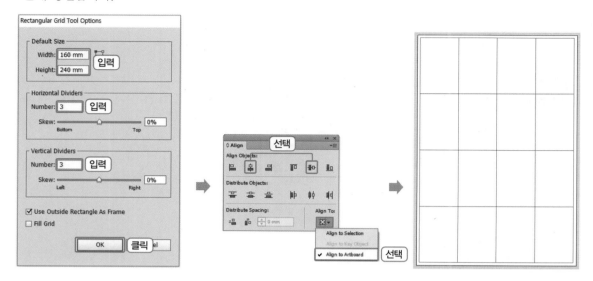

③ 선 툴로 ×선을 그어준 다음 ◇모양으로 선을 그어준 후 선의 색상을 빨간색으로 변경하여 그리드를 완성합니다.

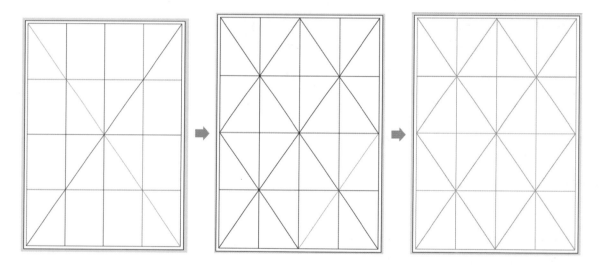

06 ▶ 저장 및 출력하기

결과물 저장은 시험 장소의 시스템 환경에 따라 네크워크 파일 전송 방식과 USB 저장 방식이 있습니다.

1 네트워크 컴퓨터로 전송하기

① 시험장 컴퓨터에 착석하면 바탕화면에 아래와 같은 창이 떠 있습니다.

② '테이블번호', '비번호', '성명'을 입력하고 [OK] 버튼을 클릭하면 바탕화면에 비번호와 같은 폴더가 생성됩니다.

③ 폴더 안에 있는 파일을 모두 선택하여 Ctrl + X를 눌러 잘라낸 후 바탕화면에 다른 폴더를 생성하여 Ctrl + V를 눌러 저장합니다.

④ 작업을 모두 마친 후 포토샵에서 완성한 JPG 파일과 편집 프로그램 파일을 비번호 폴더 안에 저장한 후 [전송시작] 버튼을 누릅니다.

⑤ 프린터가 연결된 컴퓨터로 이동해 프린트를 합니다.

2 USB에 저장하기

① 바탕화면에 등번호 이름으로 폴더를 생성합니다.

② 포토샵에서 작업 완성 후 JPG 파일을 [01(등번호)] 폴더 안에 저장합니다.

③ 페이지메이커에서 완성한 파일을 [01(등번호)] 폴더 안에 저장합니다.

④ [01(등번호)] 폴더 위에서 마우스 오른쪽 버튼을 클릭한 후 바로 가기 메뉴의 [보내기]-[USB MEMORY] 메뉴를 클릭하여 USB 폴더 전체를 저장합니다.

⑤ 페이지메이커 응시자는 USB에 저장하고 이미지 경로를 변경하기 위해 [시작]-[내 컴퓨터]-[USB MEMORY] 메뉴를 클릭한 후 [01(등번호)] 폴더 안에 있는 페이지메이커 파일을 더블클릭하여 파일을 열어줍니다.

⑥ 이미지 위에서 마우스 오른쪽 버튼을 클릭하여 나오는 바로 가기 메뉴의 [연결 정보] 메뉴를 선택하고 USB에 저장된 JPG 파일을 선택한 후 [열기]를 눌러 이미지 연결 경로를 USB로 변경해 줍니다.

⑦ 페이지메이커 파일을 USB 안의 [01(등번호)] 폴더에 저장하여 덮어씌우기를 합니다.

PART 2

각각의 프로그램별로 시험 시 자주 사용하는 기능을 중점적으로 다루어 불
필요한 기능을 학습하는 시간을 줄였습니다. 작업은 프로그램 기본 사용 능
력을 기반으로 이루어지기 때문에 프로그램 학습을 꼼꼼히 준비하여 완벽한
시험 준비가 되도록 합니다.

Computer Graphics

프로그램 핵심기능

 일러스트레이터 CS6

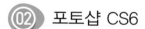 포토샵 CS6

03 인디자인 CS6

일러스트레이터 작업

01 일러스트레이터 CS6 기본화면 구성

일러스트레이터 CS6 초기화면으로 다음과 같은 화면이 나타납니다.

일러스트레이터 CS6을 실행한 후 왼쪽 툴 패널 상단의 화살표를 클릭하면 툴 패널이 2열로 배열되고 오른쪽 툴 패널 상단의 화살표를 클릭하면 패널을 펼치거나 접을 수 있습니다.

각 영역의 정확한 명칭과 기능에 대해 살펴보도록 하겠습니다.

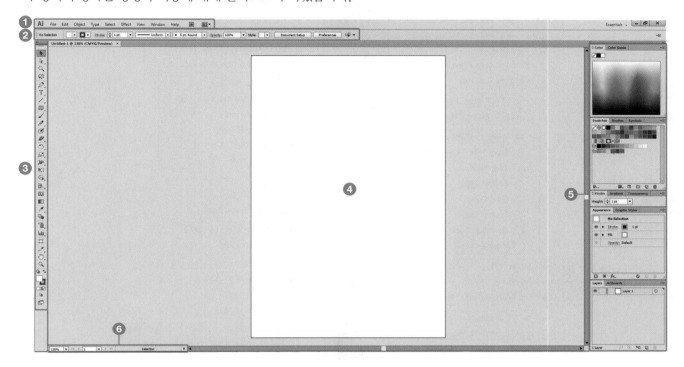

❶ 메뉴 바 : 일러스트레이터 CS6에서 제공되는 9가지 메뉴들로 구성되어 있으며, 명령어들은 풀다운 형식으로 클릭하면 하위메뉴들을 볼 수 있습니다.

❷ 옵션 바 : 선택된 오브젝트의 세부 속성(테두리색, 면색, 두께 등)을 설정할 수 있습니다.

❸ 툴 패널 : 일러스트레이터에서 가장 많이 사용되는 툴(도구)을 아이콘 형식으로 모아둔 곳입니다.

❹ 도큐먼트 창(작업 영역) : 실제로 작업이 이루어지는 공간입니다.

❺ 패널 : 일러스트레이터에서 제공되는 기능 등을 35개의 패널 형식으로 구성하여 모아놓은 곳으로 [Window] 메뉴를 이용하여 해당 패널을 꺼내 사용할 수 있습니다.

❻ 상태표시줄 : 작업 중인 이미지의 정보를 표시합니다.

02 일러스트레이터 CS6 [Tool] 패널 구성

일러스트레이터 작업에 사용하는 81가지의 도구들을 모아놓은 상자입니다. [Tool] 패널을 숨기거나 다시 나타나게 하려면 [Window]-[Tools] 메뉴를 클릭합니다.

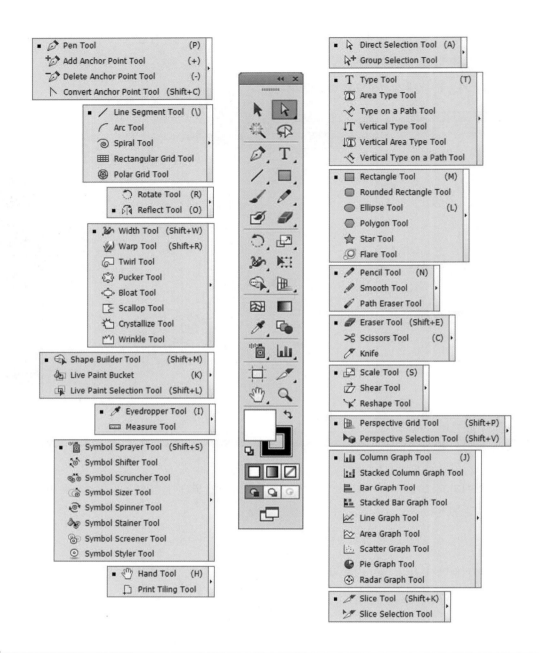

■ 🖊 Pen Tool   (P)
✏ Add Anchor Point Tool   (+)
🖋 Delete Anchor Point Tool   (-)
⌐ Convert Anchor Point Tool (Shift+C)

■ / Line Segment Tool   (\)
⌒ Arc Tool
◎ Spiral Tool
▦ Rectangular Grid Tool
◉ Polar Grid Tool

↻ Rotate Tool   (R)
■ 🔁 Reflect Tool   (O)

■ 〰 Width Tool   (Shift+W)
🖌 Warp Tool   (Shift+R)
🌀 Twirl Tool
🔲 Pucker Tool
🔵 Bloat Tool
⌓ Scallop Tool
⌓ Crystallize Tool
〰 Wrinkle Tool

■ 🔧 Shape Builder Tool   (Shift+M)
🎨 Live Paint Bucket   (K)
🖼 Live Paint Selection Tool (Shift+L)

■ 💉 Eyedropper Tool   (I)
▭ Measure Tool

■ 🎛 Symbol Sprayer Tool   (Shift+S)
🔧 Symbol Shifter Tool
🔧 Symbol Scruncher Tool
🔧 Symbol Sizer Tool
🔧 Symbol Spinner Tool
🔧 Symbol Stainer Tool
🔧 Symbol Screener Tool
◎ Symbol Styler Tool

■ ✋ Hand Tool   (H)
🗐 Print Tiling Tool

■ ▸ Direct Selection Tool   (A)
▸⁺ Group Selection Tool

■ T Type Tool   (T)
▤ Area Type Tool
⌇ Type on a Path Tool
↓T Vertical Type Tool
▥ Vertical Area Type Tool
⌇ Vertical Type on a Path Tool

■ ▭ Rectangle Tool   (M)
▢ Rounded Rectangle Tool
◯ Ellipse Tool   (L)
⬠ Polygon Tool
☆ Star Tool
◎ Flare Tool

■ ✏ Pencil Tool   (N)
✐ Smooth Tool
🖊 Path Eraser Tool

■ 🖊 Eraser Tool   (Shift+E)
✂ Scissors Tool   (C)
🔪 Knife

■ 🔲 Scale Tool   (S)
▱ Shear Tool
⌇ Reshape Tool

■ 🔲 Perspective Grid Tool   (Shift+P)
◀ Perspective Selection Tool (Shift+V)

■ 📊 Column Graph Tool   (J)
📊 Stacked Column Graph Tool
📊 Bar Graph Tool
📊 Stacked Bar Graph Tool
📈 Line Graph Tool
📈 Area Graph Tool
📊 Scatter Graph Tool
🥧 Pie Graph Tool
◎ Radar Graph Tool

■ 🖊 Slice Tool   (Shift+K)
🖊 Slice Selection Tool

TIP 숨어있는 도구 찾는 방법

① [Tool] 패널에서 도구 아이콘의 오른쪽 아래에 있는 작은 삼각형은 숨어 있는 도구가 있음을 나타냅니다. 표시되는 도구 위에서 마우스로 길게 아이콘을 클릭하면 숨겨진 도구를 선택할 수 있습니다.

② 숨겨진 도구 목록 오른쪽 삼각형 버튼(Tear off)을 클릭하면 해당 도구 목록을 분리할 수 있습니다.

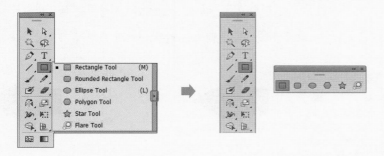

③ Alt 키를 누르고 아이콘을 클릭하면 차례대로 숨겨진 도구를 선택할 수 있습니다.

03 툴(Tool) 도구 기능 익히기

1 오브젝트 선택 도구

① Selection Tool(선택 툴) – ▶ 중요

- 오브젝트를 선택하거나 이동할 때 사용하는 가장 기본이 되는 툴입니다.
- 선택 시 바운딩 박스(조절 상자)가 생기며 8개 포인트를 이용하여 크기 조절과 회전을 할 수 있습니다.
- 선택 시 Delete 키를 누르면 오브젝트를 삭제할 수 있습니다.

▲ 바운딩박스(조절상자)　　　▲ 크기 조절　　　▲ 회전

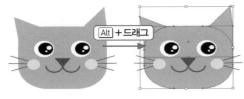

▲ 복사

> **TIP** • **오브젝트 추가 선택** : Shift +오브젝트 클릭(다시 클릭하면 선택 해제)
> • **오브젝트 복사** : Alt +드래그
> • **오브젝트 회전** : Shift +드래그(90도, 45도, 180도 회전 가능)

> **TIP** **바운딩 박스(조절상자)가 안보여요**
> 오브젝트 선택 시 바운딩 박스(조절상자)가 나타나지 않는 경우 [View]–[Show Bounding Box] 메뉴를 선택하거나 Ctrl + Shift + B 를 누르면 해결됩니다.

② Direct Selection Tool(직접 선택 툴) –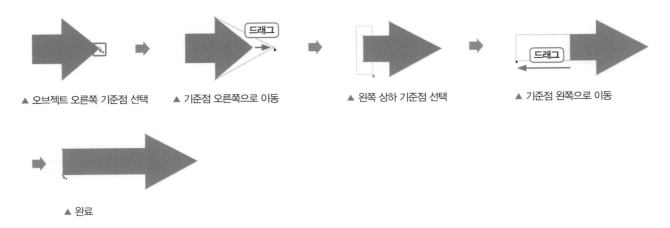

- 오브젝트를 구성하는 기준점이나 방향선 등 세부적인 요소를 편집(이동, 삭제, 수정)할 때 사용하는 툴입니다.
- 오브젝트 면을 선택하면 전체 선택과 이동이 가능하며 외곽선 패스를 선택하면 일부 선택과 수정이 가능합니다.

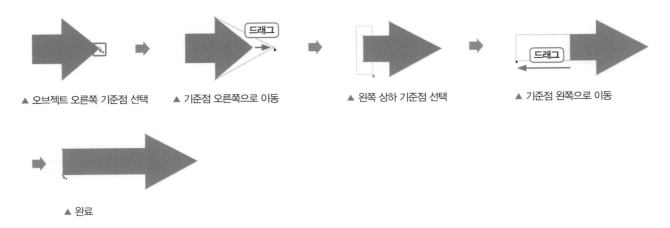

▲ 오브젝트 오른쪽 기준점 선택　　▲ 기준점 오른쪽으로 이동　　▲ 왼쪽 상하 기준점 선택　　▲ 기준점 왼쪽으로 이동

▲ 완료

- 곡선 패스일 경우 Alt 키를 누르고 한쪽 방향점을 조절하면 반대쪽 방향선에 영향을 주지 않습니다.

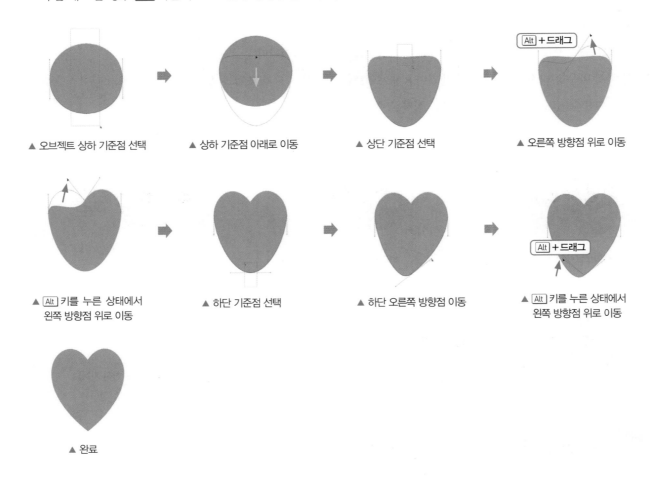

▲ 오브젝트 상하 기준점 선택　　▲ 상하 기준점 아래로 이동　　▲ 상단 기준점 선택　　▲ 오른쪽 방향점 위로 이동

▲ Alt 키를 누른 상태에서　　▲ 하단 기준점 선택　　▲ 하단 오른쪽 방향점 이동　　▲ Alt 키를 누른 상태에서
　왼쪽 방향점 위로 이동　　　　　　　　　　　　　　　　　　　　　　　　　　　　　　　　　왼쪽 방향점 위로 이동

▲ 완료

③ Group Selection Tool(그룹 선택 툴) – ▲⁺ 중요

그룹별로 선택하는 툴이며 특정 오브젝트만 선택하여 이동이나 변형을 할 수 있습니다.

④ Magic Wand Tool(자동 선택 툴) – ✦

클릭한 오브젝트와 유사한 속성을 가진 오브젝트들을 한 번에 선택할 수 있는 툴입니다.

⑤ Lasso Tool(올가미 툴) – ⬭

자유롭게 드래그하여 그 영역 안의 점과 선들을 선택하는 툴입니다.

② 오브젝트 그리기 및 수정 도구

① Pen Tool(펜 툴) – ✎. 중요

– 직선이나 곡선으로 된 패스를 그리는 툴로 일러스트레이터에서 많이 사용하는 도구입니다.

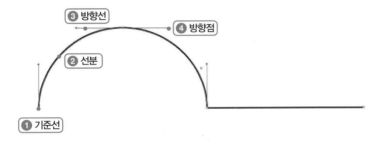

❶ 기준점(Anchor Point) : 선과 선을 연결시켜주는 기본요소로 선택된 기준점은 검정색 사각형(■)으로, 선택되지 않은 기준점은 □로 표시됩니다.

❷ 패스선분(Path Segment) : 두 기준점 사이를 연결하는 선으로 직선과 곡선 패스로 나타납니다.

❸ 방향선(Direction Line) : 기울기와 곡선의 형태를 조절하는 선입니다.

❹ 방향점(Direction Point) : 방향선의 길이과 각도를 조절하는 점입니다.

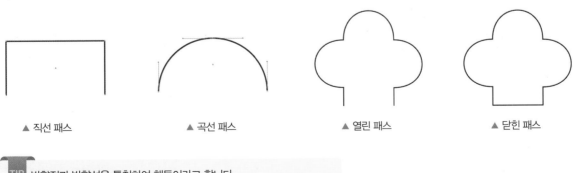

▲ 직선 패스   ▲ 곡선 패스   ▲ 열린 패스   ▲ 닫힌 패스

TIP 방향점과 방향선을 통칭하여 핸들이라고 합니다.

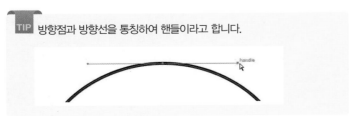

– 직선 그리기

- 펜 툴을 선택한 후 클릭하며 마우스를 이동하면 직선이 그려집니다.
- [Shift] 키를 누르고 클릭하면 0도, 45도, 90도로 각도가 정확한 직선을 그릴 수 있습니다.

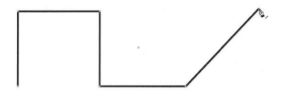

– 곡선 그리기

- 펜 툴을 선택한 후 드래그하며 마우스를 이동하면 곡선이 그려집니다.
- 진행되는 방향선의 길이와 각도에 따라 연결된 부드러운 곡선이 그려집니다.

– 연결 곡선 그리기

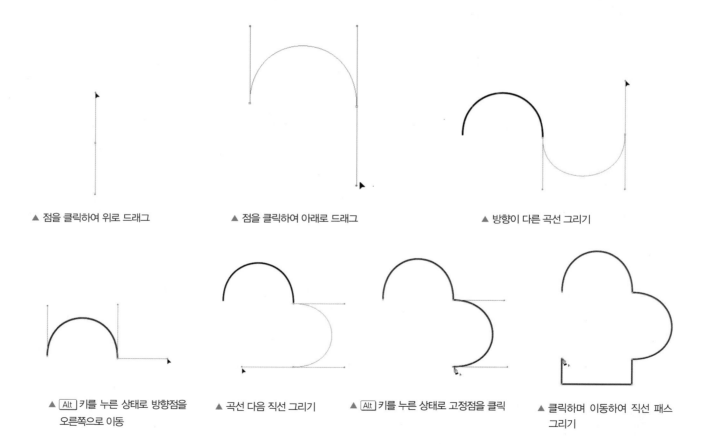

▲ 점을 클릭하여 위로 드래그   ▲ 점을 클릭하여 아래로 드래그   ▲ 방향이 다른 곡선 그리기

▲ [Alt] 키를 누른 상태로 방향점을 오른쪽으로 이동   ▲ 곡선 다음 직선 그리기   ▲ [Alt] 키를 누른 상태로 고정점을 클릭   ▲ 클릭하며 이동하여 직선 패스 그리기

– 직선 다음 곡선 그리기　　　　　– 닫힌 패스 그리기

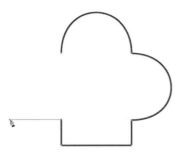

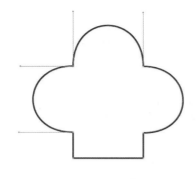

TIP　• **클릭** : 직선 패스를 닫힌 패스로 연결
　• **드래그** : 부드러운 곡선 패스를 닫힌 패스로 연결
　• Alt +**드래그** : 꺾인 곡선 패스를 닫힌 패스로 연결

▲ 고정점에서 드래그하여 방향선 생성　　　　　▲ 시작 기준점과 종료 기준점을 일치시켜 연결

TIP　펜 툴을 사용할 때 마우스 포인터를 잘 보세요.

▲ 패스 시작　　▲ 패스 연결　　▲ 시작점과 끝점 연결　　▲ 고정점 삭제　　▲ 고정점 추가　　▲ 고정점 변환

② **Add Anchor Point Tool(고정점 추가 툴)** –

패스에 기준점을 추가하여 수정할 때 사용되는 툴입니다.

③ **Delete Anchor Point Tool(고정점 삭제 툴)** –

패스에 불필요한 기준점을 삭제할 때 사용되는 툴입니다.

④ **Convert Anchor Point Tool(고정점 변환 툴)** – ↖ 중요

곡선으로 만들어진 기준점을 클릭하여 직선으로 변경하거나, 직선으로 만들어진 기준점을 드래그하여 방향선을 생성하여 곡선으로 변환하는 툴입니다.

⑤ **Line Segment Tool(선분 툴)** – ╱

직선을 그릴 때 사용하는 툴로 드래그하거나 클릭하여 나오는 옵션 창에 수치를 입력하여 그릴 수 있습니다.

⑥ Arc Tool(호 툴) –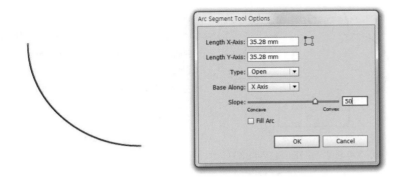

원호를 그릴 때 사용하는 툴로 마우스로 드래그하거나 클릭하여 나오는 옵션 창에 수치를 입력하여 그릴 수 있습니다.

⑦ Spiral Tool(나선 툴) –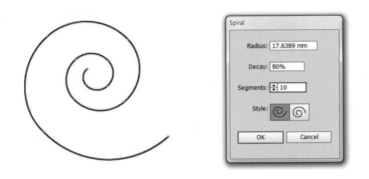

나선형 모양을 그릴 때 사용하는 툴로 드래그하거나 클릭하여 나오는 옵션 창에 수치를 입력하여 그릴 수 있습니다.

⑧ Rectangular Grid Tool(사각형 격자 툴) –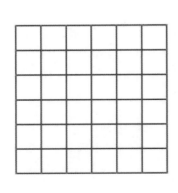

사각형 격자를 그릴 때 사용하는 툴로 드래그하거나 클릭하여 나오는 옵션 창에 수치를 입력하여 그릴 수 있습니다.

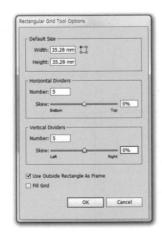

⑨ **Polar Grid Tool(극좌표 격자 툴) –**

원형 그리드를 그릴 때 사용하는 툴로 드래그하거나 클릭하여 나오는 옵션 창에 수치를 입력하여 그릴 수 있습니다.

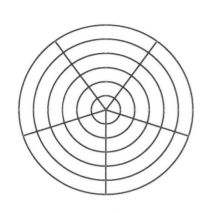

⑩ **Rectangle Tool(사각형 툴) –** 🔲

사각형 모양을 그릴 때 사용하는 툴로 드래그하거나 클릭하여
나오는 옵션 창에 수치를 입력하여 정확하게 그릴 수 있습니다.

▲ 클릭한 채 드래그   ▲ [Shift] 키를 누르고 드래그   ▲ [Alt] 키를 누르고 드래그   ▲ [Shift]+[Alt] 를 누르고 드래그

> **TIP 오브젝트 드로잉 공통 단축키**
> • [Alt] 키를 누르고 클릭하여 드래그한 시작점이 오브젝트 중심이 되어 그려집니다.
> • [Shift] 키를 누르고 클릭하여 드래그하면 가로 너비와 세로 높이가 같은 비율로 그려집니다.

⑪ **Rounded Rectangle Tool(둥근 사각형 툴) –** ⬜

– 모서리가 둥근 사각형 모양을 그릴 때 사용하는 툴로 드래그하거나 클릭하여 나오는 옵션 창에 수치를 입력하여 정확
하게 그릴 수 있습니다.

– 도형을 그릴 때 마우스에서 손을 떼지 않은 상태에서 키보드의 위아래(⬆, ⬇) 화살표를 누르면 모서리의 둥근 정도
가 변경됩니다.

– 키보드의 왼쪽(←) 화살표를 누르면 둥근 정도값이 최소값으로, 오른쪽(→) 화살표를 누르면 최대값으로 변경됩니다.

⑫ Ellipse Tool(원형 툴) –  중요

원형 모양을 그릴 때 사용하는 툴로 드래그하거나 클릭하여 나오는 옵션 창에 수치를 입력하여 정확하게 그릴 수 있습니다.

⑬ Polygon Tool(다각형 툴) – ⬡ 중요

– 다각형 모양을 그릴 때 사용하는 툴로 드래그하거나 클릭하여 나오는 옵션 창에 수치를 입력하여 정확하게 그릴 수 있습니다.

– 도형을 그릴 때 마우스에서 손을 떼지 않은 상태에서 키보드의 위아래(↑, ↓) 화살표를 누르면 다각형 면의 수가 변경됩니다.

⑭ Star Tool(별 툴) – ☆ 중요

– 별 모양을 그릴 때 사용하는 툴로 드래그하거나 클릭하여 나오는 옵션 창에 수치를 입력하여 정확하게 그릴 수 있습니다.

– 도형을 그릴 때 마우스에서 손을 떼지 않은 상태에서 키보드의 위아래(↑, ↓) 화살표를 누르면 별의 포인트 개수가 변경됩니다.

– 마우스를 드래그한 후 Ctrl 키를 누르고 드래그하면
바깥쪽 반지름과 안쪽 반지름의 차이를 늘리거나 줄
여 별의 뾰족한 정도를 변경할 수 있습니다.

⑮ Flare Tool(플레어 툴) –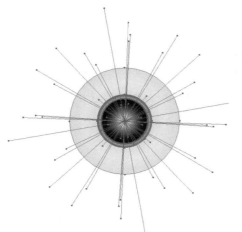

조명에 빛나는 모양을 그릴 때 사용하는 툴로 드래그하거나 클릭하면 플레어 도형이 그려지고 한 번 더 클릭하게 되면
플레어 도형이 연결되어 그려집니다.

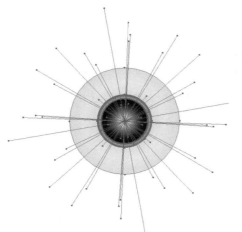 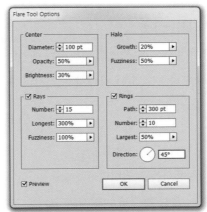

TIP 오브젝트를 그리는 도중 Spacebar 를 누르고 드래그하면 일시적으로 오브젝트 이동을 할 수 있습니다.

⑯ Paintbrush Tool(페인트 브러시 툴) –  중요

– 붓으로 그린 듯한 효과를 나타내주는 툴로 Brushes 패널에서 다양한 종류의 브러시 선을 적용할 수 있습니다.

– 패스경로 선 위에 다양한 스타일로 테두리의 속성을 변형시켜 페인팅 프로그램과 비슷한 느낌의 회화적인 분위기 연
출이 가능합니다.

– Stroke 패널에서 테두리 두께를 높여주면 브러시의 두께도 두꺼워집니다.

 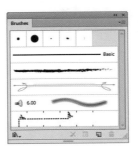

TIP • 페인트 브러시 툴이나 연필 툴로 연속적으로 선을 교차하여 그릴 경우 선이 연결되면서 하나의 형태로 만들어집니다. 이때, 페인트 브러시
툴을 더블클릭하여 옵션 Edit Selected Paths의 체크를 해제하면 더 이상 선이 연결되지 않습니다.
• [Object]–[Expand Apperance] 메뉴를 선택하면 테두리선에 적용된 브러시를 면 오브젝트로 분해할 수 있습니다.

⑰ Pancil Tool(연필 툴) – ✏️

– 드래그하여 자유로운 형태의 패스를 그릴 때 사용하는 툴입니다.

– Stroke 패널에서 선의 두께를 조절할 수 있으며 Bruhes 패널에서 선의 종류를 다양하게 적용할 수 있습니다.

⑱ Smooth Tool(부드러운 툴) – ✏️

브러시 툴과 연필 툴로 그린 거친 패스나 오브젝트의 패스를 부드럽게 바꿔주는 수정 툴입니다.

⑲ Path Eraser Tool(패스 지우개 툴) – ✏️

패스 일부분을 삭제할 때 사용하는 툴로 오브젝트가 삭제되면서 열린 패스가 됩니다.

⑳ Blob Brush Tool(물방울 브러시 툴) – ✏️

– 브러시 툴처럼 드래그하여 사용하며 면의 속성으로 채워지는 페인팅 툴입니다.

– 물방울 브러시 툴을 더블클릭하면 나오는 옵션 창에서 브러시의 크기를 조절하거나 키보드의 [[](축소), []](확대)를 눌러 브러시 크기를 조절할 수 있습니다.

㉑ Eraser Tool(지우개 툴) – ✏️

– 오브젝트의 일부분을 삭제할 때 사용하는 툴입니다.

– 지우개 툴을 더블클릭하면 나오는 옵션 창에서 브러시의 크기를 조절하거나 키보드의 [[](축소), []](확대)를 눌러 브러시 크기를 조절할 수 있습니다.

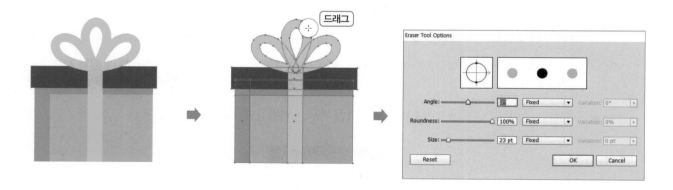

㉒ Scissors Tool(가위 툴) – ✂️

– 가위로 자르 듯 패스의 일부분을 삭제할 때 사용하는 툴입니다.

– 자르고 싶은 패스를 마우스로 클릭하면 오브젝트가 나눠지면서 열린 패스가 됩니다.

㉓ Knife Tool(칼 툴) -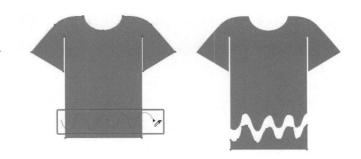

- 나누고자 하는 오브젝트를 선택하여 마우스를 드래그
하여 자유롭게 오브젝트를 나눌 수 있는 툴입니다.
- 오브젝트는 나눠지면서 각각 닫힌 패스가 됩니다.

③ 오브젝트 문자입력 도구

① Type Tool(문자 툴) - T.

- 작업창에 가로방향으로 문자를 입력할 때 사용하는 툴입니다.
- Shift 키를 누른 상태로 클릭하면 세로방향으로 문자를 입력할 수 있습니다.
- Character 패널에서 글꼴 지정과 크기, 자간, 행간 등의 문자 속성을 설정할 수 있습니다.

> **TIP** [Type]-[Create Outlines] 메뉴를 적용하면 문자를 오브젝트로 변환하여 다양한 수정을 할 수 있습니다.

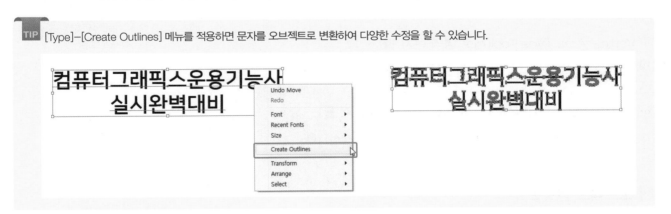

② Area Type Tool(영역 문자 툴) - T.

- 오브젝트 영역을 글상자로 만들어 그 안에 가로 문자를 입력할 때 사용하는 툴입니다.
- 마우스를 패스 선 위에 올려 클릭하고 문자를 입력합니다.

③ Type on a Path Tool(패스 상의 문자 툴) – ✐ 중요

– 패스 라인을 따라 가로로 문자를 입력할 때 사용하는 툴입니다.

– 패스 위의 문자 입력 방향 바꾸기

④ Vertical Type Tool(세로 문자 툴) – ⏐T

작업창에 세로방향으로 문자를 입력할 때 사용하는 툴입니다.

⑤ Vertical Area Type Tool(세로 영역 문자 툴) – ⏐T

오브젝트 영역을 글상자로 만들어 그 안에 세로 문자를 입력할 때 사용하는 툴입니다.

⑥ Vertical Type on a Path Tool(세로 패스 상의 문자 툴) – ✐

패스 라인을 따라 세로로 문자를 입력할 때 사용하는 툴입니다.

4 오브젝트 변형 도구

① Rotate Tool(회전 툴) – ↻ 중요

– 선택된 오브젝트를 회전시킬 때 사용하는 툴입니다.

– Rotate Tool을 더블클릭하면 자동으로 오브젝트의 중심에 축이 지정된 후 옵션창이 나타나 원하는 각도를 지정하고 회전시킬 수 있습니다.

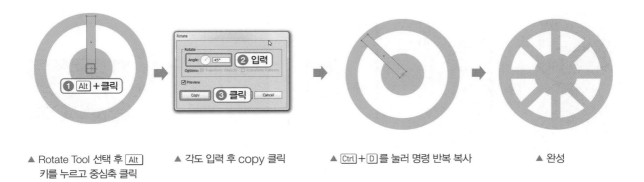

▲ Rotate Tool 선택 후 [Alt]
키를 누르고 중심축 클릭

▲ 각도 입력 후 copy 클릭

▲ [Ctrl]+[D]를 눌러 명령 반복 복사

▲ 완성

> **TIP** **오브젝트의 중심축을 이동시켜 오브젝트를 변형하고 싶어요!**
>
> • 변형 툴을 선택하고 [Alt] 키를 누른 상태로 원하는 위치를 클릭하면 중심축이 이동되면서 옵션창이 뜹니다.
>
> • 변형 작업을 반복하고 싶을 때에는 [Ctrl]+[D]를 눌러 반복적으로 명령을 실행합니다.

② Reflect Tool(반사 툴) –

– 선택한 오브젝트를 거울처럼 반사시킬 때 사용하는 툴입니다.

– 반사 툴을 더블클릭하면 자동으로 오브젝트의 중심에 축이 지정된 후 옵션창이 나타나 상하대칭, 좌우대칭, 각도대칭
을 지정하여 반사시킬 수 있습니다.

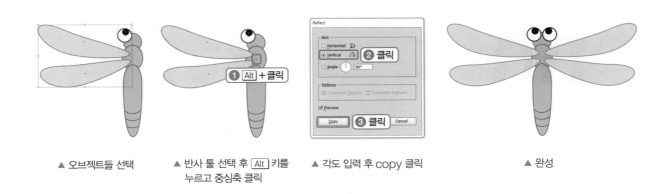

▲ 오브젝트들 선택

▲ 반사 툴 선택 후 [Alt] 키를
누르고 중심축 클릭

▲ 각도 입력 후 copy 클릭

▲ 완성

③ Scale Tool(크기 조절 툴) –

– 오브젝트의 크기를 조절할 때 사용하는 툴입니다.

– 크기 조절 툴을 더블클릭하면 자동으로 오브젝트의 중심에 축이 지정된 후 옵션창이 나타나 가로와 세로 비율을 같거
나 다르게 크기를 조절할 수 있습니다.

– 크기 조절 툴을 더블클릭하면 나오는 옵션 창에 Scale Stroke & Effects를 체크하면 테두리선 두께와 효과도 같이 조
절할 수 있습니다.

– Scale 옵션 창에 Transform Object의 체크를 해제하면 선택된 오브젝트에 패턴 크기만 조절이 가능합니다.

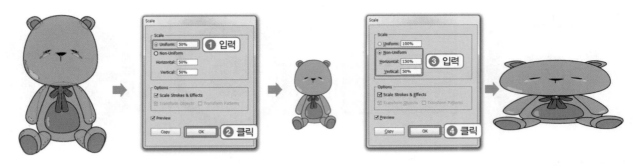

▲ 오브젝트 선택

▲ Scale Tool을 더블클릭 후
〈Uniform : 50%〉인 경우

▲ Scale Tool을 더블클릭 후 〈Non-Uniform :
Horizontal-150%, Vertical-50%〉인 경우

④ Shear Tool(기울이기 툴) – ⬈ 중요

　– 오브젝트의 기울기를 조절할 때 사용하는 툴입니다.

　– 기울기 툴을 더블클릭하면 자동으로 오브젝트의 중심에 축이 지정된 후 옵션창이 나타나 각도와 기울기를 다양하게
　　조절할 수 있습니다.

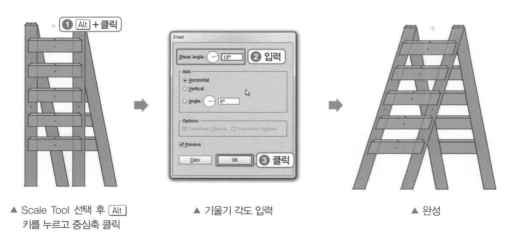

▲ Scale Tool 선택 후 Alt
키를 누르고 중심축 클릭

▲ 기울기 각도 입력

▲ 완성

⑤ Reshape Tool(모양 변경 툴) – ✹

오브젝트를 마치 손가락으로 이용해 미는 것처럼 선택된 패스 주변이 드래그 방향으로 왜곡되어 변형되는 툴입니다.

⑥ Free Tranform Tool(자유 변형 툴) – ▚⃛

　– 선택된 오브젝트의 크기를 조절하거나 회전, 기울이기를 조절할 때 사용하는 툴입니다.

　– 오브젝트를 선택한 후 바운딩 박스를 드래그 하면서 Ctrl 키를 눌러 자유롭게 형태를 변형하는 툴입니다.

　– [Filter]–[Distort]–[Free Distort] 메뉴를 이용해도 자유롭게 변형할 수 있습니다.

⑦ Shape Builder Tool(도형 구성 도구) – 🖫

겹쳐져 있는 오브젝트의 일부분을 합치거나 나누거나 삭제할 수 있는 툴입니다.

5 오브젝트 왜곡 도구

① Width Tool(폭 툴) –  중요

– 선의 특정 위치를 드래그하여 폭을 자유롭게 조절하는 툴입니다.

– 일반적인 선의 속성을 다양한 폭으로 조정하여 선의 강약을 조정하는 툴입니다.

② Warp Tool(변형 툴) –

선택한 오브젝트를 손가락을 이용해 미는 것처럼 드래그하는 방향으로 왜곡하는 툴입니다.

③ Twirl Tool(돌리기 툴) –

선택한 오브젝트를 드래그하는 방향으로 소용돌이처럼 말려들어가는 모양으로 왜곡하는 툴입니다.

④ Pucker Tool(오목 툴) –

선택한 오브젝트를 드래그하는 방향으로 패스를 모아 구기듯 당겨서 축소하는 툴입니다.

⑤ Bloat Tool(볼록 툴) –

선택한 오브젝트를 드래그하는 방향으로 패스를 팽창시켜 부풀려 확대하는 툴입니다.

⑥ Scallop Tool(조개 툴) –

선택한 오브젝트를 드래그하는 방향으로 안쪽을 부채꼴 모양으로 찌그러트려 왜곡하는 툴입니다.

⑦ Crystallize Tool(수정화 툴) –

선택한 오브젝트를 드래그하는 방향으로 바깥쪽을 부채꼴 모양으로 찌그러트려 왜곡하는 툴입니다.

⑧ Wrinkle Tool(주름 툴) –

선택한 오브젝트를 드래그하는 방향으로 주름지도록 형태를 왜곡하는 툴입니다.

⑥ 오브젝트 페인팅 도구

① Live Paint Bucket(라이브 페인트 통 도구) – 🖌

스포이드 툴로 복제된 색상을 라이브 페인트 그룹으로 만들어 손쉽게 컬러링 작업을 할 수 있습니다.

② Live Paint Selection Tool(라이브 페인트 선택 도구) – 🖱

라이브 페인트 그룹의 일부분을 클릭하면 색이 자동으로 선택되는 툴입니다.

③ Mesh Tool(망 툴) – 🔲 중요

– 오브젝트 면을 그물 형식으로 분할하여 각각의 교차점에 색상을 적용하여 그라디언트를 표현하는 툴입니다.

– 직접 선택 툴로 점을 선택하여 색상을 편집할 수 있으며, 이동하며 자유로운 변형도 가능합니다.

– [Object]–[Create Gradient Mesh] 메뉴를 이용해도 메시를 만들어 줄 수 있습니다.

> **TIP** • 면에 그라디언트가 적용되어 있는 오브젝트에 메시를 적용하면 면이 검정색으로 변하게 됩니다. 그러므로 면색을 단일색으로 지정한 후에 메시 툴을 적용해야 합니다.
> • 메시 툴을 선택하여 테두리색이 적용된 오브젝트를 클릭하면 테두리 속성은 사라지고 더 이상 테두리는 적용할 수 없습니다.

④ Gradient Tool(그라디언트 툴) – ▬ 중요

– 오브젝트에 색이 연속적으로 변화되도록 그라데이션을 주는 툴입니다.

– 직선형과 방사형을 선택할 수 있으며 드래그하는 방향과 거리에 따라 자연스러운 색 변화를 줄 수 있습니다.

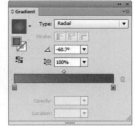

▲ 직선형(Linear)   ▲ 방사형(Raidal)

⑤ Eyedropper Tool(스포이드 툴) – 📝 중요

오브젝트에 적용된 색상, 패턴, 그라디언트, 텍스트 속성을 추출하여 다른 오브젝트에 적용할 수 있는 툴입니다.

⑥ Measure Tool(측정 도구 툴) – 📏

Info(정보) 패널에서 선택한 오브젝트의 위치, 크기를 확인할 수 있으며 드래그하면 각도, 거리도 측정할 수 있습니다.

⑦ Blend Tool(블랜드 툴) – 🔲 중요

- 색상과 형태가 다른 두 개의 오브젝트 사이의 중간단계를 만들어주어 자연스러운 변화를 표현해주는 툴입니다.
- [Object]-[Blend]-[Blend Options] 메뉴나 Blend Tool을 더블클릭해서 나오는 [Blend Options] 대화상자에서 중간단계의 옵션을 지정해 줄 수 있습니다.

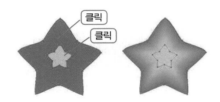

- Smooth Color : 255단계까지 자동으로 출력되어 자연스러운 중간단계를 표현합니다(사용자가 편집 불가능).

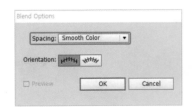

- Specified Steps : 2개 오브젝트의 중간단계를 입력한 수만큼 표현합니다.

– Specified Distance : 2개 오브젝트의 중간단계를 입력한 거리만큼 표현합니다.

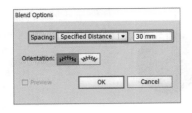

– Orientation : 중간단계의 방향지정을 지정합니다.

　　Align To Page : 패스의 경로에 상관없이 본래의 방향을 유지합니다.

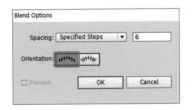

　　Align To Path : 패스의 곡선에 따라 오브젝트를 정렬합니다.

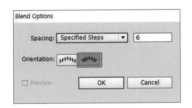

– [Object]-[Blend]-[Expand] 메뉴로 중간단계의 오브젝트를 선택 툴로 편집할 수 있는 패스 상태로 확장합니다.

▲ Expand 메뉴를 적용하여 이동시킨 상태

⑧ 심벌 도구 중요

❶ Symbol Sprayer Tool : 심벌 팔레트에 등록된 심벌을 뿌려줍니다.

❷ Symbol Shifter Tool : 심벌의 위치를 이동시켜줍니다.

❸ Symbol Scurncher Tool : 심벌을 모아줍니다(Alt 키를 누르면 분산됨/ Shift 키를 누르면 앞으로 배열/ Alt + Shift 를 누르면 뒤로 배열).

❹ Symbol Sizer Tool : 심벌 크기를 확대합니다(Alt 키를 누르면 축소됨 / Shift 키를 누르면 심벌 삭제).

❺ Symbol Spinner Tool : 심벌을 드래그 방향으로 회전합니다.

❻ Symbol Stainer Tool : Fill값의 색을 덧씌워줍니다(Alt 키를 누르면 본래의 색상으로 돌아감).

❼ Symbol Screener Tool : 심벌의 투명도를 낮춰줍니다(Alt 키를 누르면 원상태로 돌아감).

❽ Symbol Styler Tool : 그래픽스타일 팔레트에 등록되어 있는 스타일을 적용합니다.

⑦ 오브젝트 페인팅 도구

① Perspective Grid Tool(원근감 격자 툴) – ▦

원근감 안내선에 맞추어 드래그하면 도형을 자동으로 원근감있게 생성하여 3D입체를 만드는 툴입니다.

② Perspective Selection Tool(원근감 선택 툴) – ▶

선택한 오브젝트를 위젯의 위치 설정에 맞추어 원근감이 적용된 형태로 변형하는 툴입니다.

⑧ 그래프 도구

데이터를 입력하여 9가지 종류의 그래프를 생성할 수 있는 툴입니다.

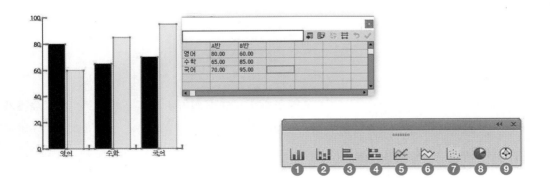

❶ Column Graph Tool : 가장 기본적인 그래프이며 세로형 막대 그래프를 만듭니다.

❷ Stacked Column Graph Tool : 막대가 세로로 블록이 쌓인 형태의 그래프를 만듭니다.

❸ Bar Graph Tool : 가로형 막대 그래프를 만듭니다.

❹ Stacked Bar Graph Tool : 막대가 가로로 블록이 쌓인 형태의 그래프를 만듭니다.

❺ Line Graph Tool : 꺾은선 그래프를 만듭니다.

❻ Area Graph Tool : 영역을 면으로 처리한 그래프를 만듭니다.

❼ Scatter Graph Tool : 분사형 그래프를 만듭니다.

❽ Pie Graph Tool : 원모양의 파이 그래프를 만듭니다.

❾ Rader Graph Tool : 방사형 그래프를 만듭니다.

9 화면제어와 색상 도구

① Artboard Tool(대지 툴) – 📐

아트보드를 조절하거나 새로운 아트보드를 추가합니다. 아트보드는 최대 100개까지 생성 가능합니다.

② Slice Tool(분할 영역 툴) – ✎

하나의 도큐먼트를 여러 개의 영역으로 분할합니다.

③ Slice Selection Tool(분할 영역 선택 툴) – ✐

분할한 영역을 선택하고 크기를 조절할 수 있습니다.

④ Hand Tool(손 툴) – ✋ 중요

– 작업화면을 원하는 위치로 이동할 때 사용하는 툴입니다.

– 다른 툴을 사용 도중 [Space Bar]를 누른 상태로 마우스를 드래드하면 손 툴을 사용할 수 있습니다.

– 손 툴을 더블클릭하면 화면에 맞게 작업 도큐먼트가 맞춰집니다.

⑤ Print Tiling Tool(인쇄 툴) – ⎚

인쇄할 영역을 지정할 수 있습니다.

⑥ Zoom Tool(돋보기 툴) – 🔍 중요

– 작업화면을 확대하거나 축소할 때 사용하는 툴로 기본적으로는 확대가 되고, [Alt]키를 누른 상태로 클릭하면 축소가
됩니다.

– 돋보기 툴을 더블클릭하면 화면을 100%로 보여줍니다.

> **TIP** 다른 툴이 선택되어 있는 상태에서 [Space Bar]를 누르면 손 툴을 이용할 수 있고 [Ctrl]+[Space Bar]를 누르면 확대 툴, [Ctrl]+[Alt]+[Space Bar]를
> 누르면 축소 툴이 됩니다.

⑦ 색상설정 모드

컬러모드에서 오브젝트에 적용하는 면색과 외곽선의 색상을 지정할 수 있으며, 기본값 색상(면 : 흰색, 테두리 : 검정)으로 복원할 수 있습니다.

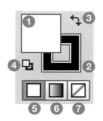

❶ 면(Fill) : 오브젝트의 내부 면색을 지정할 수 있습니다.

❷ 선(Stroke) : 오브젝트의 테두리선 색상을 지정할 수 있습니다.

❸ Swap Fill and Stroke : 면색과 선색을 서로 바꿉니다.

❹ Default Fill and Stroke : 면색과 선색을 기본값(면 : 흰색, 테두리 : 검정)으로 복원합니다.

❺ Color : 선택한 오브젝트의 면 또는 선에 단색을 지정합니다.

❻ Gradient : 선택한 오브젝트의 면 또는 선에 그라디언트를 지정합니다.

❼ None : 선택한 오브젝트의 면 또는 선을 투명으로 바꿉니다.

⑧ Draw Mode(그리기 모드)

만들어질 오브젝트의 누적 순서를 미리 설정하거나, 선택한 오브젝트의 내부로 오브젝트를 그립니다.

❶ Draw Nomal : 일반적인 그리기 모드입니다.

❷ Draw Behind : 선택한 오브젝트 뒤쪽에 그려집니다.

❸ Draw Inside : 선택한 오브젝트 안에서만 그려집니다(자동 클리핑 마스크 처리).

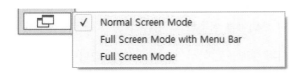

TIP 면색이나 테두리 색을 더블클릭하여 나오는 [Color Picker] 대화상자에서 사용자가 임의의 색상을 지정할 수 있으나 Color 패널에서 Grayscale 모드가 아닌 항목이 선택되어 있어야 컬러 선택이 가능합니다.

⑨ 화면 모드(Screen Mode)

- Normal Screen Mode : 일반적으로 사용되는 표준 화면 모드입니다.

- Full Screen Mode with Menu Bar : 메뉴 막대가 보이는 전체 화면 모드입니다.

- Full Screen Mode : 작업 도큐먼트만 보이는 전체 화면 모드입니다.

04 일러스트레이터 CS6 패널 익히기

1 Color 패널 중요

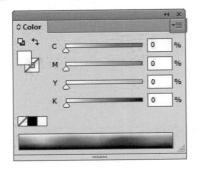

– 오브젝트의 Fill과 Stroke에 색상을 적용할 수 있습니다.
– 오른쪽( ) 클릭하여 컬러 모드를 바꿔 줄 수 있습니다.

2 Color Guide 패널

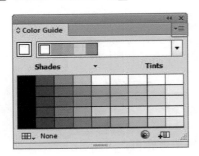

– 오브젝트의 Fill과 Stroke에 색상을 적용할 수 있습니다.
– 오른쪽( )을 클릭하여 컬러 모드를 바꿔 줄 수 있습니다.

3 Swatches 패널 중요

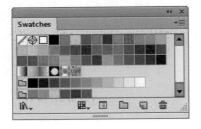

– 오브젝트에 색상이나 패턴, 그라디언트를 지정하는 패널입니다.

4 Brushes 패널 중요

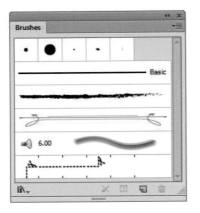

– 오브젝트에 다양한 브러시 형태를 지정해 줄 수 있는 패널입니다.
– 패스경로 선 위에 다양한 스타일로 테두리의 속성을 변형시켜 페인팅 프로그램과 비슷한 느낌의 회화적인 분위기를 연출할 수 있습니다.
– 사용자가 직접 만든 브러시의 형태를 등록하여 사용할 수 있습니다.

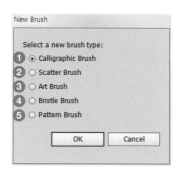

❶ Calligraphic Brush : 기본 원형모양으로 둥근 붓, 평 붓으로 그린 것 같은 효과를 줄 수 있습니다.

❷ Scatter Brush : 등록한 오브젝트를 패스 선 기준으로 위, 아래로 흩뿌려주는 효과를 줄 수 있습니다.

❸ Art Brush : 등록한 오브젝트를 패스 길이에 따라 늘려줄 수 있습니다.

❹ Bristle Brush : 강모의 특성과 페인트의 불투명도를 제어하여 실제와 같은 자연스러운 선 효과를 줄 수 있습니다.

❺ Pattern Brush : 등록된 패턴을 패스의 진행방향에 따라 적용하여 액자, 도로 등을 만들 때 적용할 수 있습니다.

– 아트 브러시 적용하기

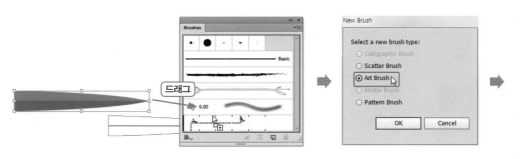

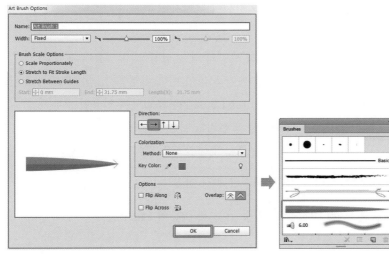

▲ 아트 브러시 등록

▲ 펜 툴로 곡선 작업

▲ 오브젝트에 적용

▲ Stroke 팔레트에서 선 두께 조절

⑤ Symbols 패널 ✿중요

– 반복적으로 사용할 오브젝트를 심벌로 등록하여 도큐먼트에 사용할 수 있는 패널입니다.

– Symbol Tool과 같이 사용하면 효과적이며 심벌 크기, 회전, 위치 이동, 투명도, 색상 조절 등을 할 수 있습니다.

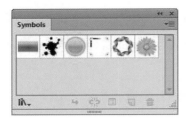

⑥ Stroke 패널 ✿중요

선택된 오브젝트의 선 두께나 형태를 지정해 줄 수 있는 패널입니다.

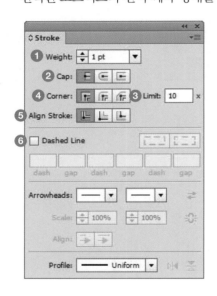

❶ Weight : 선의 두께를 설정할 수 있습니다.

❷ Cap : 끝점에 위치한 외곽선의 모양을 둥글게 또는 사각형으로 표현할 수 있습니다.

❸ Limit : 각진 포인트에서 외곽선이 꺾여지는 최대 수치값을 조절할 수 있습니다.

❹ Corner : 꺾인 선의 모서리 모양의 각을 설정할 수 있습니다.
　– Miter Join : 조절값에 따라 모양이 변하며 꺾인 지점이 뾰족하게 나오며 선의 굵기에 따라 Miter Limit값을 조절하여 적용합니다.
　– Round Join : 꺾어지는 모서리의 바깥쪽을 둥글게 표현할 수 있습니다.
　– Bevel Join : 꺾어지는 모서리 바깥쪽을 각이 지게 표현할 수 있습니다.

❺ Align Stroke : 선 안의 패스의 위치 설정

❻ Dashed Line : 테두리(외곽선)를 절선(끊어지는 선)으로 설정할 수 있습니다. 세 종류의 Dash(선의 길이)와 Gap(선과 선의 간격)을 지정할 수 있습니다.

– Align Stroke 적용

▲ Align Stroke to Center

▲ Align Stroke to Inside

▲ Align Stroke to Outside

– 점선 만들기

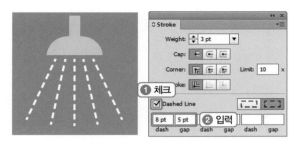

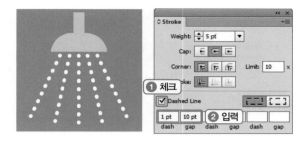

▲ Cap : Miter Join, dash : 8pt, gap : 5pt

▲ Cap : Round Join, dash : 1pt, gap : 10pt

7 Gradient 패널 중요

– 오브젝트에 연속적으로 변화하는 색상을 만들어 줄 때 사용하는 패널입니다.

– 색상 슬라이더를 선택한 후 Color 패널에서 색상을 변경해 줄 수 있습니다.

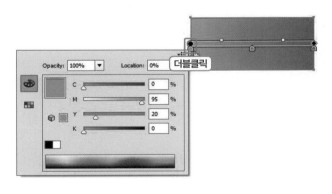

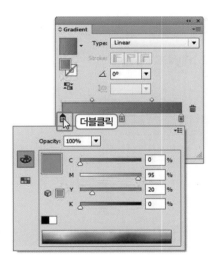

– **색상 추가/삭제하기** : 색상바의 빈 공간을 클릭하여 추가하거나 슬라이더를 클릭한 후 아래로 드래그하여 삭제할 수 있습니다.

8 Transparency 패널

오브젝트가 서로 겹쳐 있을 때 투명도나 색상혼합 모드 등 다양한 효과를 줄 수 있는 패널입니다.

9 Appearence 패널

– 오브젝트의 속성을 제어해 줄 수 있는 패널입니다.

– 면과 선을 추가하여 중복적으로 효과를 줄 수 있습니다.

10 Graphic Styles 패널

오브젝트를 쉽고 빠르게 그래픽 스타일을 적용할 수 있는 패널입니다.

11 Layers 패널

– 오브젝트를 각각의 층에 작업할 수 있는 패널입니다.

– [File]-[Export] 메뉴를 선택하여 나오는 대화상자에서 파일형식을 PSD로 저장하면 레이어를 그대로 포토샵으로 가져갈 수 있습니다.

⑫ Artboards 패널

아트보드를 추가하거나 삭제 및 정리를 하고 순서를 변경하여 편집하고 관리할 수 있는 패널입니다.

⑬ Transform 패널

오브젝트의 위치, 크기, 회전 등을 정확히 수치를 입력하여 변형할 수 있는 패널입니다.

⑭ Align 패널 [중요]

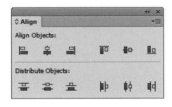

– 선택된 오브젝트들은 특정 기준 위치에 맞춰 정렬시킬 수 있는 패널입니다.
– Align 항목은 2개 이상의 오브젝트가 선택되어 있어야 결과를 확인할 수 있으며, Distribute 항목은 3개 이상의 오브젝트가 선택되어 있어야 결과를 확인할 수 있습니다.

– Align Objects : 2개 이상의 오브젝트가 선택되어 있어야 결과를 확인할 수 있으며, 기준 위치에 맞춰 정렬시켜 주는 기능입니다.

• Horizontal Align Left(▤) : 선택된 오브젝트 중 맨 왼쪽에 있는 오브젝트의 왼쪽 가장자리를 기준으로 정렬됩니다.

• Horizontal Align Center(▥) : 선택된 오브젝트 중 가운데에 있는 오브젝트의 중앙을 기준으로 정렬됩니다.

• Horizontal Align Right(▤) : 선택된 오브젝트 중 맨 오른쪽에 있는 오브젝트의 오른쪽 가장자리를 기준으로 정렬됩니다.

• Vertical Align Top(▯) : 선택된 오브젝트 중 맨 상단에 있는 오브젝트의 위쪽 가장자리를 기준으로 정렬됩니다.

• Vertical Align Center(▮) : 선택된 오브젝트 중 가운데에 있는 중앙을 기준으로 정렬됩니다.

• Vertical Align Bottom(▮) : 선택된 오브젝트 중 맨 하단에 있는 오브젝트의 아래쪽 자리를 기준으로 정렬됩니다.

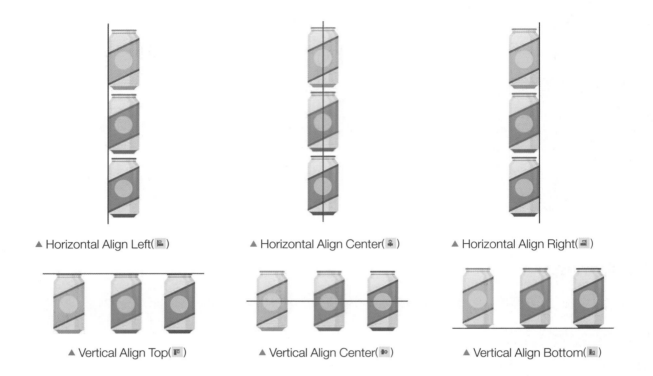

▲ Horizontal Align Left(▣)　　　▲ Horizontal Align Center(▣)　　　▲ Horizontal Align Right(▣)

▲ Vertical Align Top(▣)　　　▲ Vertical Align Center(▣)　　　▲ Vertical Align Bottom(▣)

– Distribute Objects : 3개 이상의 오브젝트가 선택되어 있어야 결과를 확인할 수 있으며, 각각의 기준 위치에 간격을 동일하게 배치시켜 주는 기능입니다.

▲ 작업 이미지

• Horizontal Distribute Left(▣) : 선택된 오브젝트 중 왼쪽을 기준으로 일정한 간격으로 배치합니다.

• Horizontal Distribute Center(▣) : 선택된 오브젝트 중 가운데를 기준으로 일정한 간격으로 배치합니다.

• Horizontal Distribute Right(▣) : 선택된 오브젝트 중 오른쪽을 기준으로 일정한 간격으로 배치합니다.

• Vertical Distribute Top(▣) : 선택된 오브젝트 중 상단을 기준으로 일정한 간격으로 배치합니다.

• Vertical Distribute Center(▣) : 선택된 오브젝트 중 중앙을 기준으로 일정한 간격으로 배치합니다.

• Vertical Distribute Bottom(▣) : 선택된 오브젝트 중 하단을 기준으로 일정한 간격으로 배치합니다.

▲ Horizontal Distribuet Left()

▲ Horizontal Distribute Center()

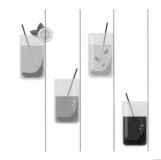

▲ Horizontal Distribute Right()

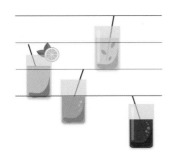

▲ Vertical Distribute Top()

▲ Vertical Distribute Center()

▲ Vertical Distribute Bottom()

- Distribute Spacing : 3개 이상의 오브젝트가 선택되어 있어야 결과를 확인할 수 있으며, 각각 오브젝트의 사이 간격을 동일하게 배치시켜 주는 기능입니다.

- Align 패널 오른쪽 상단 팝업 아이콘을 클릭하여 메뉴에서 Show Option을 선택하면 Distribute Spacing 항목을 표시할 수 있습니다.

- 오브젝트들을 선택한 후 〈Align to : Align to Key Object〉로 정렬기준을 선택하고 간격 수치를 입력한 후 가로 또는 세로 간격 분배를 선택하여 적용합니다.

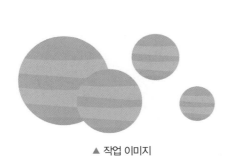

▲ 작업 이미지

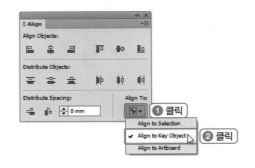

• Horizontal Distribute Space( ) : 선택된 오브젝트 사이 간격을 수평 방향으로 일정하게 배치합니다.

• Vertical Distribute Space( ) : 선택된 오브젝트 사이 간격을 수직 방향으로 일정하게 배치합니다.

▲ Horizontal Distribute Space(⬚)   ▲ Vertical Distribute Space(⬚)

15 Pathfinder 패널 중요

– 2개 이상의 오브젝트를 서로 겹쳐놓고 합치거나 나누어 새로운 형태의 오브젝트를 만들 수 있는 패널입니다.

– 적용된 오브젝트는 그룹화되어 각각의 개체 선택이 불가능하므로 [Object]-[Ungroup]이나 단축키 Ctrl + Shift + G를 눌러 실행합니다.

• Unite(⬚) : 선택된 오브젝트를 합칩니다.

• Minus Front(⬚) : 선택된 오브젝트 중 맨 뒤에 있는 오브젝트만 남기고 빼줍니다.

• Intersect(▣) : 선택된 오브젝트 중 교차하는 오브젝트만 남깁니다.

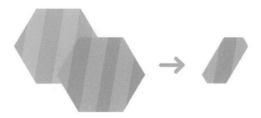

• Exclude(▣) : 선택된 오브젝트 중 교차하는 부분만 빼줍니다.

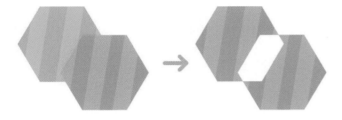

• Divide(▣) : 선택된 오브젝트의 겹친 부분을 분할하여 각각의 오브젝트로 나눕니다.

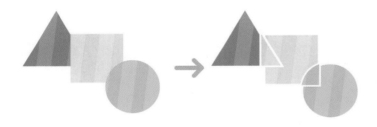

• Trim(▣) : 선택된 오브젝트 중 아래쪽 오브젝트의 겹친 부분을 삭제하여 보이는 부분만 남깁니다.

• Merge(▣) : 선택된 오브젝트의 색상이 다를 경우에는 Trim(▣) 이 적용되고, 같은 색상일 경우에는 합칩니다.

• Crop(▣) : 선택된 오브젝트 중 맨 위에 있는 오브젝트와 교차되는 부분만 남깁니다.

• Outline(▣) : 선택된 오브젝트들의 교차되는 부분을 분할하여 외곽선만 남깁니다.

• Minus Back(▣) : 선택된 오브젝트 중 맨 앞에 있는 오브젝트만 남기고 빼줍니다.

⑯ Navigator 패널

드래그하면 배율을 자유롭게 슬라이더로 확대/축소하면서 편리하게 작업할 수 있도록 도와주는 패널입니다.

⑰ Info 패널

선택한 오브젝트의 위치나 크기에 대한 정보를 표시하는 패널입니다.

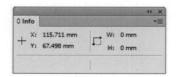

⑱ Character 패널 중요

글자에 관련된 글꼴, 크기, 자간 등을 설정할 수 있는 패널입니다.

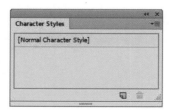

⑲ Paragraph 패널 중요

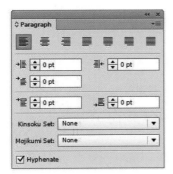

단락 속성을 지정하고 정렬, 들여쓰기, 윗줄 공백, 아랫줄 공백 등을 설정할 수 있는 패널입니다.

⑳ Glyphs 패널

특수문자나 영문, 대체문자를 입력할 수 있는 패널입니다.

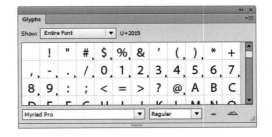

㉑ Tabs 패널

단락이나 문자의 탭의 위치를 변경할 수 있는 패널입니다.

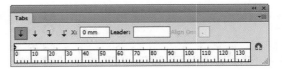

05 일러스트레이터 메뉴 바 핵심 기능 익히기

1 파일(File)

① New...	Ctrl+N	
New from Template...	Shift+Ctrl+N	
② Open...	Ctrl+O	
Open Recent Files	▶	
Browse in Bridge...	Alt+Ctrl+O	
Close	Ctrl+W	
③ Save	Ctrl+S	
④ Save As...	Shift+Ctrl+S	
Save a Copy...	Alt+Ctrl+S	
Save as Template...		
Save for Web...	Alt+Shift+Ctrl+S	
Save Selected Slices...		
Revert	F12	
⑤ Place...		
Save for Microsoft Office...		
⑥ Export...		
Scripts	▶	
⑦ Document Setup...	Alt+Ctrl+P	
⑧ Document Color Mode	▶	
File Info...	Alt+Shift+Ctrl+I	
Print...	Ctrl+P	
⑨ Exit	Ctrl+Q	

▲ 영문판

① 새로 만들기(N)...	Ctrl+N
템플릿으로 새로 만들기(T)...	Shift+Ctrl+N
② 열기(O)...	Ctrl+O
최근 파일 열기(F)	▶
Bridge에서 찾아보기...	Alt+Ctrl+O
닫기(C)	Ctrl+W
③ 저장(S)	Ctrl+S
④ 다른 이름으로 저장(A)...	Shift+Ctrl+S
사본 저장(Y)...	Alt+Ctrl+S
템플릿으로 저장...	
웹용으로 저장(W)...	Alt+Shift+Ctrl+S
선택 분할 영역 저장...	
복귀(V)	F12
⑤ 가져오기(L)...	
Microsoft Office용으로 저장...	
⑥ 내보내기(E)...	
스크립트(R)	▶
⑦ 문서 설정(D)...	Alt+Ctrl+P
⑧ 문서 색상 모드(M)	▶
파일 정보(I)...	Alt+Shift+Ctrl+I
인쇄(P)...	Ctrl+P
⑨ 종료(X)	Ctrl+Q

▲ 한글판

❶ New(새로 만들기) : 새로운 작업 도큐먼트를 열 때 사용하는 기능입니다.

❷ Open(열기) : 저장된 파일을 열 때 사용하는 기능입니다.

❸ Save(저장) : 작업 중인 파일을 저장합니다.

❹ Save as(다른 이름으로 저장) : 작업 중인 파일을 다른 이름으로 저장합니다.

❺ Place(가져오기) : 포토샵 등 다른 프로그램에서 작업된 파일을 현재 작업 중인 도큐먼트에 불러와 붙여 넣는 기능입니다.

❻ Export(내보내기) : 일러스트레이터 파일을 다른 형식으로 저장할 때 사용하는 기능입니다(확장자를 PSD로 저장하면 일러스트레이터 레이어 구성을 그대로 포토샵으로 넘길 수 있습니다).

❼ Document Setup(문서 실행) : 현재 활성화 된 도큐먼트를 설정해주는 기능입니다.

❽ Document Color Mode(문서 색상 모드) : 현재 활성화 된 도큐먼트의 색상 모드를 설정해주는 기능입니다.

❾ Exit(종료) : 일러스트레이터 프로그램을 종료하는 기능입니다.

② 편집(Edit)

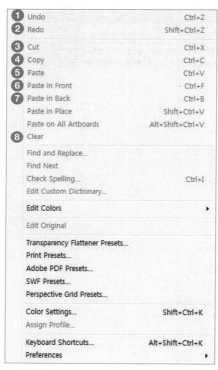

▲ 영문판

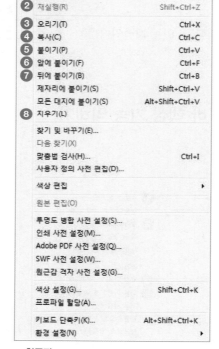

▲ 한글판

❶ Undo(취소) : 작업과정을 취소하는 기능입니다.

❷ Redo(재실행) : 작업과정을 복구하는 기능입니다.

❸ Cut(오리기) : 선택된 오브젝트를 클립보드에 잘라내어 임시 저장하는 기능입니다.

❹ Copy(복사) : 선택된 오브젝트를 클립보드에 복사하여 임시 저장하는 기능입니다.

⑤ Paste(붙이기) : 복사된 오브젝트를 활성화 된 도큐먼트에 붙여 넣을 때 사용하는 기능입니다.

⑥ Paste in Front(앞에 붙이기) : 선택된 오브젝트의 앞에 붙여넣기 하는 기능입니다.

⑦ Paste in Back(뒤에 붙이기) : 선택된 오브젝트의 뒤에 붙여넣기 하는 기능입니다.

⑧ Clear(지우기) : 선택된 오브젝트를 삭제합니다.

③ 오브젝트(Object)

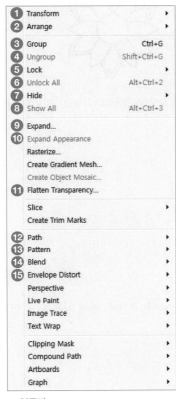

▲ 영문판

▲ 한글판

❶ Transform(변형) : 선택된 오브젝트를 대화상자를 이용해 이동, 크기, 회전, 반사 등으로 변형시켜주는 기능입니다.

❷ Arrange(정돈) : 선택된 오브젝트의 그려진 순서를 변경해주는 기능입니다.

❸ Group(그룹) : 선택된 오브젝트를 그룹화 시켜주는 기능입니다.

❹ Ungroup(그룹 풀기) : 그룹화 된 오브젝트를 각각의 오브젝트로 분리해주는 기능입니다.

❺ Look(잠금) : 오브젝트가 편집이 되지 않도록 잠그는 기능입니다.

❻ Unlock All(모든 잠금 풀기) : 잠근(Look) 메뉴로 잠궈 둔 오브젝트를 해제해주는 기능입니다.

❼ Hide(숨기기) : 작업 중 방해가 되는 오브젝트를 숨겨주는 기능입니다.

❽ Show All(모두 표시) : Hide(숨기기) 메뉴가 적용된 오브젝트를 다시 화면에 보여주는 기능입니다.

❾ Expand(확장)

  – 오브젝트의 선과 면을 독립된 각각의 오브젝트로 분해해주는 기능입니다.

  – 그라디언트나 패턴이 적용된 오브젝트에 적용하면 편집 가능한 오브젝트 단위로 분해해 줄 수 있습니다.

⑩ **Expand Appearance(모양 확정)** : Appearance(모양) 패널에 적용된 브러시나 효과를 오브젝트로 분리해주는 기능입니다.

⑪ **Flatten Transparency(투명도 병합)** : 오브젝트의 투명도에 의해 만들어진 합성 결과 이미지를 독립된 오브젝트로 분리해주는 기능입니다(Stroke 패널에서 점선으로 만든 오브젝트를 분리하는 데 사용합니다).

⑫ **Path(패스)** : 패스를 붙이거나 테두리선을 면으로 바꿔주는 등 패스에 관련된 기능입니다.

⑬ **Pattern(패턴)** : 선택된 오브젝트를 패턴으로 등록하는 기능입니다.

▲ 패턴으로 등록할 모양을 그립니다.　　▲ 반복될 패턴의 영역을 면과 테두리에 색상 없이　　▲ 전체 오브젝트를 선택하고 패턴으로 등록합니다.
　　　　　　　　　　　　　　　　사각형으로 그려주고 맨 뒤로 배치시킵니다.

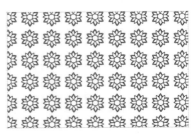

◀ 패턴이 적용된 결과 이미지

⑭ **Blend(블랜드)** : 두 오브젝트의 중간단계를 오브젝트로 만들어주는 기능입니다.

⑮ **Envelope Distort(둘러싸기 왜곡)** : 선택된 오브젝트를 특정 스타일로 왜곡시키거나 베지어 곡선에 의해 자유롭게 변형할 수 있는 기능입니다.

④ 문자(Type)

▲ 영문판　　　　　　　　　　　　　　　　　　　▲ 한글판

❶ Font(글꼴) : 글꼴을 선택할 수 있는 기능입니다.

❷ Size(크기) : 글자의 크기를 지정할 수 있습니다.

❸ Create Outlines(윤곽선 만들기) : 글자를 오브젝트로 변환하여 Direct Selection Tool( ) 등으로 편집이 가능하게 만들어주는 기능입니다.

⑤ 선택(Select)

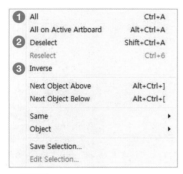

▲ 영문판

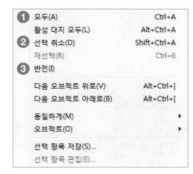

▲ 한글판

❶ All(전체) : 도큐먼트 전체 오브젝트를 선택하는 기능입니다.

❷ Deselect(선택 취소) : 선택된 오브젝트를 해제해주는 기능입니다.

❸ Inverse(반전) : 선택된 오브젝트는 해제하고, 해제된 오브젝트는 선택하는 기능입니다.

⑥ 효과(Effect)

▲ 영문판

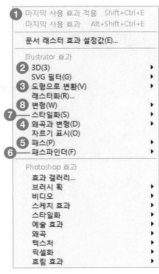

▲ 한글판

❶ Apply Last Effect(마지막 사용 효과 적용) : 마지막에 적용된 효과를 같은 설정값으로 적용하는 기능입니다.

❷ 3D : 선택된 오브젝트에 3D효과를 적용하는 기능입니다.

❸ Convert to Shape(도형으로 변환) : 선택된 오브젝트를 사각형, 둥근 사각형, 타원형으로 변형하는 기능입니다.

❹ Distort & Transform(왜곡과 변형) : 선택된 오브젝트를 변형할 때 사용하는 기능입니다.

❺ Path(패스) : 선택된 오브젝트를 Offset 시키거나 테두리를 만들어주는 기능입니다.

❻ Pathfinder(패스파인더) : Pathfinder 패널과 같은 효과를 주는 기능입니다.

❼ Stylize(스타일화) : 선택된 오브젝트에 특정 스타일을 적용하는 기능입니다.

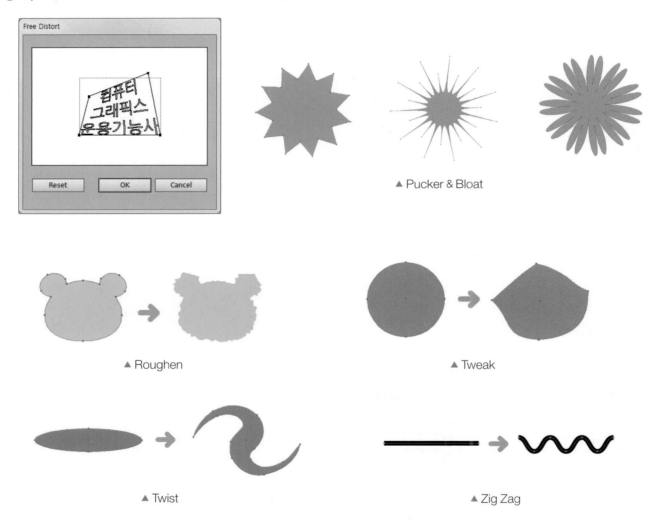

▲ Pucker & Bloat

▲ Roughen

▲ Tweak

▲ Twist

▲ Zig Zag

❽ Warp(변형) : 선택된 오브젝트를 다양한 형태로 변형하는 기능입니다.

⑦ 보기(View)

▲ 영문판

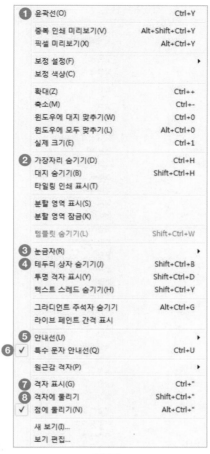

▲ 한글판

❶ Outline(윤곽선) : 작업 도큐먼트의 전체 오브젝트를 윤곽선만 보이게 하는 기능입니다. 다시 선택하면 원래 상태로 되돌릴 수 있습니다.

❷ Hide Edges(가장자리 숨기기) : 오브젝트의 패스라인을 보이거나 숨기는 기능입니다.

❸ Rulers(눈금자 표시) : 눈금자를 보이거나 숨기는 기능입니다.

❹ Hide Bouding Box(테두리 상자 숨기기) : 오브젝트를 선택하면 나오는 바운딩 박스를 보이거나 숨기는 기능입니다.

❺ Guides(안내선) : 안내선은 눈금자에서 마우스를 드래그하여 표시할 수 있으며, 안내선을 보이거나 숨기는 기능입니다.

❻ Smart Grides(특수 문자 안내선) : 스마트 가이드를 활성화 시키거나 비활성화 시키는 기능으로, 보다 정확한 위치나 크기를 지정할 때 유용하게 사용되는 기능입니다.

❼ Show Grid(격자 표시) : 모눈종이와 같은 격자를 표시하거나 숨길 수 있는 기능입니다.

❽ Snap to Gird(격자에 물리기) : 격자 모양대로 스냅을 걸어줄 수 있는 기능입니다.

8 Window(윈도우)

각종 패널을 화면에 표시하거나 숨길 수 있는 기능입니다.

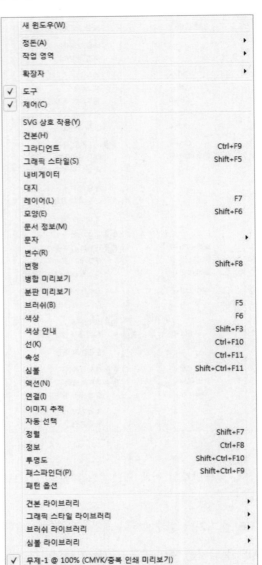

New Window	
Arrange	▶
Workspace	▶
Extensions	▶
Control	
Tools	
Actions	
Align	Shift+F7
Appearance	Shift+F6
Artboards	
Attributes	Ctrl+F11
Brushes	F5
Color	F6
Color Guide	Shift+F3
Document Info	
Flattener Preview	
Gradient	Ctrl+F9
Graphic Styles	Shift+F5
Image Trace	
Info	Ctrl+F8
Layers	F7
Links	
Magic Wand	
Navigator	
Pathfinder	Shift+Ctrl+F9
Pattern Options	
Separations Preview	
Stroke	Ctrl+F10
SVG Interactivity	
Swatches	
Symbols	Shift+Ctrl+F11
Transform	Shift+F8
Transparency	Shift+Ctrl+F10
Type	▶
Variables	
Brush Libraries	▶
Graphic Style Libraries	▶
Swatch Libraries	▶
Symbol Libraries	▶
✓ Untitled-1 @ 24% (CMYK/Preview)	

▲ 영문판

새 윈도우(W)	
정돈(A)	▶
작업 영역	▶
확장자	▶
✓ 도구	
✓ 제어(C)	
SVG 상호 작용(Y)	
견본(H)	
그라디언트	Ctrl+F9
그래픽 스타일(S)	Shift+F5
내비게이터	
대지	
레이어(L)	F7
모양(E)	Shift+F6
문서 정보(M)	
문자	▶
변수(R)	
변형	Shift+F8
병합 미리보기	
분판 미리보기	
브러쉬(B)	F5
색상	F6
색상 안내	Shift+F3
선(K)	Ctrl+F10
속성	Ctrl+F11
심볼	Shift+Ctrl+F11
액션(N)	
연결(I)	
이미지 추적	
자동 선택	
정렬	Shift+F7
정보	Ctrl+F8
투명도	Shift+Ctrl+F10
패스파인더(P)	Shift+Ctrl+F9
패턴 옵션	
견본 라이브러리	▶
그래픽 스타일 라이브러리	▶
브러쉬 라이브러리	▶
심볼 라이브러리	▶
✓ 무제-1 @ 100% (CMYK/중복 인쇄 미리보기)	

▲ 한글판

1 태극마크 그리기

▲ 작업 완성물

❶ Ellipse Tool(◯)을 선택한 후 Alt 키와 Shift 키를 누른 상태로 정원을 〈면 : 흰색, 테두리 : 검정〉으로 그리고, Scale Tool(◲)을 더블클릭한 후 〈Scale : 50〉을 지정하고 [Copy] 버튼을 눌러 복사합니다.

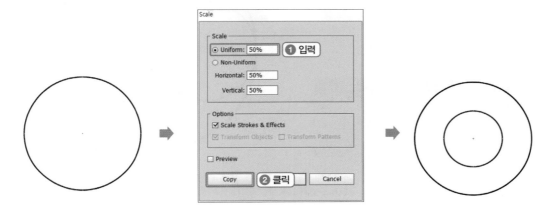

❷ 두 개의 원을 선택한 후 Align 패널에서 [Horizontal Align Left(◱)] 버튼을 클릭하여 작은 원을 왼쪽으로 정렬합니다.

❸ 큰 원을 선택한 후 Scale Tool(◲)을 더블클릭하여 <Scale : 50>을 지정하고 복사한 후 큰 원과 중앙의 작은 원을 선택하여 Align 패널에서 [Horizontal Align Right(◳)] 버튼을 클릭하여 작은 원을 오른쪽으로 정렬합니다.

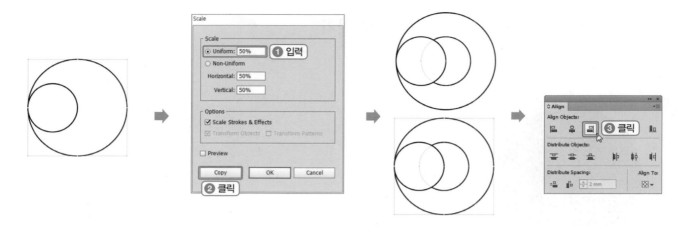

❹ 큰 원과 작은 원 모두 선택한 후 Pathfinder 패널에서 [Devide]를 클릭하여 오브젝트를 분할하고, 마우스 오른쪽 버튼을 클릭한 후 [Ungroup]을 선택하여 그룹을 해제합니다.

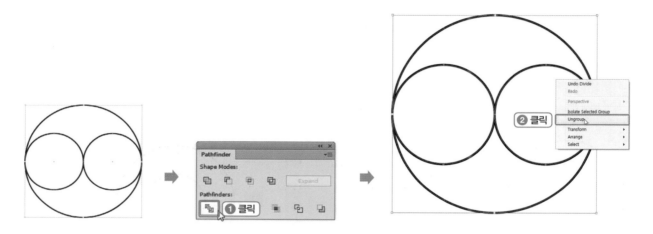

❺ 아래 그림과 같이 선택하여 상단 태극 문양에는 Color 패널에서 〈M100Y100〉 색상을 적용하고, 하단 태극 문양은 〈C100M100〉 색상을 적용합니다.

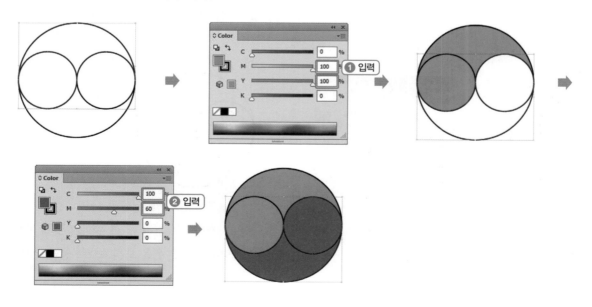

❻ 큰 원과 작은 원을 모두 선택한 후 Pathfinder 패널에서 [Merge]를 클릭하여 면색이 같은 오브젝트들을 합칩니다.

❼ 태극 문양의 전체를 선택한 후 Rotate Tool(↻)을 더블클릭하여 대화상자가 나타나면 〈Angel : −15〉를 지정하고 [OK] 버튼을 눌러 회전시켜 완성합니다.

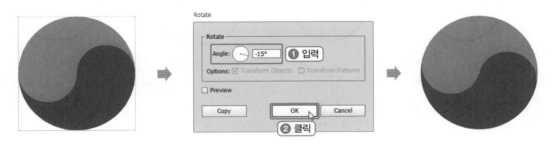

② 클립만들기

▲ 작업 완성물

❶ Ellipse Tool(◯)을 선택한 후 Alt 키와 Shift 키를 누른 상태로 정원을 〈면 : 흰색, 테두리 : 검정〉으로 그리고, Alt 키를 누르고 위로 드래그하며 Shift 를 눌러 수직으로 정원을 복사합니다.

Selection Tool(▶)을 선택하여 복사한 정원에 조절상자가 나타나면 오른쪽 하단 조절점을 Shift 키를 누른 상태로 잡아당겨 정비율로 크기를 확대합니다.

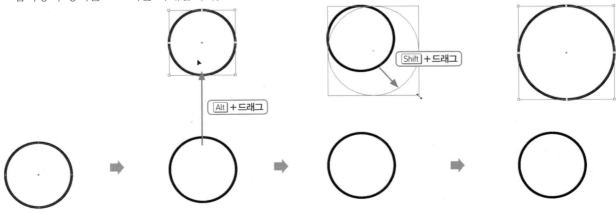

❷ ❶과 같은 방법으로 아래로 정원을 복사한 후 Selection Tool(▶)을 선택하여 복사한 정원에 조절상자가 나타나면 왼쪽 상단 조절점을 Shift 키를 누른 상태로 잡아당겨 정비율로 크기를 확대합니다.

Direct Selection Tool(▶)을 선택하여 아래 그림과 같이 중간부분의 점들을 선택하여 Delete 키를 눌러 삭제합니다.

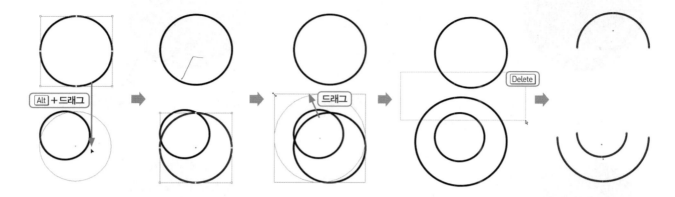

❸ Direct Selection Tool(▶)을 선택하여 두 점을 마우스로 드래그하여 선택한 후, [Object]-[Path]-[Join] 메뉴를 눌러 두 개의 점을 이어줍니다. 같은 방법으로 오른쪽 두 점을 선택하여 [Object]-[Path]-[Join] 메뉴를 눌러 점들을 이어줍니다(두 개의 점을 선택하고 마우스 오른쪽 버튼을 클릭하여 [Join]을 선택할 수도 있습니다).

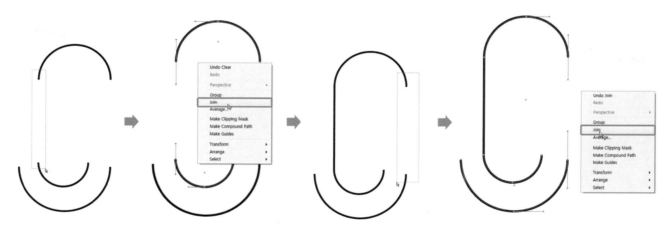

❹ Pen Tool(✐)을 선택하여 패스를 연장하여 그리고, Direct Selection Tool(▶)을 선택하여 아래 그림과 같이 선택하여 길이를 늘려줍니다.

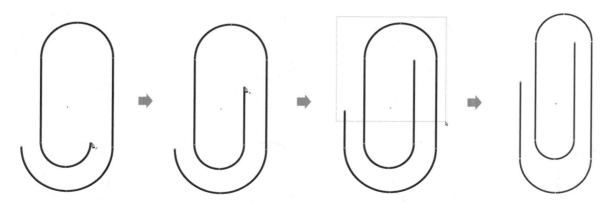

❺ 클립을 선택하여 선의 두께를 〈Stroke : 10pt〉를 설정하고 [Object]-[Expand] 메뉴를 선택하여 선을 면으로 전환합니다.

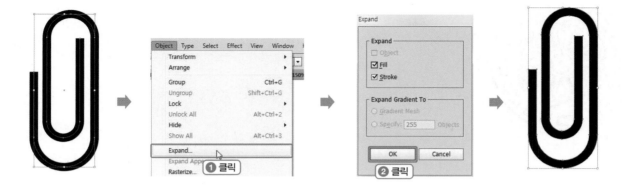

❻ 클립을 아래 그림과 같이 복사하여 회전하고 두 개의 클립을 선택한 후 Pathfinder 패널에서 [Devide]를 클릭하여 오브젝트를 분할합니다.

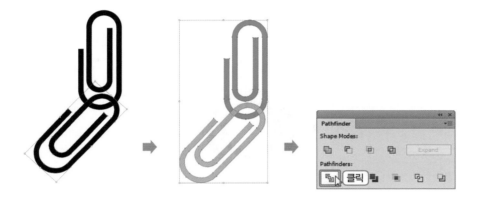

❼ Group Selection Tool( )로 클립이 교차되는 부분의 오브젝트를 선택하고 Eyedropper Tool( )로 아래 그림과 같이 인접되어 있는 색을 클릭하여 적용합니다.

두 개의 클립을 모두 선택하여 Pathfinder 패널에서 [Merge] 버튼을 눌러 같은 색상의 오브젝트를 합칩니다.

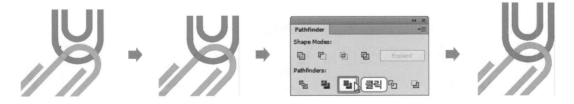

▲ 작업 완성물

❶ Ellipse Tool(⬭)을 선택한 후 [Alt] 키와 [Shift] 키를 누른 상태로 정원을 〈면 : 흰색, 테두리 : C60M60Y20K0, Stroke : 10pt〉로 그리고, Scale Tool(⬚)을 더블클릭한 후 〈Scale : 65〉를 지정하고 [Copy] 버튼을 눌러 복사합니다.

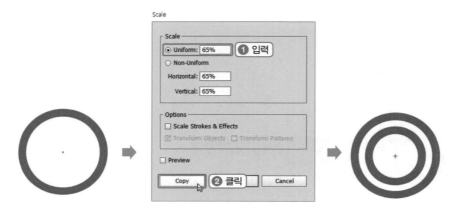

❷ 복사한 정원을 Selection Tool(▶)을 선택한 후 [Alt] 키와 [Shift] 키를 누른 상태로 위로 드래그하여 수직으로 정원을 복사합니다. Direct Selection Tool(▷)을 선택한 후 아래 그림과 같이 점을 선택하고 상단 옵션에서 〈Convert : Convert select anchor points to corner〉를 선택하여 꺾인 선으로 전환한 후 아래 방향으로 잡아당겨 모양을 수정합니다.

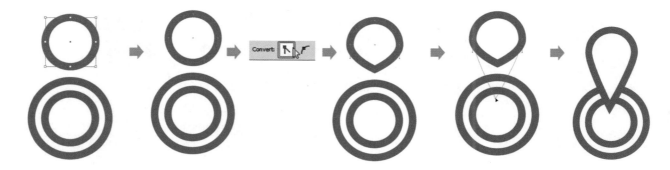

❸ Selection Tool(▶)로 오브젝트를 선택한 후 [Object]-[Path]-[Offset] 메뉴를 선택하여 〈Offset : −3mm〉를 설정하고 [OK] 버튼을 눌러 축소합니다. 두 개의 오브젝트를 선택하고 마우스 오른쪽 버튼을 클릭한 후 [Arrange]-[Send to Beck] 메뉴를 클릭하여 맨 뒤로 배열합니다.

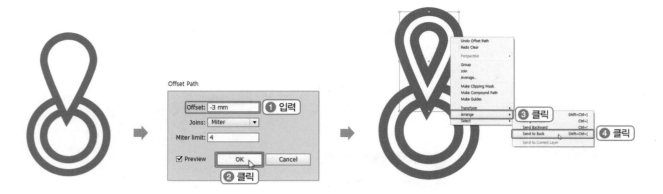

❹ 문양의 반쪽을 선택한 후 Rotate Tool(⟳)을 선택하고 Alt 키를 누른 상태에서 중심 포인트를 클릭하여 ⟨Angel : 45⟩를 지정하고 [Copy] 버튼을 눌러 복사한 후 Ctrl + D 를 6번 눌러 반복하여 회전합니다.

❺ Selection Tool(►)로 중심에 위치한 두 개의 원형을 선택한 후 그림과 같이 Alt 키를 누르고 위로 이동 복사하고 마우스 오른쪽 버튼을 클릭하여 [Arrange]-[Send to Beck] 메뉴를 클릭하여 맨 뒤로 배열합니다. 다시 ❹와 같은 방법으로 Alt 키를 누른 상태에서 중심 포인트를 클릭하여 ⟨Angel : 45⟩를 지정하고 [Copy] 버튼을 눌러 복사한 후 Ctrl + D 를 6번 눌러 반복하여 회전합니다.

❻ Pen Tool(✐)로 클릭하여 직선 패스를 그린 뒤 Reflect Tool(⬚)을 선택한 후 [Alt] 키를 누른 상태에서 중심 포인 트를 클릭하여 〈Vertical〉를 지정하고 [Copy] 버튼을 눌러 세로축 기준으로 반전하여 복사합니다.

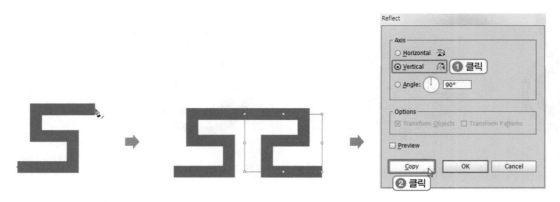

❼ 오브젝트를 선택한 후 Brushes 패널로 드래그하여 New Brush 대화상자가 나타나면 〈pattern Brush〉를 선택하 고 [Ok] 버튼을 눌러 패턴브러시로 등록합니다.

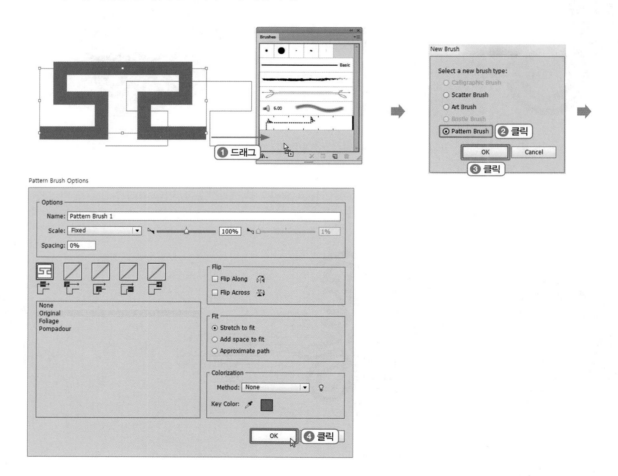

❽ Ellpse Tool(⬭)을 선택한 후 문양 중심을 기준으로 [Alt] 키와 [Shift] 키를 누른 상태로 정원을 그리고, Brushes 패널 에 등록한 패턴 브러시를 선택하고 다시 문양 중심을 기준으로 [Alt] 키와 [Shift] 키를 누른 상태로 정원 두 개를 그린 후 〈Stroke : 1pt〉를 설정하여 전통문양을 완성합니다.

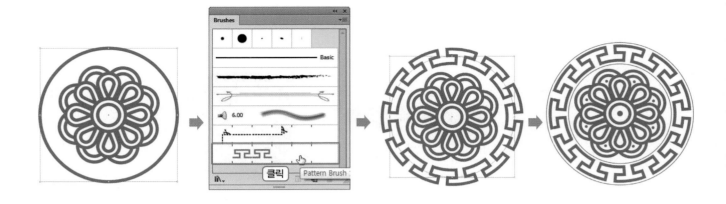

4 삼태극 만들기

▲ 작업 완성물

❶ Polar Grid Tool(⊛)을 더블클릭하여 ⟨Width : 100mm, Height : 100mm, Concentric Deviders Number : 0, Radial Deviders Number : 3⟩으로 극좌표를 생성하고 ⟨면 : 흰색, 테두리 : 검정⟩으로 지정합니다. 마우스 오른쪽 버튼을 클릭하여 [Ungroup]을 선택하여 그룹을 해제하고, 선들을 Alt 키와 Shift 키를 누르고 중심바깥쪽으로 드래그하여 확대합니다.

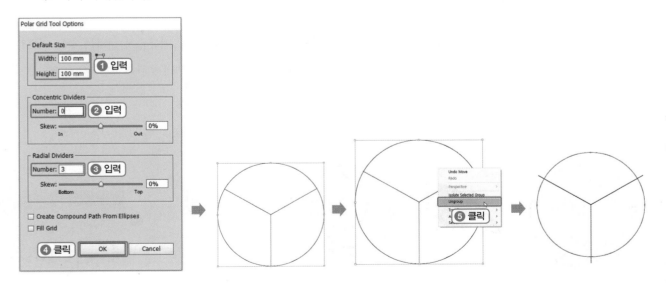

❷ Selection Tool(▶)로 모두 선택한 후 Pathfinder 패널에서 [Devide]를 클릭하여 분할하고 아래 그림과 같이 〈M100Y100, C85M50, Y100〉 색상을 적용합니다.

❸ Selection Tool(▶)로 다시 모두 선택한 후 Transform 패널에서 〈W : 100mm, H : 100mm〉로 크기를 지정하고, Twirl Tool(◠)을 더블클릭하여 〈Width : 100mm, Height : 100mm, Twail Rate : 120, Detail : 10, Simplify 해제〉를 설정하고 [OK] 버튼을 누른 후 원형 중심에 맞춰 클릭하여 아래 그림과 같이 적용하여 삼태극을 만듭니다.

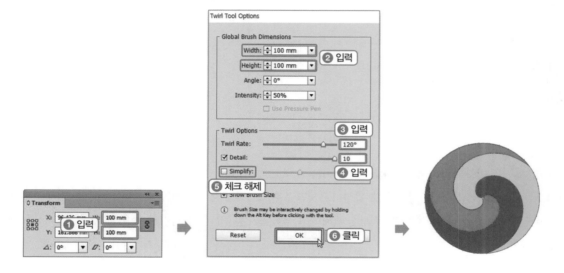

❹ 삼태극을 선택하여 선의 두께를 〈Stroke : 5pt〉로 설정하고 [Object]-[Expand] 메뉴를 선택하여 선을 면으로 전환한 후 Pathfinder 패널에서 [Merge] 버튼을 눌러 같은 색상들은 합칩니다. Group Selection Tool(▶⁺)로 검정색 영역을 선택한 후 Delete 키를 눌러 삭제하여 삼태극을 완성합니다.

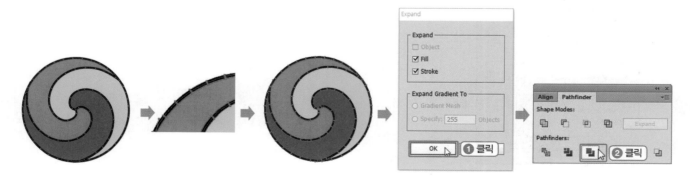

5 원근감 필름만들기

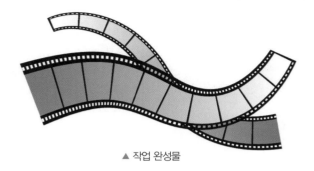

▲ 작업 완성물

❶ Rectangle Tool(▣)을 선택하여 두 개의 직사각형을 그리고, 〈면 : K100 , 테두리 : 없음〉, 〈면 : M15 Y60 , 테두리 : 없음〉을 적용한 후 Align 패널에서 〈Vertical Align Center〉를 선택하여 정렬합니다.

❷ Rectangle Tool(▣)을 선택하여 그림과 같이 사각형을 그리고, 〈면 : 흰색 , 테두리 : 없음〉을 적용한 후 [Alt] 키와 [Shift] 키를 누른 상태에서 오른쪽으로 드래그하여 수평으로 사각형을 복사합니다. Blend Tool(⬟)을 선택하고 양쪽 사각형을 번갈아 클릭하여 선택한 후 Blend Tool(⬟)을 다시 더블클릭하여 〈Spacing : Specified Steps : 5〉를 설정하고 [OK] 버튼을 눌러 수직 방향으로 복사합니다.

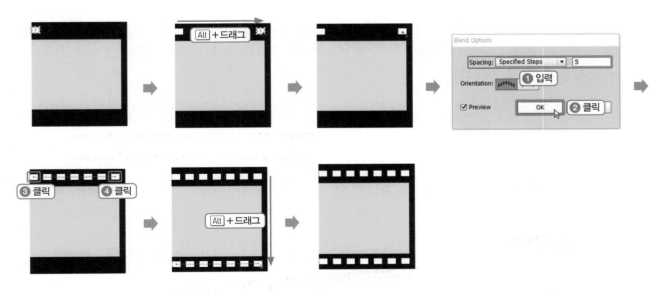

❸ 필름을 Brushes 패널로 드래그하여 New Brush 대화상자가 나타나면 〈pattern Brush〉를 선택하고 [Ok] 버튼을
눌러 패턴브러시로 등록합니다.

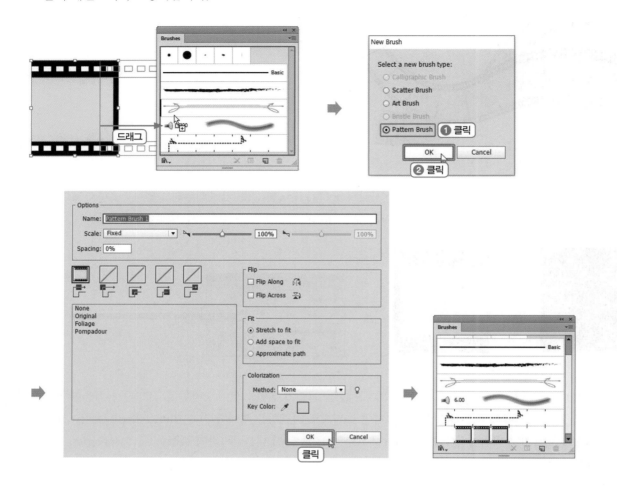

❹ Line Segment Tool(✎)을 선택하여 수평선을 그리고, Brushes 패널에 등록한 필름 패턴 브러시를 적용한 후
[Effects]-[Distort & Tranform] 메뉴를 선택하여 대화상자가 나타나면 왼쪽 조절점을 위아래로 아래 그림과 같이
이동한 후 [Ok] 버튼을 눌러줍니다.

❺ Pen Tool로 그림과 같이 그립니다.

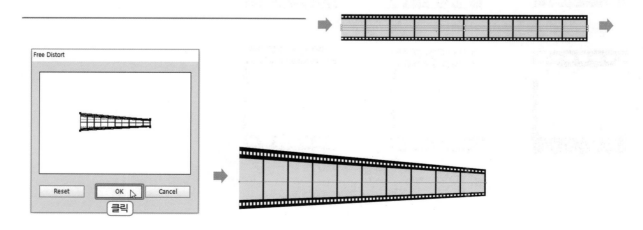

❻ 원근감이 적용된 필름을 Brushes 패널로 다시 드래그하여 New Brush 대화상자가 나타나면 〈Art Brush〉를 선택하고 [Ok] 버튼을 눌러 아트 브러시로 등록합니다.

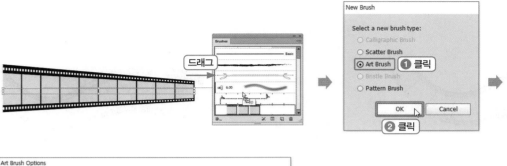

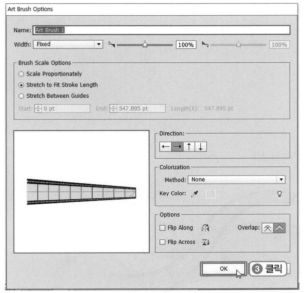

❼ Pen Tool(✐)로 드래그하며 곡선 패스를 그린 뒤 Brushes 패널에 등록한 아트 브러시를 적용한 후 선의 두께를 〈앞 : 1.3pt, 뒤 : 0.7pt〉로 변경하고 [Object]-[Expand] 메뉴를 선택하여 선을 면으로 전환합니다.

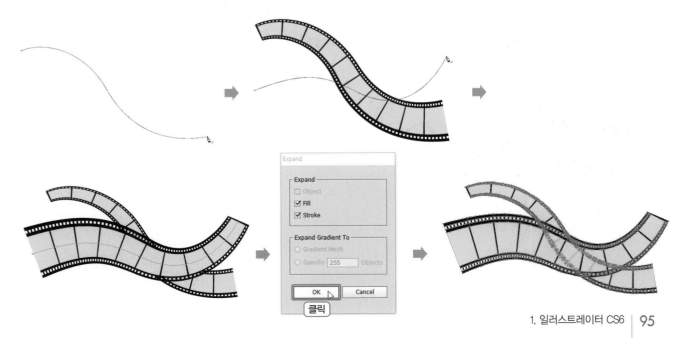

❽ Selection Tool(▶)로 앞에 위치한 필름을 더블클릭하여 그룹 속성에 들어가 Magic Wand Tool(✦)로 아래 그림과 같이 선택한 후 Gradient Tool(■)을 더블클릭하여 Gradient 패널에서 〈흰색 : K50〉 색을 지정하고 작업창에서 필름 가로 폭에 맞게 수평으로 길게 드래그하여 그라데이션을 적용합니다.

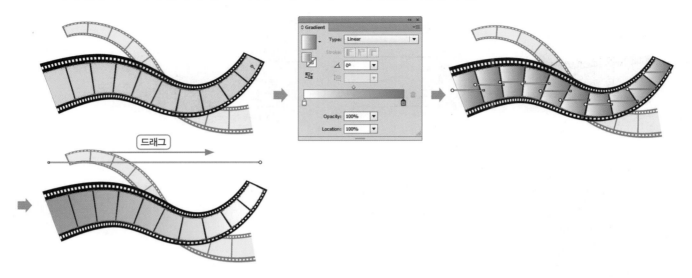

❾ 뒤에 위치한 필름도 ❽과 같은 방법을 적용하여 필름을 완성합니다.

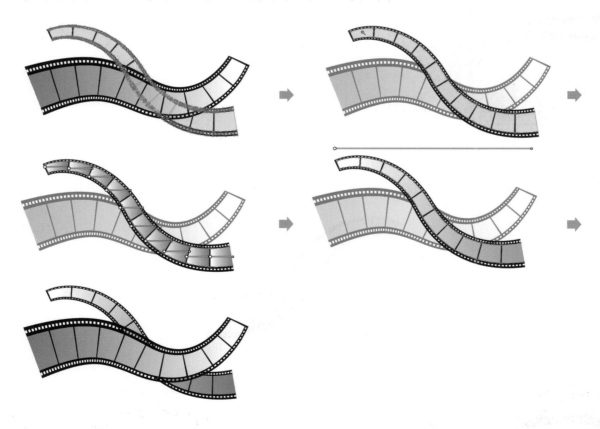

02 포토샵 CS6

01 포토샵 CS6 기본화면 구성

포토샵 CS6 초기화면은 다음과 같습니다. 각 영역의 정확한 명칭과 기능에 대해 살펴보도록 하겠습니다.

❶ **메뉴 바** : 포토샵에서 제공하는 명령어들을 풀다운 형식으로 표시합니다.

❷ **옵션 바** : 툴 메뉴에 대한 세부 옵션을 지정할 수 있습니다. 툴 메뉴 선택 시 해당 옵션으로 자동 변경됩니다.

❸ **툴 박스** : 포토샵 작업에 필요한 각종 툴을 모아 놓은 곳으로, 마우스를 드래그하는 방식으로 작업이 이루어집니다. 그러므로 충분한 학습이 필요한 부분입니다.

❹ **도큐먼트 창(작업 영역)** : 실제 작업이 이루어지는 공간입니다.

❺ **패널** : 포토샵에서 제공되는 기능 등을 패널 형식으로 모아 놓은 곳으로, [Window] 메뉴를 이용하여 해당 패널을 꺼내어 사용할 수 있습니다.

❻ **상태 표시줄** : 전반적인 이미지 정보나 툴에 대한 정보를 표시합니다.

02 포토샵 CS6 [Tool] 패널 구성

포토샵 작업에 사용하는 도구들을 모아놓은 상자입니다. [Tool] 패널을 숨기거나 다시 나타나게 하려면 [Window]–[Tools] 메뉴를 클릭합니다.

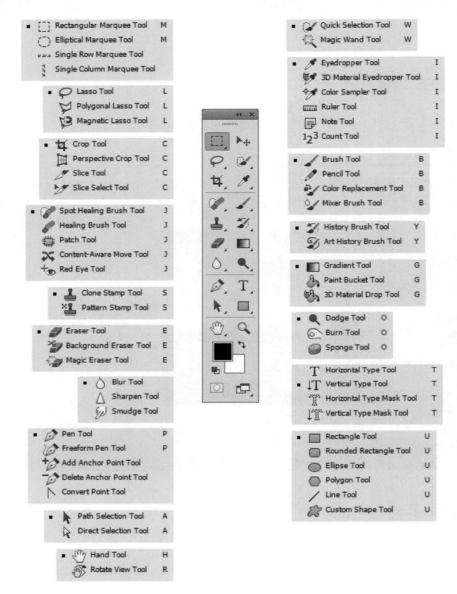

Rectangular Marquee Tool	M
Elliptical Marquee Tool	M
Single Row Marquee Tool	
Single Column Marquee Tool	

Lasso Tool	L
Polygonal Lasso Tool	L
Magnetic Lasso Tool	L

Crop Tool	C
Perspective Crop Tool	C
Slice Tool	C
Slice Select Tool	C

Spot Healing Brush Tool	J
Healing Brush Tool	J
Patch Tool	J
Content-Aware Move Tool	J
Red Eye Tool	J

Clone Stamp Tool	S
Pattern Stamp Tool	S

Eraser Tool	E
Background Eraser Tool	E
Magic Eraser Tool	E

Blur Tool	
Sharpen Tool	
Smudge Tool	

Pen Tool	P
Freeform Pen Tool	P
Add Anchor Point Tool	
Delete Anchor Point Tool	
Convert Point Tool	

Path Selection Tool	A
Direct Selection Tool	A

Hand Tool	H
Rotate View Tool	R

Quick Selection Tool	W
Magic Wand Tool	W

Eyedropper Tool	I
3D Material Eyedropper Tool	I
Color Sampler Tool	I
Ruler Tool	I
Note Tool	I
Count Tool	I

Brush Tool	B
Pencil Tool	B
Color Replacement Tool	B
Mixer Brush Tool	B

History Brush Tool	Y
Art History Brush Tool	Y

Gradient Tool	G
Paint Bucket Tool	G
3D Material Drop Tool	G

Dodge Tool	O
Burn Tool	O
Sponge Tool	O

Horizontal Type Tool	T
Vertical Type Tool	T
Horizontal Type Mask Tool	T
Vertical Type Mask Tool	T

Rectangle Tool	U
Rounded Rectangle Tool	U
Ellipse Tool	U
Polygon Tool	U
Line Tool	U
Custom Shape Tool	U

TIP 숨어있는 도구 찾는 방법

① [Tool] 패널에서 도구 아이콘의 오른쪽 아래에 있는 작은 삼각형은 숨어 있는 도구가 있음을 나타냅니다. 표시되는 도구 위에서 마우스로 길게 아이콘을 클릭하면 숨겨진 도구를 선택할 수 있습니다.

② Alt 키를 누르고 아이콘을 클릭하면 차례대로 숨겨진 도구를 선택할 수 있습니다.

03 Tool(툴) 도구 기능 익히기

1 선택 도구 및 이동 도구

① Rectangular Marquee Tool(사각형 선택 윤곽 툴) – ⬚

- 선택 영역을 사각형 형태로 지정할 수 있는 툴입니다.
- Ctrl + D 를 누르면 모든 선택 영역이 해제됩니다.
- 단축키(선택 툴 사용 시 공통 사항)

단축키/이미지 조건	작업 이미지에 선택 영역이 없을 시	작업 이미지에 선택 영역이 있을 시
Shift +드래그	정사각형으로 선택됩니다.	선택 영역을 추가합니다.( )
Alt +드래그	중심에서부터 선택됩니다.	선택 영역을 빼줍니다.( )
Shift + Alt +드래그	중심에서부터 그려지는 정사각형을 선택합니다.	교차되는 부분만 선택합니다.( )
Ctrl +드래그	이미지를 이동 시킵니다(Alt 키를 추가로 누른 상태로 이동하면 복사됩니다).	
Space Bar +드래그	선택 영역을 멈추고 위치 이동 후 계속해서 선택합니다.	

▲ 원본 이미지

▲ Add to selection( )

▲ Subtrack from selection( )
– 선택 영역 제외

▲ Intersect with selection( )
– 교차영역 선택

② Elliptical Marquee Tool(원형 선택 윤곽 툴) – ⬭

- 선택 영역을 원형 형태로 지정할 수 있는 툴입니다.
- 사각형 선택 윤곽 툴에서 사용되는 단축키는 같습니다.

③ Single Row Marquee Tool(단일 행 선택 윤곽 툴) –

가로 줄로 1픽셀을 선택하는 툴입니다.

④ Single Column Marquee Tool(단일 열 선택 윤곽 툴) –

세로 줄로 1픽셀을 선택하는 툴입니다.

⑤ Move Tool(이동 툴) – ▶ 중요

– 선택된 이미지를 이동하거나 복사할 때 사용하는 툴입니다.

– Alt 키를 누른 상태로 이동하면 이미지가 복사됩니다.

– 레이어가 있는 이미지를 복사할 때 선택 영역을 설정하고 복사하면 같은 레이어상에 복사되고, 선택 영역이 없는 상태에서 복사하면 새로운 레이어로 복사됩니다.

– 선택 영역이 있는 상태에서 복사

– 선택 영역이 없는 상태에서 복사

⑥ Lasso Toll(올가미 툴) – ♀ 중요

– 특정 이미지를 사각형이나 원형이 아닌 자유곡선 형태로 선택할 수 있는 툴입니다.

– Alt 키를 누른 상태에서 클릭하면 일시적으로 Polygonal Lasso Tool로 전환하여 영역을 선택할 수 있습니다.

⑦ Polygonal Lasso Tool(다각형 올가미 툴) – ▽ 중요

– 마우스를 클릭하여 직선으로 선택 영역을 지정할 수 있는 툴입니다.

– Alt 키를 누른 상태에서 클릭하면 일시적으로 Lasso Tool로 전환하여 영역을 선택할 수 있습니다.

⑧ Magnetic Lasso Tool(자석 올가미 툴) – 🏴 중요

- 마우스를 클릭하여 이미지 경계부분을 따라 이동하면 이미지의 색상이나 명도 차이가 심한 부분의 경계를 자동으로 선택할 수 있는 툴입니다.

- Alt 키를 누른 상태에서 클릭한 채 드래그하면 Lasso Tool로 전환되고, Alt 키를 누른 상태에서 클릭하면 Polygonal Lasso Tool로 영역을 선택할 수 있습니다.

⑨ Magic Wand Tool(자동 선택 툴) – 🪄 중요

- 이미지 상에 같은 색상이나 비슷한 색상을 자동으로 선택하는 툴입니다.

- 옵션 바(Tolerance: 32)의 허용치(Tolerance)를 이용하여 선택 범위를 지정할 수 있습니다.

- 인접(Contiguous)을 체크하면 허용치(Tolerance) 범위 안에 있는 색상이 있어도 선택되지 않으며, 체크 해제되면 이미지 전체에서 허용치(Tolerance) 범위 안에 있는 색상을 선택합니다.

▲ 허용치(Tolerance)값 40 설정

▲ 허용치(Tolerance)값 100 설정

- 배경이 단색일 때 효율적인 선택 방법

배경이 단조로울 때는 이미지 요소를 선택하는 것보다 자동 선택 툴(🪄)로 배경을 먼저 선택하고 [Select]-[Inverse] 메뉴로 선택 영역을 반전시켜 빠르게 선택합니다.

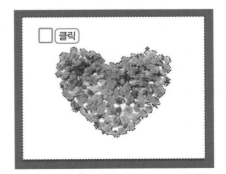
▲자동 선택 툴로 흰 배경 선택

▲ [Select]-[Inverse] 메뉴로 선택 반전

⑩ Quick Selection Tool(빠른 선택 툴) – 🖌️ 중요

– 이미지의 특정 부위를 브러시로 색을 칠하듯이 선택 영역을 지정하는 툴입니다.

– 자동 선택 툴(🪄)과 비슷한 기능을 가지고 있으나 자동 선택 툴은 한 번 클릭으로 비슷한 색상을 한꺼번에 선택하지만 빠른 선택 툴은 비슷한 색상이라도 마우스가 드래그한 자리만 확장하며 선택됩니다.

2 페인팅 도구 및 이미지 보정 도구

① Spot Healing Brush Tool(스폿 복구 브러시 툴) – 🩹

촬영한 이미지나 스캔 받은 이미지 등에서 나타날 수 있는 잡티를 제거하여 깔끔한 이미지로 보정할 수 있는 툴입니다.

② Healing Brush Tool(복구 브러시 툴) – 🩹

– 스폿 복구 브러시 툴과 같은 기능을 가지고 있으며 굳이 차이점을 들자면 스폿 복구 브러시 툴이 간단하고 작은 잡티를 보정하는 툴이라면 복구 브러시 툴은 좀 더 넓은 영역의 이미지를 보정해 줄 때 사용하는 툴입니다.

– Alt 키를 누른 상태로 소스 이미지를 클릭하고 복사될 위치에 마우스를 놓고 드래그하면서 보정할 수 있습니다.

③ Brush Tool(브러시 툴) – 🖌️ 중요

– 붓으로 자유롭게 칠하듯이 지정된 색상을 이미지에 칠하는 툴입니다.

– 브러시 옵션 바에서 원하는 브러시 모양이나 크기, 불투명도를 지정할 수 있습니다.

– Brushes 패널에서 브러시 모양이나 옵션을 조절하면 다양한 형태의 브러시를 칠할 수 있습니다.

– 포토샵에서 제공하는 기본 브러시 추가하기

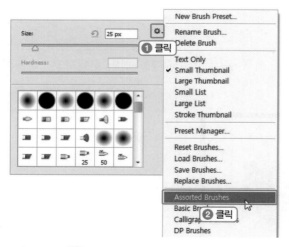

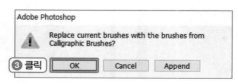

▲ 옵션 바에서(⚙)를 클릭하여 목록 선택하여
　[Append]를 눌러 브러시 추가

▲ [OK] 버튼 선택

– 반짝임 표현하기

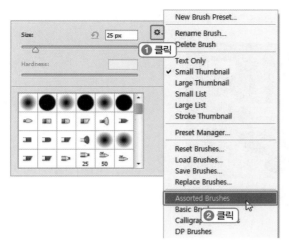

▲ [Assorted Brushes] 선택

▲ [OK] 버튼 선택

▲ [Crosshatch 4]를 선택

▲ 야채.jpg 파일 열기

▲ 반짝임 효과를 표현

④ Pencil Tool(연필 툴) – ✏️

연필로 칠하듯 딱딱한 느낌의 색칠을 할 때 사용하는 툴입니다.

⑤ Color Replacement Tool(색상 대체 툴) – 🖌️

특정한 색상을 작업자가 지정한 색상으로 대체해주는 툴입니다.

⑥ Clone Stamp Tool(복제 도장 툴) –

소스 이미지를 Alt 키를 누른 상태로 마우스를 클릭하여 복제한 후 다른 이미지에 마우스로 그리듯이 합성하는 툴입니다.

▲ 복사할 부분을 Alt 를 누른 상태로 클릭

▲ 마우스를 드래그하여 복사

⑦ History Brush Tool(작업 내역 브러시 툴) –

변화된 이미지를 히스토리 패널에서 지정된 부분까지 브러시로 칠해가며 되돌리는 툴입니다.

▲ 원본 이미지

▲ 흑백 처리

▲ 히스토리 브러시 툴 적용

⑧ Eraser Tool(지우개 툴) –

이미지의 일부분을 마우스로 드래그하여 지우는 툴입니다.

⑨ Gradient Tool(그라디언트 툴) –

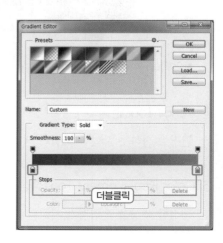

- 2개 이상의 색상이 점진적으로 변해가는 과정을 채색하는 툴입니다.
- 옵션 바에서 그라디언트 타입(　　　　　)을 선택하여 칠해지는 그라디언트 모양을 선택할 수 있습니다.
- 옵션 바의 화살표(·)를 눌러 원하는 그라디언트 색상을 선택하거나 그라디언트 색상(　　　　　)을 클릭하여 원하는 색을 직접 지정할 수 있습니다.

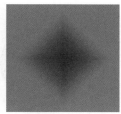

▲ 선형 그라디언트　　▲ 방사형 그라디언트　　▲ 각진 그라디언트　　▲ 반사 그라디언트　　▲ 다이아몬드 그라디언트

⑩ Paint Bucket Tool(페인트 통 툴) – 🪣 중요

– 전경색 또는 패턴으로 옵션 바에서 지정한 허용치(Tolerance)값 범위 안에 이미지를 채색하는 툴입니다.

– 전경색 채색하기

▲ 원본 이미지

▲ 전경색 지정

▲ 페인트 통 툴로 채색

⑪ Blur Tool(흐림 효과 툴) – 💧

이미지에 흐림 효과를 주는 툴로, 경계 부위에 부드러운 느낌을 줍니다.

⑫ Sharpen Tool(선명 효과 툴) – △

이미지에 선명한 효과를 주는 툴로, 경계 부위에 뚜렷한 느낌을 줍니다.

⑬ Smudge Tool(손가락 툴) – 🖐

– 잉크가 마르지 않은 상태를 마치 손가락으로 문지르는듯한 느낌을 주는 툴입니다.

– 먹 번짐 효과주기

▲ 브러시로 원형을 칠합니다.　　　▲ 손가락 툴로 경계를 문질러 줍니다.

⑭ Dodge Tool(닷지 툴) – 🔍

마우스로 드래그하는 부분을 밝고 하얗게 만들어주는 툴입니다.

⑮ Burn Toll(번 툴) – ✎

마우스로 드래그하는 부분을 어둡게 만들어주는 툴입니다.

⑯ Sponge Tool(스폰지 툴) – 🧽

이미지의 색상을 닦아주는 기능으로 옵션 바의 Mode에 Desaturate가 선택되면 이미지의 색상이 스폰지에 흡수되어 흑백으로 변환되고, Saturate가 선택되면 색상이 더 선명해집니다.

③ 그리기 도구 및 문자 입력 도구

① Pen Tool(펜 툴) – ✒️ 🏵️중요

– 직선이나 곡선 등 자유로운 패스를 그릴 수 있는 툴입니다.
– 그려진 패스는 Paths 패널에서 선택 영역으로 만들거나 테두리색 등을 적용해 줄 수 있습니다.

▲ 브러시 툴(브러시 종류 : Rough Round
　Bristle)로 원형을 칠합니다.

② Add Anchor Point Tool(기준점 추가 툴) – ✒️

그려진 패스 위에 기준점을 추가하는 툴입니다.

③ Delete Anchor Point Tool(기준점 삭제 툴) – ✒️

그려진 패스에 기준점을 삭제하는 툴입니다.

④ Convert Point Tool(기준점 변환 툴) – ⋀

기준점에 있는 방향선을 편집할 수 있는 툴로 클릭하여 방향선을 없앨 수 있으며, 드래그하여 다시 표시할 수도 있습니다.

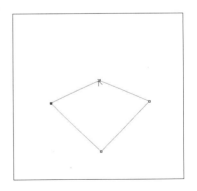 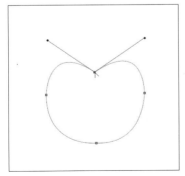

⑤ Path Selection Tool(패스 선택 툴) – ▶

이미지 위에 그려진 패스를 선택하여 복사하거나 변형할 수 있는 툴입니다.

⑥ Direct Selection Tool(직접 선택 툴) – ▷

이미지 위에 그려진 패스의 점이나 선을 선택하여 변형할 수 있는 툴입니다.

⑦ Rectangle Tool(사각형 툴) – ■ 중요

– 벡터 이미지 방식의 사각형을 그릴 때 사용하는 툴입니다.

– Shape Layers는 생성된 패스에 벡터 레이어 마스크가 생성되어 단색의 컬러 및 스타일에 등록된 레이어 스타일을 적용해 줍니다.

– Paths는 이미지에는 아무런 효과없이 Path 팔레트에서 선택 영역이나 채색, 테두리를 적용해 줍니다.

– Fill Pixel은 그려지는 도형대로 전경색을 칠합니다.

⑧ Rounded Rectangle Tool(모서리가 둥근 사각형 툴) – ▢ 중요

– 벡터 이미지 방식의 모서리가 둥근 사각형을 그릴 때 사용하는 툴입니다.

– 모서리의 둥근 정도는 옵션 바(Radius: 10 px)에서 조절할 수 있습니다.

⑨ Ellipse Tool(타원 툴) – ⬭ 중요

벡터 이미지 방식의 타원형을 그릴 때 사용하는 툴입니다.

⑩ Polygon Tool(다각형 툴) – ⬡

– 벡터 이미지 방식의 다각형을 그릴 때 사용하는 툴입니다.

– 꼭지점 수는 옵션 바(Sides: 7)에서 조절할 수 있습니다.

⑪ Line Tool(선 툴) – ╱

– 벡터 이미지 방식의 선을 그릴 때 사용하는 툴입니다.

– 선의 두께는 옵션 바(Weight: 1 px)에서 조절할 수 있습니다.

⑫ Custom Shape Tool(사용자 정의 모양 툴) – ✿ 중요

– 사용자가 만들어놓은 여러 가지 Shape를 그릴 때 사용하는 툴입니다.

– 옵션 바에서 ⚙. 를 클릭하여 포토샵에서 기본으로 제공하는 Shapes를 추가할 수 있습니다.

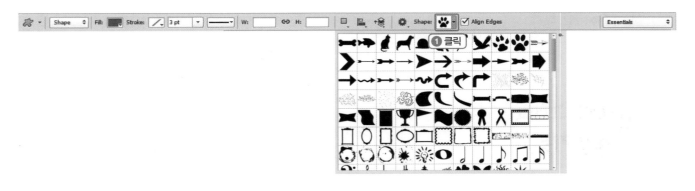

⑬ Horizontal Type Tool(수평 문자 툴) – T 중요

- 이미지 상에 수평 방향으로 문자를 입력할 때 사용하는 툴입니다.

- 문자에 대한 상세 설정은 [Window]–[Character] 메뉴를 선택하여 지정할 수 있습니다.

- 문자를 입력하면 자동으로 문자 레이어가 생성되며, [Layer]–[Rasterize]–[Type] 메뉴를 선택하여 일반 레이어로 변경할 수 있습니다.

- 옵션 바의 Warp Text( ) 메뉴로 문자를 다양한 형태로 변형할 수 있습니다.

- Pen Tool( )로 그린 패스의 선을 클릭하면 패스를 따라 흐르는 문자를 입력할 수 있습니다.

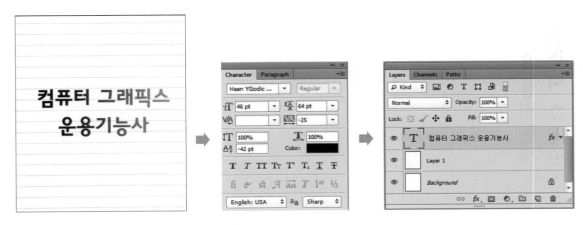

– Warp Text 적용하기

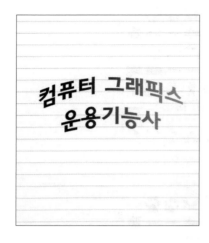

– 패스를 따라 쓰이는 문자 입력하기

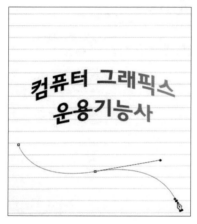

▲ 펜 툴로 곡선을 생성 ▲ 문자 툴로 선을 클릭하여 입력

⑭ Vertical Type Tool(세로 문자 툴) – ↓T 중요

이미지 상에 수직 방향으로 문자를 입력할 때 사용하는 툴입니다.

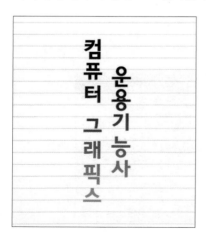

⑮ Horizontal Type Mask Tool(수평 문자 마스크 툴) – T

입력한 문자를 수평 방향의 선택 영역으로 표시하는 툴입니다.

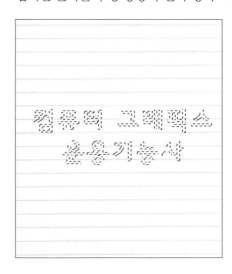

⑯ Vertical Type Mask Tool(세로 문자 마스크 툴) – T

입력한 문자를 수직 방향의 선택 영역으로 표시하는 툴입니다.

4 색상 추출 도구 및 화면 조절 도구

① Eyedropper Tool(스포이드 툴) – 🖋

– 이미지 상에서 색상을 추출할 때 사용하는 툴입니다.

– Alt 키를 누른 상태로 클릭하면 배경색으로 등록됩니다.

② Hand Tool(손 툴) –

- 이미지가 확대되어 작업창에 전부 보이지 않을 경우 손 툴로 자유롭게 이동해가면서 작업 화면을 볼 수 있습니다.

- 화면이 확대되었을 때 손 툴을 더블클릭하면 포토샵 화면에 맞게 크기를 조절해줍니다.

- 다른 툴을 사용 중이라도 Space Bar 를 클릭하면 일시적으로 손 툴을 이용할 수 있습니다.

③ Zoom Tool(돋보기 툴) –

- 작업 화면을 확대 또는 축소할 수 있는 툴입니다.

- Zoom Tool을 더블클릭하면 작업 화면을 100%로 보여줍니다.

- Hand Tool을 더블클릭하면 화면 비율을 화면 크기에 맞게 보여줍니다.

- 다른 툴을 사용 중이라도 Ctrl + Space Bar 를 누르면 확대, Ctrl + Alt + Space Bar 를 누르면 축소할 수 있습니다.

- Alt 키를 누르고 마우스 휠을 위아래 방향으로 돌리면 확대와 축소를 할 수 있습니다.

5 색상 선택 도구 및 마스크 모드

① Color Mode(색상 모드) –

- 앞에 배치된 색상을 전경색(Foreground Color), 뒤에 배치된 색상을 배경색(Background Color)이라 합니다.

- 색상을 클릭한 후 [Color Picker] 대화상자에서 색상을 지정할 수 있습니다.

> **TIP**
>
> 전경색을 채색하려면 Alt + Delete , 배경색을 채색하려면 Ctrl + Delete 를 눌러주면 됩니다.

② Quick Mask Mode(빠른 마스크 모드) –

- 브러시나 지우개를 이용하여 마치 그림을 그리듯이 선택 영역을 설정할 수 있는 작업 모드입니다.

- [Quick Mask 모드( )] 버튼을 클릭한 후 브러시나 지우개를 이용해 색을 칠하거나 지워주고, 다시 [Quick Mask 모드( )] 버튼을 클릭하면 선택 영역이 만들어 집니다.

③ Screen Mode(화면 모드) –

포토샵 화면의 작업 모드를 지정할 수 있습니다.

04 포토샵 패널 익히기

① Color(색상) 패널

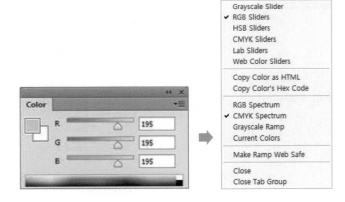

- Color 패널에서는 작업에 필요한 색상을 설정할 수 있습니다.
- 시험문제 작업 시 제시되는 색상은 CMYK값으로 제시되기 때문에 팔레트 오른쪽 상단 아이콘(▼≡)을 클릭하여
  CMYK Sliders를 선택한 후 색상을 정의합니다.

② Layer(레이어) 패널 ^{중요}

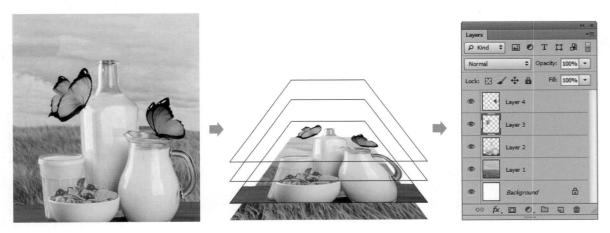

– 레이어란 포토샵에서 매우 중요하고 활용도가 높은 부분으로 투명한 층을 겹쳐놓듯이 하나의 이미지를 구성할 때 여러 층으로 표현하므로 이미지의 수정 및 편집을 용이하게 하는 패널입니다.

– 새 레이어를 추가하려면 레이어 패널의 [Create a New Layer(⬜)] 버튼을 클릭하거나 Ctrl + Shift + N 을 눌러 추가할 수 있습니다.

– 레이어 복사하기

레이어를 복사하기 위해서는 복사하고자 하는 레이어를 드래그하여 [Create a New Layer(⬜)] 버튼 위에 올려놓거나 레이어 패널에서 오른쪽 버튼을 클릭하여 [Duplicate Layer] 메뉴로 추가할 수 있습니다. 선택 영역이 없는 상태에서 Ctrl + J 를 누르면 레이어를 복사할 수 있습니다.

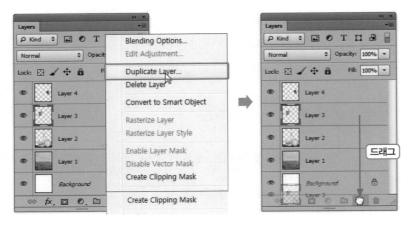

– 레이어 삭제하기

레이어를 삭제하기 위해서는 [Create a New Layer(⬜)] 버튼을 눌러 삭제하거나 레이어를 드래그하여 [Delete Layer(🗑)] 버튼 위에 올려놓으면 삭제됩니다.

– 레이어 링크 걸기

링크 걸어줄 레이어를 Ctrl 키를 누른 상태로 선택한 후 [Link layers(🔗)] 버튼을 클릭합니다.

– 레이어에 있는 이미지 선택 영역 추출
하기

　Ctrl키를 누른 상태로 레이어 썸네일을
클릭하면 레이어에 있는 이미지만큼 선
택 영역으로 설정합니다.

– Opacity로 불투명도 지정하기

　Opacity는 불투명도를 지정할 수 있는
기능으로 선택된 레이어의 불투명도를
지정할 수 있습니다.

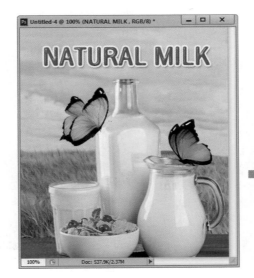

– Fill Opacity로 불투명도 지정하기

Fill Opacity는 불투명도를 지정할 수 있는 기능으로, Opacity와는 다르게 불투명도 수치를 낮추면 레이어의 색상만 불투명해지고 Layer Style 효과는 그대로 남겨줍니다.

– 레이어 보이거나 감추기

레이어 앞에 있는 눈 아이콘을 클릭하여 보이거나 숨길 수 있습니다.

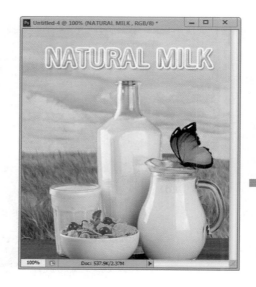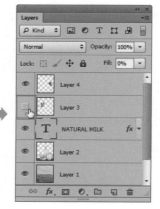

– 레이어 잠그기

Lock transparent pixels를 체크하면 투명한 부분은 채색되지 않고 이미지 부분만 채색이 이루어집니다. 하나의 문양에 각각 다른 색상이 제시될 경우 효율적으로 채색 작업을 할 수 있습니다.

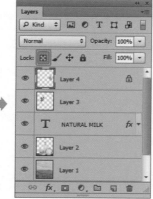

- 레이어 혼합모드 지정하기

  최근 시험에 출제되는 부분으로 레이어 스타일의 혼합모드가 제시되는 경우 레이어 패널에서 Blend Mode를 제시된 혼합방식으로 지정하여 합성할 수 있습니다.

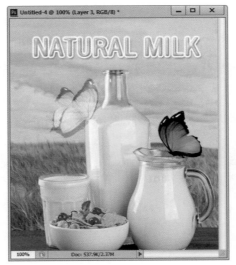

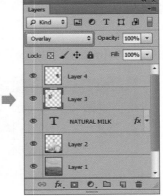

③ Character(문자) 패널

- 작업 도큐먼트에 입력된 문자의 서체, 크기, 자간, 행간, 색상 등을 설정할 수 있는 패널입니다.
- [Window]-[Character] 메뉴를 선택하면 패널을 보여줍니다.

④ Paragraph(단락) 패널

- 문장에 대한 정렬 방식이나 들여쓰기 등을 설정할 수 있는 패널입니다.
- [Window]-[Paragraph] 메뉴를 선택하면 패널을 보여줍니다.

⑤ Info(정보) 패널

- 마우스가 위치한 색상 정보나 거리, 각도, 좌표, 선택 영역의 크기 등의 정보를 표시하는 패널입니다.
- [Window]-[Info] 메뉴를 선택하면 패널을 보여줍니다.

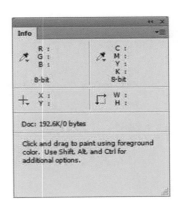

⑥ History(작업내역) 패널

- 작업 과정을 단계별로 저장하는 패널로, 작업을 한 단계 또는 여러 단계를 한꺼번에 취소할 때 사용합니다.
- 단축키는 Ctrl+Z를 눌러 한 단계 이전까지 되돌릴 수 있으며, Ctrl+Alt+Z를 누르면 계속해서 이전 단계로 되돌릴 수 있습니다.
- [Window]-[History] 메뉴를 선택하면 패널을 보여줍니다.

05 포토샵 메뉴 바 핵심 기능 익히기

1 파일(File)

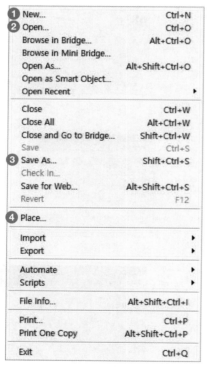

▲ 영문판

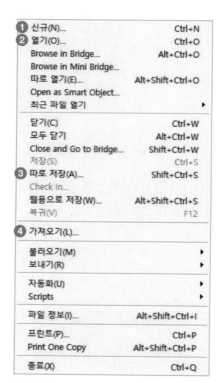

▲ 한글판

❶ New(새로 만들기) : 새로운 작업창을 만들어주는 메뉴입니다.

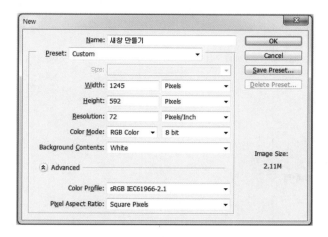

❷ Open(열기)

- 저장되어 있는 파일을 열 때 사용하는 메뉴입니다.

- 포토샵 바탕화면을 더블클릭하면 [Open] 대화상자가 열립니다.

❸ Save as(다른 이름으로 저장)

- 작업 중인 이미지를 저장하는 메뉴입니다.

- 시험 시 필요한 파일은 PSD와 JPG 파일입니다. PSD파일은 실제 작업을 완성했을 때 제출하지 않지만 작업 도중 실수한 부분을 발견했을 때 수정을 빠르게 하기 위해 컴퓨터에 저장해 놓는 파일입니다. JPG 파일은 시험 시에 제출해야 할 파일이며, 작업을 마치고 편집 프로그램으로 가져갈 때 저장하는 파일입니다.

- [JPEG Options] 대화상자에서 〈Quality : 12, Format Option : Baseline 'Standard'〉를 선택하여 저장해야 합니다.

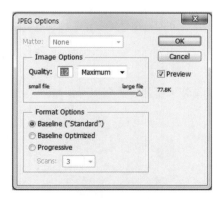

❹ Place(가져오기) : 일러스트레이터에서 작업된 AI나 EPS 파일을 포토샵에서 작업 중인 이미지에 레이어를 만들어 붙여 넣는 메뉴입니다.

❷ 편집(Edit)

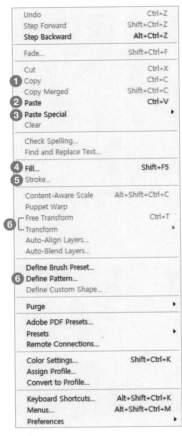

▲ 영문판

▲ 한글판

❶ Copy(복사) : 선택된 이미지를 복사하는 메뉴로 단축키 Ctrl + C 를 눌러 사용할 수 있습니다.

❷ Paste(붙이기) : 클립보드에 복사된 이미지를 작업 중인 이미지에 새로운 레이어를 생성하여 붙여 넣는 메뉴로 단축키 Ctrl + V 를 눌러 사용할 수 있습니다.

❸ Paste Info(안쪽에 붙이기) : 선택 영역이 있어야 활성화 되며, 선택 영역으로 설정한 부분에만 이미지를 붙여 넣을 수 있는 메뉴입니다.

❹ Fill(칠) : 작업 이미지에 전경색이나 배경색, 패턴을 칠해주는 메뉴입니다.

❺ Stroke(선)

– 선택 영역의 경계 부분에 테두리선을 칠해주는 메뉴입니다.

– 레이어 상태에서는 선택 영역이 없어도 레이어에 있는 이미지만큼 테두리선을 칠해줍니다.

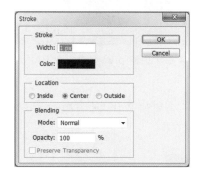

❻ Free Transform(자유 변형)과 Transform(변형)

– 이미지를 자유롭게 변형할 수 있는 기능으로 크기, 회전, 왜곡 ,기울이기, 원근감, 반사 등의 변형을 할 수 있습니다.

– 백그라운드가 선택된 상태에서 변형을 하기 위해서는 선택 영역이 필요하지만 레이어가 선택된 상태에서는 해당 이미지만큼 자동으로 인식되므로 선택 영역을 따로 지정하지 않아도 됩니다.

– [Edit]–[Transform] 메뉴를 선택하면 각각의 변형 명령어를 적용할 수 있으나 Ctrl+T를 눌러 다양한 변형 명령을 단축키를 이용해 적용할 수 있습니다.

▲ 원본 이미지　　　　　　　▲ Shift 키를 누르면 정비례로 크기(Scale) 조절　　　▲ 회전(Rotate) 적용

▲ Ctrl 키를 누르면서 모서리점 변형(Distort)

▲ Ctrl 키를 누르면서 중앙점 변형(Skew)

▲ Ctrl + Shift + Alt 를 누르고 모서리점 변형(Perspective)

▲ 뒤틀기(Warp)

▲ 수평 반사(Flip Horizontal)

▲ 수직 반사(Flip Vertical)

❼ **Define Pattern(패턴 정의) :** 패턴으로 이용할 이미지를 사각형 선택 윤곽 툴(▣)로 선택한 후 [Edit]-[Define Pattern] 메뉴로 등록할 수 있습니다.

▲ 패턴으로 등록할 영역 선택

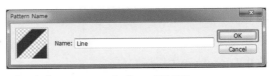

▲ [Edit]-[Define Pattern] 메뉴로 패턴 등록

▲ [Edit]-[Fill] 메뉴로 패턴 선택

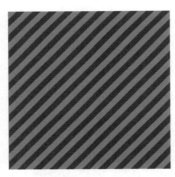

▲ 적용된 결과 이미지

③ 이미지(Image)

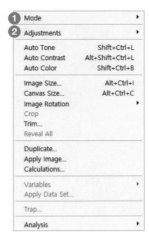

▲ 영문판

▲ 한글판

❶ **Mode(모드) :** 작업 중인 이미지의 색상 모드를 지정할 수 있는 메뉴입니다.

❷ **Adjustments(조정)**

  – 이미지의 색상, 채도, 명도 등 전체적인 색상을 보정해줄 수 있는 메뉴입니다.

  – [Image]-[Adjustments]-[Hue/Saturation] 메뉴는 시험 시 특정 색상 계열로 변경을 요구할 때 [Hue/Saturation] 대화상자에서 〈Colorize〉를 체크하여 사용할 수 있습니다.

▲ 원본 이미지

▲ [Hue/Saturation] 대화상자에서 〈Colorize〉를 체크

▲ 적용된 결과 이미지

  – [Image]-[Adjustments]-[Desaturate] 메뉴는 이미지를 흑백으로 전환해주는 메뉴입니다.

▲ 적용된 결과 이미지

– [Image]–[Adjustments]–[Invert] 메뉴는 이미지의 색상을 반전시켜주는 메뉴입니다.

▲ 적용된 결과 이미지

– [Image]–[Adjustments]–[Posterize] 메뉴는 이미지를 단순화하여 포스터 느낌을 주는 메뉴입니다.

▲ [Posterize] 대화상자에서 〈Levels : 10〉 적용   ▲ 적용된 결과 이미지

④ 레이어(Layer)

▲ 영문판

▲ 한글판

❶ **Layer Style(레이어 스타일)** : 레이어에 그림자나 광선, 엠보싱 등 다양한 효과를 줄 수 있는 메뉴입니다.

▲ 원본 이미지

▲ 그림자(Drop Shadow) 적용

▲ 내부 그림자(Inner Shadow) 적용

▲ 외부 광선(Outer Glow) 적용

▲ 내부 광선(Inner Glow) 적용

▲ 경사와 엠보스(Bevel & Emboss) 적용

▲ 새틴(Satin) 적용

▲ 색상 오버레이(Color Overlay) 적용

▲ 그라디언트 오버레이(Gradient Overlay) 적용

▲ 패턴 오버레이(Pattern Overlay) 적용

▲ 선(Stroke) 적용

❷ **Layer Mask(레이어 마스크)** : 레이어 마스크는 명도값만 적용되며 이미지의 원하는 부분을 보여주거나 가려줄 수 있는 메뉴로, 마스크 작업 공간에 적용된 흰색 부분은 해당 이미지를 보이게, 검정색은 해당 이미지를 보이지 않게 처리합니다. 회색은 단계별 반투명한 상태로 처리합니다.

❸ Create Clipping Mask(클리핑 마스크 만들기)

– 선택된 레이어를 아래 위치한 레이어의 이미지 부분만큼만 보이도록 마스크를 적용해주는 메뉴입니다.

– 클리핑 마스크를 적용하고 싶은 레이어 사이에 마우스를 위치하고 Alt 키를 누른 상태로 클릭하면 클리핑 마스크 효과를 적용할 수 있습니다.

– Ctrl + Alt + G 단축키를 눌러 적용할 수 있습니다.

❹ Rasterize(래스터화)

– 각각의 개별 속성을 가지고 있는 레이어(문자 레이어, 모양 레이어, 스마트 오브젝트 등)를 일반 이미지 레이어(래스터 레이어)로 변환할 수 있는 메뉴입니다.

– 문자 레이어를 래스터화한 레이어 상태

▲ 문자 레이어 상태　　　　　　　　　　　　▲ 래스터화(Rasterize) 적용 레이어 상태

– 스마트 오브젝트를 래스터화한 레이어 상태

▲ 스마트 오브젝트 상태

▲ 래스터화(Rasterize) 적용 레이어 상태

⑤ 선택(Select)

▲ 영문판

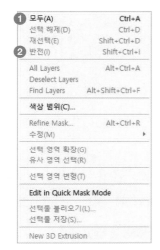

▲ 한글판

❶ All(모두) : 현재 활성화 된 이미지 전체를 선택하는 메뉴입니다.

❷ Inverse(반전) : 선택한 영역을 반전하여 선택 영역이었던 부분은 해제가 되고 반대 영역이 선택되는 메뉴입니다.

▲ Magic Wand Tool(자동 선택 툴)로 흰색 배경 선택

▲ 반전(Inverse) 메뉴로 선택 영역 반전

⑥ 필터(Filter)

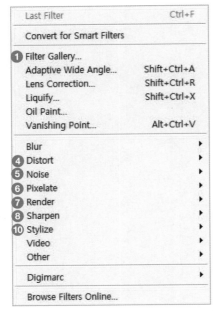
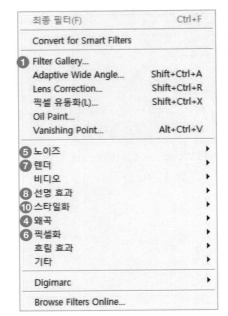

▲ 영문판   ▲ 한글판

❶ Filter Gallery(필터 갤러리)

– 많은 필터 효과를 미리 볼 수 있는 메뉴로, 필터 효과를 선택하는 시간을 단축시킬 수 있어 시험 시 유용하게 사용됩니다.

– 한 번에 여러 필터 효과를 적용하거나 삭제할 수 있습니다(★표시는 시험에 출제되었던 필터입니다).

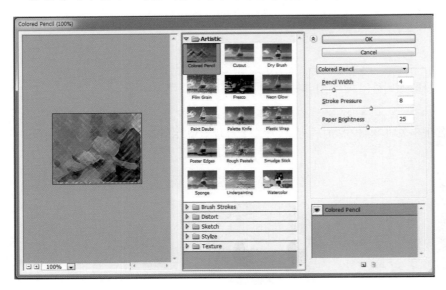

▲ 원본 이미지

- Artstic(예술 효과)

▲ 색연필(Colored Pencil)

▲ 오려내기(Cutout)★

▲ 드라이 브러시(Dry Brush)★

▲ 필름 그레인(Film Grain)

▲ 프레스코(Fresco)

▲ 네온광(Neon Glow)★

▲ 페인트 덥스(Paint Daubs)★

▲ 팔레트 나이프(Palette Knife)★

▲ 플라스틱 포장(Plastic Warp)★

▲ 포스터 가장자리(Poster Edges)★

▲ 거친 파스텔 효과(Rough Pastels)★

▲ 문지르기 효과(Smudge Stick)★

▲ 스폰지 효과(Sponge)

▲ 언더페인팅 효과(Underpainting)★

▲ 수채화 효과(Watercolor)★

– Brush Stroke(브러시 선)

▲ 강조된 가장자리(Accentes Edges)

▲ 각진 선(Angled Stroke)

▲ 그물눈(Crosshatch)★

▲ 어두운 선(Dark Strokes)

▲ 잉크 윤곽 선(Ink Outlines)

▲ 뿌리기(Spatter)★

▲ 스프레이 선(Sprayed Strokes)

▲ 수미–에(Sumi–e)

- Sketch(스케치 효과)

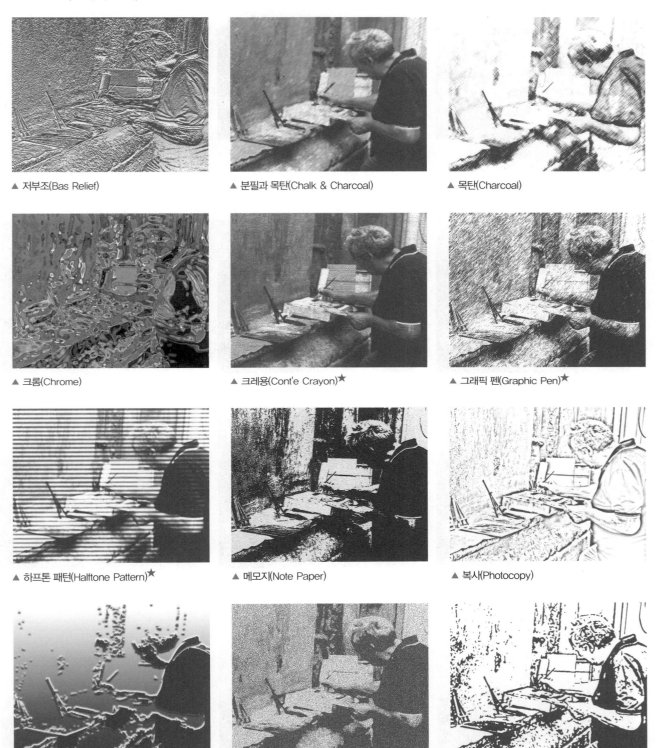

▲ 저부조(Bas Relief)　　▲ 분필과 목탄(Chalk & Charcoal)　　▲ 목탄(Charcoal)

▲ 크롬(Chrome)　　▲ 크레용(Cont'e Crayon)★　　▲ 그래픽 펜(Graphic Pen)★

▲ 하프톤 패턴(Halftone Pattern)★　　▲ 메모지(Note Paper)　　▲ 복사(Photocopy)

▲ 석고(Plaster)　　▲ 망사 효과(Reticulation)　　▲ 도장(Stamp)

▲ 가장자리 찢기(Torn Edges)

▲ 물 종이(Water Paper)

– Texture(텍스처)

▲ 균열(Craquelure)★

▲ 그레인(Grain)

▲ 모자이크 타일(Mosaic Tile)★

▲ 패치워크(Patchwork)★

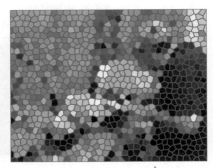
▲ 스테인드 글라스(Stained Glass)★

▲ 텍스처화(Texturizer)★

❷ Blur(흐림효과)

▲ 가우시안 흐림 효과(Gaussian Blur)★

▲ 방사형 흐림 효과 (Radial Bulr) – 회전(Spin)★

▲ 동작 흐림 효과(Motion Blur)★

▲ 방사형 흐림 효과 (Radial Bulr) – 돋보기(Zoom)★

❸ Distort(왜곡) (❶번 Filter Gallery도 포함)

▲ 유리(Glass)★

▲ 렌즈 교정(Lens Correction)

▲ 바다 물결(Ocean Ripple)★

▲ 핀치(Pinch)

▲ 디퓨즈 그로우(diffuse glow)★

▲ 잔물결(Ripple)★

▲ 기울임(Shear)★

▲ 구형화(Spherize)★

▲ 돌리기(Twirl)

▲ 파도(Wave)★

▲ 지그재그(Zigzag)★

❹ Noise(노이즈)

▲ 노이즈 추가(Add Noise)★

❺ Pixelate(픽셀화)

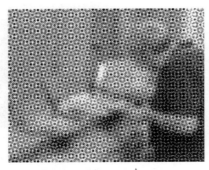

▲ 색상 하프톤(Color Halftone)★

▲ 수정화(Crystallize)★

▲ 분열(Fragment)★

▲ 메조틴트(Mezzotint)★

▲ 모자이크(Mosaic)★

▲ 점묘화(Pointillize)

❻ Render(렌더)

▲ 구름효과(Clouds)★ – 전경색, 배경색 이용

▲ 섬유(Fibers) – 전경색, 배경색 이용

▲ 렌즈 플레어(Lens Flare)★

▲ 조명효과(lightening effect)

❼ Sharpen(선명 효과)

▲ 더 선명하게(Sharpen More)

❽ Stylize(스타일화) (❶번 Filter Gallery도 포함)

▲ 가장자리 광선 효과(Glowing Edges)

▲ 확산(Diffuse)

▲ 엠보스(Emboss)★

▲ 돌출(Extrude)★

▲ 가장자리 찾기(Find Edges)

▲ 노출(Solarize)

▲ 타일(Tile)★

▲ 윤곽선 추적(Trace Contour)★

▲ 바람(Wind)★

7 보기(View)

영문판		한글판	
Proof Setup	▶	저해상도 인쇄 설정(U)	▶
Proof Colors	Ctrl+Y	저해상도 인쇄 색상(L)	Ctrl+Y
Gamut Warning	Shift+Ctrl+Y	색상 영역 경고(W)	Shift+Ctrl+Y
Pixel Aspect Ratio	▶	Pixel Aspect Ratio	▶
Pixel Aspect Ratio Correction		Pixel Aspect Ratio Correction	
32-bit Preview Options...		32-bit Preview Options...	
Zoom In	Ctrl++	확대(I)	Ctrl++
Zoom Out	Ctrl+-	축소(O)	Ctrl+-
Fit on Screen	Ctrl+0	화면 크기에 맞게 조정(F)	Ctrl+0
Actual Pixels	Ctrl+1	실제 픽셀(A)	Ctrl+1
Print Size		프린트 크기(P)	
Screen Mode	▶	Screen Mode	▶
✔ Extras	Ctrl+H	✔ Extras	Ctrl+H
❶ Show	▶	❶ 보기(H)	▶
❷ Rulers	Ctrl+R	❷ Rulers	Ctrl+R
❸ Snap	Shift+Ctrl+;	❸ 스냅(N)	Shift+Ctrl+;
Snap To	▶	스냅 옵션(T)	▶
Lock Guides	Alt+Ctrl+;	안내선 고정(K)	Alt+Ctrl+;
Clear Guides		안내선 지우기(S)	
❹ New Guide...		❹ 새 안내선(E)...	
Lock Slices		분할 영역 잠그기	
Clear Slices		분할 영역 지우기(C)	

▲ 영문판

▲ 한글판

❶ **Show(보기) :** 작업 시 도움이 되는 가이드선이나 격자, 고급 안내선 등을 화면에 보이거나 숨길 때 사용하는 메뉴입니다.

❷ **Rulers(눈금자)**

- 작업 도큐먼트의 상단과 좌측에 눈금자를 보이거나 숨길 때 사용하는 메뉴입니다.
- 눈금자 위에 마우스를 올려놓은 상태에서 마우스 오른쪽 버튼을 클릭하면 눈금자의 단위를 지정할 수 있습니다.

❸ **Snap(스냅) :** 가이드선이나 격자 등에 정확히 배치하는 기능을 활성화나 비활성화 시키는 메뉴입니다.

❹ **New Guide(새 안내선) :** 가이드선 생성 시 대화상자를 이용해 수치로 입력하여 생성할 수 있는 메뉴입니다.

⑧ 창(Window)

- 툴바나 패널을 활성화 시킬 때 사용하는 메뉴입니다.
- 각각의 메뉴를 선택하면 해당되는 패널이 활성화 또는 비활성화 됩니다.

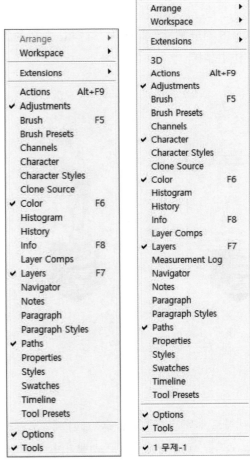

▲ 영문판   ▲ 한글판

1 마스크와 레이어 스타일을 활용한 전구 합성하기

① [File]-[New] 메뉴에서 〈Width : 430pixels, Height : 290pixels〉을 지정하여 새 문서를 만듭니다. Layer 패널에서 하단에 [Adjustment Layer]-[Solid Color]를 클릭하여 〈C20M5Y100〉 색상을 적용합니다.

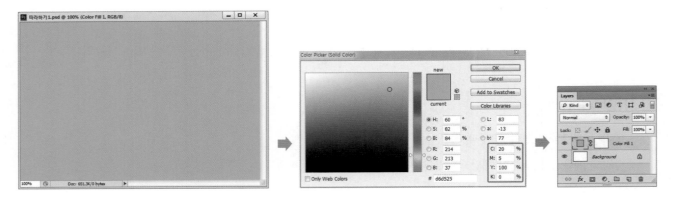

② [File]-[Open] 메뉴를 선택한 후 '전구.jpg' 파일을 열고 패스툴을 선택하여 전구 외곽을 드래그하여 그린 후 마우스 오른쪽 버튼을 클릭하여 [Make Selection] 메뉴를 클릭하여 전구모양을 선택합니다.

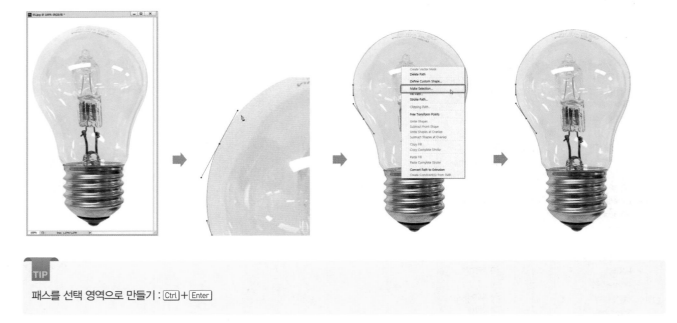

TIP

패스를 선택 영역으로 만들기 : Ctrl + Enter

③ [File]-[Open] 메뉴를 선택하여 '태양열.jpg' 파일을 열고 다각형 올가미툴로 선택한 후 [Edit]-[Copy] 메뉴로 복사하여 작업창으로 Ctrl + V 하여 붙여넣기 합니다. Layer 패널에서 블랜드 모드를 〈Luminosity〉로 선택하여 배경색상으로 혼합하고 〈Opacity : 80%〉를 입력하여 투명도를 낮춰줍니다.

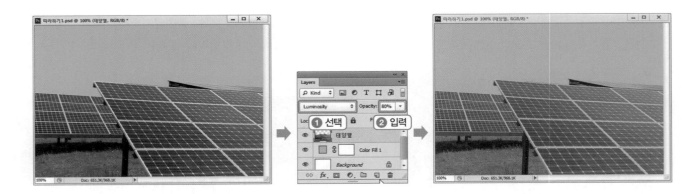

❹ '전구.jpg'에서 선택한 전구를 Ctrl+C로 복사한 후 작업창에서 Ctrl+V하여 붙여넣기 합니다. Layer 패널에서 전구 레이어를 더블클릭하여 Inner Shadow와 Outer Glow로 그림과 같이 표현될 수 있도록 옵션을 조정하여 그림자와 외부광선 효과를 적용합니다.

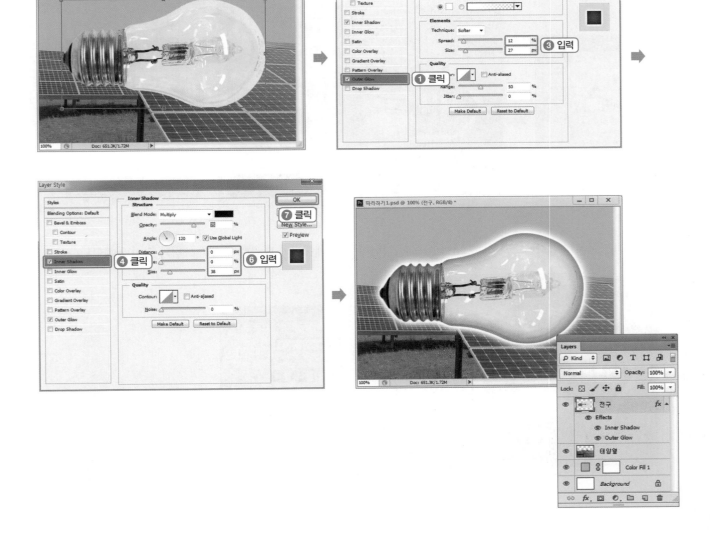

❺ '빌딩.jpg' 파일을 열고 전체 선택한 후 Ctrl+C로 복사하여 작업창에서 Ctrl+V하여 붙여넣기 한 후 아래 그림과 같이 배치합니다. [Layer]-[Create Clipping Mask] 메뉴로 아래 위치한 레이어와 클리핑마스크를 처리합니다.

❻ Layer 패널에서 마스크를 클릭한 후 그라디언트 툴(■)로 〈검정-흰색〉 색상을 아래에서 위로 마우스를 드래그하여 주변을 부드럽게 사라지게 표현합니다.

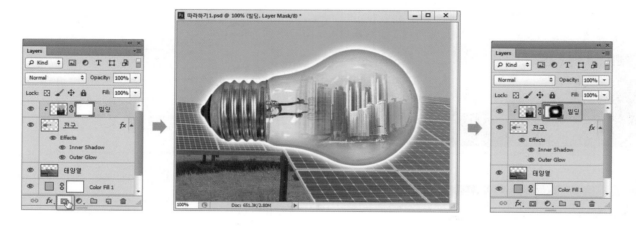

❼ Layer 패널에서 블랜드 모드에서 〈Darken〉을 클릭하여 전구 레이어와 합성하여 아래 그림과 같이 완성합니다.

② 블랜드 모드를 적용한 손 질감 표현하기

❶ [File]-[New] 메뉴에서 〈Width : 590pixels, Height : 455pixels〉을 지정하여 새 문서를 만듭니다. [Filter]-[Filter Gallery]-[Texture]-[Texturize] 메뉴로 질감 필터 효과를 적용합니다.

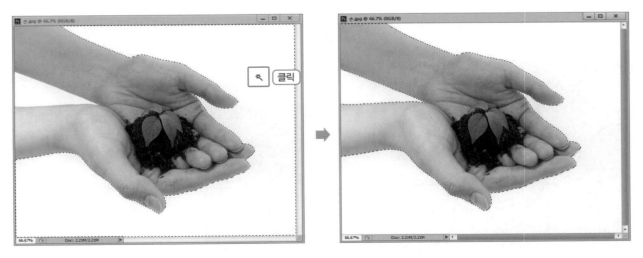

❷ [File]-[Open] 메뉴에서 '손.jpg' 파일을 불러온 후 요술봉으로 흰 배경을 선택하여 [Select]-[Inverse] 메뉴로 선택 영역을 반전시키고 Ctrl+C 하여 복사한 다음 작업창에 Ctrl+V 하여 손 이미지를 아래 그림과 같이 배치합니다.

❸ Layer 패널에서 손 레이어를 더블클릭한 후 Layer Style에서 Inner Shadow와 Drop Shadow를 아래 그림과 같이 적용합니다.

❹ [Layer]–[Create Clipping Mask] 메뉴로 아래 위치한 레이어와 클리핑마스크를 적용합니다.

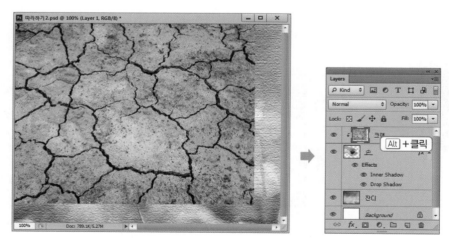

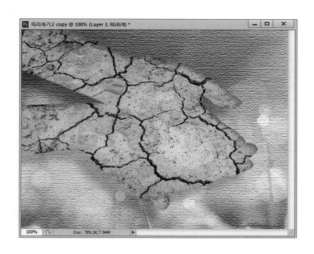

TIP

Create Clipping Mask란 활성화 된 이미지를 아래 위치한 이미지만큼만
보이게 처리하는 기능으로, 결과적으로 [Edit]−[Paste Into] 기능과 비슷한
결과 이미지가 만들어집니다. Alt 를 누른 상태로 레이어 사이를 클릭해도
Create Clipping Mask 기능이 적용됩니다.

❺ Layer 패널에서 블랜드 모드를 〈Darken〉으로 설정하여 손 레이어와 합성합니다. Layer 패널에서 마스크를 클릭하고
전경색을 검정색으로 지정한 후 〈Soft Round〉 브러시로 손 주변을 드래그하며 아래와 같이 완성합니다.

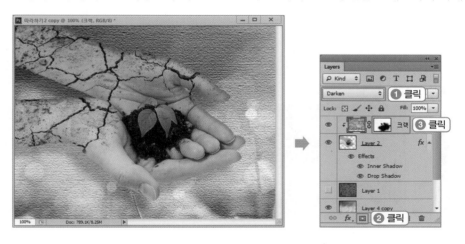

❸ 필터를 적용하여 속도감 표현하기

❶ [File]−[New] 메뉴에서 〈Width : 680pixels, Height : 550pixels〉을 지정하여 새 문서를 만듭니다. 일러스트레이터
에서 'MAN' 오브젝트를 선택하여 Ctrl +C 로 복사한 후 포토샵 작업창으로 이동하여 Ctrl +V 를 하여 붙여넣기 하고
Ctrl +T 로 크기를 조절하여 그리드에 맞춰 배치합니다.

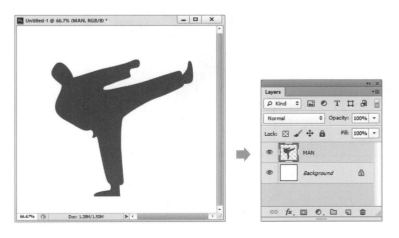

❷ Layer 패널에서 'MAN' 레이어를 더블클릭한 후 Layer Style에서 Inner Shadow 효과를 적용합니다.

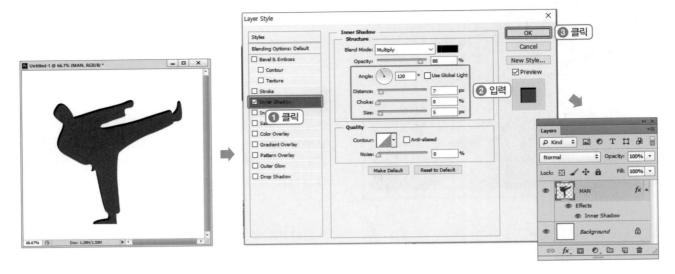

❸ [File]-[Open] 메뉴에서 '태권도.jpg' 파일을 불러온 후 [Image]-[Create Clipping Mask] 메뉴를 선택하여 클리핑 마스크를 적용하고, Layer 패널에서 블랜드 모드를 〈Hard Light〉를 클릭하여 태권도 이미지을 하위 레이어와 합성합니다.

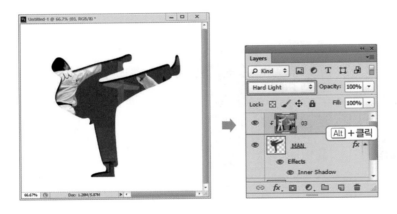

❹ 'MAN' 레이어를 Alt 키를 누른 상태에서 아래로 복사하여 Layer Style을 삭제한 후 [Filter]-[Blur]-[Motion Blur] 메뉴를 선택하여 〈Angle : 57, Distance : 136〉을 설정하고 [OK] 버튼을 눌러 완성합니다.

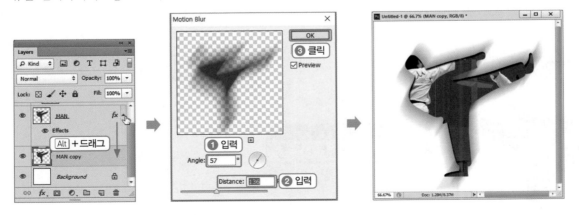

03 인디자인 작업

01 인디자인 화면 구성

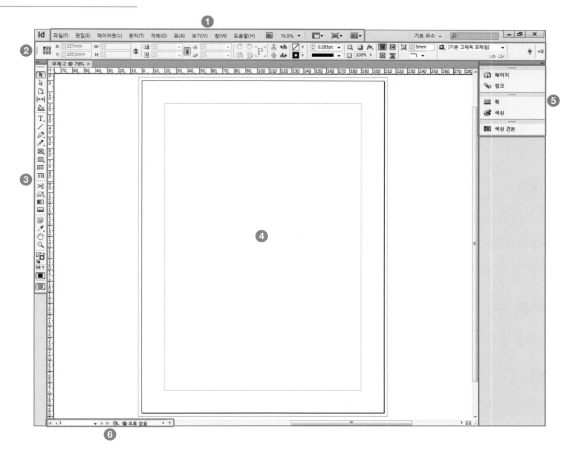

❶ **메뉴 표시줄** : 인디자인에서 제공되는 명령어들을 풀다운 형식으로 표시합니다.

❷ **컨트롤 패널** : 선택된 오브젝트에 따라 조절할 수 있는 속성이 자동으로 변경되며 정보를 빠르게 엑세스하며 속성 등을 변경할 수 있습니다.

❸ **툴 박스** : 인디자인 작업에 필요한 각종 툴을 모아놓은 곳으로, 마우스를 드래그하는 방식으로 작업이 이루어집니다.

❹ **문서창** : 실제 작업이 이루어지는 공간입니다.

❺ **패널** : 인디자인에서 제공되는 기능 등을 패널 형식으로 모아 놓은 곳으로, [창] 메뉴를 이용하여 사용하고자 하는 패널을 꺼내어 사용할 수 있습니다.

❻ **상태 표시줄** : 현재 페이지 번호나 화면 배율 등의 정보를 표시합니다.

① **선택 툴( )**

– 문서에 있는 요소(도형이나 이미지, 텍스트 프레임 등)를 선택 및 이동할 때 사용하는 툴입니다.

– 오브젝트를 선택하고 [Alt] 키를 누르고 마우스를 드래그하면 복사됩니다.

– [Ctrl] 키를 누른 상태로 텍스트 프레임 크기를 조절하면 글자의 크기도 변형됩니다.

② **직접 선택 툴( )**

프레임 안에서 패스나 내용 위에 있는 점을 직접 선택하거나 변형할 수 있는 툴입니다.

③ **펜 툴( )**

직선이나 곡선 형태의 패스를 그릴 수 있는 툴입니다.

④ **문자 툴( )**

드래그하여 텍스트 프레임을 만들거나 텍스트를 선택할 수 있는 툴입니다.

⑤ **텍스트 상의 문자 툴( )**

패스를 따라 텍스트를 입력할 수 있는 툴입니다.

⑥ 선 툴(✏)

선을 그릴 때 사용하는 툴로 [획] 패널이나 [컨트롤] 패널에서 선의 두께나 선 형태, 화살표 모양을 지정할 수 있습니다.

⑦ 사각형 프레임 툴(⊠)

- 사각형 형태의 프레임 모양을 그릴 수 있는 툴로 마우스를 드래그하여 그리거나 작업 화면을 클릭하여 나오는 대화상자에서 수치를 입력하여 보다 정확한 크기로 그릴 수 있습니다.
- Alt 키를 누른 상태로 드래그하면 정사각형을 그릴 수 있습니다.

⑧ 타원 프레임 툴(⊗)

- 타원 형태의 프레임 모양을 그릴 수 있는 툴로 마우스를 드래그하여 그리거나 작업 화면을 클릭하여 나오는 대화상자에서 수치를 입력하여 보다 정확한 크기로 그릴 수 있습니다.
- Alt 키를 누른 상태로 드래그하면 정원을 그릴 수 있습니다.

⑨ 다각형 프레임 툴(⊗)

- 다각형 형태의 프레임 모양을 그릴 수 있는 툴로 마우스를 드래그하여 그리거나 작업 화면을 클릭하여 나오는 대화상자에서 수치를 입력하여 보다 정확한 크기로 그릴 수 있습니다.

⑩ 사각형 툴(■)

사각형 형태를 그릴 때 사용하는 툴입니다.

⑪ 타원 툴(●)

타원 형태를 그릴 때 사용하는 툴입니다.

⑫ 다각형 툴(⬡)

다각형 형태를 그릴 때 사용하는 툴입니다.

⑬ 회전 툴(↻)

- 선택된 오브젝트를 회전할 때 사용하는 툴입니다.
- 중심축을 지정하고 회전 툴을 더블클릭하면 대화상자가 나타나 원하는 각도를 지정하여 회전시킬 수 있습니다.

⑭ 크기 조절 툴(⬈)

- 선택된 오브젝트의 크기를 조절할 때 사용하는 툴입니다.
- 중심축을 지정하고 크기 조절 툴을 더블클릭하면 대화상자가 나타나 가로/세로 수치를 지정하여 크기를 조절할 수 있습니다.

⑮ 기울이기 툴(✍)

– 선택된 오브젝트를 기울일 때 사용하는 툴입니다.

– 기울이기 툴을 더블클릭하면 대화상자가 나타나 수치를 입력하여 기울일 수 있습니다.

⑯ 그라디언트 툴(▇)

오브젝트에 연속적으로 변화하는 색상을 표현할 때 사용하는 툴입니다.

03 시험에 자주 출제되는 핵심 기능 따라하기

1 도큐먼트 설정하기

❶ [파일]–[새로 만들기]–[문서] 메뉴로 작업할 새 문서를 설정할 수 있습니다.

❷ 종이 크기는 반드시 A4(210mm×297mm)로 설정하고 문제에 따라 종이의 방향을 선택한 후 [여백 및 단] 버튼을 클릭하여 여백을 포토샵에서 작업한 이미지가 가운데 배치될 수 있도록 여백을 설정해야 합니다.

❸ 여백 설정하기

여백을 설정하기 위해 A4(210mm×297mm)에서 재단 여백을 고려한 사이즈를 차감한 후 2로 나누어 여백을 지정합니다. 예를 들어 작품 규격이 160mm×230mm 크기로 재단되었을 경우 3mm 여백을 고려하여 포토샵에서는 166mm×236mm 규격으로 작업을 하게 됩니다. 인디자인에서 166mm×236mm 작품을 가운데 배치하기 위해 가로 여백을 210−166=44÷2=22를 왼쪽과 오른쪽에 입력하고, 297−236=61÷2=30.5를 위쪽과 아래쪽에 입력하여 여백을 설정합니다.

❹ 현재 작업 중인 문서 여백 재설정하기

[레이아웃]–[여백 및 단] 메뉴로 현재 작업 중인 문서의 여백을 변경할 수 있습니다.

② 이미지 가져오기

❶ 사각형 프레임 툴(⊠)로 이미지가 들어갈 위치와 크기를 그리고, [파일]–[가져오기] 메뉴로 이미지를 불러올 수 있습니다.

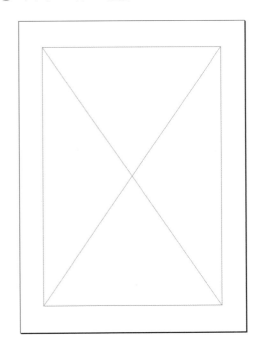

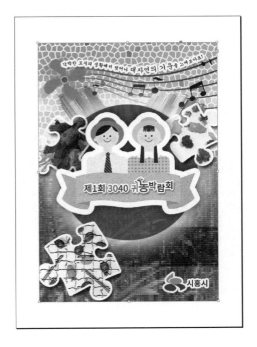

❷ 시험 문제 작업 시 사각형 프레임 툴(▨)로 좌측 상단에 표시된 안내선에서 우측 하단 안내선까지 드래그하여 그립니다.

❸ 프레임 상자를 그린 후 반드시 [컨트롤] 패널에서 크기를 확인해야 합니다. 간혹 여백 계산의 실수로 인해 프레임 상자의 크기가 다르게 그려질 수 있습니다.

❹ [파일]–[가져오기] 메뉴로 포토샵에서 완성된 '등번호.JPG' 파일을 불러옵니다.

③ 문자 입력하기

❶ 문자 툴(T.)로 글자가 들어갈 영역을 마우스로 드래그한 후 글자를 입력할 수 있습니다.

❷ [문자]–[쓰기 방향]–[가로] 또는 [세로]를 선택하여 글자의 방향을 변경할 수 있습니다.

❸ 서체, 문자 크기, 자간 등 상세 설정

문자 툴(T.)로 편집하고자 하는 글자를 선택한 후 [컨트롤] 패널이나 [문자] 패널에서 편집할 수 있습니다.

▲ 컨트롤 패널

◀ 문자 패널

❹ 텍스트 프레임을 조절하여 문서가 들어가는 크기를 조절할 수 있습니다.

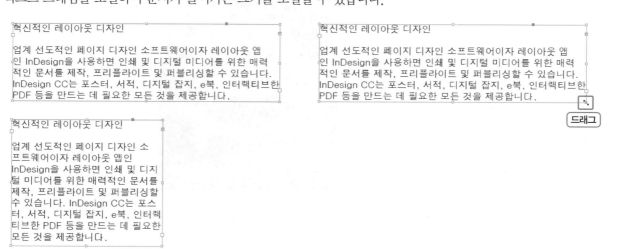

④ 표 그리기

❶ 문자 툴(T,)로 표를 표시할 위치를 드래그하여 표시한 후 [표]-[표 삽입] 메뉴로 행과 열 개수를 지정하여 삽입합니다.

❷ 삽입된 표는 [표] 패널에서 속성을 변경할 수 있습니다.

❸ 표 안에 입력된 문자는 [단락] 패널이나 [컨트롤] 패널에서 정렬 버튼을 이용하여 정렬할 수 있습니다.

❹ 문자 툴(T,)로 셀을 드래그하여 선택한 후 [색상견본] 패널이나 [색상] 패널에서 셀 색상을 지정할 수 있습니다.

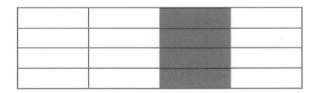

⑤ 새 색상 만들기

❶ [색상] 또는 [색상견본] 패널에서 색상을 선택할 수 있습니다.

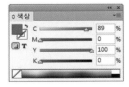

❷ [색상견본] 패널에서 새로운 색상 만들기

– [색상견본] 패널에서 [새 색상견본] 메뉴를 선택합니다.

– [새 색상견본] 대화상자에서 〈색상 유형 : 원색〉, 〈색상모드 : CMYK〉를 지정하고 제시된 색상값을 입력합니다.

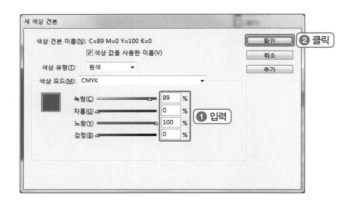

– 변경할 오브젝트나 텍스트를 선택하여 색상을 지정합니다.

❸ [색상] 패널에서 새로운 색상 만들기

변경할 오브젝트나 텍스트를 선택한 후 [색상] 패널에서 색상모드를 〈CMYK〉로 지정하고 제시된 색상값을 지정합니다.

❹ 도구 툴에서 색상 적용하기

오브젝트를 선택하고 도구 툴에 있는 색상 영역을 더블클릭하여 면색이나 테두리 색을 적용할 수 있습니다.

6 재단선 표기 및 등번호 표기

① 안내선 설정

재단선을 표기하기 위해 실제 작품 사이즈에 맞게 사방 3mm 안쪽에 안내선을 표시합니다. 안내선은 [보기]–[눈금자 표시] 메뉴로 눈금자를 표시하고 위에서 마우스를 드래그하여 표시할 수 있습니다.

② 재단선 그리기

선 툴(/)로 이미지 경계를 기준으로 바깥쪽에서 〈5mm~10mm, 두께 : 0.5pt~1pt〉 정도로 표시합니다. 보다 일정한 길이로 그려주기 위해서 [컨트롤] 패널에서 수치를 입력하여 선의 길이를 조절할 수 있습니다.

③ 등번호 입력하기

문자 툴(T.)로 왼쪽 하단에 글자가 들어갈 영역을 마우스로 드래그하여 그려준 후 등번호(비번호)를 입력합니다. 등번호의 서체는 〈고딕〉, 크기는 〈10pt〉로 입력합니다.

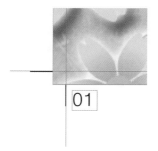

7 파일 저장하기

[파일]-[다른 이름으로 저장] 메뉴를 선택하여 파일 이름은 응시자의 등번호(비번호)를 입력하고 바탕화면에 제출하기 위해 만들어진 폴더에 저장합니다.

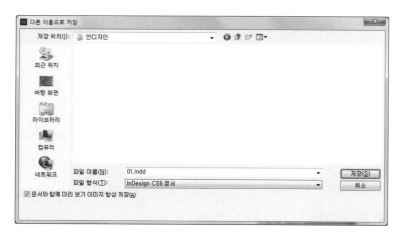

8 개체 정돈하기

선택된 오브젝트를 수평이나 수직으로 정렬하거나 분포시킬 수 있습니다.

9 그룹 설정하기

[오브젝트]-[그룹] 메뉴로 여러 오브젝트를 하나의 그룹으로 결합하여 취급할 수 있으며 [그룹 해제] 메뉴로 그룹을 풀어줄 수도 있습니다.

10 위치 잠그기

[오브젝트]-[위치 잠금] 메뉴를 이용하여 특정 오브젝트가 문서에서 이동하지 않도록 지정할 수 있습니다.

11 오브젝트 주변 텍스트 감싸기

❶ 텍스트 감싸기를 적용할 오브젝트를 선택하고 [컨트롤] 패널이나 [텍스트 감싸기] 패널에서 원하는 감싸기 모양을 클릭하여 오브젝트 주변에 텍스트를 감싸게 적용할 수 있습니다.

– 텍스트 감싸기를 적용할 오브젝트를 선택합니다.

▲ 컨트롤 패널　　　▲ 텍스트 감싸기 패널

– 결과를 확인하며 [텍스트 감싸기] 패널에서 오브젝트와 텍스트 사이의 간격 등 속성을 변경할 수 있습니다.

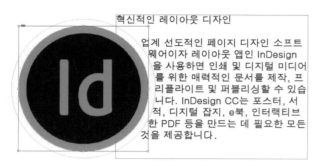

❷ 텍스트 프레임에서 텍스트 감싸기 무시하기

– 텍스트 프레임을 선택하고 [오브젝트]–[텍스트 프레임 옵션] 메뉴를 선택하여 〈텍스트 감싸기〉를 체크하면 텍스트 감싸기를 해제할 수 있습니다.

12 모퉁이효과 적용하기

[오브젝트]–[모퉁이 옵션] 메뉴로 패스의 모퉁이 모양 스타일을 빠르게 적용할 수 있습니다.

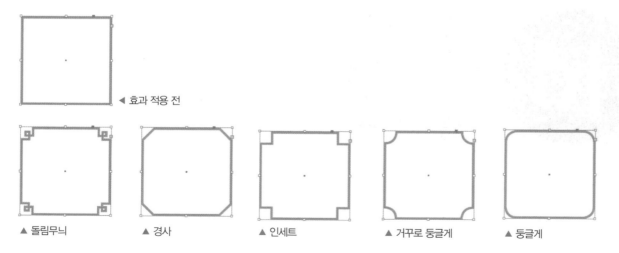

◀ 효과 적용 전

▲ 돌림무늬　　　▲ 경사　　　▲ 인세트　　　▲ 거꾸로 둥글게　　　▲ 둥글게

🔢 달력 만들기

1 사각형 프레임 툴(⬛)로 화면을 클릭하여 〈폭 : 10mm, 높이 : 10mm〉로 그리고, 〈면 : 없음, 테두리 : C100〉을 지정한 후 문자 툴(T,)로 프레임을 클릭하여 문자를 입력하고 컨트롤 패널에서 오른쪽 정렬합니다.

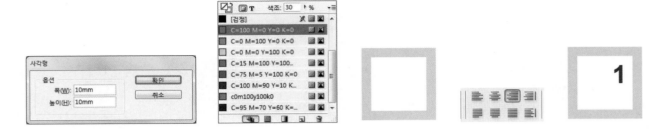

2 사각형 프레임을 선택한 후 (⬛)를 Alt 키를 눌러서 복사하고 [편집]−[단계 및 반복] 메뉴로 〈반복 개수 : 6, 세로 : 0mm, 가로 : 30mm〉를 지정하여 붙여 넣습니다. 같은 방법으로 전체 사각형 프레임을 선택하여 복사한 후 수직으로 〈반복 횟수 : 4, 수평 옵션 : 0mm, 세로 옵션 : 13mm〉로 붙여 넣습니다.

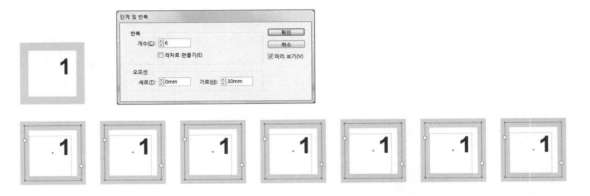

3 일부 사각형 프레임은 삭제하고 숫자를 변경하여 달력을 완성합니다.

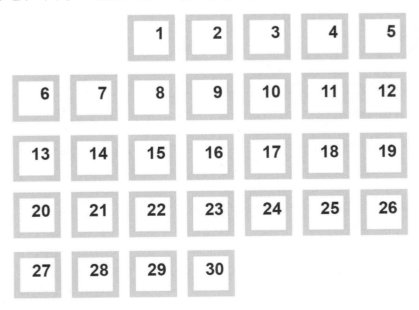

PART 3

완벽한 시험 준비를 위해 실제 시험장에 입실해 문제지를 받아 그리드를 표
시하는 과정부터 최종 출력하여 마운팅 작업까지의 과정을 최근 기출문제를
통해 자세히 다루고 있습니다.

Computer Graphics

기출문제 따라하기

1 '캘리그래피.jpg' 이미지를 연 후 [Image]–[Adjustment]–[Levels] 메뉴에서 White Point를 선택하고 바탕 영역을 클릭하여 밝게 보정하고, Black Point를 선택하고 캘리그래피 영역을 클릭하여 어둡게 보정합니다.

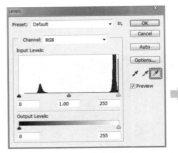

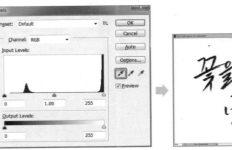

2 [Image]–[Adjustment]–[Invert] 메뉴를 선택하면 흰색 영역과 검정색 영역을 수시로 반전할 수 있습니다. (단축키 : Ctrl + I)

3 '캘리그래피.jpg' 이미지를 Ctrl + A 로 전체 선택하고 Ctrl + C 를 눌러 복사한 후 'Flower.jpg' 이미지를 열고 Ctrl + V 로 붙여넣기하여 아래와 같이 두 가지 방법으로 합성할 수 있습니다.

① Layer 패널 상단에 Blend Mode를 Screen으로 선택하면 흰색 캘리그래피만 남게 됩니다.

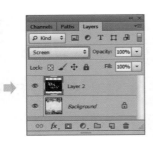

② Layer 패널 상단에 Blend Mode를 Multiply로 선택하면 검정색 캘리그래피만 남게 됩니다.

국가기술자격검정 실기시험

자격종목	컴퓨터그래픽기능사	과제명	3040귀농박람회 포스터	비번호(등번호)	
				시험시간	3시간

1. 요구사항

※ 다음의 요구사항에 맞도록 주어진 자료(컴퓨터에 수록)를 활용하여 디자인 원고를 시험 시간 내에 컴퓨터 작업으로 완성하여 A4용지로 출력 후 A3용지에 마운팅(부착)하여 제출하고, 모든 작업은 수험자가 컴퓨터 바탕화면에 폴더를 만들어 저장하시오.

가. 작품 규격(재단 규격)

- A4용지 중앙에 배치
- 원고 규격 : 160×240mm

나. 구성 요소

❶ 문자 요소

- 제1회 3040 귀농박람회
- 시흥시 주민 중앙공원
- 2020.09.03.(월)~09.07(금)
- 각박한 도시의 생활에서 벗어나 대자연의 기운을 느껴 보아요!

❷ 그림 요소

01.jpg

02.jpg

03.jpg

04.jpg

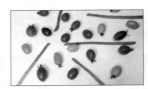
05.jpg

06.jpg

다. 작업 내용

1) 주어진 디자인 원고(그림, 사진, 문자, 색채, 레이아웃, 규격 등)와 동일하게 작업한다.
2) 디자인 원고 내용 중 불명확한 형상, 색상 코드 불일치, 색 지정이 없는 부분, 원고에 없는 형상 등이 있을 때는 수험자가 완성도면 내용과 같이 작업한다.
3) 요구하는 서체가 사용 컴퓨터 및 소프트웨어와 맞지 않을 경우는 가장 근접한 서체를 사용한다.
4) 디자인 원고는 상하, 좌우에 3mm 재단 여유를 갖도록 작품을 배치하고, 재단선은 작품 규격에 맞추어 용도에 맞게 표시한다. (단, 원고의 지시에 따라 외곽선이 있는지를 정확히 보고 표시 여부를 결정한다.)
5) 디자인 원고 좌측 하단으로부터 3mm를 띄워 비번호를 고딕 10pt로 반드시 기록한다.
6) 출력물(A4)은 어떠한 경우에도 절취할 수 없으며, 반드시 A3용지 중앙에 마운팅한다.

라. 컴퓨터 작업 범위

1) 용량 : 10MB 이내로 폴더에 수록될 수 있도록 작업 범위(해상도 및 포맷형식)를 계획한다.
2) 규격 : A4(210×297mm) 중앙에 디자인 원고와 같은 작품(원고규격)을 배치한다.
3) 해상도 및 포맷형식 : 제한용량 범위 내에서 선택한다.

4) 기타
   ① 제공된 자료 범위 내에서 사용한다.
   ② 3개의 2D 응용프로그램을 선택하여 사용하되, 최종작업 및 출력은 편집프로그램을 활용한다.
     (최종 작업 파일이 다른 프로그램에서 생성된 경우는 출력할 수 없음)

2. 수험자 유의사항

1) 수험자 인적사항 및 답안 작성은 흑색 필기구만 사용해야 한다.

2) 시설 목록상의 소프트웨어 및 참고자료가 하드웨어에 설치되었는지 확인한 후 작업한다.
  (단, 시설목록 이외의 동등한 소프트웨어, 폰트 등 [반드시 정품에 한함]을 설치하고자 할 때는 시험 시작 전 감독위원의 입회하에 설치
  할 수 있으며, 무료 폰트, 프리웨어 소프트웨어는 설치할 수 없다.)
  ※ 수험자가 지참한 펜마우스, 그래픽 태블릿, 디지타이저, 스캐너 등 입력장치는 사용할 수 없다.

3) 지참 공구『수험표, 신분증, 연필(1개), 사인펜(1개), 눈금자(30㎝), 가위, 양면테이프』이외의 참고자료 및 저장매체 등 어떠한 물품
  (핸드폰 전원 off)이라도 시험 중 지참할 수 없다.
  ※ 작업 중 계산이 필요한 경우는 컴퓨터 내 계산기를 사용할 수 있다.

4) 수험자의 컴퓨터 활용 미숙 등으로 인한 시험 진행이 어렵다고 판단되었을 때는 감독위원은 시험을 중지시키고 실격 처리를 할 수 있다.

5) 바탕화면에 폴더를 생성하여 주기적으로 작업한 파일을 저장한다.

6) 작업이 끝나면 생성한 비번호 폴더에 10MB 용량 이내로 출력과 관련된 파일만(최종 작업 파일)을 저장하고 감독위원의 지시에 따라 전송
  한다.
  (단, 시험 시간은 저장한 파일이 포함된 폴더를 전송한 시점까지이며, 전송 후에는 일체의 재작업을 할 수 없음)

7) 프린트는 감독위원의 별도 지시에 따라 순서에 의해 수험자 본인이 출력하며, 1회 출력을 원칙으로 한다.
  (단, 기계 이상 또는 출력 오류 등의 사유로 인쇄가 잘못되었을 시 감독위원의 확인 후 다시 출력할 수 있으며 잘못된 인쇄본은 감독위
  원에게 제출한다.)

8) A3 용지 좌측 상단 표제란에 인적사항을 기재하고, 작품(출력물, A4)은 표제란을 제외한 A3 용지의 중앙에 마운팅(부착)하며, 작품
  부착 경계선상에 감독위원의 확인 날인을 받는다. (단, 마운팅 소요 시간 5분 이내)

9) 지급된 A3 용지 및 컴퓨터 작업 내에는 불필요한 내용의 표시를 하지 마시오.

10) 모든 작품을 감독위원 또는 채점위원이 검토하여 카피된 작품(동일작품)이 있을 때는 관련된 수험자 모두를 부정행위로 처리한다.

11) 컴퓨터 H/W에 작업된 모든 내용과 시험자료는 A3 용지에 마운팅한 후 삭제하고, 출력물을 부착한 A3 용지를 제출한다.

12) 장시간 컴퓨터 작업으로 신체에 무리가 가지 않도록 적절한 몸풀기(스트레칭) 후 작업한다.

13) 다음 사항에 대해서는 실격에 해당되어 채점 대상에서 제외된다.
  가) 수험자 본인이 수험 도중 시험에 대한 포기(기권) 의사를 표시하고 포기하는 경우
  나) 지정 작업 범위(용량)를 초과한 경우
  다) 요구사항과 현격히 다른 경우(채점위원이 판단)
  라) 제한 시간을 초과하여 미완성인 경우
  마) 과제 기준 20% 이상 완성되지 않은 경우(채점위원이 판단)
  바) 최종 작업을 편집프로그램으로 하지 않았거나, 수험자 미숙으로 출력을 못하였을 경우

14) 주요 채점 항목은 다음과 같다.
  가) 응용프로그램의 활용능력 및 최종 편집 프로그램 사용   나) 색채, 그림요소의 표현
  다) 그림 및 문자요소의 레이아웃   라) 타이포그래피(서체 특성 및 크기, 자간 및 행간의 정확도, 오타 등)
  마) 원고 규격, 재단선의 적합성, 디자인 원고의 배치 등

3. 지급재료 목록

일련번호	재료명	규격	단위	수량	비고
1	복사용지	A3	장	1	1인당
2	프린터 용지	A4(360dpi 이상 또는 일반용지)	장	2	1인당(프린터기에 내장)

컴퓨터그래픽기능사 / 디자인 원고 / 작품명 : 3040 귀농박람회 포스터

- 작품 규격(재단되었을 때의 규격) : 가로 160mm×세로 240mm, 작품 외곽선은 생략하고, 재단선은 3mm 재단 여유를 두고 용도에 맞게 표시할 것.
- 지정되지 않은 색상 및 모든 작업은 "최종결과물" 오른쪽 디자인 원고를 참고하여 작업하시오.

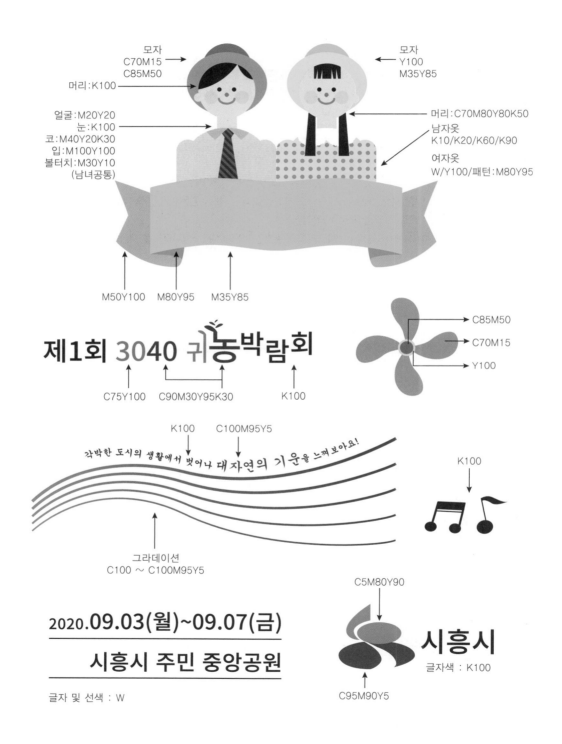

모자
C70M15
C85M50

머리 : K100

얼굴 : M20Y20
눈 : K100
코 : M40Y20K30
입 : M100Y100
볼터치 : M30Y10
(남녀공통)

모자
Y100
M35Y85

머리 : C70M80Y80K50

남자옷
K10/K20/K60/K90

여자옷
W/Y100/패턴 : M80Y95

M50Y100   M80Y95   M35Y85

제1회 3040 귀농박람회

C75Y100   C90M30Y95K30   K100

C85M50
C70M15
Y100

K100   C100M95Y5

각박한 도시의 생활에서 벗어나 대자연의 기운을 느껴보아요!

K100

그라데이션
C100 ~ C100M95Y5

2020.09.03(월)~09.07(금)

시흥시 주민 중앙공원

글자 및 선색 : W

C5M80Y90

시흥시
글자색 : K100

C95M90Y5

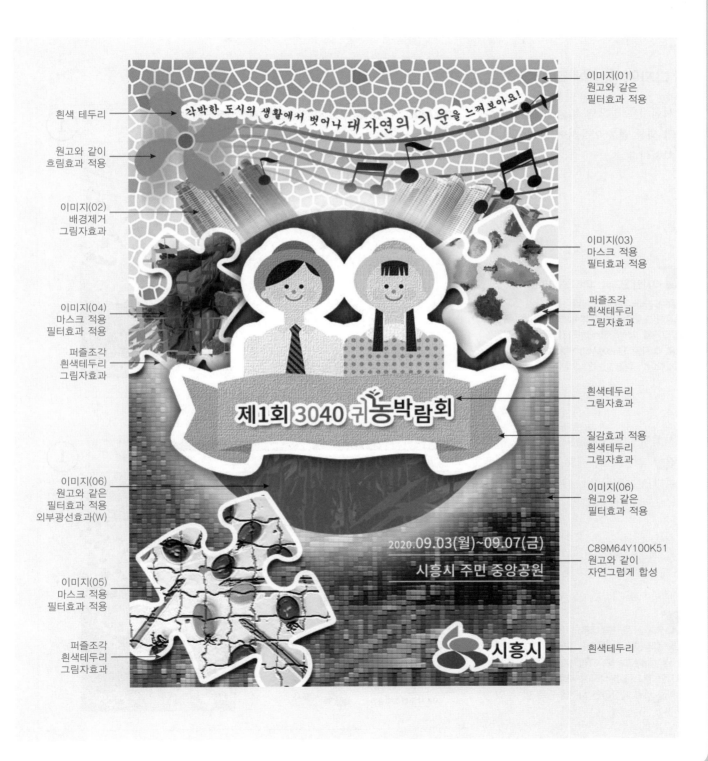

00 그리드 그리기

1 디자인 원고에 작업 그리드 그리기

❶ 시험지를 받으면 일단 시험지에 자
와 색상 펜을 이용하여 그리드를 표
시합니다.

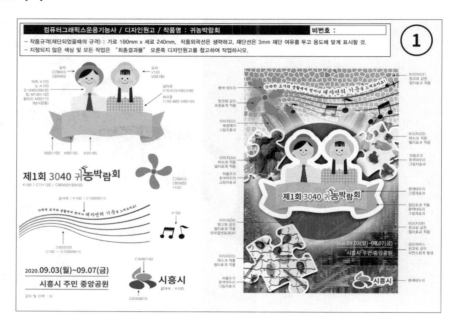

> **TIP** 디자인 원고에 그리드를 그리는 이유
> 그래픽 프로그램으로 작업 시 디자인 원고와
> 비교하여 이미지와 오브젝트의 정확한 위치
> 와 크기를 파악하여 배치하기 위한 필수작업
> 으로 디자인 원고에서의 배치항목의 감점을
> 최소화하기 위한 방법입니다.

❷ 시험지에 제시된 문제 사이즈를 계
산한 후 가로와 세로를 16등분해서
연필로 그립니다.

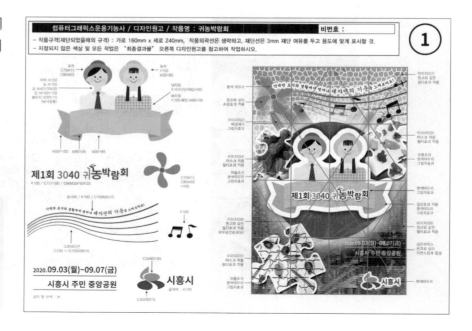

> **TIP** 디자인 원고의 내용과 구분되어질 수 있
> 도록 컬러펜을 사용하여 그리드를 그리는 것
> 을 권장하며 그리드 그리기가 끝남과 동시에
> 디자인 원고를 분석하여 사용할 프로그램의
> 계획을 세워 제작하면 시간을 단축 할 수 있
> 습니다.

② 일러스트레이터에서 작업 그리드 그리기

❶ [File]-[New] 메뉴를 선택하여 아래와 같이 〈Width : 160mm, Height : 240mm〉를 설정하여 문서를 생성합니다.

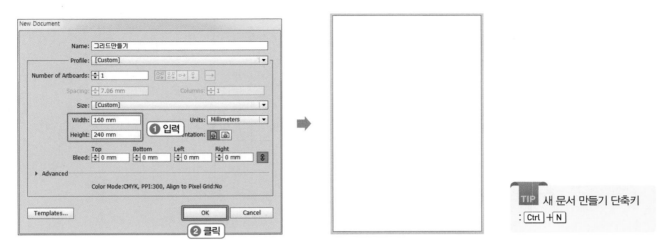

❷ Tools 패널에서 Rectangular Grid Tool(▦)을 선택하고 문서의 좌측상단 시작지점을 클릭합니다. Rectangular Grid Tool(▦)의 옵션 창이 나타나면 〈Width : 160, Height : 240, Horizontal Dividers Number : 3, Vertical Dividers Number : 3〉을 설정한 후 [OK] 버튼을 눌러 격자를 생성합니다.

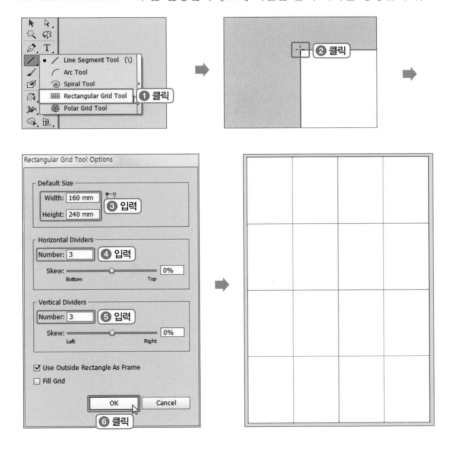

❸ Tools 패널에서 Line Segement Tool (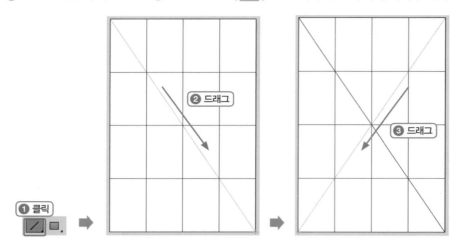)을 선택하여 문서의 상하좌우 끝점을 사선방향으로 그어줍니다.

❹ 아래 지점에 맞추어 마름모 형태로 선을 그어줍니다.

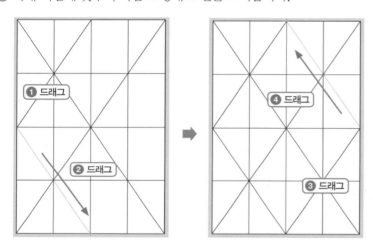

> **TIP** Smart Guide : Ctrl + U
>
> 오브젝트의 수평, 수직, 중심점, 꼭지점, 패스 등이 화면에
> 표시되어 정확한 오브젝트 그리기를 할 수 있습니다.

❺ 드래그하여 전체 선택한 후 마우스 오른쪽 버튼을 클릭하고 [Object]−[Group] 메뉴를 선택하여 그룹으로 지정합니다.

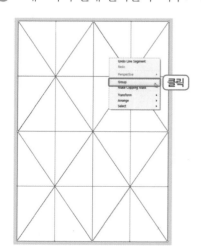

> **TIP** • Ctrl + A : 전체 오브젝트 선택
>
> • Ctrl + G : 그룹(Ctrl + Shift + G : 그룹 해제)

❻ 그룹된 오브젝트들의 선 색상을 빨간색(M100Y100)으로 변경합니다.

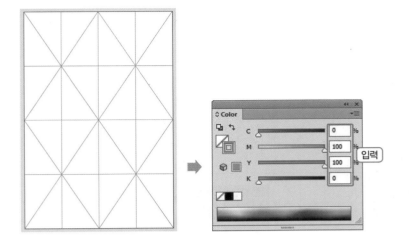

TIP 빨간색으로 선의 색을 변경한 이유는 포토샵으로 붙여넣기(paste)하여 편집 작업 시 그리드가 눈에 띄어 정확한 배치를 할 수 있도록 하기 위함입니다.

❼ 그룹된 그리드를 선택하여 Ctrl+C로 복사한 후 포토샵 프로그램에서 [File]-[New] 메뉴를 선택하여 아래와 같이 〈Width : 166mm, Height : 246mm, Resolution : 100Pixel/inch, Color Mode : RGB Color〉를 설정하여 문서를 엽니다. Ctrl+V를 하여 붙여넣기한 후 레이어 창에 이름을 "가이드선"으로 바꿉니다.

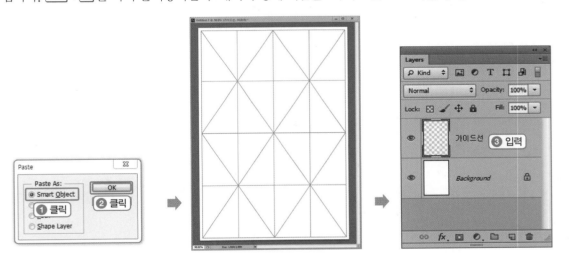

TIP • 붙여넣기 할 때 Smart Object와 Pixels 두 가지 방법으로 불러올 수 있습니다.

• Smart Object는 벡터방식을 유지하며 이미지 축소 확대 시 깨짐현상은 없으나 Filter 적용을 할 수 없어 Rasterize Layer로 픽셀화하여 사용해야 합니다.

• Pixel방식은 반드시 크기 조절을 완료하고 승인을 눌러야 합니다. Filter와 색상 보정 등의 적용은 가능하나 이미지를 재축소, 재확대 시 깨짐현상이 나타나기 때문에 주의해야 합니다.

• 두 가지 방식 중 Smart Object 방식으로 작업한 PSD 파일 용량이 더 크나 JPG 파일로 변환하여 저장할 경우에는 Pixel 방식과 Smart Object 방식 용량이 모두 동일합니다. 시험장 컴퓨터 사양에 따라 수험자가 선택하여 사용할 수 있습니다.

TIP 레이어 팔레트에서 그리드 레이어의 이름을 변경하면 편집 시 가이드 선을 안 보이게 할 때 쉽게 찾아 눈 아이콘 설정을 변경할 수 있습니다.

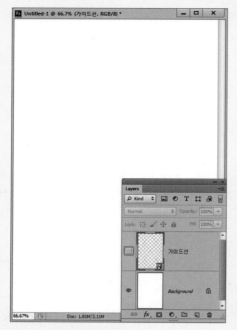

▲ 눈 아이콘을 숨긴 화면

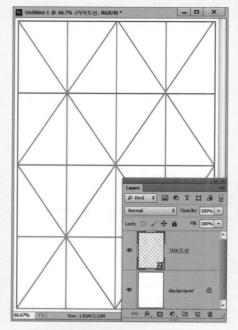

▲ 눈 아이콘을 표시한 화면

일러스트레이터 작업

1 로고 그리기

❶ [File]-[New] 메뉴를 선택한 후 그림과 같이 대화상
자에서 〈Size : Width 160mm, Height : 240mm,
Orientation : 📱, Color Mode : CMYK〉로 지정하여
새로운 도큐먼트를 엽니다.

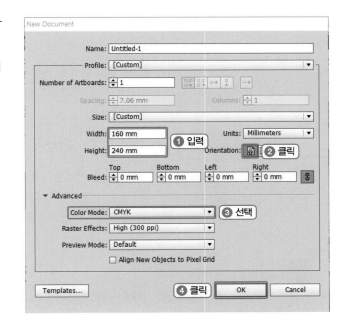

❷ [View]-[Rulers]-[Show Rulers] 메뉴를 선택하여 눈금자(단축키 : Ctrl+R)를 설정하고, 눈금자 위에서 가로와 세
로방향으로 드래그하여 십자 모양의 가이드 선을 만듭니다.

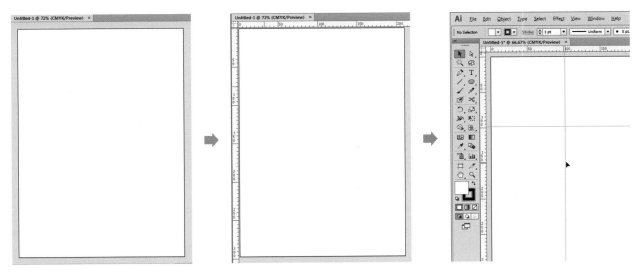

TIP 도큐먼트에서 마우스 오른쪽 버튼을 클릭하여 나오는 바로가기 메뉴에서 Lock Guides가 선택되어 있으면 안내선을 삭제하거나 이동할 수 없습니다. 이 상태로 로고나 캐릭터를 제작하면 정확한 배치를 하는 데 도움이 됩니다. 만약 안내선을 삭제하거나 이동하고 싶다면 Lock Guides 를 한 번 더 선택하여 체크를 해제하면 됩니다. ([File]–[View]–[Guieds]–[Lock Guides])

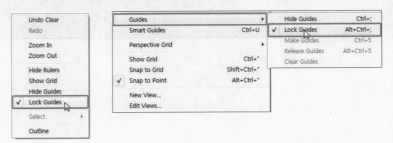

❸ Ellipse Tool(◯)을 선택한 후 가이드 선 중심부에서 Alt 키를 누른 상태로 타원형〈면 : 흰색, 테두리 : 검정〉을 그리고, 아래쪽과 위쪽에도 같은 방법으로 타원 두 개를 드래그하여 그립니다.

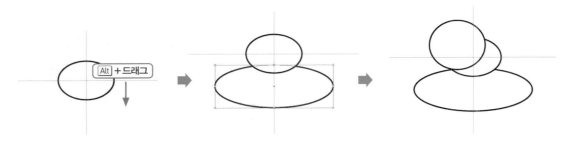

TIP **Align 패널 :** Shift + F7

가이드 선을 기준으로 정렬하는 방법 외에 Align 패널에서 〈Align to: Align to Selection〉을 체크하고 오브젝트를 정렬할 수 있습니다.

❹ Direct Selection Tool(▷)로 두 점을 각각 선택하여 아래와 같이 위로 이동시킵니다.

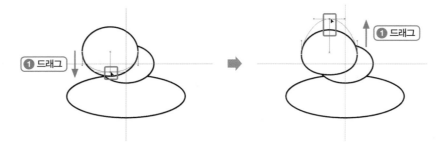

❺ Line Segment Tool (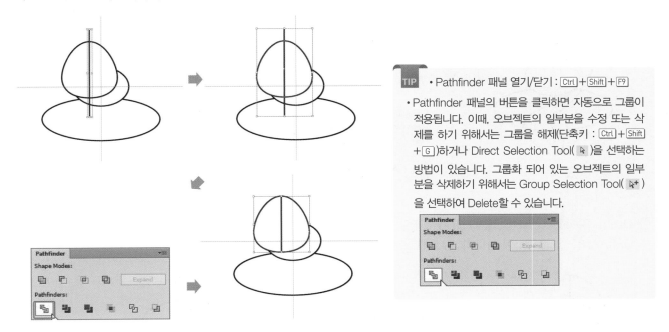)로 Shift 키를 누른 상태에서 수직선을 그리고, ❹ 번에서 변형시킨 타원형과 함께 선택한 후 Pathfinder 패널에서 〈Pathfinders : Divide〉 버튼을 클릭하여 좌우로 타원형을 분할합니다.

TIP • Pathfinder 패널 열기/닫기 : Ctrl + Shift + F9

• Pathfinder 패널의 버튼을 클릭하면 자동으로 그룹이 적용됩니다. 이때, 오브젝트의 일부분을 수정 또는 삭제를 하기 위해서는 그룹을 해제(단축키 : Ctrl + Shift + G)하거나 Direct Selection Tool(▷)을 선택하는 방법이 있습니다. 그룹화 되어 있는 오브젝트의 일부분을 삭제하기 위해서는 Group Selection Tool(▷⁺)을 선택하여 Delete할 수 있습니다.

❻ 분할된 타원형을 선택하고 마우스 오른쪽 버튼을 클릭하여 Ungroup(그룹 해제)을 한 후 오른쪽 오브젝트를 삭제합니다.

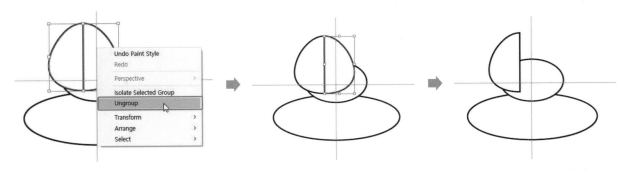

TIP Pathfinder 패널의 기능을 적용하면 자동 그룹화 되어 개별 오브젝트는 선택되지 않습니다. 이때 반드시 [Object]-[Ungroup]하거나 그룹 오브젝트를 더블클릭하여 그룹속성창에서 선택하여야 합니다.

❼ 아래와 같이 두 개의 원형을 선택하고 Pathfinder 패널에서 〈Shape Modes : Unite〉 버튼을 클릭하여 하나의 오브젝트로 합칩니다.

❽ Pen Tool(✐)을 선택한 후 아래와 같은 곡선 모양을 그리고, 전체 오브젝트를 선택한 후 Pathfinder 패널에서 〈Pathfinders : Divide〉 버튼을 클릭하여 오브젝트들을 분할합니다.

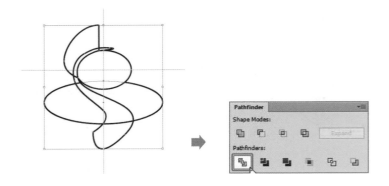

❾ Group Selection Tool(▸⁺)로 아래와 같이 두 개의 오브젝트를 선택하고, Pathfinder 패널에서 〈Shape Modes : Unite〉 버튼을 클릭하여 하나의 오브젝트로 합칩니다.

❿ Group Selection Tool(▸⁺)을 선택하여 디자인 원고 지시에 맞춰 색상을 적용합니다(위에서부터 아래 면 : C5M80Y90, C95M90Y5, 테두리 : None). Type Tool(T)을 선택한 후 "시흥시"를 입력하여 로고를 완성합니다.

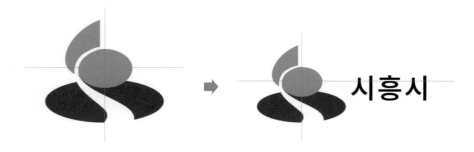

TIP Group Selection Tool(▸⁺) 대신 Direct Selection Tool(▸)로 선택할 수도 있습니다.

2 남녀캐릭터 그리기

1 Ellipse Tool (⬭)을 선택한 후 가이드 선의 중심을 [Alt] 키를 눌러 클릭하고 〈Width : 30, Height : 30〉으로 정원을 그립니다(다른 방법으로는 [Alt]+[Shift] 를 누른 상태에서 드래드하여 정원을 그릴 수 있습니다).

2 [Alt] 키를 누른 상태에서 타원형을 그리고, 마우스 오른쪽 버튼을 클릭하여 [Arrange]−[Send to Back] 메뉴로 맨 뒤로 타원형을 배열합니다.

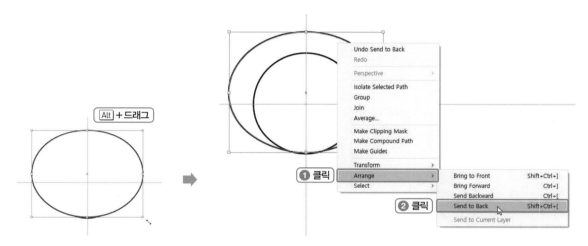

3 **2**와 같은 방법으로 [Alt] 키를 누른 상태에서 타원형을 그리고, 마우스 오른쪽 버튼을 클릭하여 [Arrange]−[Send to Back] 메뉴로 맨 뒤로 타원형을 배열합니다.

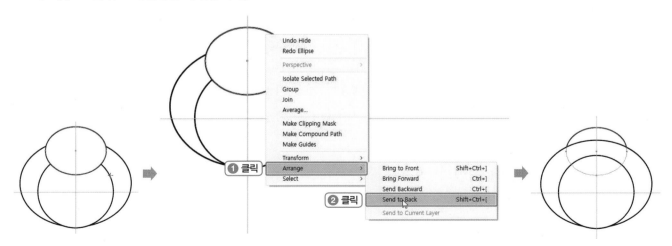

❹ Rectangle Tool (▨)과 Ellipse Tool (◉)을 선택하여 아래와 같이 그린 후 얼굴, 귀, 목 오브젝트를 선택하고 Pathfinder 패널에서 〈Shape Modes : Unite〉 버튼을 클릭하여 하나의 오브젝트로 합칩니다.

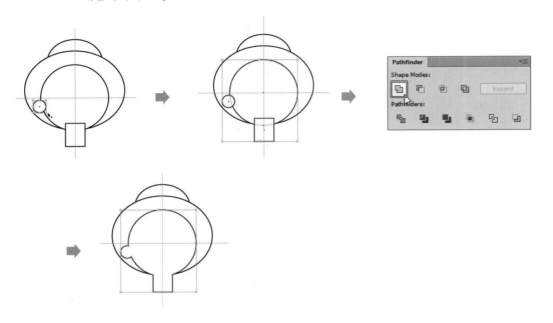

❺ Rounded Rectangle Tool (▢)을 선택하여 아래와 같이 Alt 키를 누른 상태에서 드래그하여 몸과 왼쪽 팔을 그립니다. 왼쪽팔을 선택하여 Alt 와 Shift 키를 누른 상태에서 마우스를 오른쪽으로 드래그하여 복사합니다.

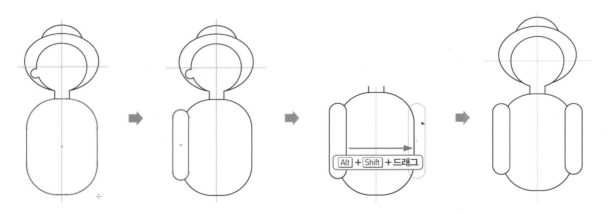

TIP Rounded Rectangle Tool(▢)을 선택하여 드래그하는 도중 마우스를 떼지 않은 상태에서 방향키 ↑, ↓ 키를 눌러 모서리의 둥근 정도를 조절할 수 있습니다.

❻ 아래와 같이 오브젝트를 선택하고 Pathfinder 패널에서 〈Shape Modes : Unite〉 버튼을 클릭하여 하나의 오브젝트로 합칩니다.

> **TIP** 여러 개의 오브젝트를 선택하기 위해서는 Shift 키를 누르고 클릭하면 다중선택이 가능하며, 다시 Shift 키를 누르고 선택하면 선택한 오브젝트가 취소됩니다.

❼ Rectangle Tool (▣)을 선택하여 아래와 같이 그린 후 Shift 키를 누른 상태에서 몸 오브젝트도 같이 선택하고, Pathfinder 패널에서 〈Shape Modes : Minus Front〉 버튼을 클릭하여 사각형 오브젝트 영역만큼 빼냅니다.

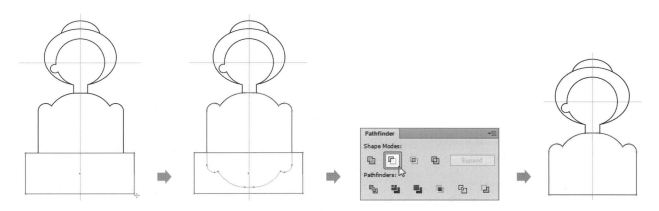

❽ Selection Tool (▶)로 전체 드래그한 후 Alt 키를 누른 상태에서 Shift 키를 눌러 수평으로 복사합니다.

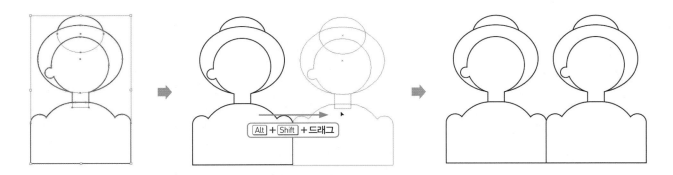

❾ 복사된 오브젝트들을 선택하고 Reflect Tool (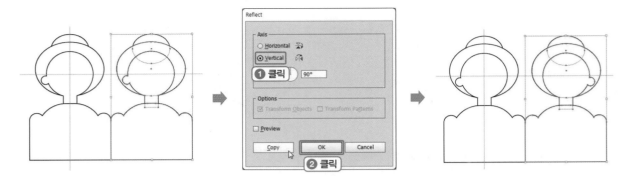)을 더블클릭한 후 Vertical을 체크하여 좌우반전을 합니다.

❿ Ellipse Tool (●)을 선택하여 타원형을 그리고, 조절상자 모서리를 드래그하여 아래와 같이 배치합니다. 타원형을 Alt 키를 누른 상태에서 드래그하여 복사하고 다시 한 번 조절상자 모서리를 드래그하여 회전시킵니다.

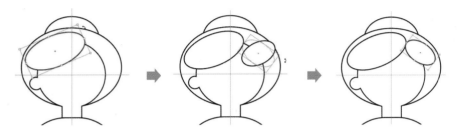

⓫ Selection Tool (▶)로 타원형 오브젝트 두 개와 얼굴 오브젝트를 선택한 후 Pathfinder 패널에서 〈Pathfinders : Divide〉 버튼을 클릭하여 각각의 오브젝트로 분할하고, Group Selection Tool (▶⁺)을 선택하고 아래와 같이 선택하여 삭제합니다.

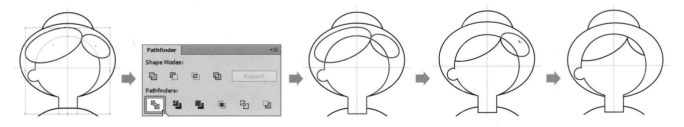

⓬ Selection Tool (▶)로 몸 오브젝트를 선택하고 마우스 오른쪽 버튼을 클릭하여 [Arrange]−[Send to Back] 메뉴로 맨 뒤로 배열합니다.

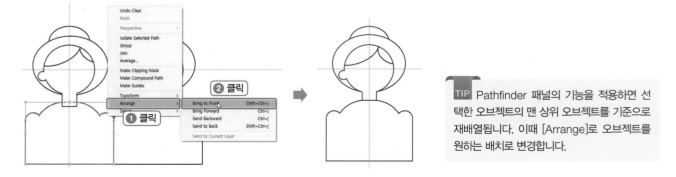

TIP Pathfinder 패널의 기능을 적용하면 선택한 오브젝트의 맨 상위 오브젝트를 기준으로 재배열됩니다. 이때 [Arrange]로 오브젝트를 원하는 배치로 변경합니다.

⑬ Ellipse Tool(◯)을 선택하여 [Shift]키를 누른 상태에서 정원을 그리고, [Alt]키를 누른 상태에서 드래그하여 복사하고 아래와 같이 배치합니다. 다시 눈과 볼 오브젝트를 선택하고 Reflect Tool(◭)을 클릭한 후 얼굴 중심 가이드 선에 [Alt]키를 누르고 Vertical을 체크한 후 [Copy] 버튼을 클릭하여 반전 복사합니다.

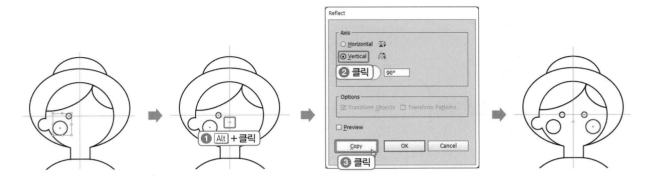

TIP 오브젝트의 기준축을 변경하여 반전하려면 [Alt]키를 누른 상태에서 클릭하면 클릭한 지점이 기준축이 되어 반전할 수 있습니다.

⑭ Ellipse Tool(◯)을 선택하여 [Alt]키를 누른 상태에서 드래그하여 중심부터 타원형을 그린 후 Direct Selection Tool(▸)로 점을 선택하여 아래와 같이 삭제합니다. Stroke 패널에서 아래와 같이 〈Weight : 2pt, Cap : Round Cap〉을 체크하여 선을 둥글고 두껍게 적용합니다.

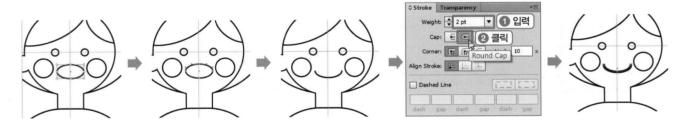

⑮ Pen Tool(✐)을 선택하여 아래와 같이 직선을 그린 후 Reflect Tool(◭)을 선택하고 세로 축을 기준으로 [Alt]키를 누르고 Vertical을 체크한 후 [Copy] 버튼을 클릭하여 복사합니다.

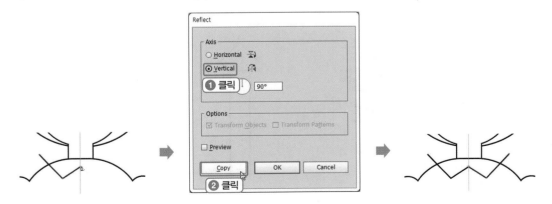

⑯ Direct Selection Tool (▶)로 두 개 점을 드래그하여 선택한 후 마우스 오른쪽 버튼을 클릭하여 [Join]으로 연결합니다. 몸 오브젝트와 같이 선택하여 Pathfinder 패널에서 〈Pathfinders : Divide〉 버튼을 클릭하여 오브젝트를 선으로 분할합니다.

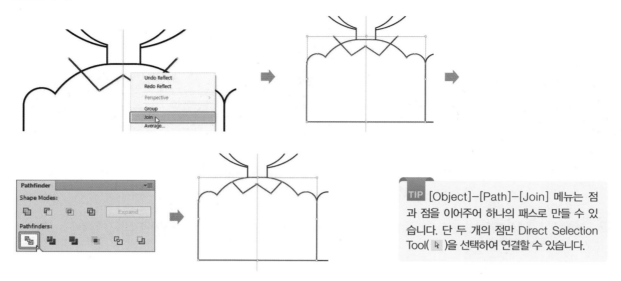

TIP [Object]–[Path]–[Join] 메뉴는 점과 점을 이어주어 하나의 패스로 만들 수 있습니다. 단 두 개의 점만 Direct Selection Tool(▶)을 선택하여 연결할 수 있습니다.

⑰ Rectangle Tool (■)을 선택하여 Shift 키를 누른 상태에서 드래그하여 정사각형을 그린 후 Rotate Tool (↻)을 더블클릭하여 〈Angle : 45〉 회전합니다.

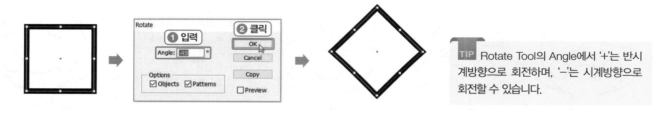

TIP Rotate Tool의 Angle에서 '+'는 반시계방향으로 회전하며, '–'는 시계방향으로 회전할 수 있습니다.

⑱ Rectangle Tool (■)을 선택하고 드래그하여 세로로 긴 직사각형을 그립니다. Direct Selection Tool (▶)로 두 개 점을 드래그하여 선택한 후 Scale Tool (▣)을 더블클릭하여 Non-Uniform을 체크하고 〈Horizontal : 200%〉 가로로 크기를 늘립니다.

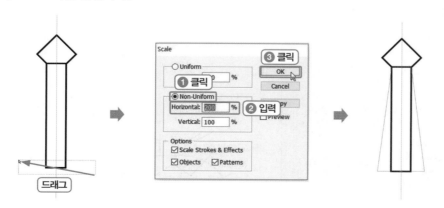

⑲ Selection Tool (▲)로 두 개의 오브젝트를 선택한 후 Pathfinder 패널에서 〈Shape Modes : Unite〉 버튼을 클릭하여 오브젝트를 합칩니다.

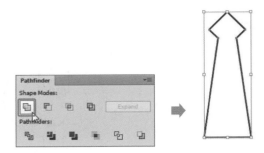

⑳ Line Segment Tool (╱)을 선택하여 사선을 그린 후 Alt 키를 누르고 아래로 드래그하여 복사하고 Ctrl + D 를 눌러 반복 복사합니다. 전체 오브젝트를 선택한 후 Pathfinder 패널에서 〈Pathfinders : Divide〉 버튼을 클릭하여 오브젝트를 선으로 분할합니다.

TIP • [Object]–[Transform]–[Transform Again] 메뉴로 이전 적용한 명령을 복사하여 반복할 수 있습니다.
명령 복제 단축키는 : Ctrl + D 입니다.

㉑ Group Selection Tool (▲⁺)을 선택하여 디자인 원고 지시에 맞춰 색상을 적용하고 그룹으로 지정합니다.

– 모자 : C70M15, C85M50	– 머리 : K100
– 눈 : K100	– 코 : M40Y20K30
– 입 : M100Y100	– 볼터치 : M30Y10
– 옷 : K10/K20/K60/K90	– 얼굴 : M20Y20

TIP • Group(그룹) : Ctrl + G
• 완성된 오브젝트들을 그룹으로 지정하면 포토샵으로 이동할 때 작업이 편리합니다.

㉒ Rectangle Tool(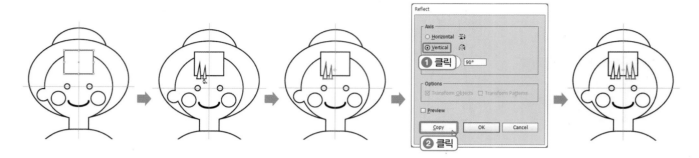)을 선택하여 Alt 키를 누르고 드래그하여 사각형을 그리고, Pen Tool( )로 삼각형을 아래와 같이 그립니다. 삼각형 두 개를 선택한 후 Reflect Tool( )을 선택하여 세로 축을 기준으로 Alt 키를 누르고 Vertical을 체크한 후 [Copy] 버튼을 클릭하여 복사합니다.

㉓ Selection Tool( )로 아래와 같이 오브젝트들을 선택하고 Pathfinder 패널에서 〈Shape Modes : Minus Front〉 버튼을 클릭하여 상위 오브젝트들을 빼냅니다.

㉔ Selection Tool( )로 아래와 같이 오브젝트들을 선택하고 Pathfinder 패널에서 〈Pathfinders : Divide〉 버튼을 클릭하여 오브젝트를 선으로 분할합니다.

㉕ Selection Tool( )로 Shift 키를 누른 상태에서 모자 오브젝트를 함께 선택한 후 마우스 오른쪽 버튼을 클릭하여 [Arrange]-[Send to Back] 메뉴로 맨 뒤로 배치시킵니다. Group Selection Tool( )을 선택하여 아래와 같이 선택하여 삭제합니다.

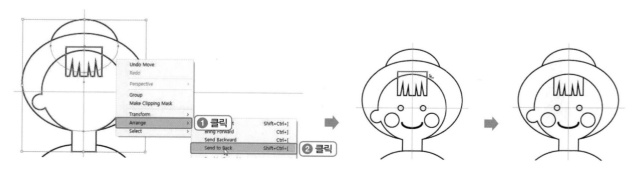

❷❻ Ellipse Tool(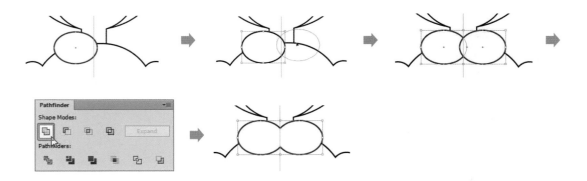을 선택하여 타원형을 그린 후 [Alt]키를 누른 상태에서 드래그하여 오른쪽으로 복사합니다. Selection Tool( )로 두 개의 오브젝트를 선택한 후 Pathfinder 패널에서 〈Shape Modes : Unite〉 버튼을 클릭하여 오브젝트를 합칩니다.

❷❼ Selection Tool( )로 아래와 같이 두 개의 오브젝트를 선택한 후 Pathfinder 패널에서 〈Pathfinders : Divide〉 버튼을 클릭하여 오브젝트를 분할하고, Group Selection Tool( )을 선택하여 윗부분을 삭제합니다.

❷❽ Pen Tool( )로 사각형을 그리고, Ellipse Tool( )을 선택하여 타원형을 그립니다. 타원형을 선택하여 [Edit]- [Copy] 메뉴(단축키 : [Ctrl]+[C])로 복사하고, [Edit]-[Paste in Front] 메뉴(단축키: [Ctrl]+[F])로 앞에 붙이기를 합니다.

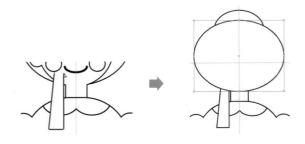

❷❾ Selection Tool( )로 아래와 같이 오브젝트들을 선택한 후 Pathfinder 패널에서 〈Shape Modes : Minus Front〉 버튼을 클릭하여 상위 오브젝트들을 빼냅니다.

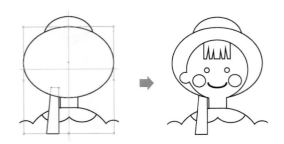

㉚ 아래와 같이 오브젝트를 선택하고 Reflect Tool(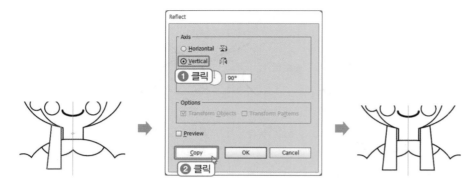)을 선택하여 세로 축을 기준으로 [Alt]키를 누르고 Vertical을 체크한 후 [Copy] 버튼을 클릭하여 복사합니다.

㉛ Rectangle Tool(▣)을 선택한 후 [Shift]키를 누르고 드래그하여 정사각형을 그리고, 색상〈면 : Y00, 테두리 : None〉을 적용합니다. Ellipse Tool(●)을 선택한 후 [Shift]키를 누르고 드래그하여 정원을 그리고, 색상〈면 : M80Y95, 테두리 : None〉을 적용합니다. 두 개의 오브젝트를 모두 선택하여 Swatches 패널로 드래그하여 패턴을 등록합니다.

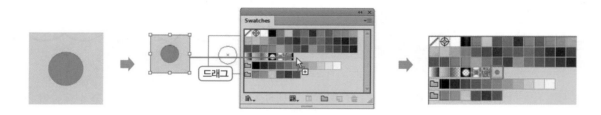

㉜ Selection Tool(▶)로 아래와 같이 옷 오브젝트들을 선택한 후 Scale Tool(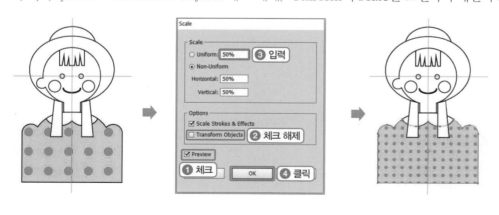)을 더블클릭하여 Preview를 체크하고, 〈Options : Transfrom Objects 체크 해제〉 Uniform의 Scale을 조절하여 패턴의 크기만 줄입니다.

㉝ Group Selection Tool(▶⁺)을 선택하여 디자인 원고 지시에 맞춰 색상을 적용합니다.

– 모자 : Y100, M35Y85	– 머리 : C70M80Y80K50
– 얼굴 : M20Y20	– 눈 : K100
– 코 : M40Y20K30	– 입 : M100Y100
– 볼터치 : M30Y10	– 옷 : W/Y100/패턴M80Y95

3 리본 그리기

❶ Pen Tool ( )로 아래와 같이 패스를 그리고, 전체 선택한 후 Pathfinder 패널에서 〈Pathfinders : Divide〉 버튼을 클릭하여 오브젝트를 분할합니다.

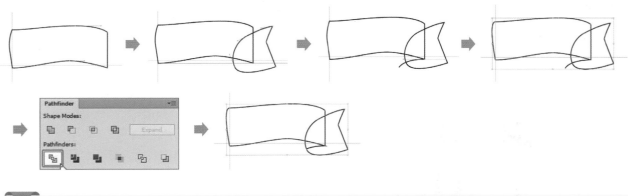

TIP Pen Tool로 곡선 패스를 그릴 때에는 드래그하여 핸들을 생성하여 그리고, 직선 패스는 클릭하여 그립니다

❷ Group Selection Tool ( ) 을 선택하여 아래와 같이 두 개의 오브젝트를 선택한 후 Pathfinder 패널에서 〈Shape Modes : Unite〉 버튼을 클릭하여 오브젝트를 합칩니다.

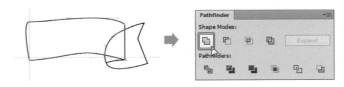

❸ 아래와 같이 색상(면 : M35Y85, M80Y95, M50Y100, 테두리 : None)을 적용합니다.

❹ 아래와 같이 오브젝트를 전체 선택한 후 Reflect Tool ( ) 을 선택하여 세로 축을 기준으로 Alt 키를 누르고 Vertical 을 체크한 후 [Copy] 버튼을 클릭하여 복사합니다.

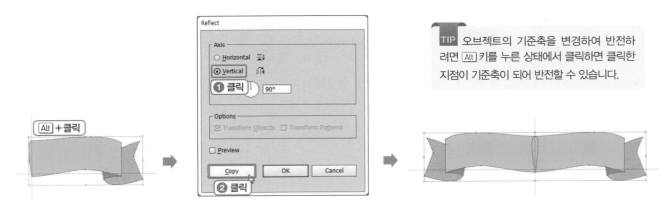

TIP 오브젝트의 기준축을 변경하여 반전하려면 Alt 키를 누른 상태에서 클릭하면 클릭한 지점이 기준축이 되어 반전할 수 있습니다.

❺ 아래와 같이 오브젝트를 전체 선택한 후 Pathfinder 패널에서 〈Pathfinders : Merge〉 버튼을 클릭하여 같은 색상 오
브젝트를 합칩니다.

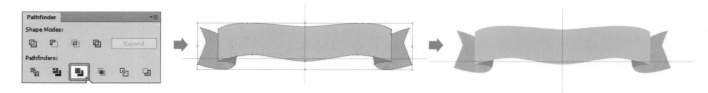

❻ 완성된 남녀 캐릭터 오브젝트 위에 아래와 같이 배치합니다.

TIP 프로그램 오류로 데이터가 손실되지 않도록 '등번호.ai'로 저장한
파일을 수시로 [File]-[Save] 메뉴(단축키: Ctrl + S)로 재저장합니다.

4 블랜드 선 그리기

❶ Pen Tool (✏️)로 아래와 같이 패스를 그리고, 전체 선택한 후 Alt 키를 누르고 아래로 드래그하여 복사합니다.

❷ Direct Selection Tool (▷)로 점들과 핸들을 수정하여 아래와 같은 형태로 변형합니다.

TIP 드래그하여 곡선 패스를 대략적으로 그린 후 Direct Selection
Tool(▷)로 수정하며 완성도를 높여가는 것이 좋습니다.

❸ Selection Tool (▶)로 위 패스를 선택하여 Stroke 패널에서 〈Weight : 3pt〉를 적용하고, 다시 아래 패스를 선택하
여 Stroke 패널에서 〈Weight : 2pt〉를 적용합니다.

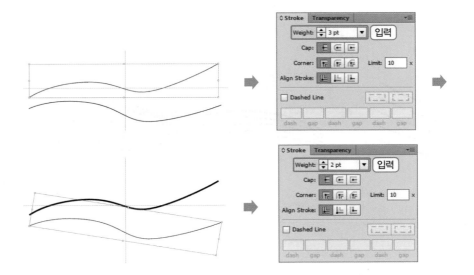

❹ Blend Tool (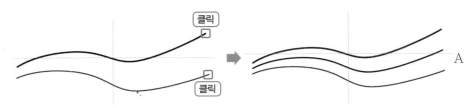)을 선택하여 아래 패스 선과 위 패스 선을 번갈아가며 클릭합니다.

> TIP 블랜드 기능을 적용하면 그룹화 되며, 패스의 부분 수정을 원한다면 Direct Selection Tool( )로 점의 위치와 핸들 길이, 각도를 수정할 수 있습니다.

❺ Blend Tool ( ) 을 더블클릭한 후 〈Spacing : Specified Steps : 3〉을 입력하여 중간단계를 표현합니다.

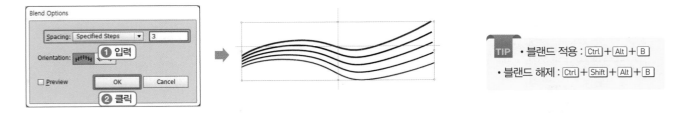

> TIP • 블랜드 적용 : Ctrl + Alt + B
> • 블랜드 해제 : Ctrl + Shift + Alt + B

❻ [File]-[Object]-[Expand] 메뉴를 선택하여 독립된 오브젝트로 확장시킨 후 맨 위 패스를 Alt 키를 누르고 위로 드래그하여 복사합니다.

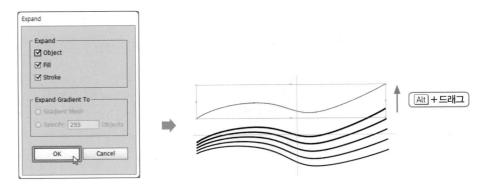

❼ Type on a Path Tool(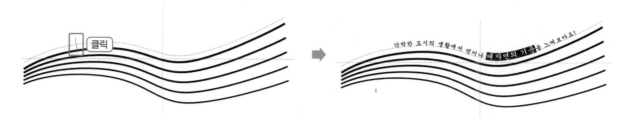)을 선택하여 문자가 시작되는 지점의 패스라인 위에서 마우스를 클릭하고 문자를 입력합니다(궁서체/12pt, 19pt/K100, C100M95, Y5).

❽ 블랜드 선들을 선택한 후 다시 한 번 [File]-[Object]-[Expand] 메뉴를 적용하여 선의 속성을 면의 속성으로 확장시킵니다.

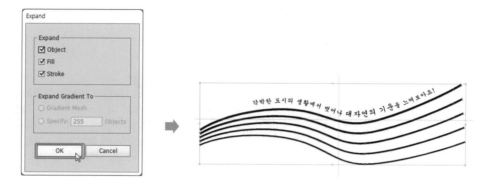

❾ Gradient Tool(▦)을 더블클릭하여 Gradient 패널을 연 후 양쪽에 위치한 Gradient Slider를 더블클릭하여 아래와 같이 색상을 등록합니다(좌 : C100, 우 : C100M95Y5).

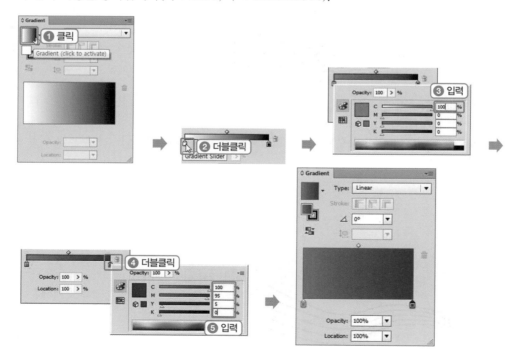

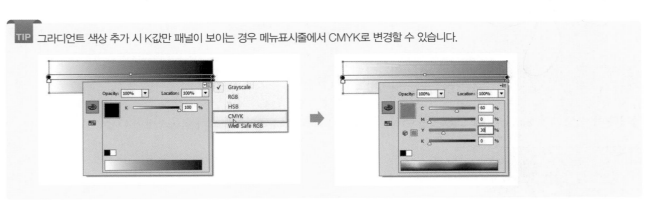

5 바람개비 그리기

❶ Ellipse Tool (⬤)을 선택하여 Alt 키를 누른 상태에서 드래그하여 타원형을 그린 후 Direct Selection Tool (▶)로 점들과 핸들을 수정하여 아래와 같은 형태로 변형합니다.

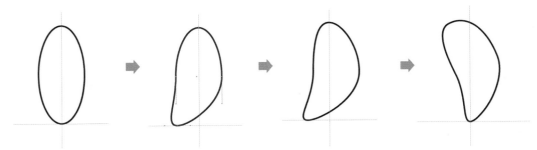

❷ 아래와 같이 오브젝트를 선택한 후 Rotate Tool (🔄)을 선택하여 가이드 선 중심축을 기준으로 Alt 키를 누르고 〈Angle : 90〉을 체크한 후 [Copy] 버튼을 클릭하여 복사합니다. Ctrl + D 를 2번 눌러 회전을 반복합니다.

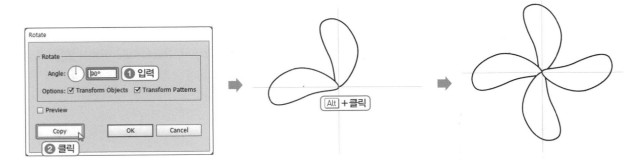

❸ Ellipse Tool (◉)을 선택하여 가이드 선 중심축을 기준으로 Alt + Shift 를 누른 상태에서 드래그하여 정원을 그립니다.

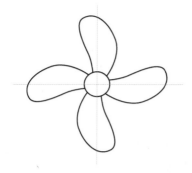

❹ 원형을 선택한 후 Scale Tool (⟲)을 더블클릭하고 〈Uniform : 90%〉로 크기를 축소하여 Copy(복사)합니다.

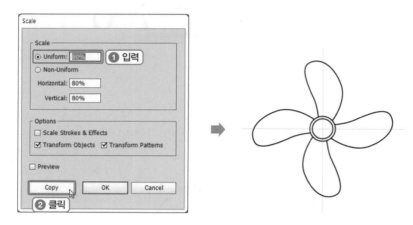

❺ Group Selection Tool (▸⁺)을 선택하여 디자인 원고 지시에 맞춰 색상을 적용합
니다(중심부터 면 : C85M50, Y100, C70M15, 테두리 : None).

6 음표 그리기

❶ Ellipse Tool (◉)을 선택하여 Alt + Shift 를 누른 상태에서 드래그하여 정원을 그리고, Rectangle Tool (▢)을 선택
하여 아래로 드래그하여 세로로 긴 직사각형을 그려 모두 선택한 후 Alt 키를 누르고 오른쪽으로 드래그하여 복사합니다.

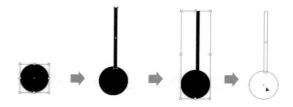

❷ Rectangle Tool ()을 선택한 후 오른쪽으로 드래그하여 음표를 잇는 직사각형을 그리고, Alt 키를 누른 상태에서 아래로 드래그하여 복사한 후 세로 폭을 좁혀줍니다.

❸ Selection Tool (▲)로 전체 선택한 후 Shear Tool (⇄)을 더블클릭하여 〈Shear Angle : −10, Axis : Vertical〉 음표 오브젝트를 기울입니다.

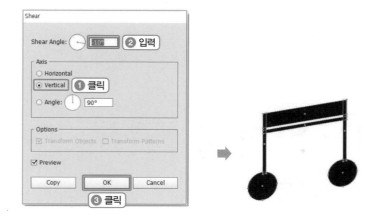

❹ 1과 같은 방법으로 음표를 그리고, Pen Tool (✐)로 아래와 같은 곡선 패스를 그립니다.

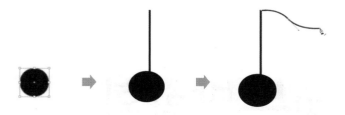

❺ Width Tool (✎)을 선택한 후 패스 위를 드래그하여 폭을 늘리거나 줄여나가며 음표를 만듭니다. 완성된 음표들은 회전하여 아래와 같이 배치합니다.

TIP 완성된 음표는 Ctrl + G 하여 오브젝트가 분해되지 않도록 그룹으로 지정합니다.

7 타이틀 문자 그리기

❶ Type Tool(T,)을 선택하여 타이틀 문자를 입력하고 [Type]–[Create Outlines] 메뉴로 문자를 오브젝트로 전환합니다(문자 선택 후 마우스 오른쪽 버튼을 클릭하여 Create Outlines를 클릭하거나 단축키 Ctrl + Shift + O 로도 적용할 수 있습니다).

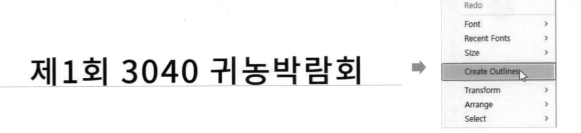

❷ Selection Tool(►)로 전체 선택하고 마우스 오른쪽 버튼을 클릭한 후 Ungroup으로 그룹을 해제합니다.

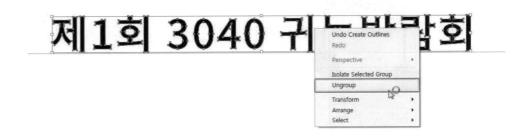

❸ Selection Tool(►)로 문자를 아래와 같이 크기를 늘리거나 위치를 이동시킵니다.

귀농박람회 ▸ 귀농박람회

❹ Direct Selection Tool(►)로 두 개의 점을 선택한 후 위로 드래그하여 문자를 변형합니다.

❺ Ellipse Tool (◉)을 선택한 후 Alt 키를 누른 상태에서 드래그하여 타원형을 그리고, Direct Selection Tool (▸)로 점들과 핸들을 수정하여 아래와 같은 형태로 변형합니다.

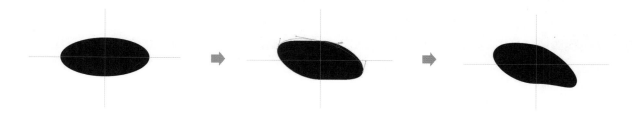

❻ 문자 오브젝트 위에 Scale Tool (🔲)과 Reflect Tool (🔳)을 이용하여 아래 완성본과 같이 배치합니다.

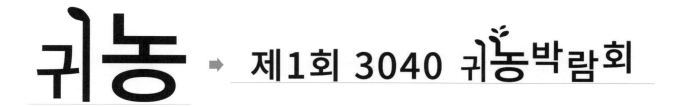

❼ Group Selection Tool (▸⁺)을 선택하여 디자인 원고 지시에 맞춰 색상을 적용합니다(K100, C75Y100, C90M30 Y95K30).

제1회 3040 귀농박람회

❶ [File]-[New] 메뉴를 선택하여 아래와 같이 〈Width : 166mm, Height : 246mm, Resolution 100Pixels/inch, Color Mode : RGB Color〉를 입력하여 도큐먼트를 생성합니다.

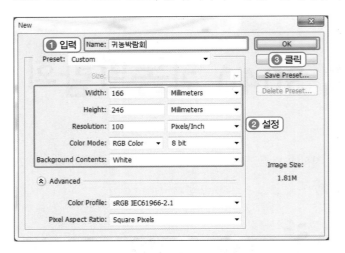

❷ 일러스트레이터 창으로 이동 후 그리드를 선택하고 Ctrl + C 로 복사합니다. 포토샵 작업창으로 이동한 후 Ctrl + V 를 하여 붙여넣기 하고 레이어 창에 이름을 "가이드선"으로 바꿉니다.

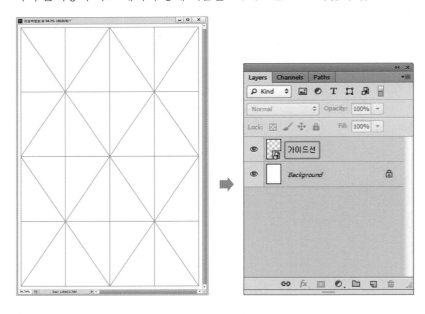

TIP
• 붙여넣기 할 때 Smart Object와 Pixels 두 가지 방법으로 불러올 수 있습니다.

• Smart Object는 벡터방식을 유지하며 이미지 축소 확대 시 깨짐 현상은 없으나 Filter 적용을 할 수 없어 Rasterize Layer로 픽셀화하여 사용해야 합니다.

• Pixel방식은 반드시 크기 조절을 완료하고 승인을 눌러야 합니다. Filter와 색상 보정 등의 적용은 가능하나 이미지를 재축소, 재확대 시 깨짐 현상이 나타나기 때문에 주의해야 합니다.

❸ [File]−[Open] 메뉴에서 '01.jpg' 파일을 열고 Ctrl + A 로 전체 선택한 후 Ctrl + C 로 복사하고, 작업창으로 이동하여 Ctrl + V 로 붙여넣기한 후 Ctrl + T 로 크기를 맞춥니다.

TIP Open(이미지 열기) : Ctrl + O 또는 포토샵 바탕화면 더블클릭

❹ Foreground Color(전경색)를 흰색으로 지정한 후 [Filter]−[Filter Gallery]−[Texture]−[Stained Glass] 메뉴를 선택하고 Cell Size를 아래 원고와 같이 적용합니다. Layer 패널에서 Opacity : 60%를 적용하여 불투명도를 조절합니다.

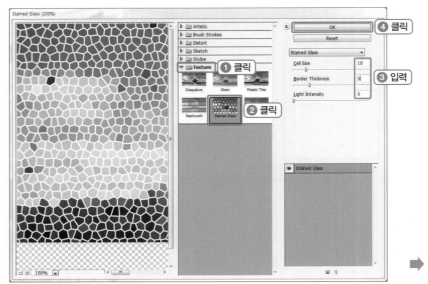

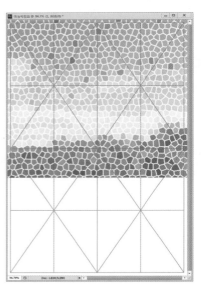

TIP Stained Glass의 border색은 Filter를 적용하기 전 전경색을 먼저 〈흰색〉으로 지정하고 Filter를 적용해야 합니다.

❺ [File]-[Open] 메뉴에서 '06.jpg' 파일을 열고 Ctrl+A로 전체 선택한 후 Ctrl+C로 복사하고, 작업창으로 이동하여 Ctrl+V로 붙여넣기 한 후 Ctrl+T로 크기를 맞춥니다.

TIP Move Tool(▶)을 선택하고 이미지를 작업창으로 드래그하여 이동하면 이미지가 복사되어 붙여넣기 할 수 있습니다.

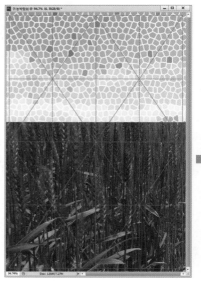

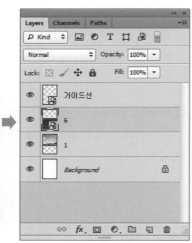

❻ [Filter]-[Filter Gallery]-[Texture]-[Patchwork] 메뉴를 선택하고 아래 원고와 같은 효과를 적용합니다.

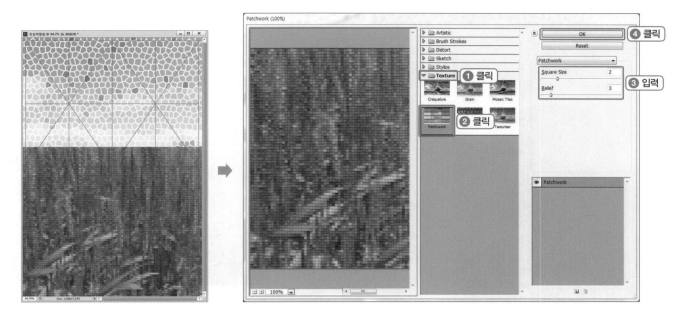

❼ Layer 패널에서 Layer Mask(▨) 버튼을 클릭하고 Gradient Tool(▨)을 선택합니다. 상단에 위치한 옵션바에
서 〈검정-흰색〉을 확인 후 선형그라디언트를 선택하고 수직방향으로 드래그하여 자연스럽게 합성합니다.

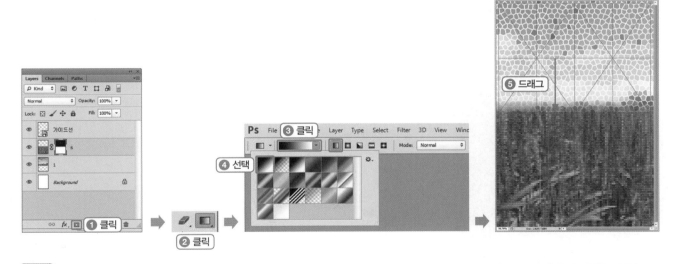

TIP 마스크에서 좀 더 자연스러운 효과를 표현하고 싶다면 Brush Tool(Hardness : 0)을 선택하여 Froeground Color를 흰색과 검정색으로 번갈
아가며 리터칭하여 적용할 수 있습니다.

❽ Tools 패널에서 Ellipse Tool (⬮)을 선택한 후 문서의 중심에서 Alt + Shift 를 눌러 드래그하여 정원을 그립니다. 원형 도형 레이어 썸네일을 더블클릭하여 Color Picker창이 나타나면 색상(C77M19Y100)을 적용합니다.

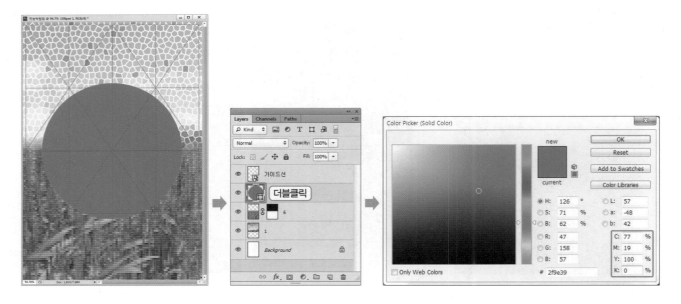

❾ [File]-[Open] 메뉴에서 '06.jpg' 파일을 열고 Ctrl + A 로 전체 선택한 후 Ctrl + C 로 복사하고, 작업창으로 이동하여 Ctrl + V 로 붙여넣기 한 후 Ctrl + T 로 크기를 맞춥니다.

❿ [Filter]-[Filter Gallery]-[Artistic]-[Cutout] 메뉴를 선택하고 아래 원고와 같은 효과를 적용합니다.

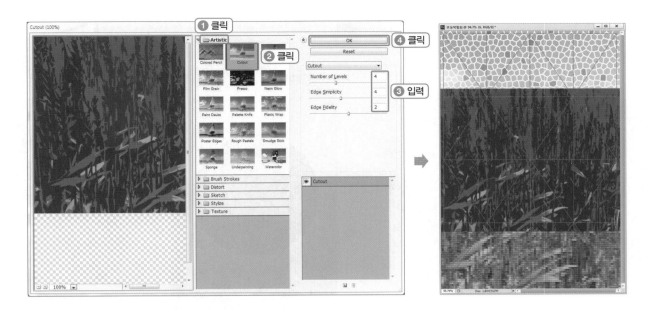

TIP • Filter는 포토샵 프로그램 버전에 따라 다른 위치에 있을 수 있습니다.

• 컬러 모드를 CMYK로 선택하여 문서를 생성해 작업할 경우 적용되지 않는 Filter가 있습니다. 이때 [Image]−[Mode]−[RGB color] 메뉴로 변경하여 사용하면 Filter가 적용됩니다.

⓫ Layer 패널에서 '6' 레이어를 선택한 후 Blend Mode(블랜드모드 : Soft Light)를 적용하고, 오른쪽 마우스 버튼을 클릭한 후 Create Clipping Mask를 클릭하여 원형 도형 영역에만 이미지가 보일 수 있도록 합성합니다.

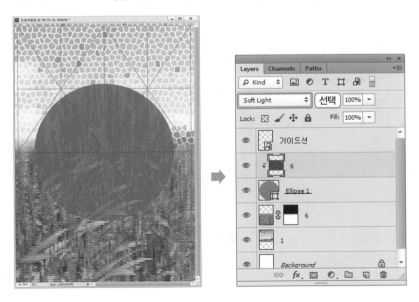

TIP 클리핑 마스크 설정 방법

• 클리핑 영역 레이어와 클리핑 이미지 레이어의 경계선 사이를 Alt 키를 누르고 클릭

• 단축키 : Ctrl + Alt + G

• Menu > Layer > Create Clipping Mask : 설정 / Release Clipping Mask : 해제

⑫ Layer 패널에서 원형 도형 레이어를 선택하고 Layer Style (_fx._)의 Outer Glow를 적용하여 외부광선 효과를 표현합니다.

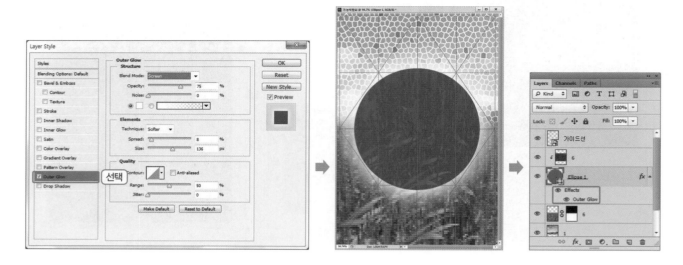

⑬ 일러스트레이터 창으로 이동 후 '블랜드선' 도형들을 선택하고 Ctrl + C 로 복사합니다. 포토샵 작업창으로 이동하여 Ctrl + V 를 하여 붙여넣기 할 때 옵션 창에 Smart Object를 체크하고 블러와 그리드에 맞게 배치합니다.

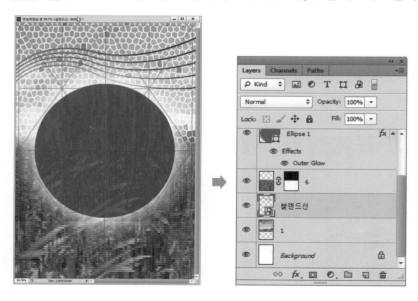

⑭ Layer 패널에서 Layer Mask (🔲) 버튼을 클릭하고 Gradient Tool (■)을 선택합니다. 상단에 위치한 옵션바에서 〈검정-흰색〉을 확인 후 선형그라디언트를 선택하여 수평방향으로 드래그하여 자연스럽게 합성합니다.

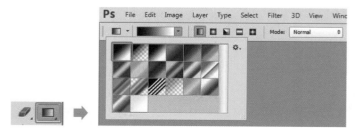

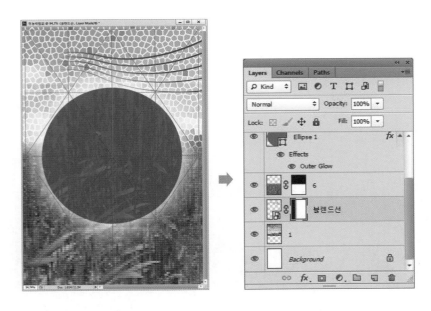

일러스트레이터에서 오브젝트를 가져오
기 할 때 자동으로 조절상자가 생성되며, 조
절점을 잡아당겨 크기를 조절하고 드래그하
여 회전을 한 후 [Enter] 키를 클릭하여 불러올
수 있습니다.

⑮ 일러스트레이터 창으로 이동 후 '바람개비' 도형들을 선택하고 [Ctrl]+[C]로 복사합니다. 포토샵 작업창으로 이동하여
[Ctrl]+[V]를 하여 붙여넣기 할 때 옵션 창에 Smart Object를 체크하고 불러와 그리드에 맞게 배치합니다.

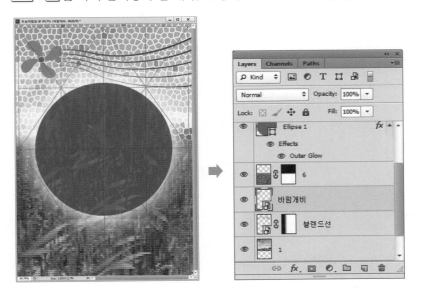

⑯ '바람개비' 레이어를 선택하고 마우스 오른쪽 버튼을 클릭한 후 Duplicate Layer를 선택하여 레이어를 하나 더 복사합니다.

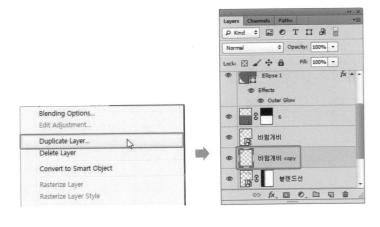

TIP **Layer를 복사하는 방법**

• [Ctrl]+[J] (Layer Via Copy)
• 선택한 레이어를 Create a New Layer(⬚)로 드
래그하여 복사
• 선택한 레이어를 [Alt] 키를 누르고 드래그하여 복사
• 선택한 레이어를 마우스 오른쪽 버튼을 클릭하여
Duplicate Layer

⑰ [Filter]-[Blur]-[Radial Blur] 메뉴를 선택하고 Blur Center의 위치를 왼쪽 상단 바람개비 중심지점으로 이동하여 아래 원고와 같은 효과를 적용합니다.

> TIP
> • Radial Blur의 Blur Center는 문서의 중앙이 기본값으로 지정되어 있으나 마우스로 드래드하여 기준의 적용 위치를 변경할 수 있습니다.
> • Filter 적용 후 마음에 들지 않을 경우 Ctrl+Z 하여 그 전으로 돌아간 후 다시 적용합니다.

⑱ 일러스트레이터 창으로 이동 후 '각박한 도시의 생활에서 벗어나 대자연의 기운을 느껴 보아요!' 문자를 선택하고 Ctrl +C로 복사한 후 포토샵 작업창으로 이동하여 Ctrl+V를 하여 붙여넣기 할 때 옵션 창에 Smart Object를 체크하고 불러와 그리드에 맞게 배치합니다.

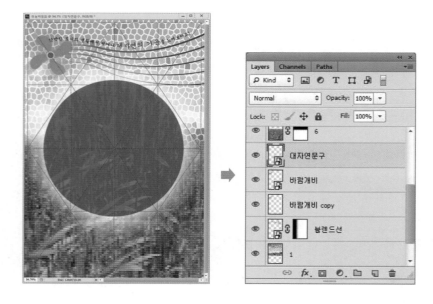

TIP 포토샵에서 Path에 흐르는 문자 만들기

① Pen Tool(✐)을 선택 후 드래그하여 곡선 패스를 그립니다.

② Type Tool (T.)을 선택하여 패스 시작 지점에 마우스를 클릭합니다.

③ 글자를 입력하면 패스의 곡선을 따라 입력할 수 있습니다.

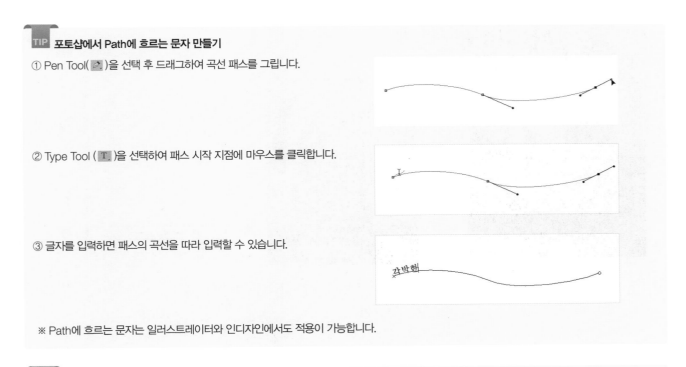

※ Path에 흐르는 문자는 일러스트레이터와 인디자인에서도 적용이 가능합니다.

TIP
• 문자 입력은 디자인 원고와 가장 유사한 글꼴을 선택하여 적용합니다.
• 실기시험장에는 프로그램에 설치된 글꼴들이 다양하기 때문에 동일한 글꼴을 설정하지 않아도 됩니다.
• 한글에서는 돋움체, 굴림체, 궁서체를 적용하고 영어는 Arial체를 기본 글꼴로 사용합니다.

⑲ Layer 패널에서 '각박한 도시의 생활에서 벗어나 대자연의 기운을 느껴 보아요!' 문구 레이어를 선택하고 Layer Style (fx.)에서 Stroke를 선택 후 〈Size : 8, Color : 흰색〉을 적용하여 테두리 효과를 표현합니다.

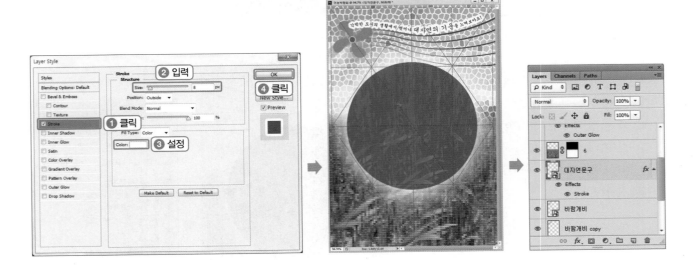

⑳ [File]-[Open] 메뉴에서 '02.jpg' 파일을 열고 Pen Tool (✐)을 선택하여 건물의 일부 영역을 패스로 외곽선을 그리고, 마우스 오른쪽 버튼을 클릭한 후 Make Selection을 클릭하여 건물을 선택합니다.

Create Vector Mask
Delete Path

Define Custom Shape...

Make Selection...
Fill Path...
Stroke Path...

Make Selection

Rendering
Feather Radius: [0] pixels
☑ Anti-aliased

Operation
● New Selection
○ Add to Selection
○ Subtract from Selection
○ Intersect with Selection

OK
Cancel

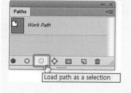

TIP • Pen Tool(✐)로 작업한 패스를
선택 영역으로 만드는 또 다른 방법

Paths

Work Path

Load path as a selection

• Paths 패널에서 Load path as a
Selection(✷)을 클릭하여 선택

• 단축키 : Ctrl + Enter

㉑ '02.jpg' 파일에서 선택한 건물 선택 영역을
Ctrl + C 로 복사한 후 작업창으로 이동하여
Ctrl + V 를 하여 붙여넣기 하고, Ctrl + T 로
크기를 줄인 후 회전하여 아래와 같이 위치시
킵니다(이때, Layer 패널에서 '건물1' 레이어
는 '원형도형' 레이어 아래로 위치를 이동시켜
재배치합니다).

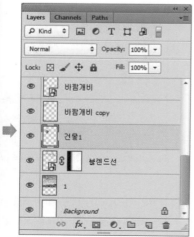

㉒ ⑱과 같은 방법으로 Pen Tool ( ) 을 선택하여 건물의 일부 영역을 패스로 외곽선을 그려준 후 마우스 오른쪽 버튼을 클릭하고 Make Selection을 클릭하여 건물을 선택하고 Ctrl + C 로 복사합니다. 작업창으로 이동하여 Ctrl + V 를 하여 붙여넣기 하고 Ctrl + T 로 크기를 줄인 후 회전하여 아래와 같이 위치시킵니다.

㉓ 일러스트레이터 창으로 이동 후 '음표' 도형들을 선택하고 Ctrl + C 로 복사한 후 포토샵 작업창으로 이동하여 Ctrl + V 를 하여 붙여넣기 하고, Ctrl + T 로 크기를 줄인 후 회전하여 아래와 같이 위치시킵니다.
(여러 개의 음표를 가져오기 위해서는 위와 같은 방법을 반복적으로 적용합니다.)

24 일러스트레이터에서 가져 온 음표 레이어들은 Shift 키를 눌러 연속 선택하고 [Menu]-[Layer]-[Group Layers] 메뉴를 선택하여 그룹으로 정리합니다.

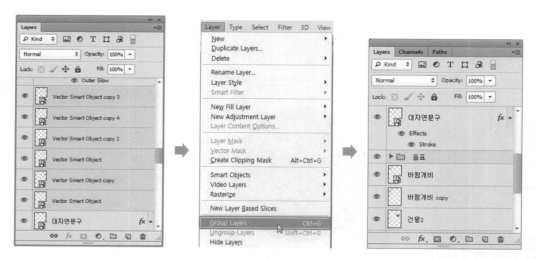

TIP
• [Menu]-[Layer]-[Group Layers] 메뉴의 단축키 : Ctrl + G (그룹 해제 : Ctrl + Shift + G)
• 여러 레이어를 함께 선택하려면 Ctrl 키(개별 레이어 추가 선택) 또는 Shift 키(레이어 연속 선택)를 누른 상태에서 레이어를 클릭합니다.

25 Tools 패널에서 Custom Shape Tool (🌣)을 선택한 후 상단 옵션에서 〈Shape : puzzle〉을 클릭하고 작업창에서 세 번 드래그하여 아래와 같이 세 개의 퍼즐을 그리고, Ctrl + T 로 회전합니다.

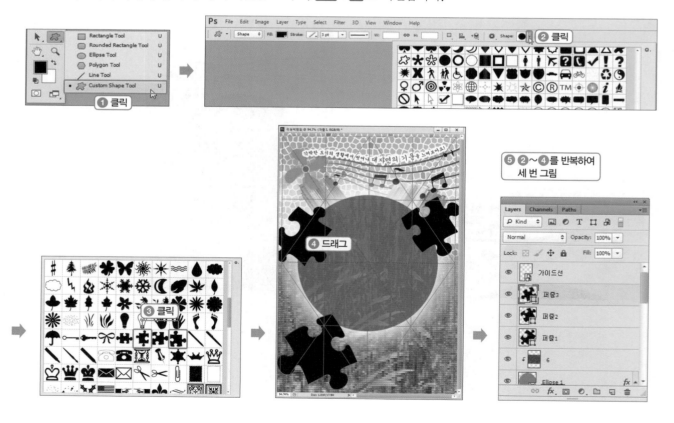

㉖ Layer 패널에서 '퍼즐1' 레이어를 선택하고 Layer Style (_fx._)에서 Stroke를 선택한 후 〈Size : 8, Color : 흰색〉을 적용한 테두리 효과와 Drop Shadow의 〈Distance : 15, Spread : 16〉을 입력하여 그림자 효과를 표현합니다.

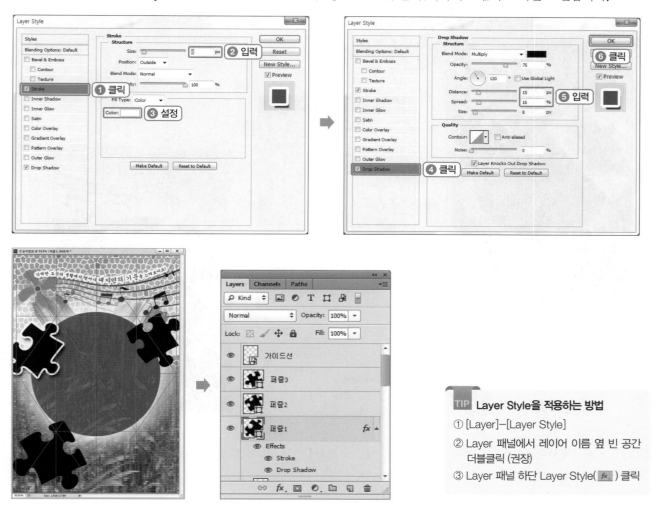

TIP **Layer Style을 적용하는 방법**
① [Layer]-[Layer Style]
② Layer 패널에서 레이어 이름 옆 빈 공간 더블클릭 (권장)
③ Layer 패널 하단 Layer Style(_fx._) 클릭

㉗ '퍼즐1' 레이어에 적용한 효과를 다른 퍼즐에도 적용하기 위해 Layer Style (_fx._)을 Alt 키를 누른 상태에서 '퍼즐2' 레이어로 드래그하여 효과를 복사합니다('퍼즐3' 레이어도 같은 방법으로 복사합니다).

㉘ [file]-[Open] 메뉴에서 '03.jpg' 파일을 열고 Ctrl+A로 전체 선택하여 Ctrl+C로 복사하고, 작업창으로 이동하여 Ctrl+V로 붙여넣기 한 후 Ctrl+T로 크기를 줄이고 회전하여 아래와 같이 위치시킵니다. [Filter]-[Stylize]-[Extude] 메뉴를 눌러 〈Size : 15, Depth : 15〉를 입력하여 Filter 효과를 적용합니다.

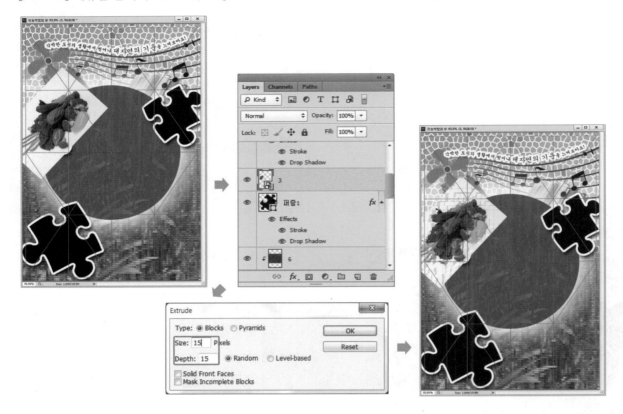

㉙ Layer 패널에서 '3' 레이어를 선택한 후 오른쪽 마우스 버튼을 클릭하고 Create Clipping Mask를 클릭하여 '퍼즐1' 레이어 영역에만 이미지가 보일 수 있도록 합성합니다.

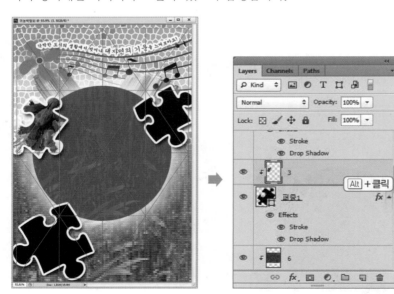

TIP 클리핑 마스크 설정 방법

① 클리핑 영역 레이어와 클리핑 이미지 레이어의 경계선 사이를 Alt 키를 누르고 클릭

② 단축키 : Ctrl+Alt+G

③ Menu 〉 Layer 〉 Create Clipping Mask
  : 설정 / Release Clipping Mask : 해제

③⓪ [file]-[Open] 메뉴에서 '04.jpg' 파일을 열고 Ctrl + A 로 전체 선택한 후 Ctrl + C 로 복사하고, 작업창으로 이동하여 Ctrl + V 로 붙여넣기 한 후 Ctrl + T 로 크기를 줄이고 회전하여 아래와 같이 위치시킵니다. [Filter]-[Filter Gallery]-[Brush Strokes]-[Spatter] 메뉴에서 〈Spray Radius : 9, Smoothness : 8〉을 입력하여 Filter를 적용합니다.

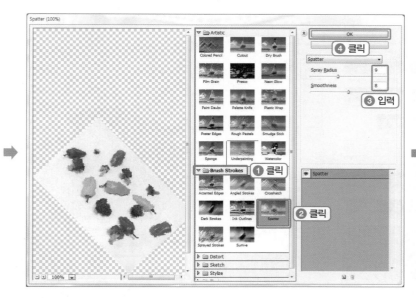 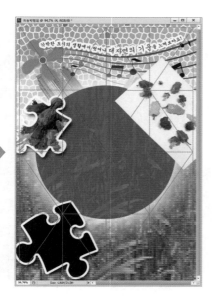

③① Layer 패널에서 '4' 레이어를 선택한 후 오른쪽 마우스 버튼을 클릭하고 Create Clipping Mask를 클릭하여 '퍼즐2' 레이어 영역에만 이미지가 보일 수 있도록 합성합니다.

㉜ [file]-[Open] 메뉴에서 '05.jpg' 파일을 열
고 Ctrl+A로 전체 선택한 후 Ctrl+C로
복사하고, 작업창으로 이동하여 Ctrl+V로
붙여넣기한 후 Ctrl+T로 크기를 줄이고 회
전하여 아래와 같이 위치시킵니다. [Filter]-
[Filter Gallery]-[Texture]-[Mosaic
Tiles] 메뉴에서 Filter를 적용합니다.

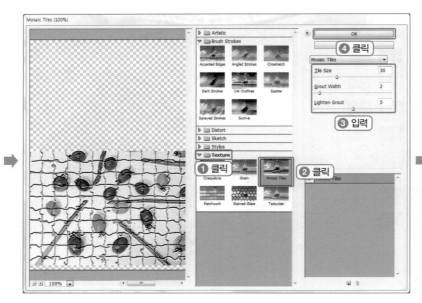

㉝ Layer 패널에서 '5' 레이어를 선택한 후 오른
쪽 마우스 버튼을 클릭하고 Create Clipping
Mask를 클릭하여 '퍼즐3' 레이어 영역에만
이미지가 보일 수 있도록 합성합니다.

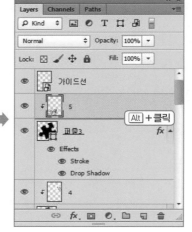

TIP Filter Gallery에서는 다양한 회화 효과를 한
번에 열람하고 적용할 수 있습니다.

③④ 일러스트레이터 창으로 이동 후 '캐릭터리본' 도형들을 선택하여 Ctrl + C 로 복사하고, 포토샵 작업창으로 이동하여 Ctrl + V 를 하여 붙여넣기 한 후 Ctrl + T 로 크기를 조절하여 그리드에 맞춰 배치합니다.

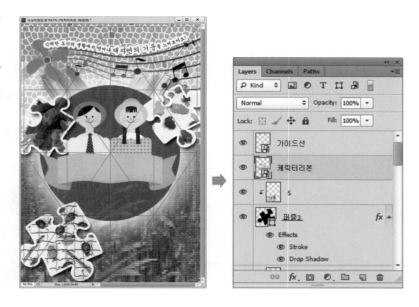

③⑤ Layer 패널에서 '캐릭터리본' 레이어를 선택하고 Layer Style (fx.)에서 Stroke에 〈Size : 20, 색상 : 흰색〉을 적용한 테두리 효과와 Drop Shadow에 〈Distance : 0, Spread : 34, Size : 57〉을 입력하여 그림자 효과를 표현합니다.

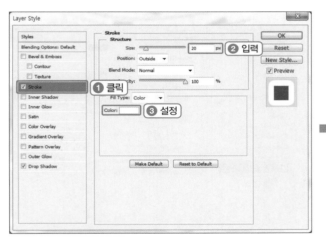

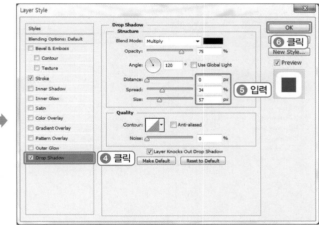

㊱ 일러스트레이터 창으로 이동 후 '귀농박람
회' 도형들을 선택하여 Ctrl+C로 복사한
후 포토샵 작업창으로 이동하여 Ctrl+V를
하여 붙여넣기 하고 Ctrl+T로 크기를 조
절하여 그리드에 맞춰 배치합니다.

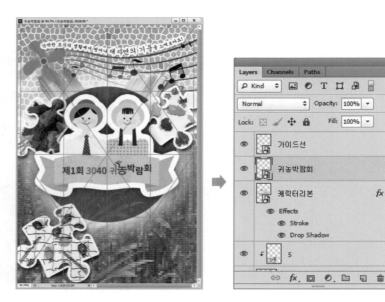

㊲ Layer 패널에서 '귀농박람회' 레이어를 선택하고 Layer Style (_fx._)에서 Stroke에 〈Size : 5, Color : 흰색〉을 적용한
테두리 효과와 Drop Shadow에 〈Distance : 6, Spread : 23, Size : 10〉을 입력하여 그림자 효과를 표현합니다.

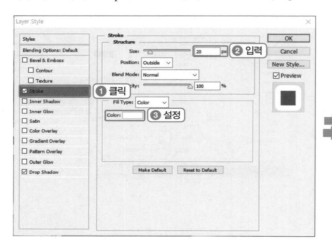

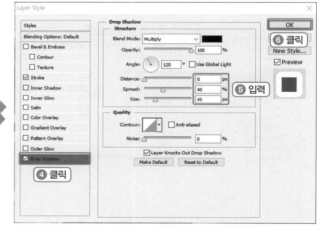

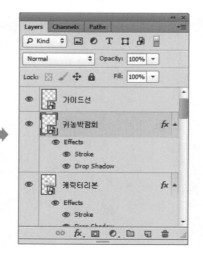

㊳ '캐릭터리본' 레이어를 선택한 후 [Filter]–[Filter Gallery]–[Texture]–[Texturizer] 메뉴에서 〈Texture : Canvas〉를 선택하여 Filter를 적용합니다.

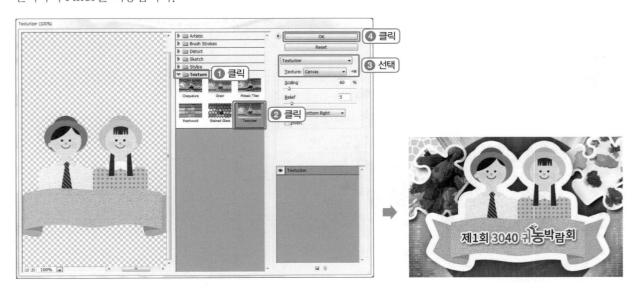

㊴ Tools 패널에서 Rectangle Tool (▢)을 선택한 후 드래그하여 가로로 긴 직사각형을 그립니다. 사각 도형 레이어 썸 네일을 더블클릭하여 Color Picker 창이 나타나면 색상(C89M64Y100K50)을 적용합니다.

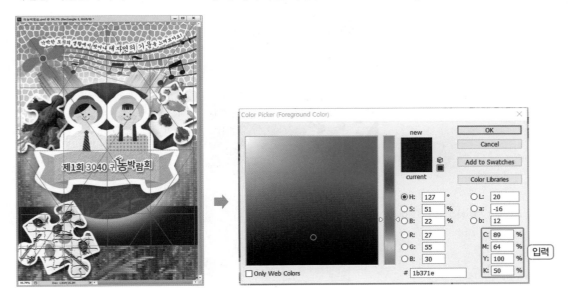

㊵ Layer 패널에서 Layer Mask (▢) 버튼을 클릭하고 Gradient Tool (▨)을 선택합니다. 상단에 위치한 옵션바에 서 〈검정–흰색〉을 확인 후 선형그라디언트를 선택하여 수평방향으로 드래그하여 자연스럽게 합성합니다.

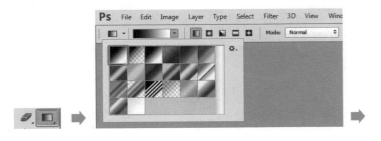

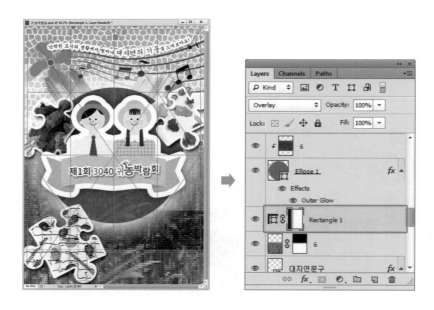

㊶ 일러스트레이터 창으로 이동 후 '시흥시로고'
도형들을 선택하여 Ctrl+C로 복사한 후 포
토샵 작업창으로 이동하여 Ctrl+V를 하여
붙여넣기 하고, Ctrl+T로 크기를 조절하여
그리드에 맞춰 배치합니다.

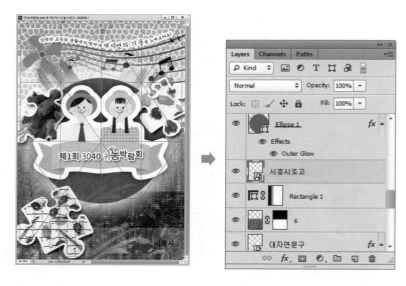

㊷ Layer 패널에서 '시흥시로고' 레이어를 선택하고 Layer Style (fx.)에서 Stroke에 〈Size : 7, Color : 흰색〉을 설정하
여 테두리 효과를 표현합니다.

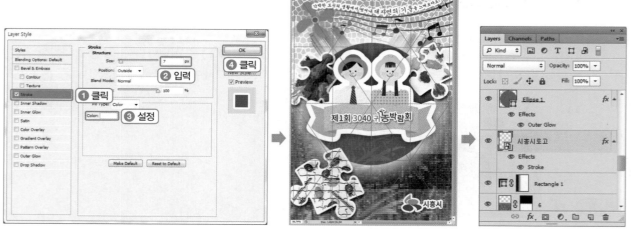

❹❸ 포토샵 작업이 끝나면 '가이드선' 레이어의 눈을 끄고 화면에 가이드 선이 없는 것을 확인한 후 [File]–[Save as] 메뉴에서 '귀농박람회.psd' 파일형식으로 저장합니다.

❹❹ 포토샵 저장이 끝나면 인디자인 편집프로그램으로 가지고 갈 파일을 저장하기 위해 다시 [File]–[Save as] 메뉴의 Format에서 'JPEG'를 선택하고 〈Quality : 12〉로 입력 후 '등번호.jpg' 파일형식으로 저장합니다.

TIP 바탕화면에 등번호로 된 새 폴더를 생성하여 작업 완료된 PSD 파일과 JPG 파일을 저장하면 파일관리가 편리합니다.

03 인디자인 작업

❶ [파일]-[새로 만들기]-[문서] 메뉴를 선택하여 도큐먼트 설정 대화상자를 엽니다. 대화상자에서 〈페이지 크기 : A4〉, 여백은 〈위쪽 : 25.5mm, 아래쪽 25.5mm, 왼쪽 : 22mm, 오른쪽 : 22mm〉를 설정하여 도화지를 생성합니다.

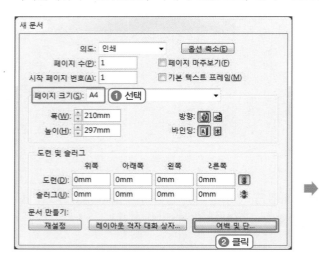
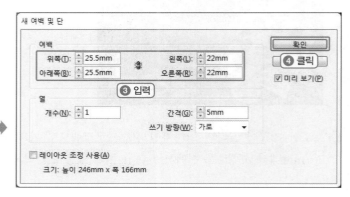

> **TIP** 도화지 여백은 210mm-166mm=44mm이므로 왼쪽과 오른쪽에 22mm를 입력합니다.
> 297mm-246mm=51mm이므로 위쪽, 아래쪽에 25.5mm를 입력합니다.

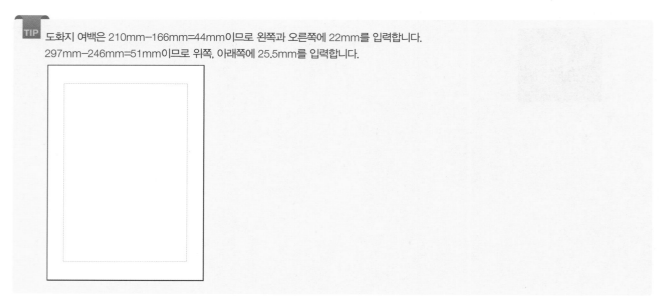

❷ 원점을 여백선 왼쪽 상단에 드래그하여 위치를 맞춘 후 눈금자에서 마우스를 드래그하여 사방 안쪽 3mm로 이동시켜 가이드 선을 표시합니다.

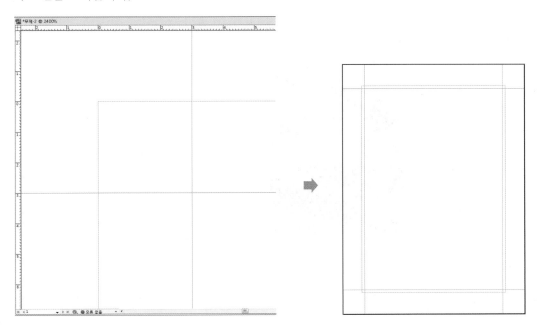

TIP 눈금자에서 안내선을 꺼낸 후 상단 패널에서 X좌표와 Y좌표에 수치를 입력하면 더 정확하게 배치할 수 있습니다.

❸ 선 툴(✎)을 선택하여 길이 5~10mm의 가는 선의 라인을 드래그하여 모서리 부분에 그립니다.

❹ ❸과 같은 방법으로 선 툴(✎)을 드래그하여 사방에 재단선을 표시합니다.

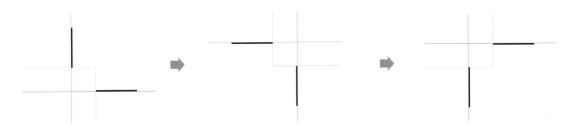

❺ [파일]-[가져오기] 메뉴로 포토샵에서 저장한 '등번호.jpg' 파일을 선택한 후 작업 규격의 좌측 상단에 마우스 포인터를 클릭하여 이미지를 불러옵니다.

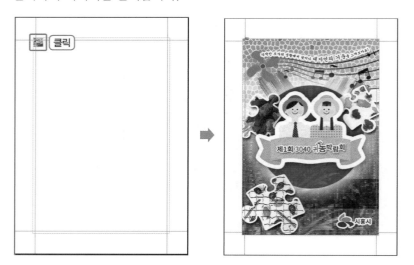

TIP ・[파일]-[가져오기] : Ctrl + D
・프로그램 설치 언어에 따라 이미지 가져오기가 Place로 표시됩니다.

❻ 불러온 이미지를 화면에서 선명하게 보기 위해 마우스 오른쪽 버튼을 클릭하여 [화면 표시 성능]-[고품질 표시] 메뉴를 선택합니다.

TIP 이미지를 가져오기한 후 디자인 원고의 지시사항에 '작품외곽선을 생략 또는 표시'를 확인합니다. '표시'일 경우에는 재단선을 따라 검정색 테두리를 설정하고 '생략'일 경우에는 외곽선을 그리지 않고 다음 작업으로 진행합니다.

컴퓨터그래픽스운용기능사 / 디자인원고 / 작품명 : 귀농박람회	비번호 :

– 작품규격(재단되었을때의 규격) : 가로 160mm x 세로 240mm, 작품외곽선은 생략하고, 재단선은 3mm 재단 여유를 두고 용도에 맞게 표시할 것.
– 지정되지 않은 색상 및 모든 작업은 "최종결과물" 오른쪽 디자인원고를 참고하여 작업하시오.

❼ 문자 툴(T)을 선택하여 문자를 입력할 영역을 드래그하여 글상자를 생성한 후 문자 패널에서 〈서체 : 돋움, Size : 10pt/14pt/16pt〉를 설정하고 색상을 디자인 원고 지시에 맞게 〈흰색〉을 적용합니다.

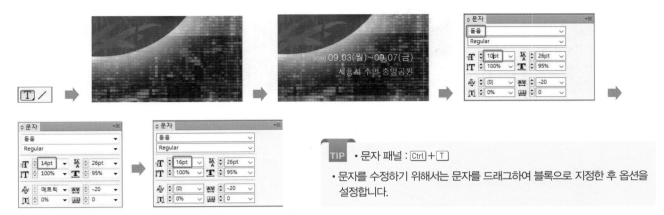

TIP • 문자 패널 : Ctrl + T
• 문자를 수정하기 위해서는 문자를 드래그하여 블록으로 지정한 후 옵션을 설정합니다.

❽ 색상 패널에서 색상을 용지로 선택하고 글자의 두께는 획 패널에서 〈두께 : 0.25pt〉를 적용하여 마무리합니다.

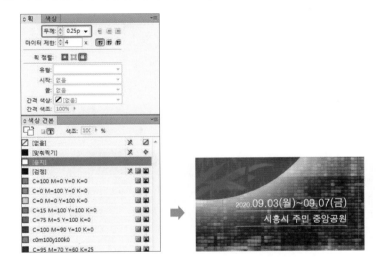

❾ 선 툴(／)을 선택하여 Shift 키를 누른 상태에서 가로로 긴 수평선을 그리고, 획 패널에서 〈두께 : 0.7pt〉를 적용합니다. 선택 툴(▶)로 선을 Alt 키를 누른 상태에서 아래로 드래그하여 선을 복사합니다.

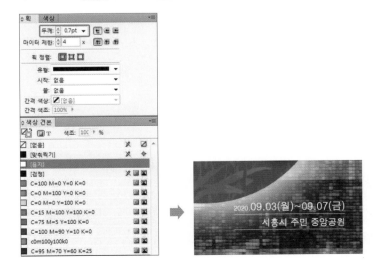

TIP 문자의 두께를 조절해야 할 경우 획 패널에서 두께값 수치를 입력하여 조절합니다.

⑩ 좌측 하단에 등번호(비번호)를 〈서체 : 돋움, 크기 : 10pt〉로 입력합니다.

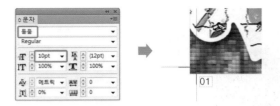

⑪ [파일]-[다른이름으로 저장] 메뉴를 선택하고 파일 이름은 수험자의 등번호(비번호)를 입력하여 '01.indd'로 저장합니다.

04 저장 및 출력하기

1 저장하기

❶ 바탕화면의 비번호 폴더 안에 indd(인디자인 파일)와 jpg(포토샵 파일)가 존재하는지 확인합니다(시험이 시작되기 전 미리 바탕화면에 비번호 폴더를 새로 생성하면 파일 관리하기가 수월합니다).

비번호가 '01'일 경우

2 출력하기

❶ 네트워크로 비번호 폴더를 저장하고 프린터가 연결된 자리로 이동하여 출력합니다.

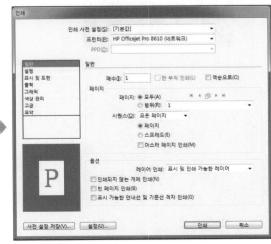

③ 마운팅하기

❶ 프린트를 마친 후 감독관으로부터 A3용지를 받아 상단에 수검번호와 이름을 작성합니다.

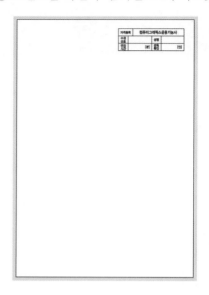

자격종목	컴퓨터그래픽스운용기능사		
수검 번호		성명	
연장 시간	[분]	감독 확인	[인]

❷ 출력된 프린트 결과물의 뒷면에 양면테이프를 이용하여 4군데 모서리에 붙여 A3용지의 중앙에 고정시킵니다.

 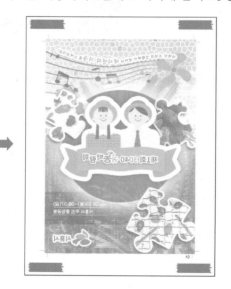

❸ 감독관의 날인을 받은 마운팅 한 A3용지는 비번호와 함께 제출하고 퇴실합니다.

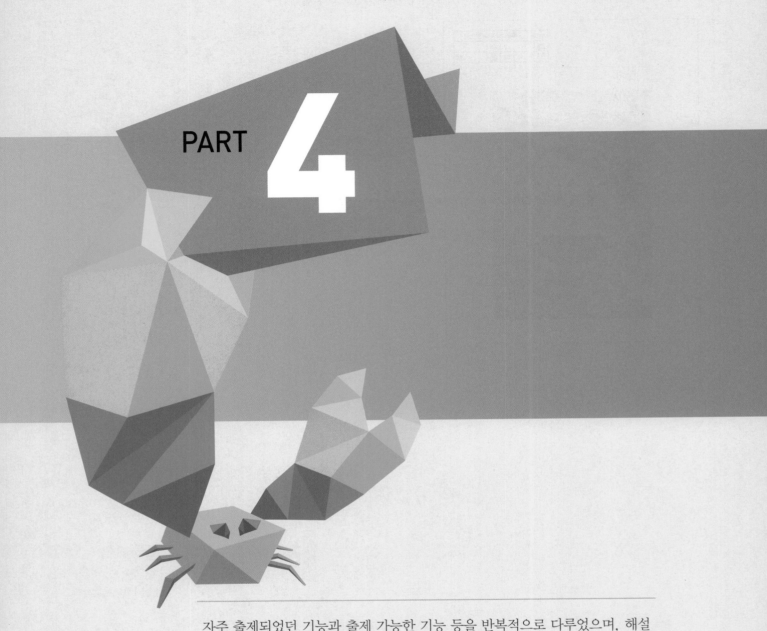

PART 4

자주 출제되었던 기능과 출제 가능한 기능 등을 반복적으로 다루었으며, 해설은 무료 동영상 강의와 PDF 파일로 제공(성안당 도서몰 사이트 [자료실])합니다. 경우에 따라 5파트 기출복원문제를 먼저 학습한 후 최종 실력 점검을 위하여 4파트 기출유형 모의고사를 학습하는 방법도 추천합니다.

Computer Graphics

기출유형 모의고사

국가기술자격검정 실기시험

자격종목	컴퓨터그래픽기능사	과제명	튤립축제 포스터	비번호(등번호)	
				시험시간	3시간

1. 요구사항

※ 다음의 요구사항에 맞도록 주어진 자료(컴퓨터에 수록)를 활용하여 디자인 원고를 시험 시간 내에 컴퓨터 작업으로 완성하여 A4용지로 출력 후 A3용지에 마운팅(부착)하여 제출하고, 모든 작업은 수험자가 컴퓨터 바탕화면에 폴더를 만들어 저장하시오.

가. 작품 규격(재단 규격)

- A4용지 중앙에 배치
- 원고 규격 : 160×240mm

나. 구성 요소

❶ 문자 요소

- 2020 Tulip Festival
- 20일동안 진행되는 향긋한 튤립향기에 빠져보아요~
- 2020.03.05.(월)〉03.25(일) 양재역 시민의 숲 중앙광장
- 사랑하는 사람들과 함께하는 튤립축제! 행복을 함께 하세요!

❷ 그림 요소

01.jpg

02.jpg

03.jpg

04.jpg

다. 작업 내용

1) 주어진 디자인 원고(그림, 사진, 문자, 색채, 레이아웃, 규격 등)와 동일하게 작업한다.
2) 디자인 원고 내용 중 불명확한 형상, 색상 코드 불일치, 색 지정이 없는 부분, 원고에 없는 형상 등이 있을 때는 수험자가 완성도면 내용과 같이 작업한다.
3) 요구하는 서체가 사용 컴퓨터 및 소프트웨어와 맞지 않을 경우는 가장 근접한 서체를 사용한다.
4) 디자인 원고는 상하, 좌우에 3mm 재단 여유를 갖도록 작품을 배치하고, 재단선은 작품 규격에 맞추어 용도에 맞게 표시한다. (단, 원고의 지시에 따라 외곽선이 있는지를 정확히 보고 표시 여부를 결정한다.)
5) 디자인 원고 좌측 하단으로부터 3mm를 띄워 비번호를 고딕 10pt로 반드시 기록한다.
6) 출력물(A4)은 어떠한 경우에도 절취할 수 없으며, 반드시 A3용지 중앙에 마운팅한다.

라. 컴퓨터 작업 범위

1) 용량 : 10MB 이내로 폴더에 수록될 수 있도록 작업 범위(해상도 및 포맷형식)를 계획한다.
2) 규격 : A4(210×297mm) 중앙에 디자인 원고와 같은 작품(원고규격)을 배치한다.
3) 해상도 및 포맷형식 : 제한용량 범위 내에서 선택한다.
4) 기타
   ① 제공된 자료 범위 내에서 사용한다.
   ② 3개의 2D 응용프로그램을 선택하여 사용하되, 최종 작업 및 출력은 편집프로그램(쿽익스프레스, 인디자인)을 활용한다.
   (최종 작업 파일이 다른 프로그램에서 생성된 경우는 출력할 수 없음)

– 작품 규격(재단되었을 때의 규격) : 가로 160mm×세로 240mm, 작품 외곽선은 생략하고, 재단선은 3mm 재단 여유를 두고 용도에 맞게 표시할 것.

– 지정되지 않은 색상 및 모든 작업은 "최종결과물" 오른쪽 디자인 원고를 참고하여 작업하시오.

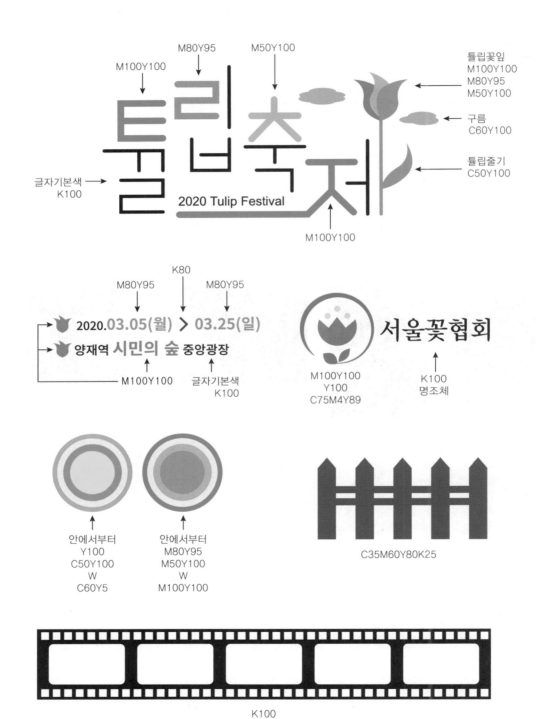

일러스트레이터 작업
| 무료 동영상 |

포토샵 작업
| 무료 동영상 |

인디자인 작업
| 무료 동영상 |

※ PDF 해설 파일은 [자료실]에서 제공

흰색 테두리
그림자 효과

배경색
C40M5

구름효과(W)

원고와 같이
흐림효과 적용

원고와 같이
자연스럽게
사라지는 효과

K100/M100Y100
궁서체
흰색 테두리
그림자효과
K100/M100Y100

궁서체

이미지(01)
원고와 같이
자연스럽게 합성

이미지(04)
마스크 적용
원고와 같이 표현

필름에
외부광선효과 적용
(W)

이미지(03)
마스크 적용
원고와 같이 표현
(보라색/초록색 계열)

이미지(02)
배경제거 및
흰색테두리
입체효과 적용

동그라미 패턴
마스크 적용

노랑:Y100
빨강:M100Y100

원고와 같은
질감효과
검정색 테두리
입체효과 적용

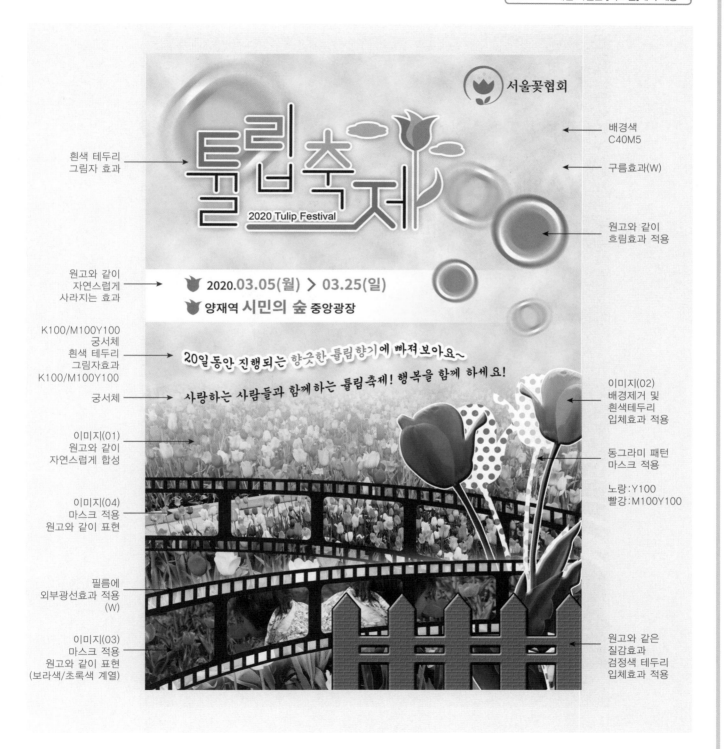

국가기술자격검정 실기시험

자격종목	컴퓨터그래픽기능사	과제명	사랑음악회 포스터	비번호(등번호)	
				시험시간	3시간

1. 요구사항

※ 다음의 요구사항에 맞도록 주어진 자료(컴퓨터에 수록)를 활용하여 디자인 원고를 시험 시간 내에 컴퓨터 작업으로 완성하여 A4용지로 출력 후 A3용지에 마운팅(부착)하여 제출하고, 모든 작업은 수험자가 컴퓨터 바탕화면에 폴더를 만들어 저장하시오.

가. 작품 규격(재단 규격)

- A4용지 중앙에 배치
- 원고 규격 : 160×240mm

나. 구성 요소

❶ 문자 요소

- 제13회 가족과 함께하는 사랑음악회
- 2020.6.13(토) 오후 6:00 강서아트홀
- 주최 | 강서구 주관 | 강서구, 늘푸른 아카데미
  티켓정보 | 전석초대 공연문의 | 늘푸른오케스트라 Tel.(02)3625-1245

❷ 그림 요소

01.jpg

02.jpg

03.jpg

04.jpg

05.jpg

다. 작업 내용

1) 주어진 디자인 원고(그림, 사진, 문자, 색채, 레이아웃, 규격 등)와 동일하게 작업한다.
2) 디자인 원고 내용 중 불명확한 형상, 색상 코드 불일치, 색 지정이 없는 부분, 원고에 없는 형상 등이 있을 때는 수험자가 완성도면 내용과 같이 작업한다.
3) 요구하는 서체가 사용 컴퓨터 및 소프트웨어와 맞지 않을 경우는 가장 근접한 서체를 사용한다.
4) 디자인 원고는 상하, 좌우에 3mm 재단 여유를 갖도록 작품을 배치하고, 재단선은 작품 규격에 맞추어 용도에 맞게 표시한다. (단, 원고의 지시에 따라 외곽선이 있는지를 정확히 보고 표시 여부를 결정한다.)
5) 디자인 원고 좌측 하단으로부터 3mm를 띄워 비번호를 고딕 10pt로 반드시 기록한다.
6) 출력물(A4)은 어떠한 경우에도 절취할 수 없으며, 반드시 A3용지 중앙에 마운팅한다.

라. 컴퓨터 작업 범위

1) 용량 : 10MB 이내로 폴더에 수록될 수 있도록 작업 범위(해상도 및 포맷형식)를 계획한다.
2) 규격 : A4(210×297mm) 중앙에 디자인 원고와 같은 작품(원고규격)을 배치한다.
3) 해상도 및 포맷형식 : 제한용량 범위 내에서 선택한다.
4) 기타
   ① 제공된 자료 범위 내에서 사용한다.
   ② 3개의 2D 응용프로그램을 선택하여 사용하되, 최종 작업 및 출력은 편집프로그램(쿽익스프레스, 인디자인)을 활용한다.
      (최종 작업 파일이 다른 프로그램에서 생성된 경우는 출력할 수 없음)

– 작품 규격(재단되었을 때의 규격) : 가로 160mm×세로 240mm, 작품 외곽선은 생략하고, 재단선은 3mm 재단 여유를 두고 용도에 맞게 표시할 것.

– 지정되지 않은 색상 및 모든 작업은 "최종결과물" 오른쪽 디자인 원고를 참고하여 작업하시오.

일러스트레이터 작업
| 무료 동영상 |

포토샵 작업
| 무료 동영상 |

인디자인 작업
| 무료 동영상 |

※ PDF 해설 파일은 [자료실]에서 제공

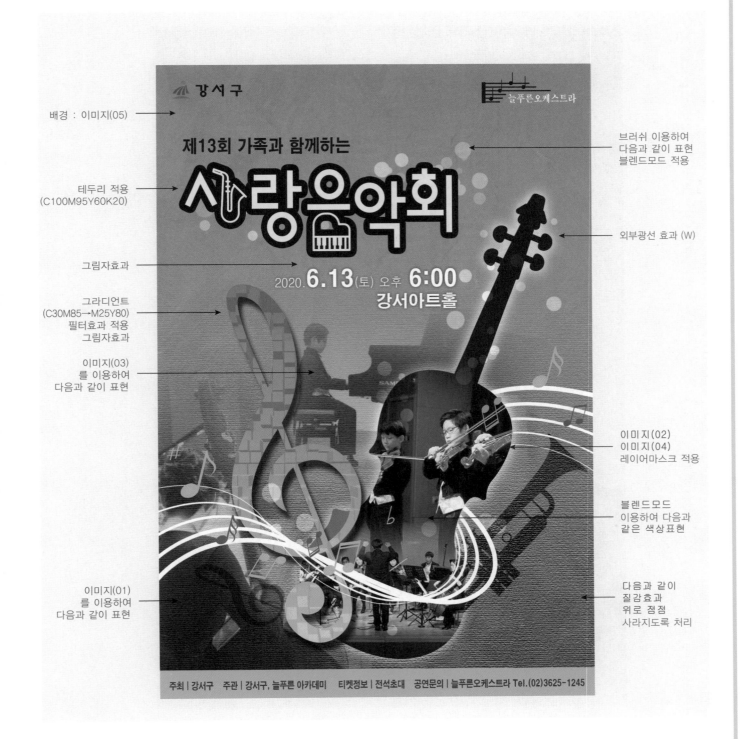

국가기술자격검정 실기시험

자격종목	컴퓨터그래픽기능사	과제명	지구별어울림대축제 포스터	비번호(등번호)	
				시험시간	3시간

1. 요구사항

※ 다음의 요구사항에 맞도록 주어진 자료(컴퓨터에 수록)를 활용하여 디자인 원고를 시험 시간 내에 컴퓨터 작업으로 완성하여 A4용지로 출력 후 A3용지에 마운팅(부착)하여 제출하고, 모든 작업은 수험자가 컴퓨터 바탕화면에 폴더를 만들어 저장하시오.

가. 작품 규격(재단 규격)

• A4용지 중앙에 배치
• 원고 규격 : 160×240mm

나. 구성 요소

❶ 문자 요소

– 지구별어울림 대축제
– 일시 : 9월 3일 화요일
  장소 : 서울중앙광장   주최 : 글로벌네트워크센터

– GLOBAL NETWORK FESTIVAL
– www.globalfestival.co.kr

❷ 그림 요소

01.jpg

02.jpg

03.jpg

04.jpg

다. 작업 내용

1) 주어진 디자인 원고(그림, 사진, 문자, 색채, 레이아웃, 규격 등)와 동일하게 작업한다.
2) 디자인 원고 내용 중 불명확한 형상, 색상 코드 불일치, 색 지정이 없는 부분, 원고에 없는 형상 등이 있을 때는 수험자가 완성도면 내용과 같이 작업한다.
3) 요구하는 서체가 사용 컴퓨터 및 소프트웨어와 맞지 않을 경우는 가장 근접한 서체를 사용한다.
4) 디자인 원고는 상하, 좌우에 3mm 재단 여유를 갖도록 작품을 배치하고, 재단선은 작품 규격에 맞추어 용도에 맞게 표시한다. (단, 원고의 지시에 따라 외곽선이 있는지를 정확히 보고 표시 여부를 결정한다.)
5) 디자인 원고 좌측 하단으로부터 3mm를 띄워 비번호를 고딕 10pt로 반드시 기록한다.
6) 출력물(A4)은 어떠한 경우에도 절취할 수 없으며, 반드시 A3용지 중앙에 마운팅한다.

라. 컴퓨터 작업 범위

1) 용량 : 10MB 이내로 폴더에 수록될 수 있도록 작업 범위(해상도 및 포맷형식)를 계획한다.
2) 규격 : A4(210×297mm) 중앙에 디자인 원고와 같은 작품(원고규격)을 배치한다.
3) 해상도 및 포맷형식 : 제한용량 범위 내에서 선택한다.
4) 기타
  ① 제공된 자료 범위 내에서 사용한다.
  ② 3개의 2D 응용프로그램을 선택하여 사용하되, 최종 작업 및 출력은 편집프로그램(퀵익스프레스, 인디자인)을 활용한다.
    (최종 작업 파일이 다른 프로그램에서 생성된 경우는 출력할 수 없음)

– 작품 규격(재단되었을 때의 규격) : 가로 160mm×세로 240mm, 작품 외곽선은 생략하고, 재단선은 3mm 재단 여유를 두고 용도에 맞게 표시할 것.
– 지정되지 않은 색상 및 모든 작업은 "최종결과물" 오른쪽 디자인 원고를 참고하여 작업하시오.

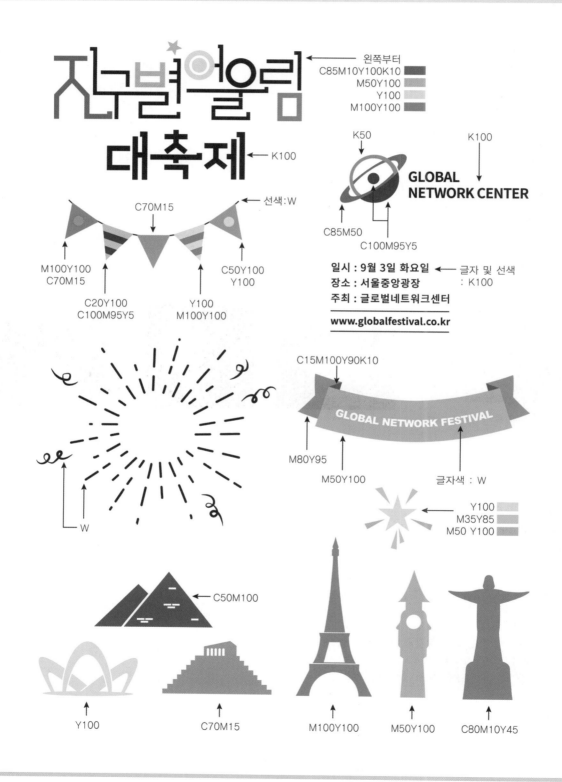

왼쪽부터
C85M10Y100K10
M50Y100
Y100
M100Y100

K100

K50

K100

GLOBAL
NETWORK CENTER

C85M50

C100M95Y5

선색 : W

C70M15

M100Y100
C70M15

C20Y100
C100M95Y5

Y100
M100Y100

C50Y100
Y100

일시 : **9월 3일 화요일** ← 글자 및 선색
장소 : 서울중앙광장   : K100
주최 : 글로벌네트워크센터

www.globalfestival.co.kr

C15M100Y90K10

GLOBAL NETWORK FESTIVAL

M80Y95

M50Y100

글자색 : W

Y100
M35Y85
M50 Y100

W

C50M100

Y100

C70M15

M100Y100

M50Y100

C80M10Y45

일러스트레이터 작업
| 무료 동영상 |

포토샵 작업
| 무료 동영상 |

인디자인 작업
| 무료 동영상 |

※ PDF 해설 파일은 [자료실]에서 제공

국가기술자격검정 실기시험

자격종목	컴퓨터그래픽기능사	과제명	전통시장투어 포스터	비번호(등번호)	
				시험시간	3시간

1. 요구사항

※ 다음의 요구사항에 맞도록 주어진 자료(컴퓨터에 수록)를 활용하여 디자인 원고를 시험 시간 내에 컴퓨터 작업으로 완성하여 A4용지로 출력 후 A3용지에 마운팅(부착)하여 제출하고, 모든 작업은 수험자가 컴퓨터 바탕화면에 폴더를 만들어 저장하시오.

가. 작품 규격(재단 규격)

• A4용지 중앙에 배치   • 원고 규격 : 160×240mm

나. 구성 요소

❶ 문자 요소

– 제5회 정과 흥이 넘치는 전통시장   – 고양시 전통시장투어   – 2020.9.28.(금)10.13(일)
– 한국시장, 민속시장, 대한시장   – 한국의 맛과 멋을 느낄 수 있는 풍요로운 시장
– |주최 · 주관| 고양시, 전통시장상인연합회, 행복시민문화재단

❷ 그림 요소

01.jpg

02.jpg

03.jpg

04.jpg

05.jpg

06.jpg

07.jpg

다. 작업 내용

1) 주어진 디자인 원고(그림, 사진, 문자, 색채, 레이아웃, 규격 등)와 동일하게 작업한다.
2) 디자인 원고 내용 중 불명확한 형상, 색상 코드 불일치, 색 지정이 없는 부분, 원고에 없는 형상 등이 있을 때는 수험자가 완성도면 내용과 같이 작업한다.
3) 요구하는 서체가 사용 컴퓨터 및 소프트웨어와 맞지 않을 경우는 가장 근접한 서체를 사용한다.
4) 디자인 원고는 상하, 좌우에 3mm 재단 여유를 갖도록 작품을 배치하고, 재단선은 작품 규격에 맞추어 용도에 맞게 표시한다. (단, 원고의 지시에 따라 외곽선이 있는지를 정확히 보고 표시 여부를 결정한다.)
5) 디자인 원고 좌측 하단으로부터 3mm를 띄워 비번호를 고딕 10pt로 반드시 기록한다.
6) 출력물(A4)은 어떠한 경우에도 절취할 수 없으며, 반드시 A3용지 중앙에 마운팅한다.

라. 컴퓨터 작업 범위

1) 용량 : 10MB 이내로 폴더에 수록될 수 있도록 작업 범위(해상도 및 포맷형식)를 계획한다.
2) 규격 : A4(210×297mm) 중앙에 디자인 원고와 같은 작품(원고규격)을 배치한다.
3) 해상도 및 포맷형식 : 제한용량 범위 내에서 선택한다.
4) 기타
   ① 제공된 자료 범위 내에서 사용한다.
   ② 3개의 2D 응용프로그램을 선택하여 사용하되, 최종 작업 및 출력은 편집프로그램(쿽익스프레스, 인디자인)을 활용한다.
      (최종 작업 파일이 다른 프로그램에서 생성된 경우는 출력할 수 없음)

– 작품 규격(재단되었을 때의 규격) : 가로 160mm×세로 240mm, 작품 외곽선은 생략하고, 재단선은 3mm 재단 여유를 두고 용도에 맞게 표시할 것.

– 지정되지 않은 색상 및 모든 작업은 "최종결과물" 오른쪽 디자인 원고를 참고하여 작업하시오.

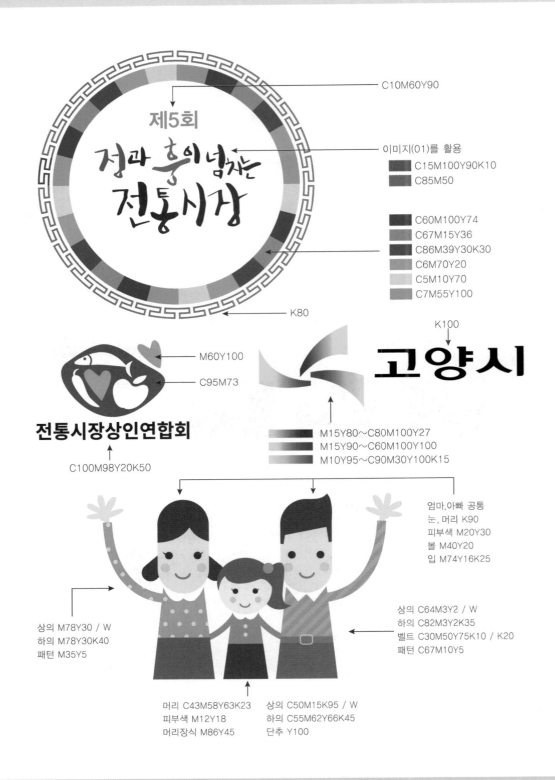

C10M60Y90

제5회

이미지(01)를 활용

C15M100Y90K10
C85M50

C60M100Y74
C67M15Y36
C86M39Y30K30
C6M70Y20
C5M10Y70
C7M55Y100

K80

K100

M60Y100

C95M73

고양시

전통시장상인연합회

C100M98Y20K50

M15Y80~C80M100Y27
M15Y90~C60M100Y100
M10Y95~C90M30Y100K15

엄마,아빠 공통
눈, 머리 K90
피부색 M20Y30
볼 M40Y20
입 M74Y16K25

상의 C64M3Y2 / W
하의 C82M3Y2K35
벨트 C30M50Y75K10 / K20
패턴 C67M10Y5

상의 M78Y30 / W
하의 M78Y30K40
패턴 M35Y5

머리 C43M58Y63K23
피부색 M12Y18
머리장식 M86Y45

상의 C50M15K95 / W
하의 C55M62Y66K45
단추 Y100

일러스트레이터 작업
| 무료 동영상 |

포토샵 작업
| 무료 동영상 |

인디자인 작업
| 무료 동영상 |

※ PDF 해설 파일은 [자료실]에서 제공

국가기술자격검정 실기시험

자격종목	컴퓨터그래픽기능사	과제명	제주하르방 사진경연대회 포스터	비번호(등번호)	
				시험시간	3시간

1. 요구사항

※ 다음의 요구사항에 맞도록 주어진 자료(컴퓨터에 수록)를 활용하여 디자인 원고를 시험 시간 내에 컴퓨터 작업으로 완성하여 A4용지로 출력 후 A3용지에 마운팅(부착)하여 제출하고, 모든 작업은 수험자가 컴퓨터 바탕화면에 폴더를 만들어 저장하시오.

가. 작품 규격(재단 규격)

- A4용지 중앙에 배치
- 원고 규격 : 160×240mm

나. 구성 요소

❶ 문자 요소

- 제5회 제주하르방 사진경연대회
- |장소| 제주시 시민제주광장
|시간| 오후 12:00~18:00
- 2020년 5월 3일(수)~5월 6일(금)
- 외롭지 않게 서 있는 쌍둥이 돌하르방을 찾아라~

❷ 그림 요소

01.jpg

02.jpg

03.jpg

04.jpg

05.jpg

06.jpg

07.jpg

다. 작업 내용

1) 주어진 디자인 원고(그림, 사진, 문자, 색채, 레이아웃, 규격 등)와 동일하게 작업한다.
2) 디자인 원고 내용 중 불명확한 형상, 색상 코드 불일치, 색 지정이 없는 부분, 원고에 없는 형상 등이 있을 때는 수험자가 완성도면 내용과 같이 작업한다.
3) 요구하는 서체가 사용 컴퓨터 및 소프트웨어와 맞지 않을 경우는 가장 근접한 서체를 사용한다.
4) 디자인 원고는 상하, 좌우에 3mm 재단 여유를 갖도록 작품을 배치하고, 재단선은 작품 규격에 맞추어 용도에 맞게 표시한다. (단, 원고의 지시에 따라 외곽선이 있는지를 정확히 보고 표시 여부를 결정한다.)
5) 디자인 원고 좌측 하단으로부터 3mm를 띄워 비번호를 고딕 10pt로 반드시 기록한다.
6) 출력물(A4)은 어떠한 경우에도 절취할 수 없으며, 반드시 A3용지 중앙에 마운팅한다.

라. 컴퓨터 작업 범위

1) 용량 : 10MB 이내로 폴더에 수록될 수 있도록 작업 범위(해상도 및 포맷형식)를 계획한다.
2) 규격 : A4(210×297mm) 중앙에 디자인 원고와 같은 작품(원고규격)을 배치한다.
3) 해상도 및 포맷형식 : 제한용량 범위 내에서 선택한다.
4) 기타
   ① 제공된 자료 범위 내에서 사용한다.
   ② 3개의 2D 응용프로그램을 선택하여 사용하되, 최종 작업 및 출력은 편집프로그램(쿽익스프레스, 인디자인)을 활용한다.
   (최종 작업 파일이 다른 프로그램에서 생성된 경우는 출력할 수 없음)

– 작품 규격(재단되었을 때의 규격) : 가로 160mm×세로 240mm, 작품 외곽선은 생략하고, 재단선은 3mm 재단 여유를 두고 용도에 맞게 표시할 것.

– 지정되지 않은 색상 및 모든 작업은 "최종결과물" 오른쪽 디자인 원고를 참고하여 작업하시오.

일러스트레이터 작업 | 무료 동영상 |

 포토샵 작업 | 무료 동영상 |

 인디자인 작업 | 무료 동영상 |

※ PDF 해설 파일은 [자료실]에서 제공

PART **5**

최근에 출제되었던 실기시험 중에서 시험유형이나 난이도 등을 고려한 문제
를 수록하여 시험에 대한 전반적인 이해를 돕고, 최근 유형을 파악하여 시험
에 완벽하게 대비할 수 있도록 하였습니다.

기출복원문제

국가기술자격검정 실기시험

자격종목	컴퓨터그래픽기능사	과제명	역사기록전시회 포스터	비번호(등번호)	
				시험시간	3시간

1. 요구사항

※ 다음의 요구사항에 맞도록 주어진 자료(컴퓨터에 수록)를 활용하여 디자인 원고를 시험 시간 내에 컴퓨터 작업으로 완성하여 A4용지로 출력 후 A3용지에 마운팅(부착)하여 제출하고, 모든 작업은 수험자가 컴퓨터 바탕화면에 폴더를 만들어 저장하시오.

가. 작품 규격(재단 규격)
- A4용지 중앙에 배치
- 원고 규격 : 160×240mm

나. 구성 요소

❶ 문자 요소
- 우리헌법바로알기 역사기록전시회
- 제72주년 제헌절
- 일 시 : 7월15일(월)~19일(금)
  시 간 : 오전 9시 ~ 오후 6시
  장 소 : 헌법재판소 (백송 앞)

❷ 그림 요소

01.jpg 02.jpg 03.jpg 04.jpg

05.jpg 06.jpg 07.jpg 08.jpg

다. 작업 내용
1) 주어진 디자인 원고(그림, 사진, 문자, 색채, 레이아웃, 규격 등)와 동일하게 작업한다.
2) 디자인 원고 내용 중 불명확한 형상, 색상 코드 불일치, 색 지정이 없는 부분, 원고에 없는 형상 등이 있을 때는 수험자가 완성도면 내용과 같이 작업한다.
3) 요구하는 서체가 사용 컴퓨터 및 소프트웨어와 맞지 않을 경우는 가장 근접한 서체를 사용한다.
4) 디자인 원고는 상하, 좌우에 3mm 재단 여유를 갖도록 작품을 배치하고, 재단선은 작품 규격에 맞추어 용도에 맞게 표시한다. (단, 원고의 지시에 따라 외곽선이 있는지를 정확히 보고 표시 여부를 결정한다.)
5) 디자인 원고 좌측 하단으로부터 3mm를 띄워 비번호를 고딕 10pt로 반드시 기록한다.
6) 출력물(A4)은 어떠한 경우에도 절취할 수 없으며, 반드시 A3용지 중앙에 마운팅한다.

라. 컴퓨터 작업 범위
1) 용량 : 10MB 이내로 폴더에 수록될 수 있도록 작업 범위(해상도 및 포맷형식)를 계획한다.
2) 규격 : A4(210×297mm) 중앙에 디자인 원고와 같은 작품(원고규격)을 배치한다.
3) 해상도 및 포맷형식 : 제한용량 범위 내에서 선택한다.
4) 기타
   ① 제공된 자료 범위 내에서 사용한다.
   ② 3개의 2D 응용프로그램을 선택하여 사용하되, 최종 작업 및 출력은 편집프로그램(쿽익스프레스, 인디자인)을 활용한다.
   (최종 작업 파일이 다른 프로그램에서 생성된 경우는 출력할 수 없음)

– 작품 규격(재단되었을 때의 규격) : 가로 160mm×세로 240mm, 작품 외곽선은 생략하고, 재단선은 3mm 재단 여유를 두고 용도에 맞게 표시할 것.

– 지정되지 않은 색상 및 모든 작업은 "최종결과물" 오른쪽 디자인 원고를 참고하여 작업하시오.

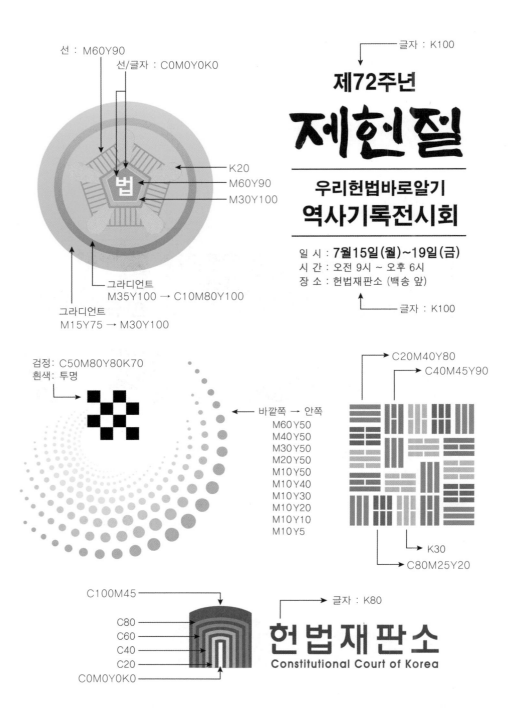

선 : M60Y90

선/글자 : C0M0Y0K0

K20

M60Y90

M30Y100

그라디언트
M35Y100 → C10M80Y100

그라디언트
M15Y75 → M30Y100

검정: C50M80Y80K70
흰색: 투명

바깥쪽 → 안쪽
M60Y50
M40Y50
M30Y50
M20Y50
M10Y50
M10Y40
M10Y30
M10Y20
M10Y10
M10Y5

글자 : K100

제72주년

제헌절

우리헌법바로알기
역사기록전시회

일 시 : 7월15일(월)~19일(금)
시 간 : 오전 9시 ~ 오후 6시
장 소 : 헌법재판소 (백송 앞)

글자 : K100

C20M40Y80

C40M45Y90

K30

C80M25Y20

C100M45

C80

C60

C40

C20

C0M0Y0K0

글자 : K80

헌법재판소
Constitutional Court of Korea

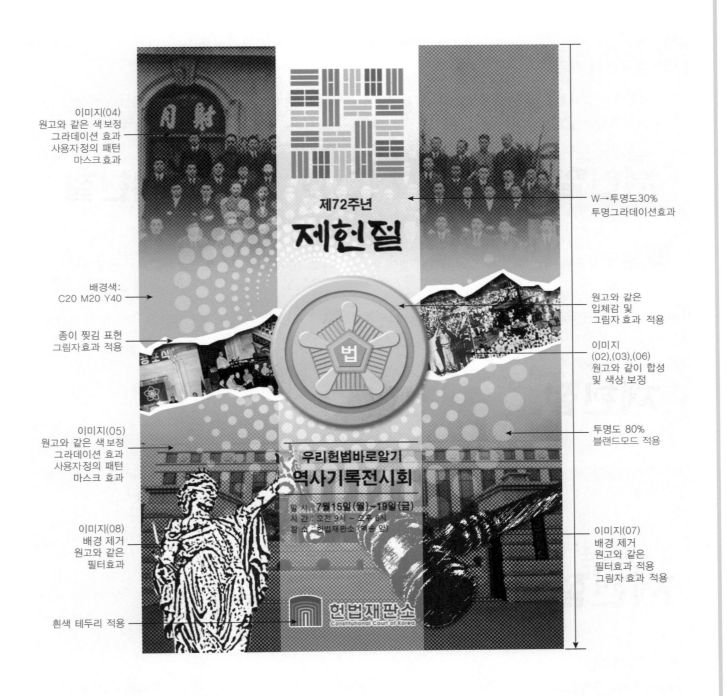

이미지(04)
원고와 같은 색 보정
그라데이션 효과
사용자정의 패턴
마스크 효과

배경색:
C20 M20 Y40

종이 찢김 표현
그림자효과 적용

이미지(05)
원고와 같은 색 보정
그라데이션 효과
사용자정의 패턴
마스크 효과

이미지(08)
배경 제거
원고와 같은
필터효과

흰색 테두리 적용

제72주년
제헌절

우리헌법바로알기
역사기록전시회

일 시 : 7월15일(월)~19일(금)
시 간 : 오전 9시 ~ 오후 6시
장 소 : 헌법재판소 (별송 앞)

헌법재판소
Constitutional Court of Korea

W→투명도30%
투명그라데이션효과

원고와 같은
입체감 및
그림자 효과 적용

이미지
(02),(03),(06)
원고와 같이 합성
및 색상 보정

투명도 80%
블랜드모드 적용

이미지(07)
배경 제거
원고와 같은
필터효과 적용
그림자 효과 적용

일러스트레이터 작업

※ 그리드 그리기는 166쪽~170쪽을 참고하세요.

1 타이틀 레터링하기

❶ '일러스트 작업.ai' 파일을 연 후 '소스작업' 레이어를 선택합니다. [File]−[Place]에서 '01.jpg' 파일을 가져오기 한 후 상단 Option 패널에서 [Image Trace] 버튼을 클릭하고 바로 [Expand] 버튼을 클릭하여 오브젝트로 전환합니다.

> **TIP** Image Trace를 적용하면 비트맵 이미지가 오브젝트로 변환되며 자동으로 그룹이 적용됩니다.

❷ Image Trace되어 그룹이 적용된 오브젝트를 Selection Tool (▶)로 더블클릭하여 그룹속성으로 들어간 뒤 Magic Wand Tool (🔍)로 흰색 바탕 영역을 클릭하여 Delete 키를 눌러 삭제합니다.

❸ Type Tool (T.)을 선택하여 "제72주년"을 입력한 후 [Type]−[Create Outlines] 메뉴로 윤곽선 처리하여 타이틀을 완성합니다.

> **TIP** 최근 출제되는 문제에서는 일러스트레이터의 비중이 높아지고 복잡하게 출제되는 경향이 있습니다. 제공된 소스이미지를 Image Trace하거나 직접 타이틀을 레터링하여 유사하게 드로잉한 후 배치하도록 합니다.

② 법무부 휘장 만들기

❶ Ellipse Tool(◉)을 선택하여 [Alt] 키와 [Shift] 키를 동시에 눌러 중심축을 기준으로 드래그하여 정원을 그립니다. Scale Tool(⬚)을 더블클릭하여 대화상자가 나타나면 〈Uniform : 75%〉를 입력한 후 [Copy] 버튼을 눌러 복사합니다. Stroke 패널을 연 후 〈Weight : 5pt〉를 입력하여 아래 그림과 같은 선의 두께를 적용하고, [File]-[Object]-[Expand] 메뉴를 선택한 후 오브젝트를 확장하여 선의 속성을 면의 속성으로 변경합니다.

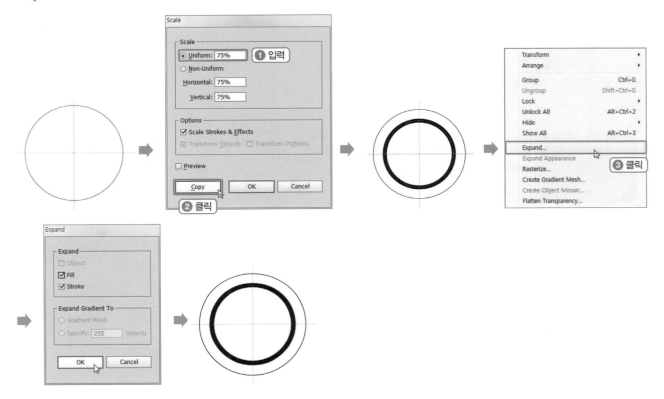

❷ Selection Tool(�)로 큰 원을 선택한 후 Gradient Tool(▣)을 더블클릭하여 Gradient 패널이 나타나면 왼쪽 슬라이더를 더블클릭하여 〈M15Y75〉 색상을 적용하고, 오른쪽 슬라이더를 더블클릭하여 〈M30Y100〉 색상을 적용합니다. 같은 방법으로 작은 원형을 선택하여 〈M35Y100 → C10M80Y100〉 그라디언트를 적용합니다.

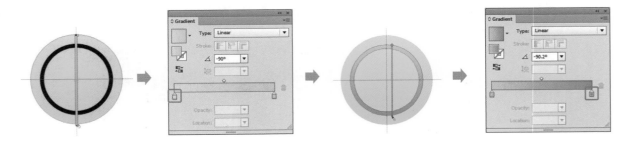

❸ Polygon Tool(⬡)을 선택한 후 드래그하며 방향키 ↓, ↑를 조절하여 오각형을 만들어 〈면 : 없음, 테두리 : M60Y90〉 색상과 〈1pt〉 두께를 적용하고, [Object]-[Path]-[Offset Path] 메뉴를 선택하여 대화상자가 나타나면 〈Offset : −9mm〉를 설정하고 〈면 : M30Y100, 테두리 : M60Y90〉 색상과 〈2pt〉두께를 적용하여 축소된 오각형을 만듭니다.

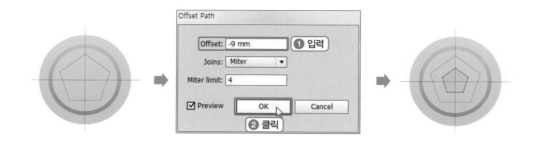

❹ Line Segment Tool(✎)을 선택한 후 Alt 키를 누른 상태에서 드래그하여 선을 아래 그림과 같이 복사합니다. Blend Tool(🖌)을 더블클릭하여 〈Spacing : Specified Steps 5〉를 설정하고 [OK] 버튼을 눌러 왼쪽 선과 오른쪽 선을 번갈아가며 클릭하여 브랜드를 적용합니다.

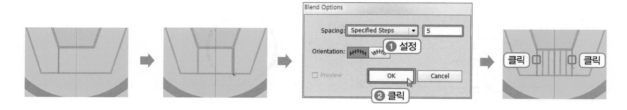

❺ 블랜드 적용된 선을 선택한 후 Rotate Tool(⟳)을 선택하여 가이드선 중심축을 기준으로 Alt 키를 누르고 클릭하고 〈Angle : 72°〉를 입력한 후 [Copy] 버튼을 눌러 복사하고 Ctrl + D 를 세 번 눌러 반복 복사합니다.

❻ Ellipse Tool(●)을 선택하고 Alt + Shift 를 누른 상태에서 드래그하여 중심을 기준으로 원형을 그린 후 Direct Selection Tool(▷)로 아래 그림과 같이 점을 선택하여 아래로 잡아당긴 후 Options 패널에서 Converts(Convert: ▷ ◞)를 선택하여 곡선을 직선으로 변경합니다.

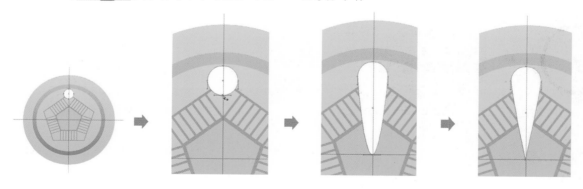

❼ Rotate Tool(⟳)을 선택하여 가이드선 중심축을 기준으로 Alt 키를 누르고 클릭하여 대화상자가 나타나면 〈Angle : 72〉를 입력하고 [Copy] 버튼을 눌러 복사합니다. Ctrl + D 를 세 번 눌러 반복 복사하여 문양을 만듭니다.

❽ Selection Tool (▸)로 오각형을 선택한 후 [Object]-[Arrange]-[Bring to Front] 메뉴를 클릭하여 맨 앞으로 배열하고 [Object]-[Path]-[Offset Path] 메뉴를 클릭한 후 대화상자가 나타나면 〈Offset : −2〉를 입력한 뒤 색상〈면 : M60 Y90, 테두리 : 흰색〉을 적용하고 "법" 문자를 입력하여 아래 그림과 같이 배치합니다.

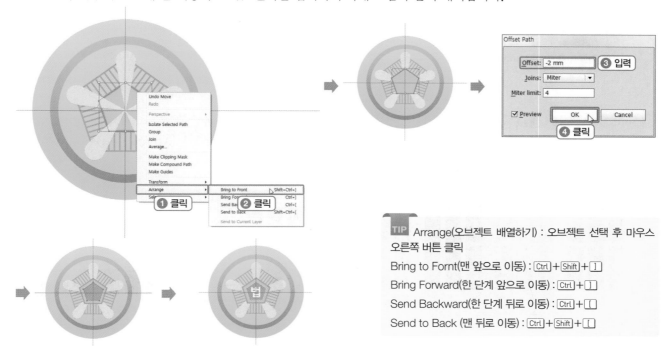

> TIP Arrange(오브젝트 배열하기) : 오브젝트 선택 후 마우스 오른쪽 버튼 클릭
> Bring to Fornt(맨 앞으로 이동) : [Ctrl]+[Shift]+[]]
> Bring Forward(한 단계 앞으로 이동) : [Ctrl]+[]]
> Send Backward(한 단계 뒤로 이동) : [Ctrl]+[[]
> Send to Back (맨 뒤로 이동) : [Ctrl]+[Shift]+[[]

❸ 건곤감리 문양 만들기

❶ Rectangle Tool (▣)을 선택하여 직사각형을 그리고, 색상을 〈면 : C40M45Y90, 테두리 : none〉을 지정합니다. 오브젝트를 선택한 후 [Alt] 키를 눌러 오른쪽으로 이동할 때 [Shift] 키를 눌러 수평방향으로 복사하고 바로 [Ctrl]+[D]를 눌러 아래와 같은 오브젝트를 만듭니다. Rectangle Tool (▣)을 선택하여 직사각형을 그린 후 색상을 〈면 : 흰색, 테두리 : none〉을 지정하고 전체 선택하여 Align 패널에서 〈Align Objects : Vertical Align Center〉를 클릭하여 가로 기준으로 중앙 정렬합니다.

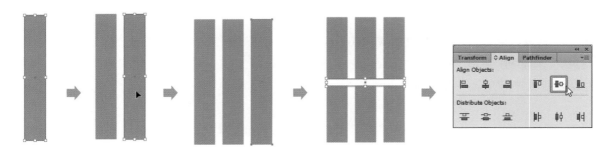

❷ ❶과 같은 방법으로 오브젝트를 선택한 후 [Alt] 키를 눌러 오른쪽으로 이동할 때 [Shift] 키를 눌러 수평방향으로 복사하고 바로 [Ctrl]+[D]를 두 번 눌러 아래와 같은 오브젝트를 만듭니다.

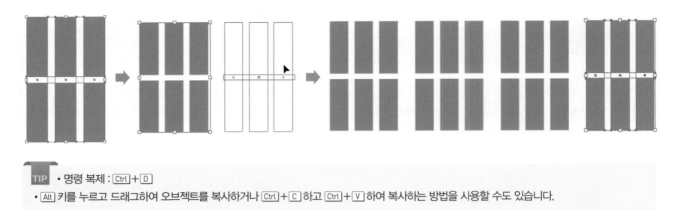

TIP • 명령 복제 : [Ctrl]+[D]
• [Alt] 키를 누르고 드래그하여 오브젝트를 복사하거나 [Ctrl]+[C] 하고 [Ctrl]+[V] 하여 복사하는 방법을 사용할 수도 있습니다.

❸ Selection Tool(▶)로 디자인 원고 지시에 맞게 색상을 적용합니다(왼쪽→오른쪽 : C40M45Y90, K30, C80M25 Y20, C20M40Y80). 건곤감리 문양으로 만들기 위해 오브젝트을 선택하고 [Object]-[Arrange]-[Bring to Front] 메 뉴로 맨 앞으로 배열하여 아래 그림과 같은 형태를 완성합니다.

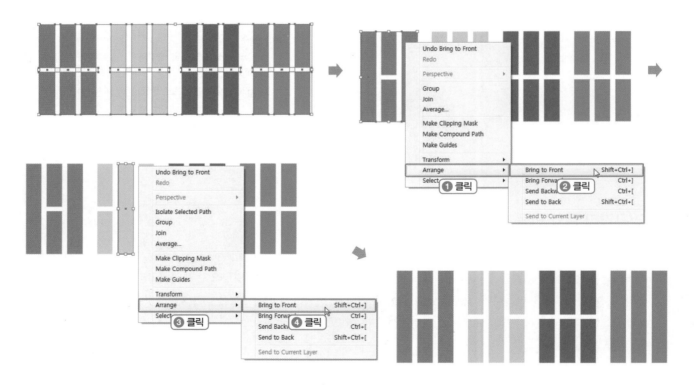

❹ Selection Tool(▶)로 건곤감리를 선택한 후 Pathfinder 패널에서 〈Pathfinders : Merge〉를 선택하여 같은 색상 은 합쳐줍니다. 그룹적용 된 오브젝트를 더블클릭한 후 Magic Wand Tool(✦)을 선택하고 흰색 영역을 클릭하여 [Delete] 키를 눌러 흰색 영역을 삭제합니다.

❺ Rotate Tool (⟳)을 선택한 후 가이드선 중심축을 기준으로 Alt키를 누르고 클릭하고 〈Angle : 90〉을 입력하고 [Copy] 버튼을 눌러 복사합니다. Ctrl + D를 세 번 눌러 반복 복사하여 문양을 만듭니다.

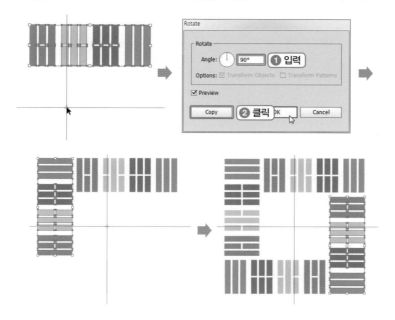

❻ Selection Tool (▶)로 아래 그림과 같이 건,감 오브젝트를 선택하여 복사합니다. Rotate Tool (⟳)을 선택하여 가이드선 중심축을 기준으로 Alt키를 누르고 클릭한 후 〈Angle : 180〉을 입력하고 [Copy] 버튼을 눌러 복사하여 문양을 완성합니다.

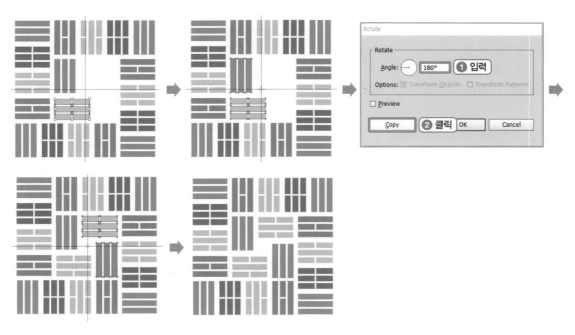

4 점증 원형 패턴 만들기

❶ Ellipse Tool(◉)을 선택한 후 Alt 키와 Shift 키를 누른 상태로 정원을 그리고, 색상을 〈면 : M60Y50, 테두리 : none〉을 적용합니다. Selection Tool(▶)로 원을 선택한 후 Alt 키를 누른 상태에서 수평으로 이동하여 복사하고 Ctrl + D 눌러 세 개의 원형을 생성합니다. Scale Tool(🔲)을 더블클릭하여 〈Uniform : 300%〉를 설정하고 [OK] 버튼을 눌러 확대합니다.

❷ Blend Tool(🔲)을 선택한 후 왼쪽부터 순서대로 원형 오브젝트를 클릭하여 블랜드를 적용하고, Blend Tool(🔲)을 다시 더블클릭하여 대화상자가 나타나면 〈Spacing : Specified Steps : 10〉을 설정하고 [OK] 버튼을 눌러 왼쪽에서 오른쪽 방향으로 원형을 클릭하며 브랜드를 적용합니다.

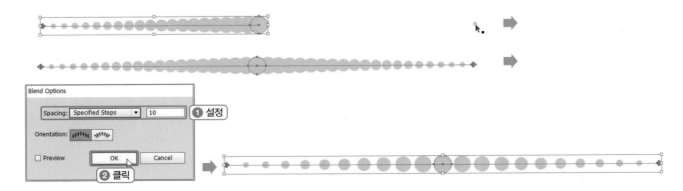

❸ [File]-[Object]-[Expand] 메뉴를 선택하여 오브젝트로 확장시켜준 후 Ctrl + Shift + G 를 눌러 그룹을 해제합니다. Align 패널을 선택하여 〈Align to Key Object〉를 선택하고 〈Horizontal Distribute Spacing : 3mm〉를 선택하여 가로 간격을 일정하게 배분합니다.

TIP Align 패널에서 〈Align to : Align to Key Object〉로 설정되어 있는 경우 선택된 오브젝트를 입력한 수치에 맞게 배분할 수 있습니다.

❹ Selection Tool (▶)로 원들을 모두 선택하여 Brushes 패널로 드래그하여 대화상자가 나타나면 Art Brush를 선택하고 [OK] 버튼을 눌러 브러시로 등록합니다.

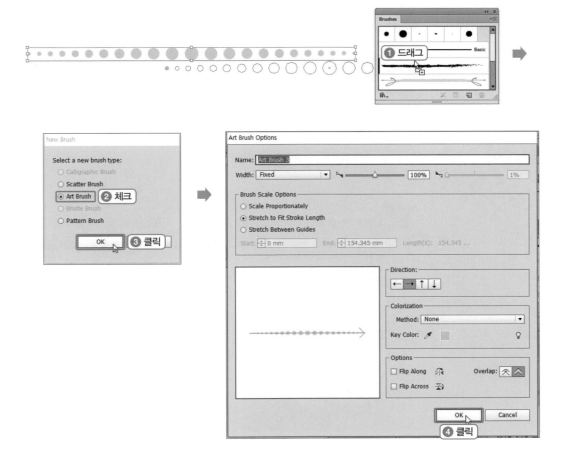

❺ Ellipse Tool(⬭)을 선택한 후 Alt 키와 Shift 키를 누른 상태로 정원을 그린 후 Direct Selection Tool(▸)로 아래 그림과 같이 하단 점을 선택하여 Delete 키를 눌러 삭제하고 Brushes 패널에 등록되어 있는 점증 원형 아트브러시를 선택하여 적용합니다.

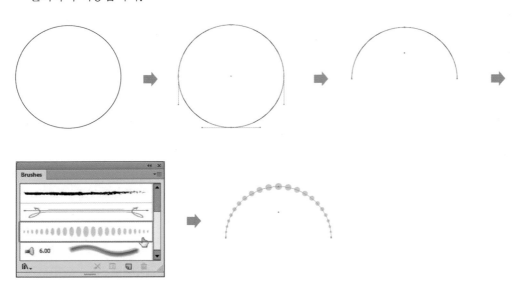

❻ Selection Tool(▸)로 반원을 선택하고 Scale Tool(▧)을 더블클릭하여 옵션창이 나타나면 〈Uniform : 85%〉를 설정한 후 Scale Strokes & Effects를 체크하고 [Copy] 버튼을 눌러 축소복사한 후 Ctrl + D 를 여덟 번 눌러 반복 복사하여 점증 원형을 만듭니다.

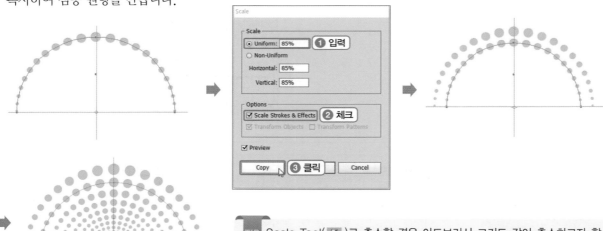

TIP Scale Tool(▧)로 축소할 경우 아트브러시 크기도 같이 축소하고자 할 경우 [Edit]–[Preferences] 메뉴에서 〈General : Scale Strokes & Effect〉를 체크해야 합니다.

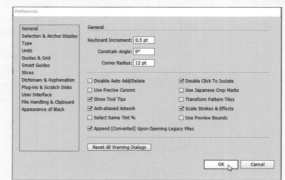

❼ Selection Tool ( ) 로 안쪽 반원을 선택하고 Rotate Tool ( ) 을 선택하여 가이드선 중심축을 기준으로 Alt 키를 누르고 클릭합니다. 대화상자가 나타나면 〈Angle : 15°〉를 설정하고 [OK] 버튼을 눌러 복사한 후 안쪽 원형을 순차적으로 선택하여 같은 방법으로 30°, 45°, 60°, 75°, 90°, 105°, 120°, 135°를 입력하여 회전합니다.

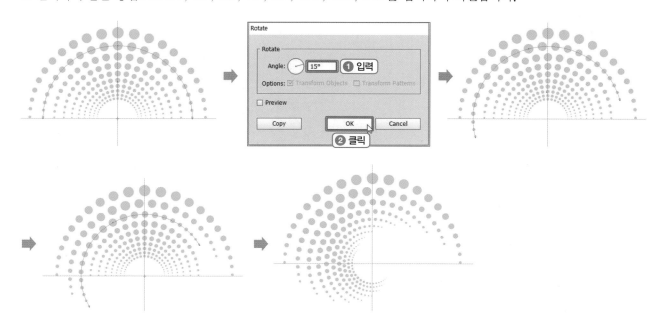

❽ Selection Tool ( ) 로 점증원형을 드래그하여 전체 선택하고 [File]-[Object]-[Expand] 메뉴를 선택하여 오브젝트로 확장시켜준 후 Ctrl + Shift + G 를 눌러 그룹을 해제하여 디자인 원고 지시에 맞게 색상을 적용합니다.

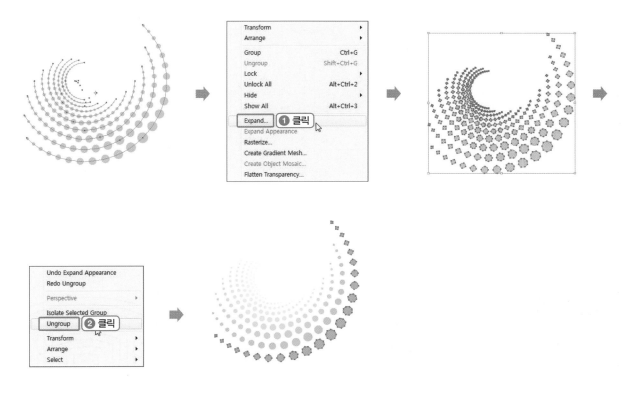

5 헌법재판소 로고 그리기

❶ Rectangle Tool (▢)을 선택하여 직사각형을 그린 후 Pen Tool (✎)을 선택하여 아래와 같이 패스 위에 마우스를 올려 점을 추가합니다. Scale Tool (⬚)을 더블클릭하여 〈Non−Uniform : Horizontal 6%, Vertical 55%〉를 입력하고 [Copy] 버튼을 눌러 복사합니다.

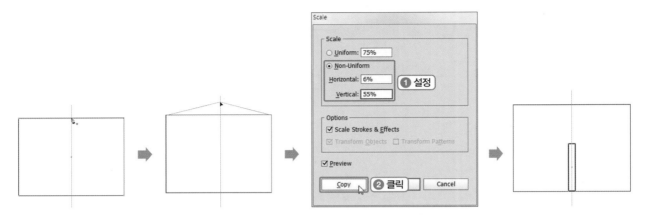

> TIP • Pen Tool(✎)을 선택하여 패스를 그릴 때 선 위에 마우스를 올려 점을 추가하거나 점 위에 마우스로 올려 점을 삭제할 수 있습니다.
> • Scale Tool(⬚)로 오브젝트를 축소확대할 경우 Non−Uniform은 가로와 세로 비율을 다르게 적용할 수 있습니다.

❷ Direct Selection Tool (▷)로 추가한 점 위에 마우스를 올리고 Alt 키를 누른 상태로 가로 방향으로 드래그하여 직선을 곡선으로 아래와 같이 수정합니다.

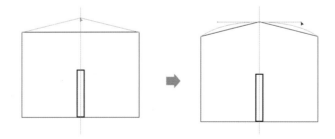

❸ Blend Tool (⬤)을 다시 더블클릭하여 대화상자가 나타나면 〈Spacing : Specified Steps 8〉을 설정하고 [OK] 버튼을 눌러 왼쪽에서 오른쪽 방향으로 원형을 클릭하며 브랜드를 적용합니다. 그룹 적용된 오브젝트들을 [Object]−[Ungroup] 메뉴로 그룹을 해제한 후 [File]−[Object]−[Expand] 메뉴를 선택하여 오브젝트로 확장시켜준 후 Ctrl+Shift+G 를 눌러 그룹을 해제합니다.

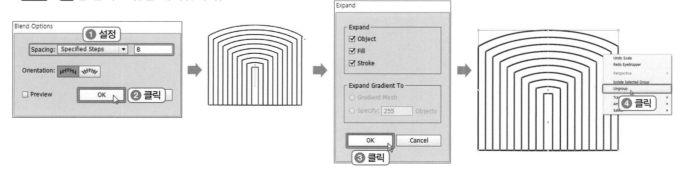

❹ Selection Tool (🔺)을 선택하고 Shift 키를 누른 상태에서 아래 그림과 같이 추가 선택하여 〈면 : C100M45〉 색상을 적용하고, 바깥쪽에서부터 안쪽으로 디자인 원고 지시에 맞게 〈면 : 바깥쪽→안쪽 : C80→C60→C40→C20→C0M0Y0K0〉 색상을 적용하고 전체 선택하여 〈테두리 : 없음〉을 지정합니다.

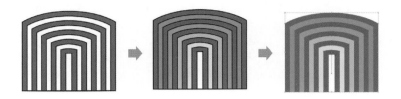

TIP 면과 테두리에 색을 없음으로 지정하고 싶을 경우 ⌜?⌟ 키를 단축키로 사용할 수 있습니다.

❺ Direct Selection Tool (🔺)로 상단 두 개의 점을 선택하고 Shift 키를 누른 상태로 수직방향으로 드래그하여 높이를 수정합니다.

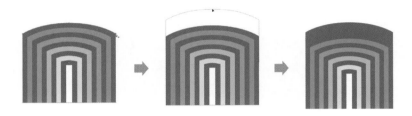

❻ Type Tool (T.)로 문자를 입력하고 Character 패널에서 아래와 같이 설정한 후 마우스 오른쪽 버튼을 눌러 [Create Outline] 메뉴를 클릭하여 오브젝트로 전환하여 로고를 완성합니다.

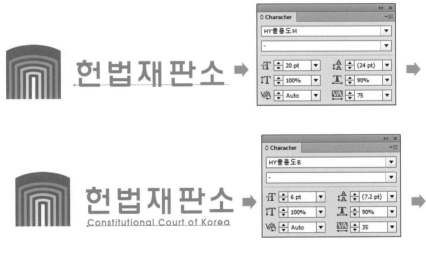

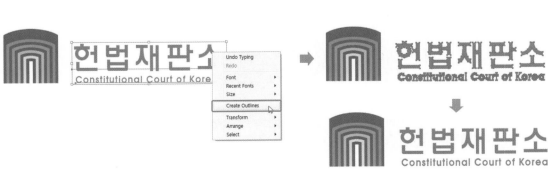

02 포토샵 작업

❶ [File]-[New] 메뉴를 선택하여 아래와 같이 〈Width : 166mm, Height : 246mm, Resolution 100Pixels/inch, Color Mode : RGB Color〉를 입력하여 도큐먼트를 생성합니다.

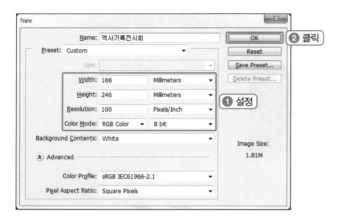

❷ 일러스트레이터 창으로 이동 후 그리드를 선택하여 [Ctrl]+[C]로 복사하고 포토샵 작업창으로 이동한 후 [Ctrl]+[V]를 하여 붙여넣기하고 레이어창에 이름을 "가이드선"으로 바꿔줍니다.

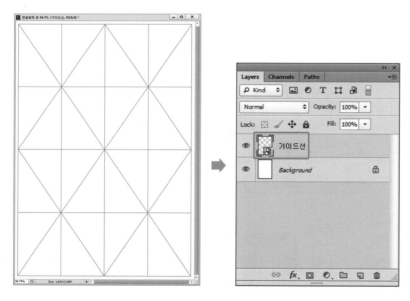

> **TIP** 일러스트레이터 Layer 패널에서 '그리드' 레이어의 잠금체크를 풀고 그리드를 선택하여 복사합니다. 포토샵 Layer 패널에서 가져온 그리드는 "가이드선"으로 이름을 바꿔 주고 항상 상위에 가이드선을 배치하여 작업을 시작합니다.

❸ Layer 패널에서 Adjustment Layer(◔) 버튼을 클릭하고 〈Solid Color〉를 선택한 후 색상 〈C20M20Y40〉을 지정 하여 배경색을 적용합니다.

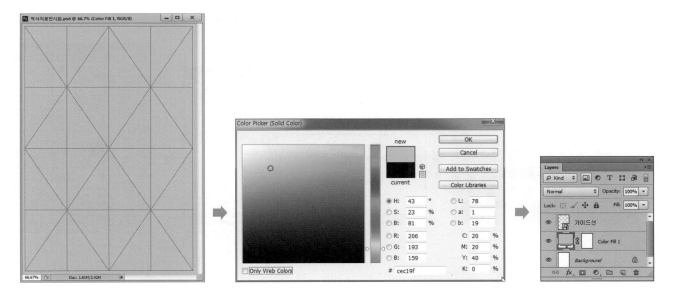

❹ [File]−[Open] 메뉴에서 '05.jpg' 파일을 열고 [Ctrl]+[A]로 전체 선택한 후 [Ctrl]+[C]로 복사하고 작업창으로 이동하여 [Ctrl]+[V]로 붙여넣기 한 후 [Ctrl]+[T]로 크기를 맞추어 줍니다.

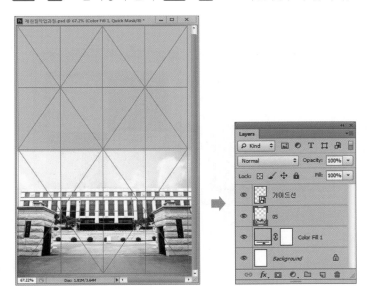

❺ [Image]−[Adjustments]−[Hue/Saturation] 메뉴를 클릭하여 대화상자가 나타나면 〈Colorize〉를 체크하고 Hue와 Saturation를 아래 그림과 같이 조절하여 갈색 톤으로 변경하고 Layer 패널에서 〈Blend Mode : Multiply〉를 적용합 니다. Layer Mask(▣) 버튼을 클릭한 후 그라디언트 툴박스를 선택하고 상단에 위치한 옵션바에서 〈검정−흰색〉을 확인 후 선형그라디언트를 선택하여 수직방향으로 드래그하여 자연스럽게 위쪽이 사라지게 표현합니다.

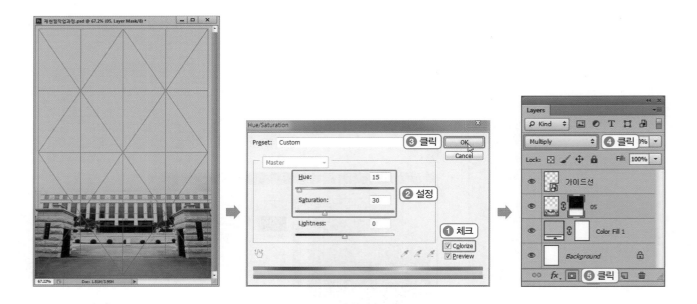

6 [File]−[New] 메뉴를 클릭하여 〈Width : 6Pixel, Height : 6Pixel, Resolution : 72, Color Mode : RGB Color, Background Contents : Transparent〉 새 문서 설정을 한 후 가이드선으로 중심을 긋고, Rectangle Tool (■)로 드래그하여 두 개의 3Pixel 사각형을 만들어 〈C50M80Y80K70〉 색상을 적용한 후 [Edit]−[Define Pattern] 메뉴를 클릭하여 "패턴"으로 등록합니다.

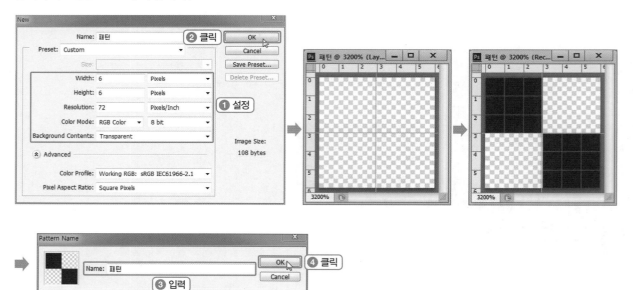

TIP 패턴은 포토샵과 일러스트레이터에서 등록이 가능하며 포토샵에서 패턴을 등록할 경우 1:1크기로 패턴을 지정하여 적용해야만 선명도를 유지할 수 있습니다.

❼ Layer 패널에서 Adjustment Layer (◉) 버튼을 클릭하고 [Pattern]을 선택하여 ❻에서 등록한 패턴을 적용합니다. Layer Mask (▣) 버튼을 클릭하고 그라디언트 툴박스를 선택한 후 상단에 위치한 옵션바에서 〈검정-흰색〉을 확인하고 선형 그라디언트를 선택하여 수직방향으로 드래그하여 자연스럽게 위쪽이 사라지게 표현합니다.

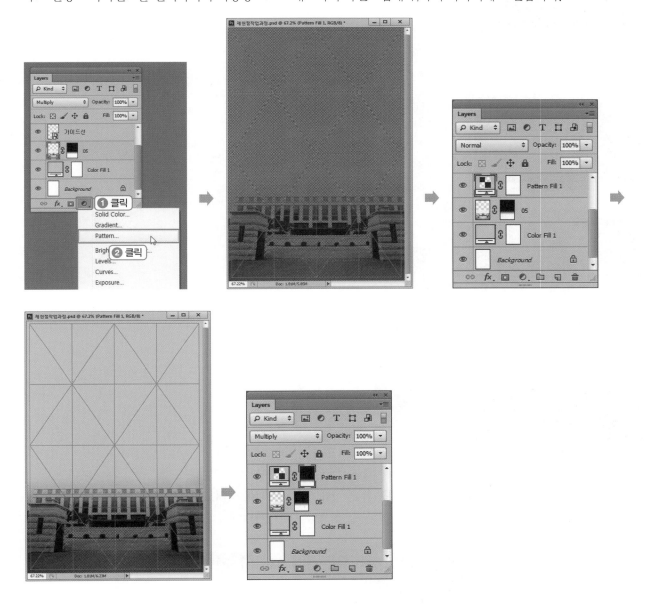

❽ [File]-[Open] 메뉴에서 '04.jpg' 파일을 열고 [Ctrl]+[A]로 전체 선택한 후 [Ctrl]+[C]로 복사하고 작업창으로 이동하여 [Ctrl]+[V]로 붙여넣기 한 후 [Ctrl]+[T]로 크기를 맞추어 줍니다. Layer Mask (▣) 버튼을 클릭하고 그라디언트 툴박스를 선택한 후 상단에 위치한 옵션바에서 〈검정-흰색〉을 확인하고 선형그라디언트를 선택하여 수직방향으로 드래그하여 자연스럽게 아래쪽이 사라지게 표현합니다. Layer 패널에서 〈Blend Mode : Multiply, Opacity : 85%〉를 아래 그림과 같이 적용합니다.

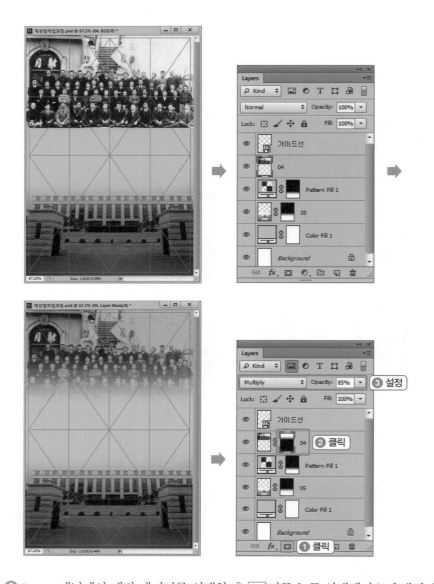

❾ Layer 패널에서 패턴 레이어를 선택한 후 Alt 키를 누른 상태에서 '04' 레이어 위로 드래그하여 패턴을 복사하고, Layer 패널에서 〈Blend Mode : Overlay, Opacity : 85%〉를 적용하여 합성합니다.

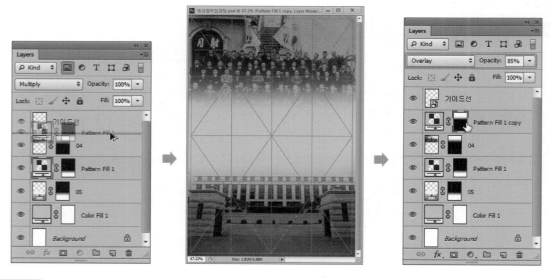

❿ 일러스트레이터 창으로 이동 후 '점증 원형 패턴' 도형을 선택하고 Ctrl + C 로 복사한 후 포토샵 작업창으로 이동하여 Ctrl + V 를 하여 붙여넣기 하고 Ctrl + T 로 크기와 각도를 조절하여 그리드에 맞춰 배치합니다. Layer 패널에서 〈Blend Mode : Overlay, Opacity : 80%〉를 적용하여 합성한 후 Ctrl + J 를 눌러 복사한 점증 원형 레이어를 Ctrl + T 로 크기와 각도를 조절하여 그리드에 맞춰 배치합니다.

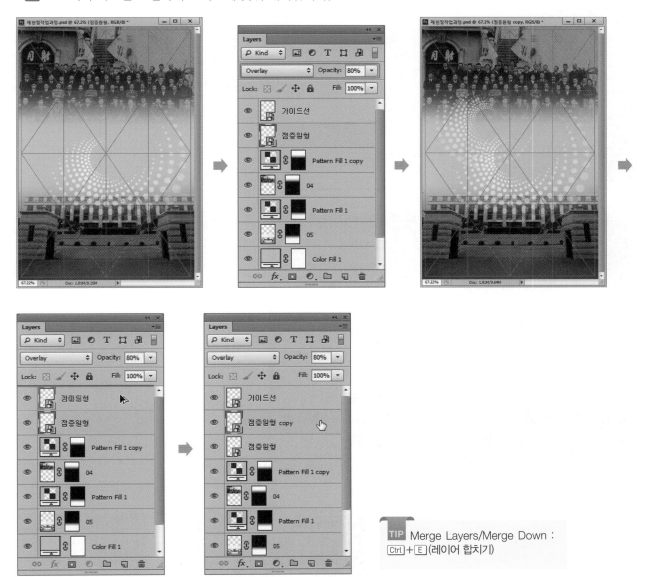

TIP Merge Layers/Merge Down :
Ctrl + E (레이어 합치기)

⓫ Pen Tool (✐)을 선택하고 상단 옵션에서 Pick Tool Mode를 [Shape ◇] 로 선택하여 아래와 같이 찢어진 종이 모양의 패스를 그려준 후 〈C20M20Y40〉 색상을 적용합니다. Layer 패널에서 문자레이어를 더블클릭한 후 Layer Style (fx.) 에서 Inner Shadow를 선택하여 〈Distance : 7, Size : 8〉을 설정하고 아래와 같이 안쪽 그림자 효과를 적용합니다.

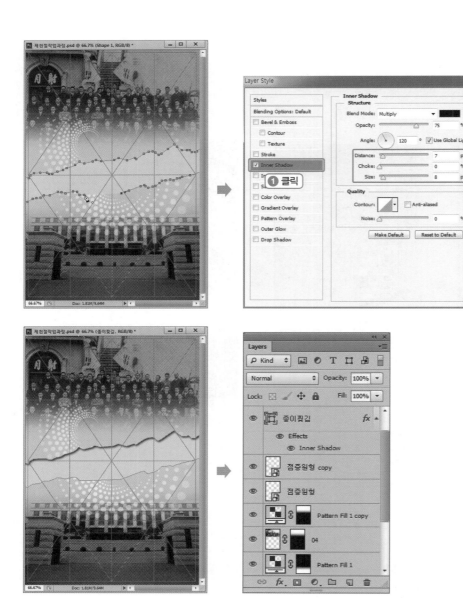

⑫ ⑪과 같은 방법으로 Pen Tool(🖋️)을 선택하여 상단 옵션에서 Pick Tool Mode를 `Shape ▾`로 선택하고 아래와 같이 패스를 그려준 후 〈흰색〉 색상을 적용하여 종이찢김 레이어 밑으로 배치합니다.

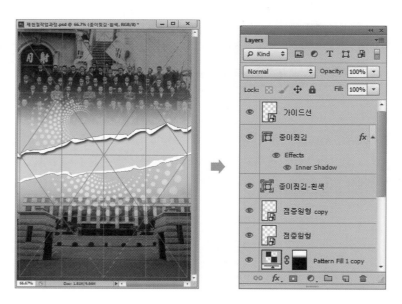

⑬ [File]-[Open] 메뉴에서 '02.jpg', '03.jpg', '06.jpg' 파일을 열고 Ctrl+A로 전체 선택한 후 Ctrl+C로 복사하고 작업창으로 이동하여 Ctrl+V로 붙여넣기 한 후 세 개의 레이어를 같이 선택하고 Ctrl+T로 크기와 각도를 조절하여 아래 그림과 같이 배치합니다. Layer 패널에서 '02', '03', '06' 레이어를 선택한 후 오른쪽 마우스를 눌러 [Create Clipping Mask] 메뉴를 적용하여 찢어진 종이 영역에만 이미지가 보일 수 있도록 합성하고 〈Blend Mode : Luminosity〉를 적용합니다.

TIP **클리핑 Layer Mask 설정 방법**
① 클리핑 영역 레이어와 클리핑 이미지 레이어의 경계선 사이를 Alt 키를 누르고 클릭
② 단축키 : Ctrl+Alt+G
③ Menu〉Layer〉Create Clipping Mask : 설정 / Release Clipping Mask : 해제

⑭ [File]-[Open] 메뉴에서 '08.jpg' 파일을 열고 Pen Tool(✏️)을 선택하여 이미지 영역을 패스로 외곽선을 그려준 후 마우스 오른쪽 버튼을 클릭하여 [Make Selection] 메뉴로 우주인 영역만 선택합니다. [Select]-[Inverse] 메뉴를 클릭하여 선택 영역을 반전한 후 Ctrl+C로 복사하고 작업창으로 이동하여 Ctrl+V로 붙여넣기 한 후 Ctrl+T로 크기를 맞추어 줍니다.

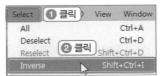

⑮ 전경색 〈C50M80Y80K70〉과 배경색 〈흰색〉을 설정한 후 [Filter]—[Filter Gallery]—[Sketch]—[Photcopy] 메뉴를 선택하고 아래 원고와 같은 효과를 적용합니다.

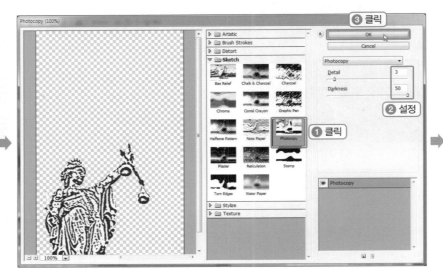

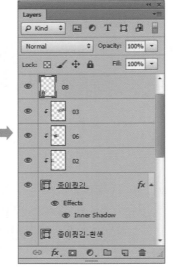

⑯ [File]-[Open] 메뉴에서 '07.jpg' 파일을 열고 Pen Tool (✐)을 선택하여 이미지 영역을 패스로 외곽선을 그려준 후 마우스 오른쪽 버튼을 클릭하여 [Make Selection] 메뉴로 판사봉 영역만 선택합니다. [Select]-[Inverse] 메뉴를 클릭하여 선택 영역을 반전한 후 Ctrl+C로 복사하고 작업창으로 이동하여 Ctrl+V로 붙여넣기 한 후 Ctrl+T로 크기를 맞추어 줍니다.

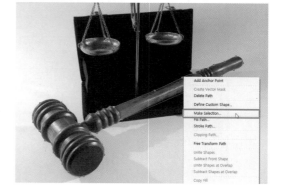

⑰ 전경색 〈C50M80Y80K70〉과 배경색 〈흰색〉을 설정한 후 [Filter]-[Filter Gallery]-[Sketch]-[Graphic Pen] 메뉴를 선택하여 아래 원고와 같은 효과를 적용하고, Layer 패널에서 '07' 레이어를 더블클릭한 후 Layer Style (fx.)에서 Drop Shadow를 선택하고 〈Distance : 7, Size : 7〉을 설정하여 아래와 같이 안쪽 그림자 효과를 적용합니다.

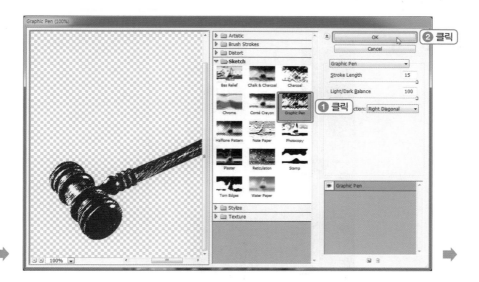

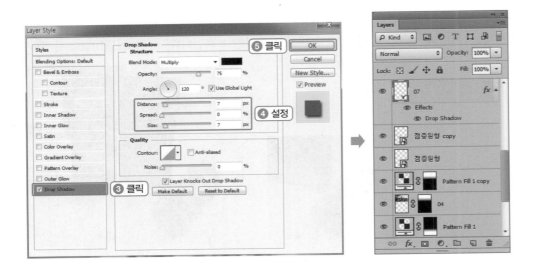

⑱ Rectangle Tool (◻)로 드래그하여 〈흰색〉 색상의 사각형을 만든 뒤 Layer Mask (◻) 버튼을 클릭하고 그라디언트 툴박스를 선택한 후 상단에 위치한 옵션바에서 Gradient Edit를 클릭하여 〈흰색→K70〉을 설정하고 수직방향으로 드래그하여 자연스럽게 아래쪽이 사라지게 표현합니다.

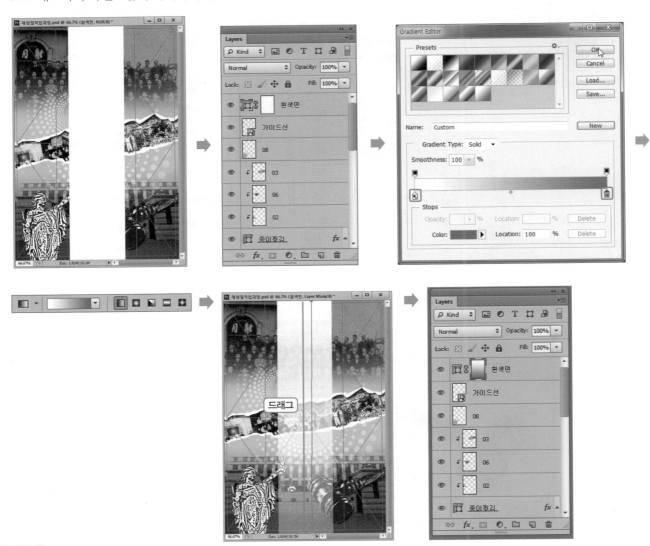

TIP
- 마스크 적용 시 검정색(전경색)과 흰색(배경색)으로 지정 후 Shift 키를 누르고 드래그하면 수평 또는 수직방향으로 자연스럽게 사라지게 할 수 있습니다.
- 일부분만 사라지게 표현하고 싶다면 검정색(전경색)을 지정 후 브러시툴을 선택하여 원하는 부분을 사라지게 표현할 수 있습니다.

⑲ 일러스트레이터 창으로 이동 후 '법무부 휘장'에서 원형을 선택하고 Ctrl + C 로 복사한 후 포토샵 작업창으로 이동하여 Ctrl + V 를 하여 붙여넣기하여 배치합니다. 레이어를 더블클릭한 후 Layer Style(fx.)에서 Bevel & Emboss, Stain, Drop Shadow를 아래 그림과 같이 설정하여 효과를 적용합니다.

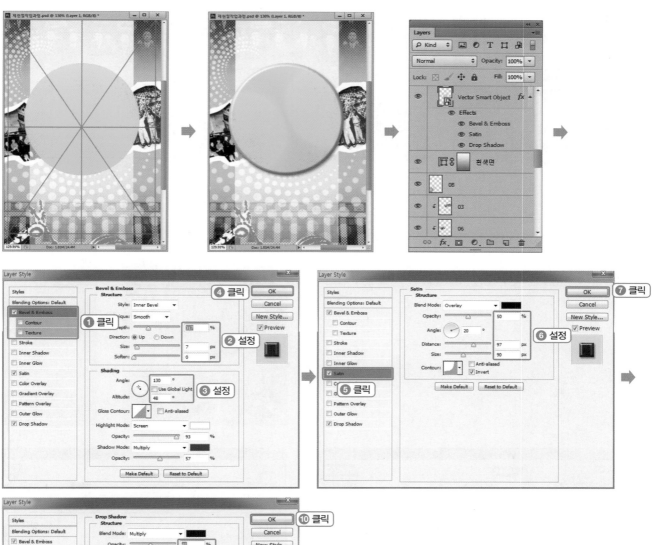

⑳ 일러스트레이터 창으로 이동 후 '법무부 휘장'에서 테두리 원형을 선택하고 Ctrl + C 로 복사한 후 포토샵 작업창으로 이동하여 Ctrl + V 를 하여 붙여넣기하여 배치합니다. 레이어를 더블클릭한 후 Layer Style (fx.)에서 Inner Shadow 를 선택하여 그림자를 적용합니다.

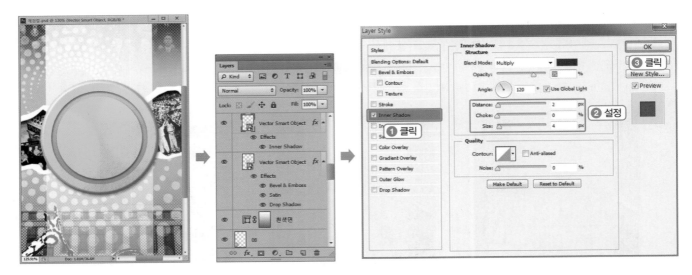

㉑ 일러스트레이터 창으로 이동 후 '법무부 휘장'에서 줄무늬을 선택하고 Ctrl + C 로 복사한 후 포토샵 작업창으로 이동하여 Ctrl + V 를 하여 붙여넣기하여 배치합니다. 레이어를 더블클릭한 후 Layer Style (fx.)에서 Bevel & Emboss와 Drop Shadow를 선택하여 입체감을 표현합니다.

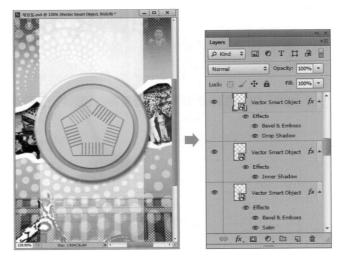

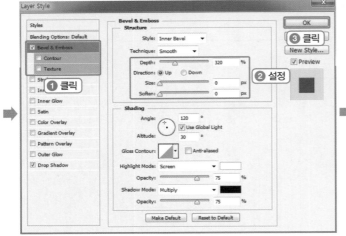

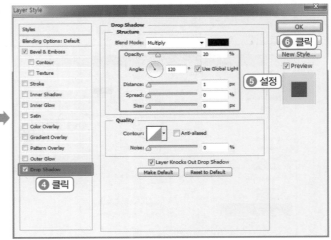

㉒ 위와 같은 방식으로 일러스트레이터 창에서 오브젝트를 복사한 후 작업창으로 붙여넣기하여 나머지 효과들은 아래 그림과 같이 적용합니다.

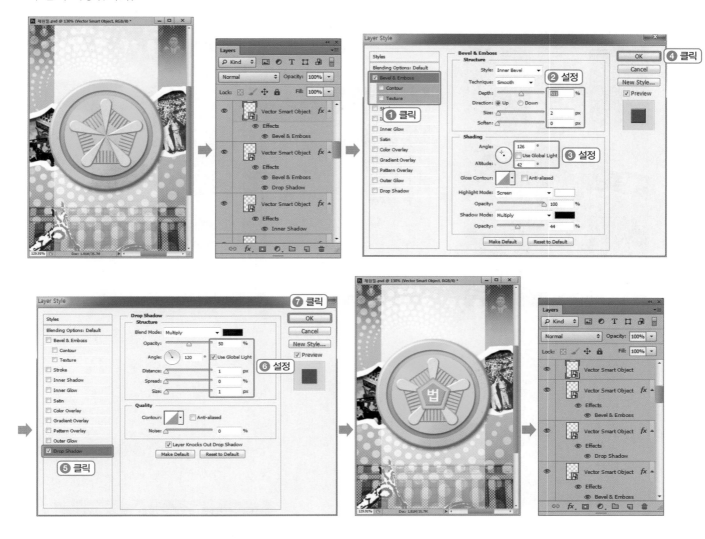

㉓ 법무부 휘장을 만들기 위한 레이어들은 모두 선택하여 Option 패널에서 Align Vertical Center, Align Horizontal Center를 선택하여 중앙정렬 한 후 Ctrl + G 를 눌러 레이어들을 그룹으로 만듭니다.

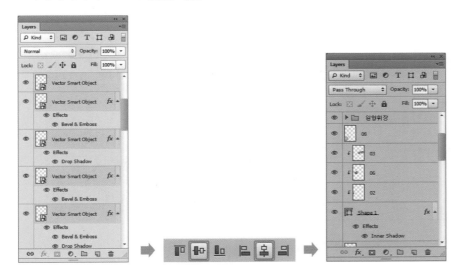

❷❹ 일러스트레이터 창으로 이동 후 '타이틀'과 '헌법재판소 로고'를 선택하고 Ctrl + C 로 복사한 후 포토샵 작업창으로 이동하여 Ctrl + V 를 하여 붙여넣기하여 배치합니다. '헌법재판소 로고' 레이어를 더블클릭한 후 Layer Style (fx.) Stroke를 선택하고 〈Size : 2〉를 적용하여 흰색 테두리를 적용합니다.

TIP 레이어 그룹 : Ctrl + G

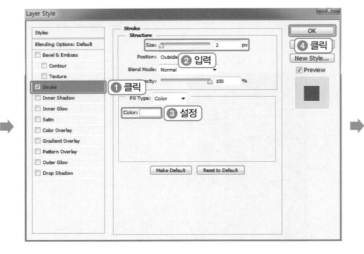

㉕ 포토샵 작업이 끝나면 가이드선 레이어의 눈을 끄고 화면에 가이드선이 없는 것을 확인한 후 [File]-[Save as]메뉴에서 '역사기록전시회.psd' 파일형식으로 저장합니다.

㉖ 포토샵 저장이 끝나면 편집프로그램(인디자인)으로 가지고 갈 파일을 저장하기 위해 다시 [File]-[Save as] 메뉴의 Format에서 'JPEG'를 선택하고 〈Quality : 12〉로 입력 후 '등번호.jpg' 파일형식으로 저장합니다.

TIP JPG로 저장 시 Options 대화창이 뜨면 〈Quality : 12, Format Options : Baseline(Standard)〉로 설정하여 고품질이 유지되도록 이미지의 압축 품질을 높게 설정하여 저장합니다.

❶ [파일]-[새로 만들기]-[문서] 메뉴를 선택하여 도큐먼트 설정 대화상자를 엽니다. 대화상자에서 〈페이지 크기 : A4〉, 여백은 〈위쪽 : 25.5mm, 아래쪽 25.5mm, 왼쪽 : 22mm, 오른쪽 : 22mm〉를 설정하여 도화지를 생성합니다.

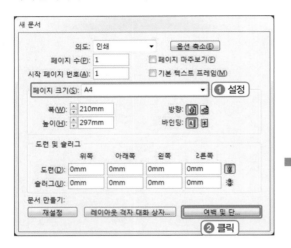 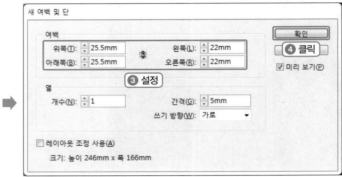

> **TIP** 도화지 여백은 210mm-166mm=44mm이므로 왼쪽, 오른쪽에 22mm를 입력합니다.
> 297mm-246mm=51mm이므로 위쪽, 아래쪽에 25.5mm를 입력합니다.

❷ 원점을 여백선 왼쪽 상단에 드래그하여 위치를 맞춘 후 눈금자에서 마우스를 드래그하여 사방 안쪽 3mm로 이동시켜 가이드선을 표시합니다.

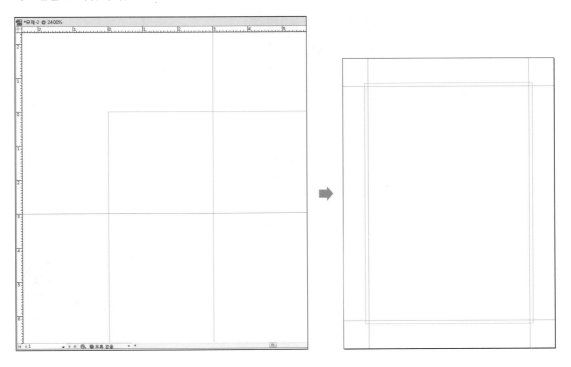

❸ 선 툴(✏)을 선택하여 길이 5~10mm의 가는 선의 라인을 드래그하여 모서리 부분에 그립니다.

❹ ❸과 같은 방법으로 선 툴(✏)을 드래그하여 사방에 재단선을 표시합니다.

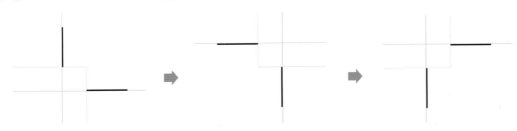

❺ [파일]−[가져오기] 메뉴로 포토샵에서 저장한 '01.jpg' 파일을 선택한 후 작업 규격의 좌측 상단에 마우스 포인터를 클릭하여 이미지를 불러옵니다.

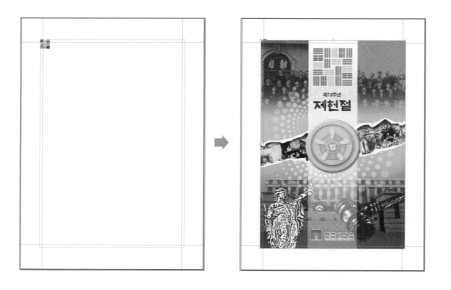

TIP • [파일]-[가져오기] : Ctrl + D
• 프로그램 설치 언어에 따라 이미지 가져오기가 Place로 표시됩니다.

❻ 불러온 이미지를 화면에서 선명하게 보기 위해 마우스 오른쪽 버튼을 클릭하여 [화면표시 성능]-[고품질 표시] 메뉴를 선택합니다.

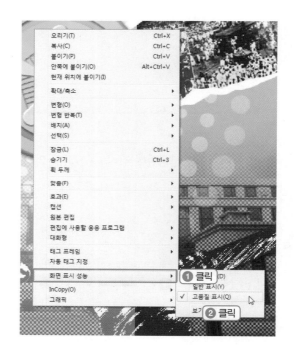

❼ 문자 툴(T.)을 선택한 후 문자를 입력할 영역을 드래그하여 글상자를 생성한 후 글자를 입력하고 문자 패널에서 〈서체 : HY견고딕, Size : 15pt/21pt, 행간 : 20pt, 자폭 : 95%, 자간 : −25〉를 설정하고 색상 패널에서 〈K100〉 색상을 적용합니다.

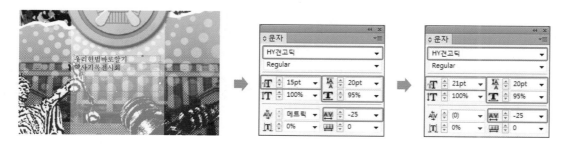

❽ 글상자를 선택한 후 마우스 오른쪽 버튼을 클릭하여 [텍스트 프레임 옵션] 메뉴를 선택하고 대화창이 나타나면 〈수직 균등배치 : 가운데〉를 선택하고 [확인] 버튼을 클릭합니다. 컨트롤 패널에서 문단 가운데 정렬(▤)을 선택하여 글상자를 중앙배치합니다.

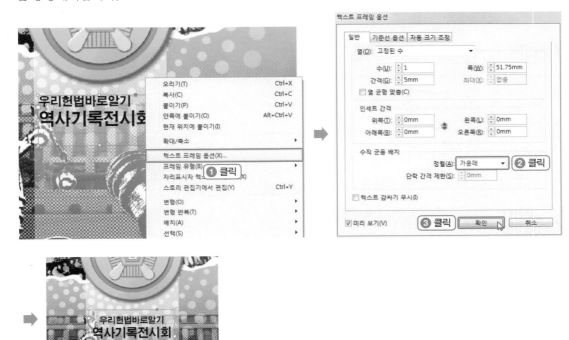

❾ 선 툴(╱)을 선택하여 선을 그리고, 〈면 : 없음, 테두리 : K100, 두께 : 2pt〉를 적용합니다. 선을 선택한 후 Alt 키를 누른 상태로 아래로 드래그하여 선을 복사하여 배치합니다.

⑩ 문자 툴(T.)을 선택한 후 문자를 입력할 영역을 드래그하여 글상자를 생성한 후 글자를 입력하고 문자 패널에서 〈서체 : HY중고딕/HY견고딕, Size : 10pt/12pt, 자폭 : 90%, 자간 : -25〉를 설정하고 색상 패널에서 〈K100〉 색상을 적용합니다.

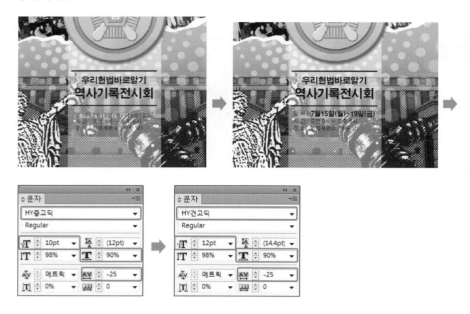

⑪ 좌측 하단에 등번호(비번호)를 〈서체 : 돋움, 크기 : 10pt〉로 입력합니다.

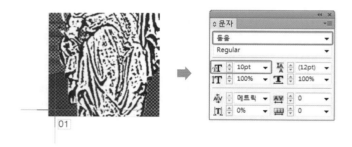

⑫ [파일]-[다른이름으로 저장] 메뉴를 선택하고 파일이름은 '등번호.indd'로 저장합니다.

⑬ 저장된 파일은 indd(인디자인 파일)와 jpg(포토샵 파일)를 네트워크로 저장한 후 프린터가 연결된 자리로 이동하여 출력합니다.

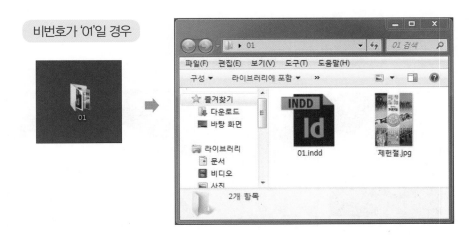

비번호가 '01'일 경우

⑭ 출력된 프린트 결과물은 시험장에서 제공하는 A3용지 뒷면에 양면테이프를 이용하여 4군데 모서리에 붙여 중앙에 고정시킨 후 디자인작업지시서와 함께 제출하고 퇴실합니다.

국가기술자격검정 실기시험

자격종목	컴퓨터그래픽기능사	과제명	울산고래축제 포스터	비번호(등번호)	
				시험시간	3시간

1. 요구사항

※ 다음의 요구사항에 맞도록 주어진 자료(컴퓨터에 수록)를 활용하여 디자인 원고를 시험 시간 내에 컴퓨터 작업으로 완성하여 A4용지로 출력 후 A3용지에 마운팅(부착)하여 제출하고, 모든 작업은 수험자가 컴퓨터 바탕화면에 폴더를 만들어 저장하시오.

가. 작품 규격(재단 규격)

- A4용지 중앙에 배치
- 원고 규격 : 160×240mm

나. 구성 요소

❶ 문자 요소

- 울산고래축제
- Ulsan Whale Festival
- 6. 12(수) ~ 16(일)
  장생포 고래문화마을

❷ 그림 요소

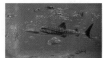 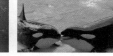  

01.jpg   02.jpg   03.jpg   04.jpg

05.jpg   06.jpg   07.jpg   08.jpg

다. 작업 내용

1) 주어진 디자인 원고(그림, 사진, 문자, 색채, 레이아웃, 규격 등)와 동일하게 작업한다.
2) 디자인 원고 내용 중 불명확한 형상, 색상 코드 불일치, 색 지정이 없는 부분, 원고에 없는 형상 등이 있을 때는 수험자가 완성도면 내용과 같이 작업한다.
3) 요구하는 서체가 사용 컴퓨터 및 소프트웨어와 맞지 않을 경우는 가장 근접한 서체를 사용한다.
4) 디자인 원고는 상하, 좌우에 3mm 재단 여유를 갖도록 작품을 배치하고, 재단선은 작품 규격에 맞추어 용도에 맞게 표시한다. (단, 원고의 지시에 따라 외곽선이 있는지를 정확히 보고 표시 여부를 결정한다.)
5) 디자인 원고 좌측 하단으로부터 3mm를 띄워 비번호를 고딕 10pt로 반드시 기록한다.
6) 출력물(A4)은 어떠한 경우에도 절취할 수 없으며, 반드시 A3용지 중앙에 마운팅한다.

라. 컴퓨터 작업 범위

1) 용량 : 10MB 이내로 폴더에 수록될 수 있도록 작업 범위(해상도 및 포맷형식)를 계획한다.
2) 규격 : A4(210×297mm) 중앙에 디자인 원고와 같은 작품(원고규격)을 배치한다.
3) 해상도 및 포맷형식 : 제한용량 범위 내에서 선택한다.
4) 기타
   ① 제공된 자료 범위 내에서 사용한다.
   ② 3개의 2D 응용프로그램을 선택하여 사용하되, 최종 작업 및 출력은 편집프로그램(쿽익스프레스, 인디자인)을 활용한다.
   (최종 작업 파일이 다른 프로그램에서 생성된 경우는 출력할 수 없음)

– 작품 규격(재단되었을 때의 규격) : 가로 160mm×세로 240mm, 작품 외곽선은 생략하고, 재단선은 3mm 재단 여유를 두고 용도에 맞게 표시할 것.

– 지정되지 않은 색상 및 모든 작업은 "최종결과물" 오른쪽 디자인 원고를 참고하여 작업하시오.

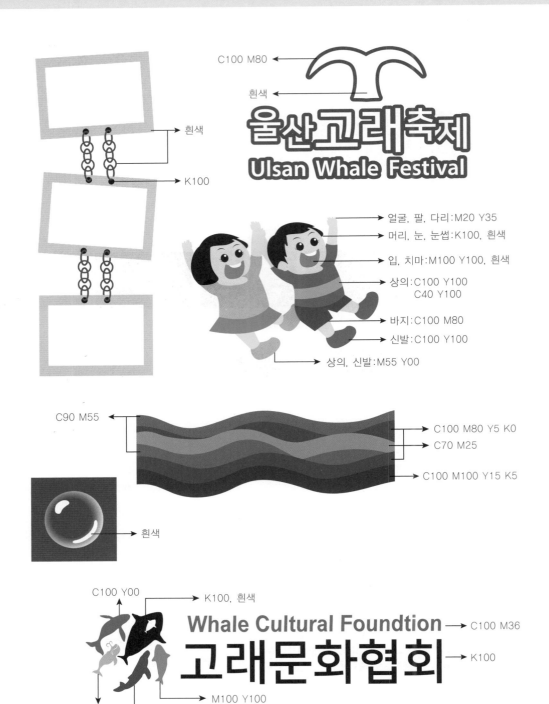

일러스트레이터 작업

※ 그리드 그리기는 166쪽~170쪽을 참고하세요.

1 타이틀 레터링하기

❶ Type Tool ()을 선택하여 "울산고래축제"를 입력하고 Character 패널에서 〈Size : 40pt/55p〉를 설정합니다.

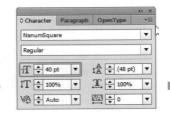

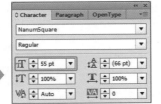

> **TIP** 문자 폰트는 디자인 원고와 똑같은 폰트가 있다면 사용하되 없다면 유사한 폰트를 설정하여 사용가능합니다.

❷ Selection Tool (▶)로 문자를 선택하고 마우스 오른쪽 버튼을 클릭하여 [Create Outlines] 메뉴를 선택하여 문자를 오브젝트로 전환하고 Ctrl + Shift + G 를 눌러 그룹을 해제한 뒤 Selection Tool (▶)로 각각의 문자의 위치를 아래 그림과 같이 이동합니다.

❸ Type Tool(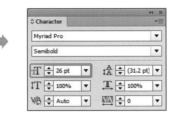)을 선택하여 "Ulsan Whale Festival"을 입력하고 Character 패널에서 〈Size : 26pt〉를 설정한 후
마우스 오른쪽 버튼을 클릭하고 [Create Outlines] 메뉴를 선택하여 문자를 오브젝트로 전환합니다.

❹ Pen Tool()을 선택하여 아래와 같은 꼬리모양의 반쪽을 그린 후 색상 패널에서 〈면 : K100 테두리 : None〉 색상
을 적용합니다. Selection Tool( )로 꼬리를 선택한 후 Reflect Tool( )을 선택하여 세로축 기준으로 Alt 키를
누르고 클릭하여 대화상자가 열리면 Vertical을 체크하고 [Copy] 버튼을 눌러 복사합니다.

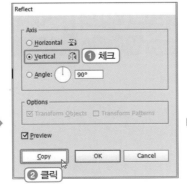

❺ Selection Tool (↖)로 꼬리모양을 선택한 후 Pathfinder 패널에서 〈Shape Modes : Unit〉를 선택하여 오브젝트를 합친 후 타이틀과 같이 선택하여 Ctrl + Shift + G 를 눌러 그룹으로 만듭니다.

❻ Selection Tool (↖)로 타이틀을 선택한 후 색상 패널에서 〈면 : 흰색 테두리 : None〉 색상을 적용합니다. [Edit]–[Copy] 메뉴를 선택하여 복사한 뒤 [Edit]–[Paste in Back] 메뉴를 선택하여 오브젝트 바로 뒤에 붙여넣기하여 〈면 : C100M80, 테두리 : C100M80〉 색상과 테두리 〈8pt〉를 적용하여 타이틀을 완성합니다.

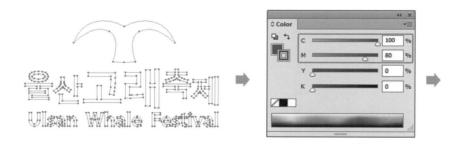

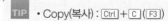
TIP • Copy(복사) : Ctrl + C (F3)
• Paste(붙이기) : Ctrl + V (F4)
• Paste In Front(앞에 붙이기) : Ctrl + F
• Paste In Back(뒤에 붙이기) : Ctrl + B

② 사진액자 만들기

❶ Rectangle Tool (▣)을 선택하여 가이드선을 기준으로 Alt 키를 누르고 드래그하여 아래와 같은 직사각형을 그립니다. Ellipse Tool (◉)을 선택하여 Alt 키와 Shift 키를 누른 후 드래그하여 정원을 그려주고, 오브젝트를 선택한 후 Alt 키를 눌러 오른쪽으로 이동할 때 Shift 키를 눌러 수평방향으로 복사합니다. 두 개의 원형을 다시 선택하여 Alt 키를 눌러 수직방향으로 복사합니다.

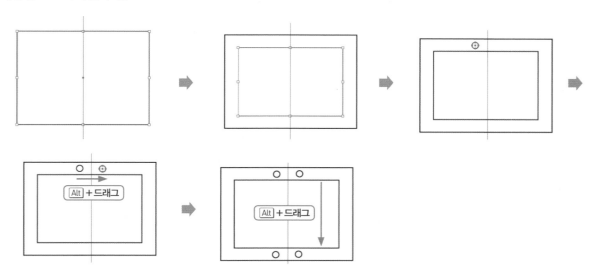

❷ Ellipse Tool (◉)을 선택한 후 가이드선을 기준으로 Alt 키를 눌러 드래그하여 타원형과 정원을 그립니다. 두 개의 오브젝트를 선택하여 Alt 키를 눌러 아래로 이동할 때 Shift 키를 눌러 수직방향으로 아래 그림과 같이 복사한 후 [File]-[Object]-[Expand] 메뉴를 선택하여 선의 속성을 면의 속성으로 분해시킵니다.

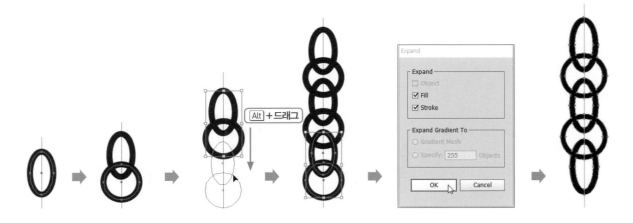

❸ ❷에서 만든 체인을 아래 그림과 같이 배치하고 Alt 키를 눌러 수평방향으로 복사합니다. 체인과 사진프레임을 같이 선택하여 Alt 키를 눌러 아래로 이동할 때 Shift 키를 눌러 수직방향으로 복사한 후 Ctrl + D 를 눌러 반복 복사하여 아래 그림과 같이 불필요한 오브젝트는 삭제합니다.

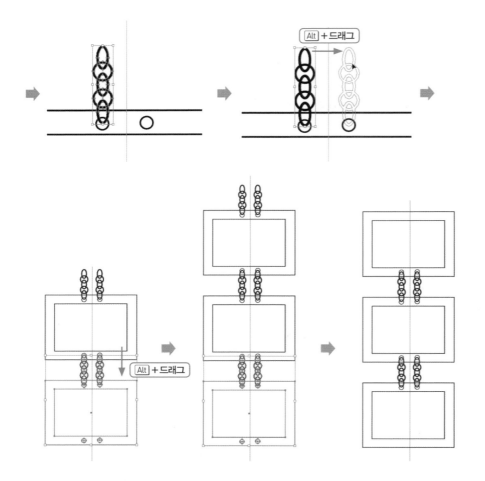

❹ Selection Tool (▸)로 첫번째 사진프레임과 두 번째 사진프레임을 각각 선택하여 조절상자 모서리에서 마우스를 드래그하여 아래 그림과 같이 회전하고 색상을 적용합니다.

〈사진프레임-면 : 흰색/K50 테두리 : None, 구멍-면 : K100 테두리 : None, 체인-면 : 흰색 테두리 : None〉

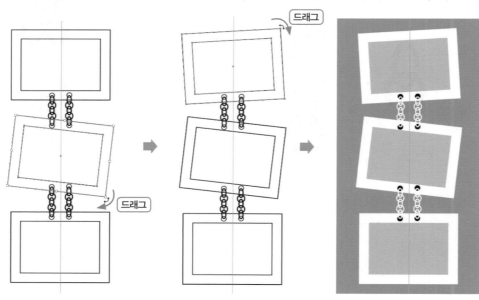

③ 고래문화협회 로고 만들기

❶ Pen Tool(✎)을 선택하여 아래와 같이 고래들을 그린 후 Direct Selection Tool(▷)로 점들을 선택하여 디자인 원고의 형태로 세부 수정을 합니다.

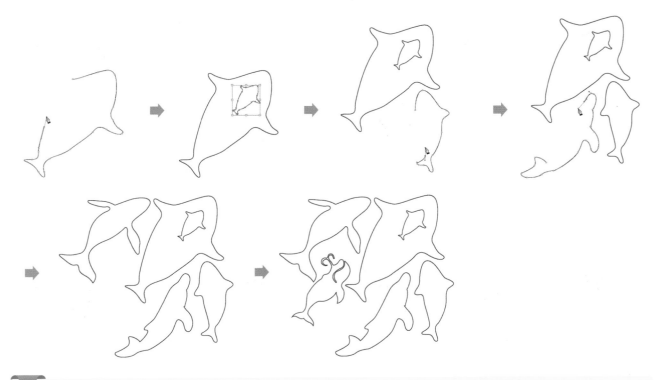

TIP 패스로 그리는 모양은 완벽하게 그리기보다는 디자인 원고와 유사하게 그려 수정하도록 하고 일부 형태에 집중하기보다는 전체의 완성도를 높이는 것이 중요합니다.

❷ Selection Tool(▶)로 각각의 고래를 선택하여 디자인 원고 지시에 맞게 면 색상을 적용합니다.
〈K100, 흰색, M100Y100, C100M80, M55Y100, C100Y00〉

❸ Type Tool (T.)로 문자를 입력하고 Character 패널에서 아래와 같이 설정한 뒤 마우스 오른쪽 버튼을 클릭하여 [Create Outlines] 메뉴를 클릭하고 오브젝트로 전환하여 로고를 완성합니다.

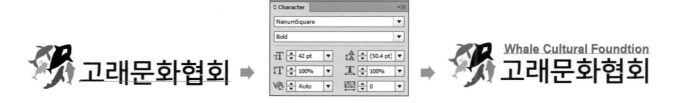

TIP 디자인 원고와 같은 문자가 없다면 Chatacter 패널에서 유사한 폰트, 크기, 자간을 지정하여 유사하게 설정하면 됩니다.

4 물결 웨이브 만들기

❶ Pen Tool (✒)을 선택하여 아래와 같은 웨이브를 그린 후 Selection Tool (▶)로 물결 오브젝트를 Alt 키를 눌러 아래로 이동할 때 Shift 키를 눌러 수직방향으로 복사한 후 Ctrl + D 를 다섯 번 눌러 반복 복사합니다.

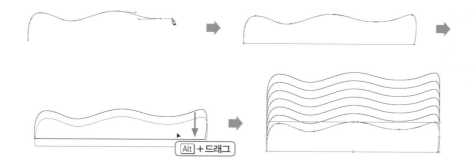

Alt + 드래그

❷ Direct Selection Tool (▷)로 아래 그림과 같이 각각의 점들을 선택하여 웨이브 모양을 수정하고 면 색상을 적용합니다. 〈위 → 아래 : C90M55, C100M80Y5K0, C70M25, C90M55, C100M80Y5K0, C100M100Y15K5, 흰색〉

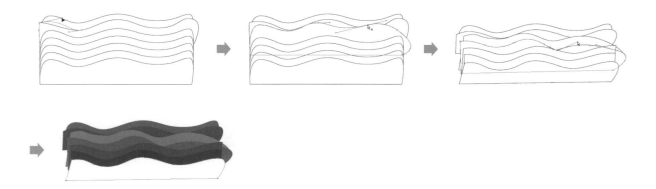

❸ Rectangle Tool(▢)을 선택하여 직사각형을 그린 후 전체 선택하여 마우스 오른쪽 버튼을 클릭하고 [Make Clipping Mask] 메뉴를 클릭하여 마스크를 적용한 뒤 Pathfinder 패널에서 〈Pathfinders : Merge〉를 클릭하여 물결을 완성합니다.

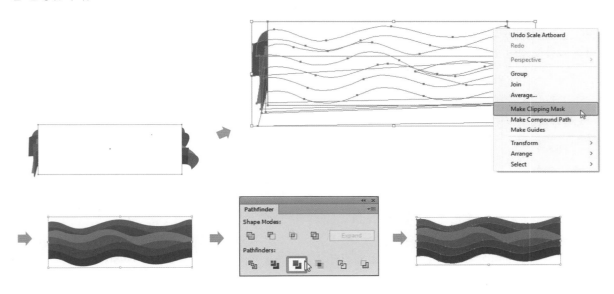

❹ Selection Tool(▶)로 물결 오브젝트를 Alt 키를 눌러 수평방향으로 복사한 후 〈면 : K100 ,테두리 : 흰색〉 색상을 적용합니다. Brushes 패널에서 〈Charcoal-Feather〉를 클릭하여 아트브러시를 적용하고 테두리 수치값을 낮춰 아래와 같이 적용합니다.

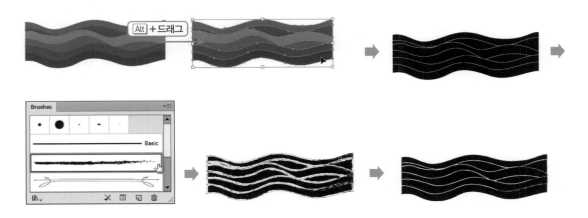

5 물방울 만들기

❶ Ellipse Tool (⬤)을 선택한 후 Alt 키와 Shift 키를 누른 상태로 정원을 그리고, Gradient Tool (◼)을 더블클릭하여 Gradient 패널이 열리면 〈흰색→검정, Type : Radial〉을 적용합니다.

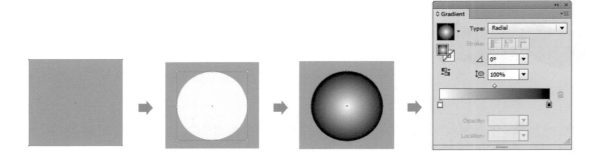

❷ Gradient 패널에서 오른쪽 슬라이더의 색상을 〈흰색〉으로 지정하고 왼쪽 슬라이더를 선택한 후 〈Opacity : 0%, Location : 60%〉를 설정하여 투명한 그라데이션을 만들고, 원형 오브젝트 위에 마우스를 올려 드래그하여 그라데이션 위치를 아래 그림과 같이 이동시킵니다.

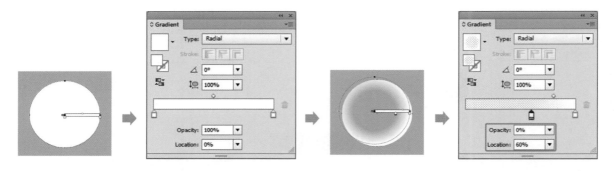

❸ Pen Tool (✑)을 선택하여 아래와 같이 물방울 하이라이트를 그린 후 면 색상 〈흰색〉을 적용하고 Ctrl + G 눌러 그룹으로 만듭니다.

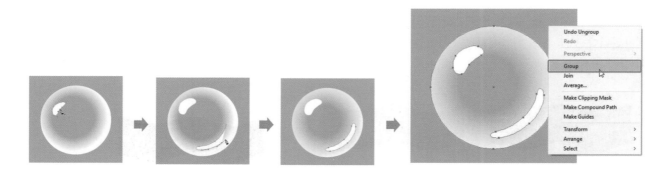

⑥ 어린이 캐릭터 그리기

❶ Pen Tool( ) 을 선택하고 부드럽게 드래그하며 아래와 같이 얼굴, 귀, 목, 머리를 그린 후 〈면 : W, 테두리 : K100〉 으로 색을 설정합니다. 목과 뒷머리는 Selection Tool( ) 을 선택하고 마우스 오른쪽 버튼을 클릭하여 [Object]– [Arrange]–[Send to Back]을 선택하여 아래 그림과 같이 뒤로 배치합니다.

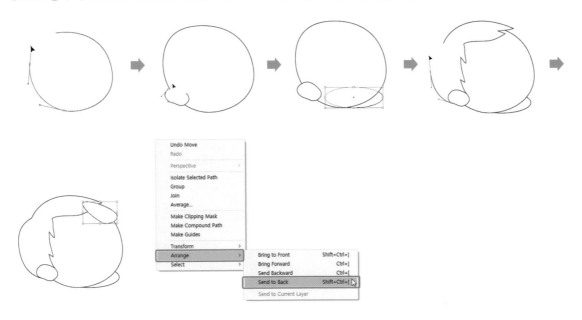

❷ 위와 같은 방법으로 Pen Tool( ) 을 선택하고 부드럽게 드래그하여 상의와 곡선을 그리고, 곡선은 Alt 키를 누르고 위로 드래그하여 복사합니다.

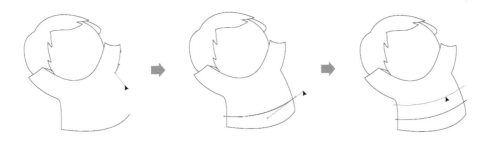

❸ 상의와 곡선을 같이 선택하여 Pathfinder 패널에서 〈Pathfinders : Devide〉 버튼을 클릭하여 오브젝트를 분할하고 [Object]–[Arrange]–[Send to Back]을 선택하여 아래 그림과 같이 뒤로 배치합니다.

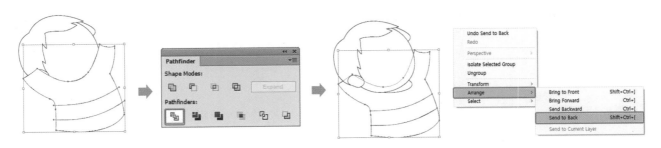

❹ 위와 같은 방법으로 Pen Tool(✐)을 선택하고 드래그와 클릭을 사용하여 바지, 다리, 신발을 그립니다. 다리와 신발은 Alt 키를 누르고 사선으로 드래그하여 복사하고 아래와 같은 모양으로 위치를 수정합니다.

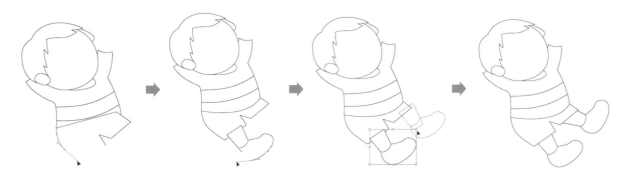

❺ Pen Tool(✐)을 선택하고 드래그와 클릭을 사용하여 오른쪽 손을 그리고, Alt 키를 누르고 사선으로 드래그하여 복사한 후 아래와 같은 모양으로 위치를 수정합니다.

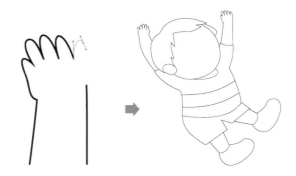

❻ Ellipse Tool(◯)과 Pen Tool(✐)을 선택하여 오른쪽 눈과 눈썹을 그립니다. Reflect Tool(⬯)을 선택하고 Alt 키를 눌러 세로축을 기준으로 클릭하여 대화상자가 열리면 〈Angle : 115°〉를 입력하여 오브젝트를 반전시켜 아래와 같은 위치에 배치합니다.

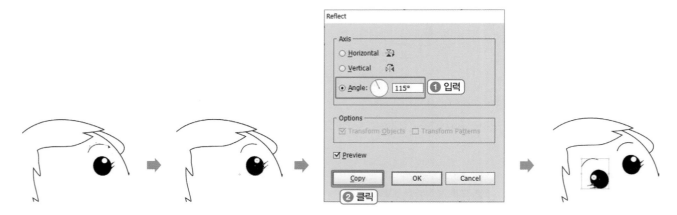

❼ Pen Tool (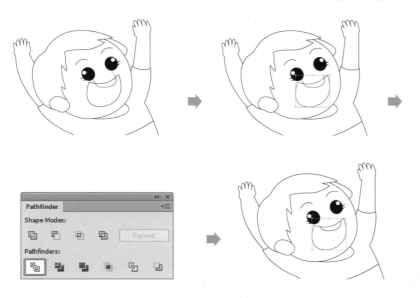)을 선택하고 부드럽게 드래그하여 입모양과 곡선을 그리고, 곡선을 같이 선택하여 Pathfinder 패널에서 〈Pathfinders : Devide〉 버튼을 클릭하여 오브젝트를 분할합니다.

❽ 원고 지시에 맞게 남자어린이 색상을 적용하고 눈썹을 선택한 후 상단 Option 패널에서 〈Stroke : 0.75pt, Variable Width Profile : Width Profile 1〉을 선택하여 선의 양 끝을 뾰족하게 만듭니다.

〈머리, 팔, 다리 : M20Y35, 머리, 눈, 눈썹 : K100/흰색, 입 : M100Y100/흰색, 상의 : C100Y100/C40Y100, 바지 : C100M80, 신발 : C100Y100〉

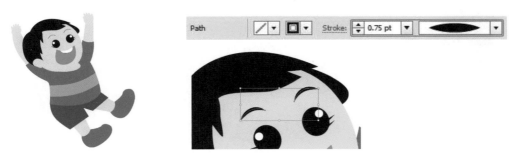

❾ 남자어린이 캐릭터를 전체 선택하여 Alt 키 누르고 사선으로 드래그하여 복사하고 상의, 바지, 신발 색상 〈면 : M100Y100, M55Y100, 테두리 : None〉을 변경합니다.

⑩ Pen Tool (✐)을 선택한 후 불필요한 기준점들 위에 마우스 포인터를 올려 Delete Anchor Point (✎_)가 나타나면 클릭하여 제거한 후 아래 그림과 같이 수정합니다.

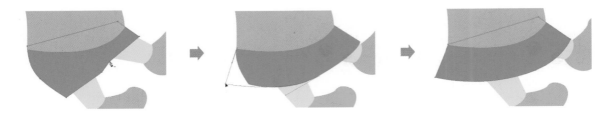

⑪ ⑩과 같은 방법으로 Pen Tool (✐)을 선택한 후 불필요한 기준점들 위에 마우스 포인터를 올려 Delete Anchor Point (✎_)가 나타나면 클릭하여 제거하고 아래 그림과 같이 수정하여 어린이 캐릭터를 완성합니다.

❶ [File]-[New] 메뉴를 선택하여 아래와 같이 ⟨Width : 166mm, Height : 246mm, Resolution 100Pixel/inch, Color Mode : RGB Color⟩를 입력하여 도큐먼트를 생성합니다.

❷ 일러스트레이터 창으로 이동 후 그리드를 선택하고 Ctrl+C로 복사하여 포토샵 작업창으로 이동하고, Ctrl+V를 하여 붙여넣기 한 후 레이어창에 이름을 "가이드선"으로 바꿔 줍니다.

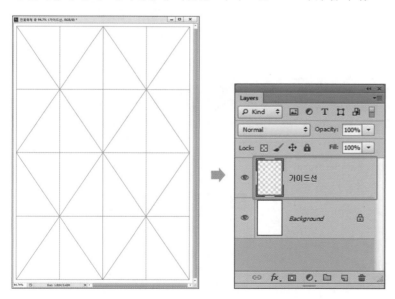

> **TIP** 일러스트레이터 Layer 패널에서 '그리드' 레이어의 잠금체크를 풀고 그리드를 선택하여 복사합니다. 포토샵 Layer 패널에서 가져온 그리드는 "가이드선"으로 이름을 바꿔 주고 항상 상위에 가이드선을 배치하여 작업을 시작합니다.

❸ [File]–[Open] 메뉴에서 '03.jpg' 파일을 열고
Ctrl + A 로 전체선택하여 Ctrl + C 로 복사하
고 작업창을 이동하여 Ctrl + V 로 붙여넣기 한
후 Ctrl + T 로 크기를 맞추어 줍니다.

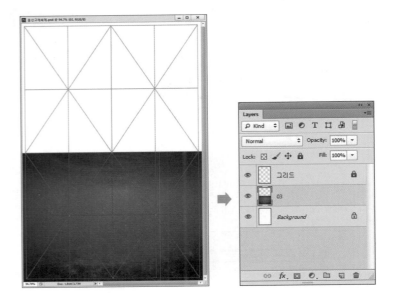

❹ [File]–[Open] 메뉴에서 '07.jpg' 파일을 열고 Ctrl + A 로 전체 선택하여 Ctrl + C 로 복사하고 작업창으로 이동하여
Ctrl + V 로 붙여넣기 한 후 Ctrl + T 로 크기를 맞추어 줍니다. [Filter]–[Filter Gallery]–[Texture]–[Stained Glass]
메뉴를 선택하여 질감을 적용합니다.

TIP Foreground Color(전경색)
을 〈흰색〉으로 지정한 후 Stained
Glass 필터를 적용하면 Stained
Glass Border의 색이 〈흰색〉으로
채워집니다.

❺ Pen Tool(✐)을 선택한 후 상단 옵션에서 Pick tool mode를 ▣Shape ▯ 를 선택하여 아래와 같이 드래그하여 부드러운 곡선 패스를 그려준 후 〈K100〉 색상을 적용하고 상단 옵션 패널에서 〈Combine Shapes〉을 선택하여 곡선 패스를 추가로 그려줍니다.

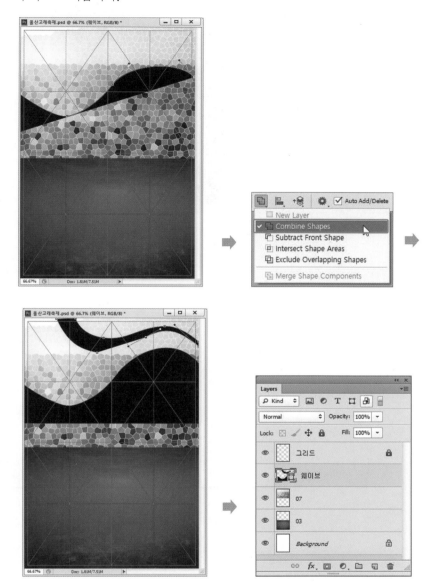

❻ [File]-[Open] 메뉴에서 '01.jpg' 파일을 열고 Ctrl + A 로 전체 선택하여 Ctrl + C 로 복사하고 작업창으로 이동하여 Ctrl + V 로 붙여넣기 한 후 Ctrl + T 로 크기를 맞추어 주고, Layer 패널에서 '01' 레이어를 선택한 후 오른쪽 마우스 버튼을 클릭하고 [Create Clipping Mask] 메뉴를 적용하여 곡선 패스에만 이미지가 보일 수 있도록 합성합니다.

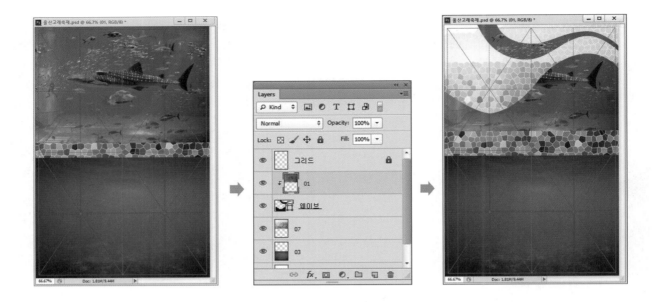

❼ Layer 패널에서 '웨이브' 레이어를 더블클릭한 뒤 Layer Style ($fx.$)에서 Inner Shadow를 선택하여 〈Opacity : 75%, Distance : 0, Choke : 3, Size : 15〉 안쪽 그림 자 효과를 적용합니다.

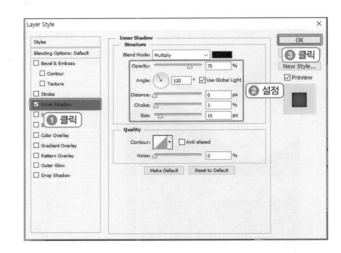

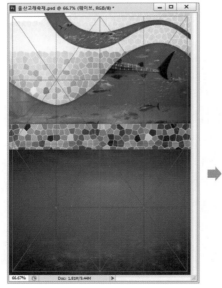

❽ [File]-[Open] 메뉴에서 '04.jpg' 파일을 열고 Ctrl+A로 전체 선택하여 Ctrl+C로 복사하고 작업창으로 이동하여 Ctrl+V로 붙여넣기 한 후 Ctrl+T로 크기를 맞추어 줍니다. Layer 패널에서 〈Blend Mode : Soft Light, Opacity : 80%〉를 적용하여 합성합니다. Layer 패널에서 Layer Mask (🔳) 버튼을 클릭하고 그라디언트 툴박스를 선택하여 상단에 위치한 옵션바에서 〈검정-흰색〉을 확인 후 선형그라디언트를 선택하고 사선방향으로 드래그하여 자연스럽게 오른쪽이 사라지게 표현합니다.

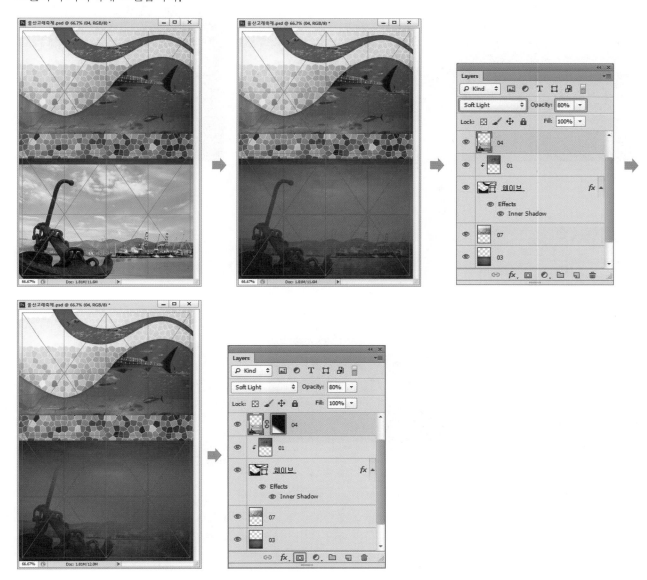

❾ 일러스트레이터 창으로 이동 후 '물결 웨이브' 도형을 선택하고 Ctrl+C로 복사한 후 포토샵 작업창으로 이동하여 Ctrl+V를 하여 붙여넣기 하고 Ctrl+T로 크기를 조절하여 그리드에 맞춰 배치합니다. 다시 일러스트레이터 창으로 이동하여 브러시가 적용된 '물결 웨이브' 도형을 선택하여 Ctrl+C로 복사한 후 포토샵 작업창으로 이동하여 Ctrl+V를 하여 붙여넣기 하고 Layer 패널에서 〈Blend Mode : Screen〉을 적용하여 합성합니다.

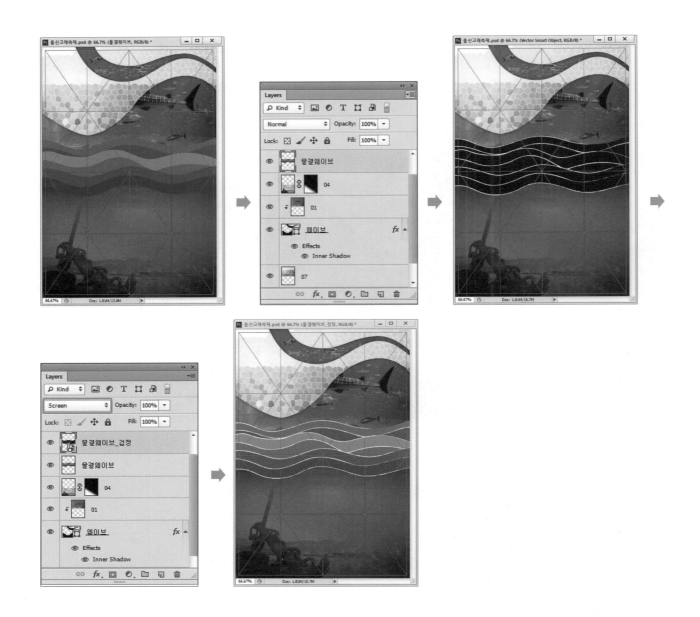

⓿ [File]-[Open] 메뉴에서 '06.jpg' 파일을 열고 Pen Tool ( ) 을 선택하여 이미지 영역을 패스로 외곽선을 그려준 후 마우스 오른쪽 버튼을 클릭하여 [Make Selection] 메뉴를 클릭하고 돌고래 영역만 선택하여 Ctrl + C로 복사합니다. 작업창으로 이동하여 Ctrl + V로 붙여넣기 한 후 Ctrl + T를 눌러 〈Flip Horizontal〉을 클릭하여 좌우반전을 적용합니다.

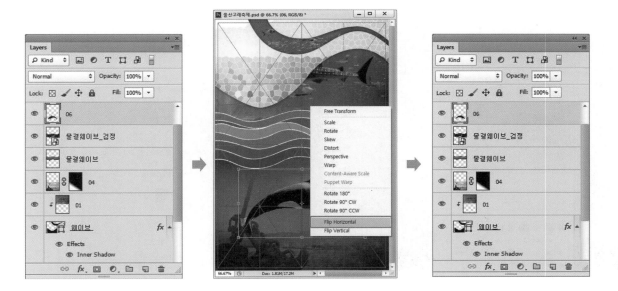

TIP Pen Tool(🖊)을 선택하여 이미지 영역을 선택하는 것이 어렵게 느껴진다면 Polygonal Lasoo Tool(🔽)을 사용하여 이미지를 선택할 수 있습니다.

⑪ Move Tool(🔀)을 선택하여 Alt 키를 누른 상태에서 위로 드래그하여 레이어를 복사하고 Ctrl + T 를 눌러 조절상자가 나타나면 아래 그림과 같이 크기를 줄이고 모서리를 드래그하여 회전합니다. Layer 패널에서 Layer Mask(🔲) 버튼을 클릭하고 마스크를 적용합니다.

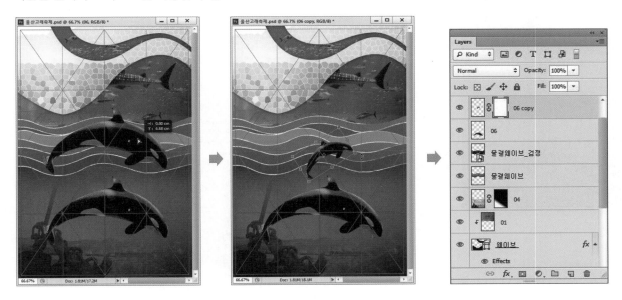

⑫ Foreground Color(전경색)를 〈K100〉으로 지정하고 Brush Tool(🖌)을 선택한 후 작업창에서 마우스 오른쪽 버튼을 클릭하여 단단한 원형 브러시를 선택하고 아래 그림과 같이 일부를 드래그하여 사라지도록 마스크를 적용합니다.

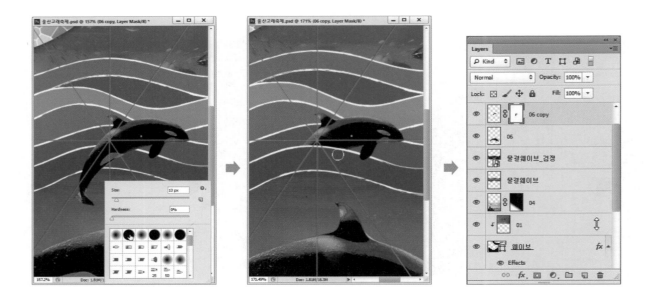

⑬ '06' 레이어를 선택한 후 [Image]−[Adjustments]−[Hue/Saturation] 메뉴를 선택하여 대화상자가 나타나면 〈Hue : 20, Saturation : 64, Lightness : 20, Colorize 체크〉를 설정한 후 [OK] 버튼을 클릭하여 주황색계열로 색상을 보정합니다.

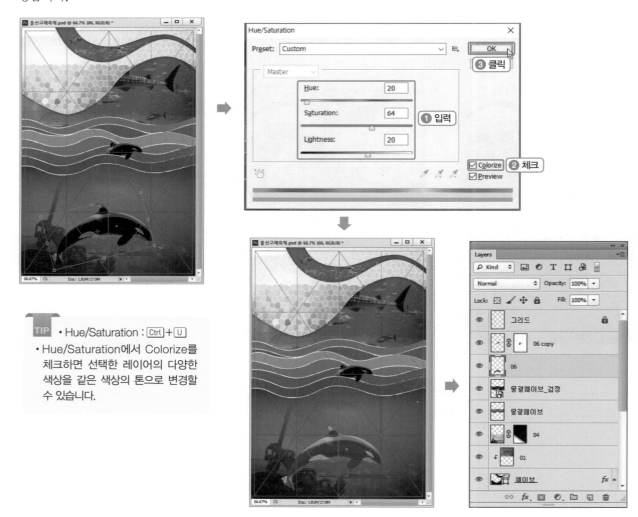

TIP
• Hue/Saturation : Ctrl + U
• Hue/Saturation에서 Colorize를 체크하면 선택한 레이어의 다양한 색상을 같은 색상의 톤으로 변경할 수 있습니다.

⓮ Layer 패널에서 Layer Style (fx.)을 클릭하여 Outer Glow를 선택한 후 〈Spread : 12, Size : 15〉로 지정하여 외부 광선 효과를 적용합니다.

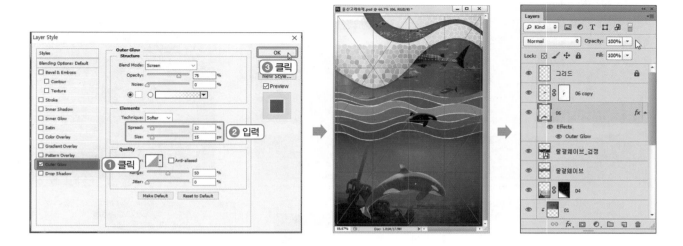

TIP Layer Style을 적용하기 위한 방법으로는 적용하고자 하는 레이어의 빈 공간을 더블클릭하면 빠르게 스타일 적용이 가능합니다.

⓯ 일러스트레이터 창으로 이동 후 '캐릭터' 도형을 선택하고 Ctrl + C 로 복사한 후 포토샵 작업창으로 이동하여 Ctrl + V 를 하여 붙여넣기 하고 Ctrl + T 로 크기를 조절하여 그리드에 맞춰 배치합니다.

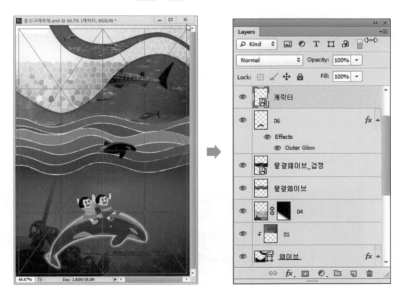

⓰ ❿~⓬와 같은 방법으로 [File]-[Open] 메뉴에서 '07.jpg' 파일을 엽니다. Pen Tool (✎.)로 꼬리의 외곽선을 패스로 그려준 후 마우스 오른쪽 버튼을 클릭하여 [Make Selection] 메뉴를 클릭하여 복사하고 작업창으로 이동하여 붙여넣기 한 후 Layer 패널에서 Layer Mask (▣) 버튼을 클릭하고 검정색 브러시로 마스크를 적용합니다.

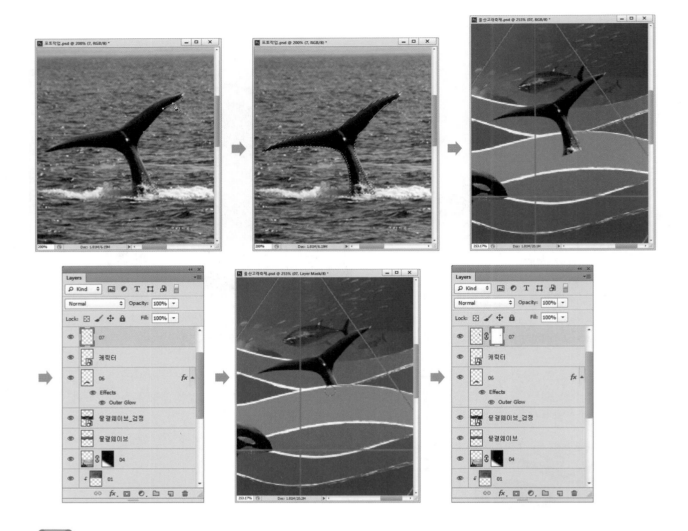

TIP 마스크 적용 시 일부분만 사라지게 표현하고 싶다면 전경색을 검정색으로 지정 후 브러시 툴을 선택하여 원하는 부분을 사라지게 표현할 수 있습니다.

⑰ ⑩과 같은 방법으로 돌고래 이미지를 작업 창으로 이동하여 Ctrl + V 로 붙여넣기 한 후 Ctrl + T 를 눌러 크기와 각도를 조절하여 그리드에 맞춰 배치하고 Layer 패널에서 〈Opacity : 50%〉를 적용하여 반투명하게 만듭니다.

⑱ 일러스트레이터에서 '물방울' 도형들을 선택하고 Ctrl + C 로 복사한 후 포토샵 작업창으로 이동하여 Ctrl + V 를 하여 붙여넣기 하고 Ctrl + T 로 크기를 조절하여 그리드에 맞춰 배치하고 Layer 패널에서 〈Blend Mode : Soft Light〉를 적용하여 합성합니다. '물방울' 레이어는 Alt 키 누른 상태에서 이동하며 복사하고 Ctrl + T 로 크기를 조절하기를 반복하며 아래 그림과 같이 여러 개의 물방을 합성하고 배치합니다.

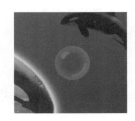

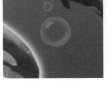

TIP 일러스트레이터에서 포토샵으로 소스를 붙여넣기 할 때 Smart Object를 선택하여 레이어를 생성할 경우 크기 변형을 다양하게 변형해도 이미지 질 유지가 가능합니다.

⑲ 일러스트레이터에서 '사진프레임' 도형들을 선택하고 Ctrl + C 로 복사한 후 포토샵 작업창으로 이동하여 Ctrl + V 를 하여 붙여넣기 하고 Ctrl + T 로 크기를 조절하여 그리드에 맞춰 배치합니다. 맨 위 회색영역을 Magic Wand Tool (🔍) 로 선택하여 Ctrl + J 를 눌러 레이어로 생성합니다.

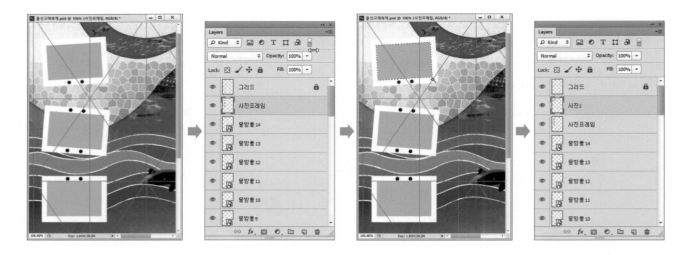

⑳ [File]-[Open] 메뉴에서 '02.jpg' 파일을 열고 Ctrl + A 로 전체 선택하여 Ctrl + C 로 복사하고 작업창으로 이동하여 Ctrl + V 로 붙여넣기 한 후 Ctrl + T 로 크기를 맞추어 줍니다. [Filter]-[Filter Gallery]-[Artistic]-[Paint Daubs] 메뉴를 선택하고 아래 원고와 같은 효과를 적용하고 오른쪽 마우스 버튼을 클릭하고 [Create Clipping Mask] 메뉴를 클릭하여 클리핑 마스크를 적용합니다.

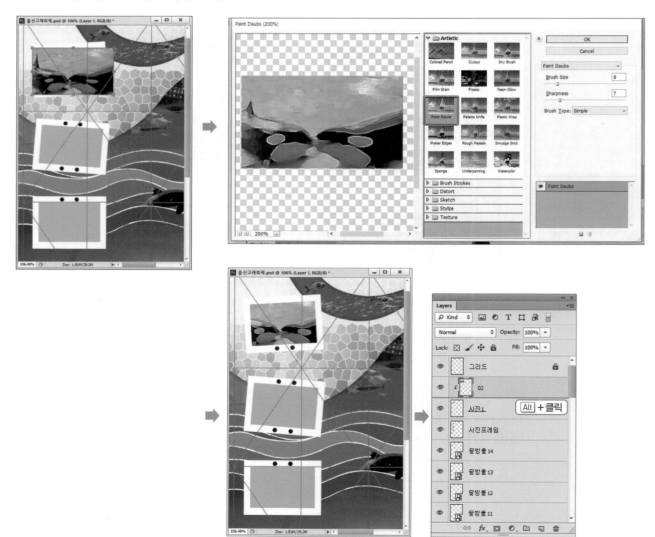

㉑ Layer 패널에서 '사진프레임' 레이어를 선택하여 **⑲~⑳**번과 같은 방법으로 가운데 회색 영역을 레이어로 생성하고 [File]-[Open] 메뉴에서 '05.jpg' 파일을 작업창으로 붙여넣기하여 이미지를 배치합니다. [Filter]-[Filter Gallery]-[Bruhes Strokes]-[Spatter] 메뉴를 선택하고 아래 원고와 같은 효과를 적용한 후 오른쪽 마우스 버튼을 클릭하고 [Create Clipping Mask] 메뉴를 클릭하여 클리핑 마스크를 적용합니다.

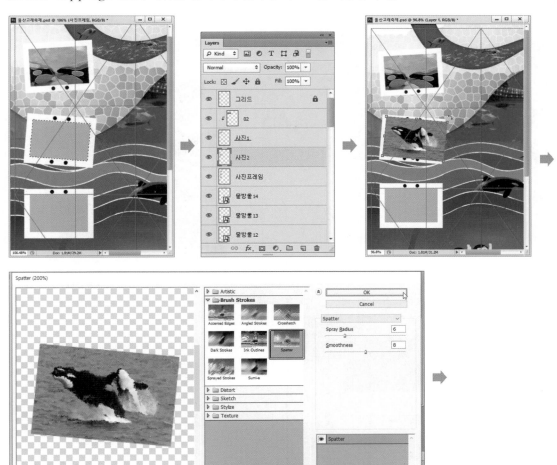

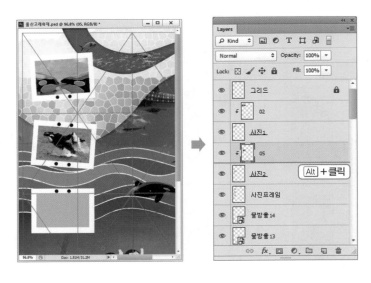

㉒ Layer 패널에서 '사진프레임' 레이어를 선택하여 ⑲~⑳번과 같은 방법으로 아래 회색 영역을 레이어로 생성하고 [File]-[Open] 메뉴에서 '08.jpg' 파일을 작업창으로 붙여넣기하여 이미지를 배치합니다. [Filter]-[Filter Gallery]- [Bruhes Strokes]-[Spatter] 메뉴를 선택하고 아래 원고와 같은 효과를 적용한 후 오른쪽 마우스 버튼을 클릭하고 [Create Clipping Mask]를 클릭하여 클리핑 마스크를 적용합니다.

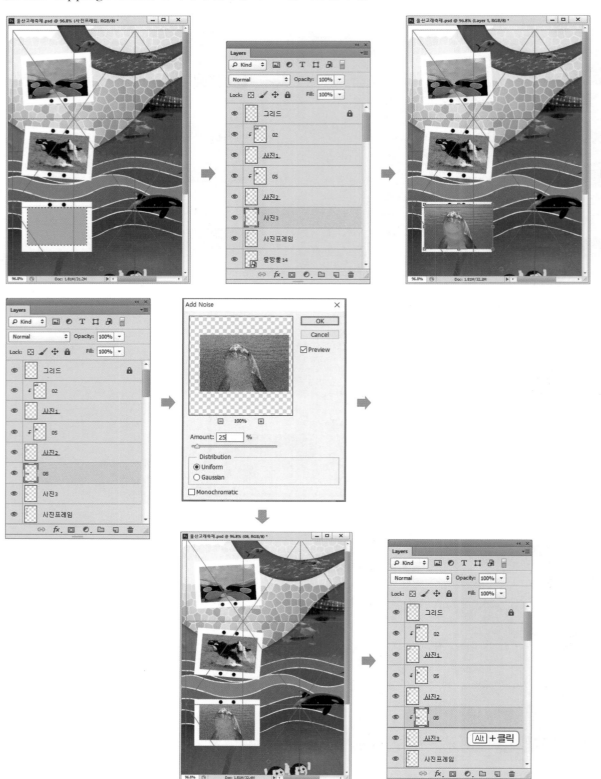

❷❸ '사진프레임' 레이어를 선택하고 Layer Style (fx.)에서 Drop Shadow 〈Opacity : 75, Distance : 5 Size : 5〉를 선택하여 그림자 효과를 적용합니다.

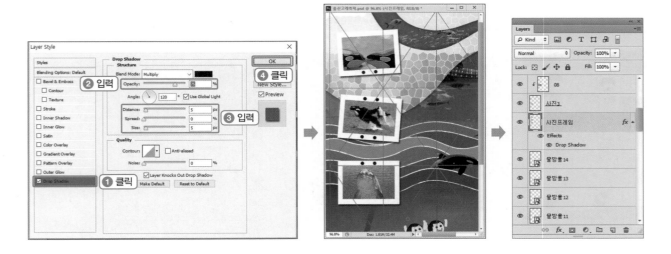

❷❹ 일러스트레이터에서 '체인' 도형들을 선택하고 Ctrl + C로 복사한 후 포토샵 작업창으로 이동하여 Ctrl + V를 하여 붙여넣기 하고 Ctrl + T로 크기를 조절하여 그리드에 맞춰 배치합니다. Layer Style (fx.)에서 Bevel & Emboss를 선택하여 〈Depth : 100, Size : 3〉을 설정하여 입체감을 표현합니다.

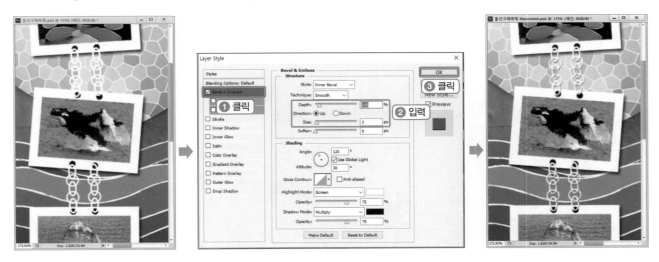

❷❺ Layer 패널에서 Layer Mask (🔲) 버튼을 클릭하고 마스크를 적용합니다. Forground Color(전경색)를 〈K100〉으로 지정하고 Brush Tool (🖌)을 선택한 후 작업창에서 마우스 오른쪽 버튼을 클릭하여 단단한 원형 브러시를 선택하고 아래 그림과 같이 일부를 드래그하여 마스크를 적용합니다.

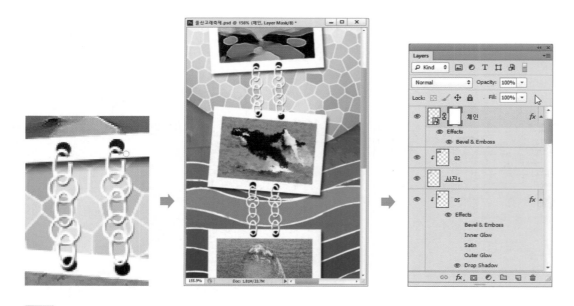

TIP 브러시 크기를 조절하는 단축키
· [: 브러시 크기 축소 ·] : 브러시 크기 확대

㉖ 일러스트레이터에서 '타이틀' 도형들을 선택하고 Ctrl+C 로 복사한 후 포토샵 작업창으로 이동하여 Ctrl+V 를 하여
붙여넣기 하고 Ctrl+T 로 크기를 조절하여 그리드에 맞춰 배치한 후 Layer 패널에서 〈Blend Mode : Hard Light〉를
적용하여 합성합니다. 일러스트레이터에서 '어린이 캐릭터' 도형들을 선택하고 Ctrl+C 로 복사한 후 포토샵 작업창으
로 이동하여 Ctrl+V 를 하여 붙여넣기 하고 Ctrl+T 로 크기를 조절하여 그리드에 맞춰 배치합니다.

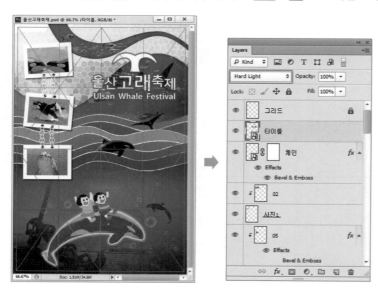

㉗ 일러스트레이터에서 '고래문화협회로고' 도형들을 선택하고 Ctrl+C 로 복사한 후 포토샵 작업창으로 이동하여 Ctrl
+V 를 하여 붙여넣기 하고 Ctrl+T 로 크기를 조절하여 그리드에 맞춰 배치한 후 Layer Style (*fx.*)에서 Stroke
〈Size : 2, Color : 흰색〉을 선택하여 테두리 효과를 적용합니다.

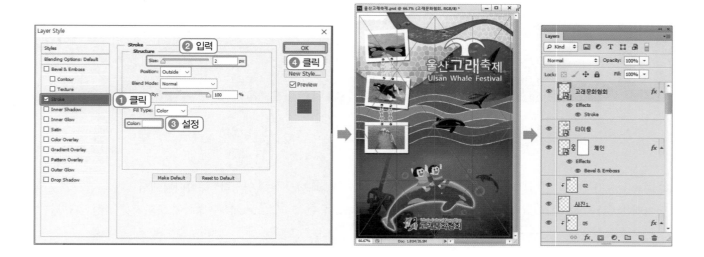

㉘ 포토샵 작업이 끝나면 가이드선 레이어의 눈을 끄고 화면에 가이드선이 없는 것을 확인한 후 [File]−[Save as] 메뉴에서 '고래축제.psd' 파일형식으로 저장합니다.

㉙ 포토샵 저장이 끝나면 편집프로그램(인디자인)으로 가지고 갈 파일을 저장하기 위해 다시 [File]−[Save as] 메뉴에서 Format을 'JPEG'로 선택하고 〈Quality : 12〉로 입력 후 '등번호.jpg' 파일형식으로 저장합니다.

TIP JPG로 저장 시 Options 대화창이 뜨면 〈Quality : 12, Format Options : Baseline(Standard)로 설정하여 고품질이 유지되도록 이미지의 압축 품질을 높게 설정하여 저장합니다.

03 인디자인 작업

❶ [파일]-[새로 만들기]-[문서] 메뉴를 선택하여 도큐먼트 설정 대화상자를 엽니다. 대화상자에서 〈페이지 크기 : A4〉, 여백은 〈위쪽 : 25.5mm, 아래쪽 25.5mm, 왼쪽 : 22mm, 오른쪽 : 22mm〉를 설정하여 도화지를 생성합니다.

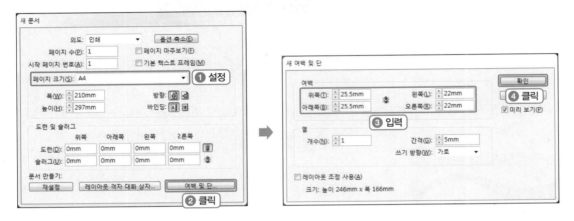

TIP 도화지 여백은 210mm-166mm=44mm이므로 왼쪽, 오른쪽에 22mm를 입력합니다. 297mm-246mm=51mm이므로 위쪽, 아래쪽에 25.5mm를 입력합니다.

❷ 원점을 여백선 왼쪽 상단에 드래그하여 위치를 맞춘 후 눈금자에서 마우스를 드래그하여 사방 안쪽 3mm로 이동시켜 가이드선을 표시합니다.

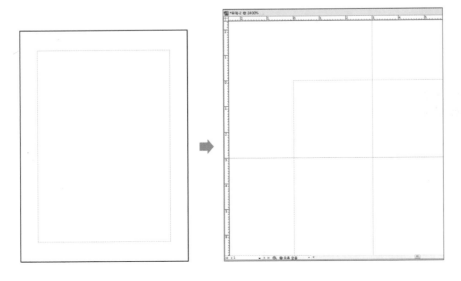

❸ 선 툴(✐)을 선택하여 길이 5~10mm의 가는 선의 라인을 드래그하여 모서리 부분에 그립니다.

❹ ❸과 같은 방법으로 선 툴(✐)을 드래그하여 사방에 재단선을 표시합니다.

❺ [파일]-[가져오기] 메뉴로 포토샵에서 저장한 '01.jpg' 파일을 선택한 후 작업 규격의 좌측 상단에 마우스 포인터를 클릭하여 이미지를 불러옵니다.

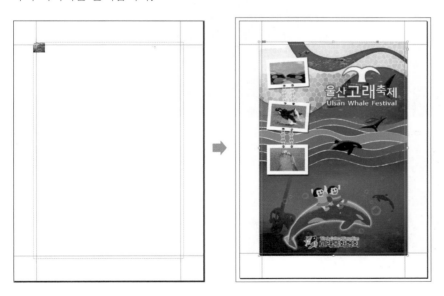

TIP • [파일]-[가져오기] : Ctrl + D
• 프로그램 설치 언어에 따라 이미지 가져오기가 Place로 표시됩니다.

❻ 불러온 이미지를 화면에서 선명하게 보기 위해 마우스 오른쪽 버튼을 클릭하여 [화면표시 성능]–[고품질 표시] 메뉴를 선택합니다.

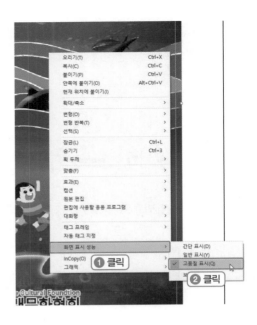

❼ 문자 툴(T.)을 선택하고 문자를 입력할 영역을 드래그하여 글상자를 생성한 후 문자를 두 줄로 입력하고, 상단의 컨트롤 패널에서 문단을 〈가운데 정렬〉로 선택하여 중앙배치 한 후 문자 색상을 〈흰색〉으로 적용합니다.

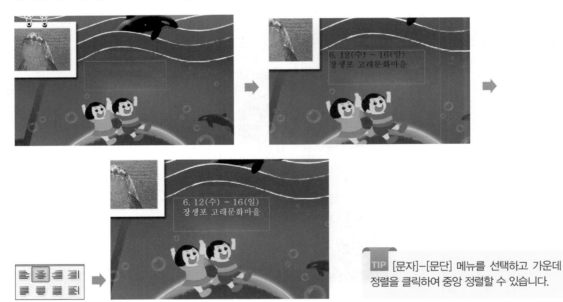

TIP [문자]–[문단] 메뉴를 선택하고 가운데 정렬을 클릭하여 중앙 정렬할 수 있습니다.

❽ 문자 툴(T.)로 문자를 드래그하여 블록으로 지정한 후 아래 그림과 같이 글꼴과 크기를 지정합니다.

TIP 디자인 원고를 참고하여 유사한 글꼴을 적용하도록 합니다.

❾ 좌측 하단에 등번호(비번호)를 〈서체 : 돋움, 크기 : 10pt〉로 입력합니다.

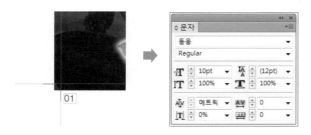

❿ [파일]−[다른이름으로 저장] 메뉴를 선택하고 파일 이름은 '등번호.indd'로 저장합니다.

⓫ 저장된 파일은 indd(인디자인 파일)와 jpg(포토샵 파일)를 네트워크로 저장한 후 프린터가 연결된 자리로 이동하여 출력합니다.

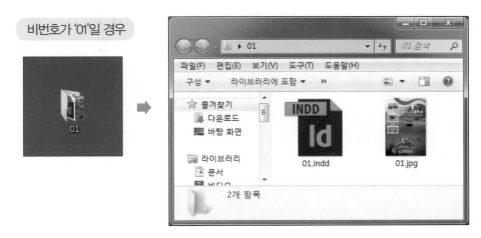

⓬ 출력된 프린트 결과물은 시험장에서 제공하는 A3용지 뒷면에 양면테이프를 이용하여 4군데 모서리에 붙여 중앙에 고정시킨 후 디자인작업지시서와 함께 제출하고 퇴실합니다.

국가기술자격검정 실기시험

자격종목	컴퓨터그래픽기능사	과제명	그린피스 환경 포스터	비번호(등번호)	
				시험시간	3시간

1. 요구사항

※ 다음의 요구사항에 맞도록 주어진 자료(컴퓨터에 수록)를 활용하여 디자인 원고를 시험 시간 내에 컴퓨터 작업으로 완성하여 A4용지로 출력 후 A3용지에 마운팅(부착)하여 제출하고, 모든 작업은 수험자가 컴퓨터 바탕화면에 폴더를 만들어 저장하시오.

가. 작품 규격(재단 규격)

- A4용지 중앙에 배치
- 원고 규격 : 160×240mm

나. 구성 요소

❶ 문자 요소

- 우리가 상상하는 바다는 없습니다.
- 바다를 살리고 바다를 터전으로 살아가는 수많은 해양생물과 사람들을 지켜내야 합니다.

❷ 그림 요소

01.jpg   02.jpg   03.jpg   04.jpg

05.jpg   06.jpg   07.jpg   08.jpg

다. 작업 내용

1) 주어진 디자인 원고(그림, 사진, 문자, 색채, 레이아웃, 규격 등)와 동일하게 작업한다.
2) 디자인 원고 내용 중 불명확한 형상, 색상 코드 불일치, 색 지정이 없는 부분, 원고에 없는 형상 등이 있을 때는 수험자가 완성도면 내용과 같이 작업한다.
3) 요구하는 서체가 사용 컴퓨터 및 소프트웨어와 맞지 않을 경우는 가장 근접한 서체를 사용한다.
4) 디자인 원고는 상하, 좌우에 3mm 재단 여유를 갖도록 작품을 배치하고, 재단선은 작품 규격에 맞추어 용도에 맞게 표시한다. (단, 원고의 지시에 따라 외곽선이 있는지를 정확히 보고 표시 여부를 결정한다.)
5) 디자인 원고 좌측 하단으로부터 3mm를 띄워 비번호를 고딕 10pt로 반드시 기록한다.
6) 출력물(A4)은 어떠한 경우에도 절취할 수 없으며, 반드시 A3용지 중앙에 마운팅한다.

라. 컴퓨터 작업 범위

1) 용량 : 10MB 이내로 폴더에 수록될 수 있도록 작업 범위(해상도 및 포맷형식)를 계획한다.
2) 규격 : A4(210×297mm) 중앙에 디자인 원고와 같은 작품(원고규격)을 배치한다.
3) 해상도 및 포맷형식 : 제한용량 범위 내에서 선택한다.
4) 기타
   ① 제공된 자료 범위 내에서 사용한다.
   ② 3개의 2D 응용프로그램을 선택하여 사용하되, 최종 작업 및 출력은 편집프로그램(쿽익스프레스, 인디자인)을 활용한다.
   (최종 작업 파일이 다른 프로그램에서 생성된 경우는 출력할 수 없음)

– 작품 규격(재단되었을 때의 규격) : 가로 160mm×세로 240mm, 작품 외곽선은 생략하고, 재단선은 3mm 재단 여유를 두고 용도에 맞게 표시할 것.

– 지정되지 않은 색상 및 모든 작업은 "최종결과물" 오른쪽 디자인 원고를 참고하여 작업하시오.

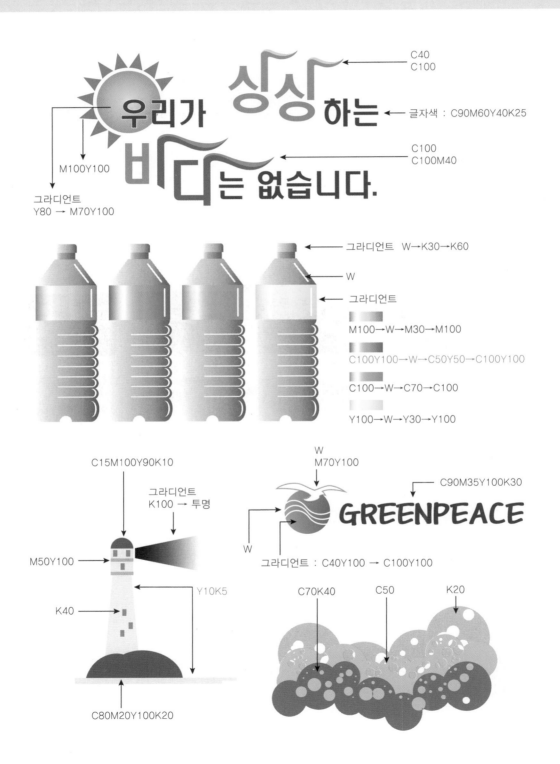

C40
C100

글자색 : C90M60Y40K25

C100
C100M40

M100Y100

그라디언트
Y80 → M70Y100

그라디언트 W→K30→K60

W

그라디언트

M100→W→M30→M100

C100Y100→W→C50Y50→C100Y100

C100→W→C70→C100

Y100→W→Y30→Y100

C15M100Y90K10

그라디언트
K100 → 투명

W
M70Y100

C90M35Y100K30

GREENPEACE

M50Y100

Y10K5

K40

W

그라디언트 : C40Y100 → C100Y100

C70K40

C50

K20

C80M20Y100K20

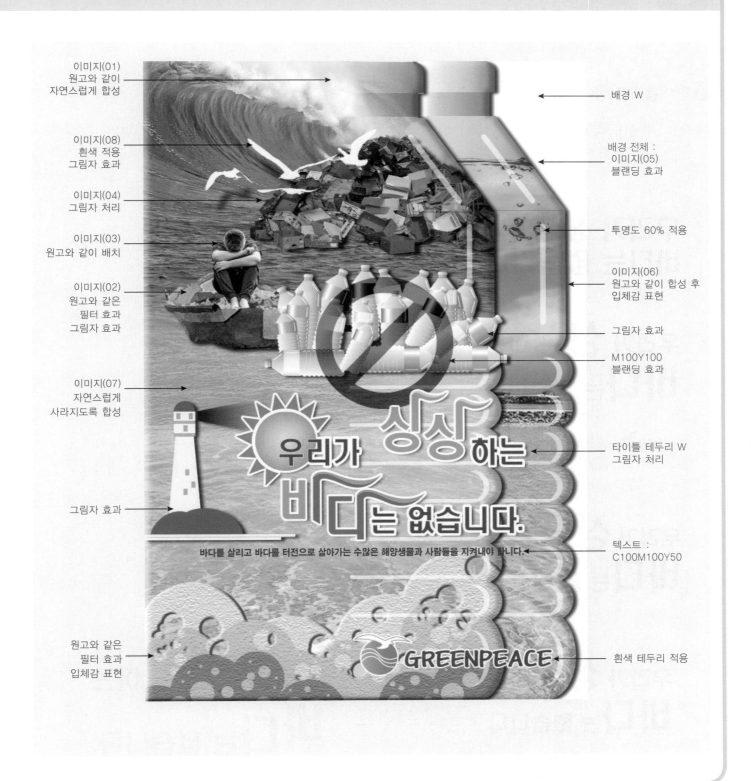

이미지(01)
원고와 같이
자연스럽게 합성

이미지(08)
흰색 적용
그림자 효과

이미지(04)
그림자 처리

이미지(03)
원고와 같이 배치

이미지(02)
원고와 같은
필터 효과
그림자 효과

이미지(07)
자연스럽게
사라지도록 합성

그림자 효과

원고와 같은
필터 효과
입체감 표현

배경 W

배경 전체 :
이미지(05)
블랜딩 효과

투명도 60% 적용

이미지(06)
원고와 같이 합성 후
입체감 표현

그림자 효과

M100Y100
블랜딩 효과

타이틀 테두리 W
그림자 처리

텍스트 :
C100M100Y50

흰색 테두리 적용

우리가 싱싱하는 바다는 없습니다.

바다를 살리고 바다를 터전으로 살아가는 수많은 해양생물과 사람들을 지켜내야 합니다.

GREENPEACE

일러스트레이터 작업

※ 그리드 그리기는 166쪽~170쪽을 참고하세요.

1 타이틀 레터링

❶ Type Tool (T.)을 선택하여 "우리가 상상하는 바다는 없습니다."를 입력하고 Character 패널에서 〈Size : 30pt/50pt〉를 설정합니다.

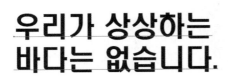
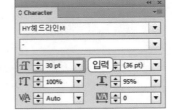

❷ Selection Tool (▶)로 문자를 선택하고 마우스 오른쪽 버튼을 클릭한 후 [Create Outlines] 메뉴를 적용하여 문자를 오브젝트로 전환하고, Ctrl + Shift + G 를 눌러 그룹을 해제(Ungroup)한 후 Selection Tool (▶)로 각각의 문자 위치를 아래 그림과 같이 이동합니다.

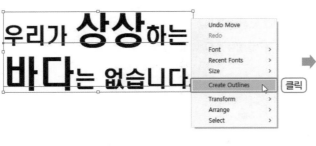

❸ Pen Tool (✐)을 선택한 후 선 위에 마우스를 올려 아래와 같이 점을 제거하고, Direct selection Tool (▶)을 선택한 후 고정점을 이동시켜 로고를 다듬어 나갑니다.

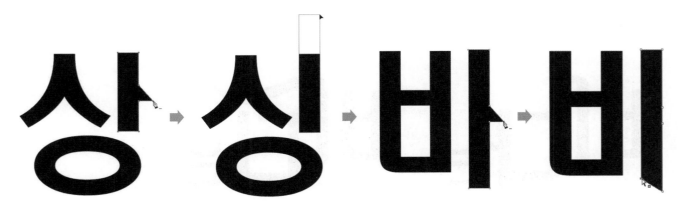

❹ Pen Tool (✐)을 선택하여 아래와 같은 곡면과 곡선을 그리고, 같이 선택한 후 [Window]-[Pathfinder] 패널에서 〈Pathfinders : Devide〉를 선택하여 두 개의 오브젝트로 분할합니다. Direct selection Tool (▶)로 분할된 면을 선택하여 색상을 지정합니다. 〈면 : C40, 테두리 : 없음〉, 〈면 : C100, 테두리 : 없음〉

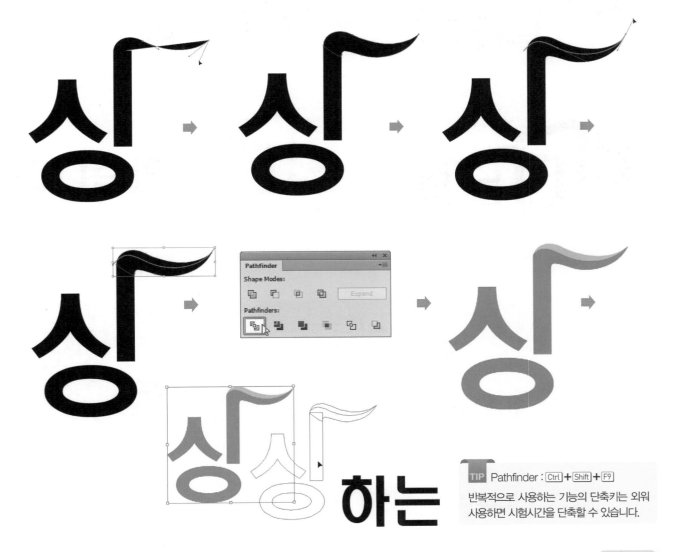

TIP Pathfinder : Ctrl + Shift + F9
반복적으로 사용하는 기능의 단축키는 외워
사용하면 시험시간을 단축할 수 있습니다.

❺ ❹와 같은 방식으로 Pen Tool(✎)을 선택한 후 아래와 같은 곡면과 곡선을 그리고, 같이 선택한 후 [Window]–[Pathfinder] 패널에서 〈Pathfinders : Devide〉를 선택하여 두 개의 오브젝트로 분할합니다. Alt 키를 눌러 사선으로 드래그하여 이동하며 복사하고 Direct selection Tool(▷)을 선택하여 분할된 면의 색상을 지정합니다. 〈면 : C100M40, 테두리 : 없음〉, 〈면 : C100, 테두리 : 없음〉

❻ Selection Tool(▷)로 '우리가 하는 는 없습니다.'를 선택하여 색상을 〈면 : C90M60Y40K25, 테두리 : 없음〉으로 지정합니다. 전체 선택하여 Stroke 패널에서 〈Weight : 0.5pt〉를 설정하고 색상은 〈흰색〉을 적용합니다.

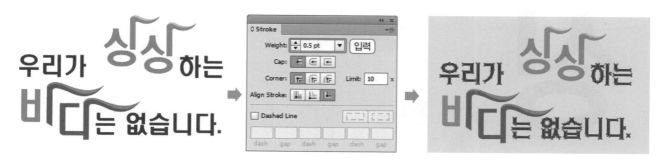

❼ Star Tool (⭐)을 더블클릭하여 대화상자가 나타나면 〈Radius1 : 12mm, Radius2 : 18mm, Point : 15〉를 입력하고 색상을 〈면 : M100Y100, 테두리 : 없음〉을 설정합니다. Ellipse Tool (🔵)을 선택하여 Alt + Shift 를 누른 상태에서 드래그하여 정원 오브젝트를 두 개 그린 후 전체 선택하여 Pathfinder 패널에서 〈Pathfinders : Devide〉 버튼을 클릭하여 각각의 오브젝트로 분할하고 마우스 오른쪽 버튼 클릭하여 [Ungroup] 메뉴로 그룹을 해제합니다.

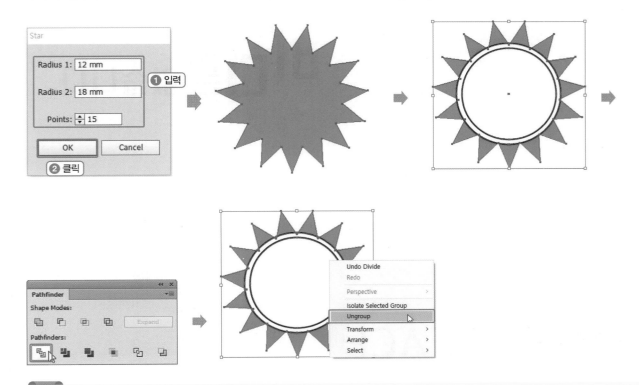

TIP
• Alt 키를 누르고 드래그하면 오브젝트의 중심을 기준으로 그리거나 크기를 변형할 수 있습니다.
• Shift 키를 누르고 드래그하면 오브젝트를 정비율로 그리거나 크기를 변형할 수 있습니다.

❽ Selection Tool (�)로 불필요한 오브젝트들은 삭제하고 원형 오브젝트를 선택한 후 Gradient Tool (▣)을 더블클릭하여 Gradient 패널이 나타나면 아래와 같이 색상을 적용합니다. 〈Type : Radial, 안쪽 → 바깥쪽 : Y80 → M70Y100〉
완성된 해 오브젝트는 마우스 오른쪽 버튼을 눌러 [Arrange]-[Send to Back] 메뉴로 맨 뒤로 배열하여 로고를 완성합니다.

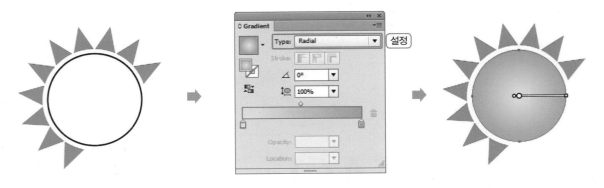

2 그린피스 로고

❶ Type Tool((**T**))을 선택하여 "GREENPEACE"를 입력하고 Character 패널에서 〈Font : HY바다L, Size : 30pt〉를 설정합니다. 문자 색상을 〈면 : C90M35Y100K30, 테두리 : C90M35Y100K30〉으로 설정하고 Stroke 패널에서 테두리를 〈Weight : 1pt〉 적용한 후 마우스 오른쪽 버튼을 클릭하여 [Create Outlines] 메뉴를 선택하여 문자를 오브젝트로 전환합니다.

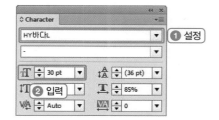

❷ Ellipse Tool(⬭)을 선택한 후 Shift 키를 누르고 드래그하여 정원을 그리고, Gradient Tool(▣)을 더블클릭하여 Gradient 패널이 나타나면 아래와 같이 색상을 적용합니다. 〈Type : Linear, 왼쪽→ 오른쪽 : C40Y100→C100Y100〉

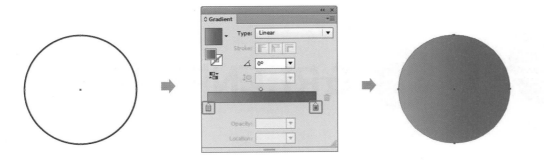

❸ Pen Tool(✐)을 선택하여 아래와 같이 부드러운 곡선을 그린 후 테두리에 흰색 색상을 적용하고, Alt 키를 누르고 수직방향으로 드래그하여 복사한 후 Ctrl + D 를 1회 눌러 반복 적용합니다.

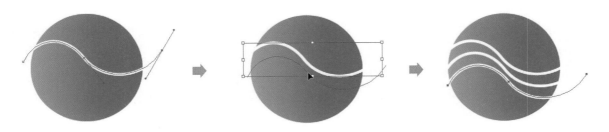

> **TIP** Transform Again : Ctrl + D
> 이전 명령을 기억하여 반복 적용이 가능하며 오브젝트가 선택되어 있는 상태에서 Ctrl + D 를 적용해야 합니다.

> **TIP** Stroke 수치는 디자인 원고에 제시되어있지 않기 때문에 수험자가 임의로 전체 크기와 비율을 고려하여 디자인 원고와 유사하게 표현하는 것이 중요합니다.

❹ 원형 그라디언트 오브젝트를 선택하고 [Edit]-[Copy] 메뉴를 클릭하여 복사한 후 [Edit]-[Paste in Front] 메뉴를 클릭하여 원형 오브젝트 맨 위로 붙여넣기 합니다. 전체 선택하고 마우스 오른쪽 버튼을 클릭한 후 [Make Clipping Mask] 메뉴를 선택하여 마스크를 적용합니다.

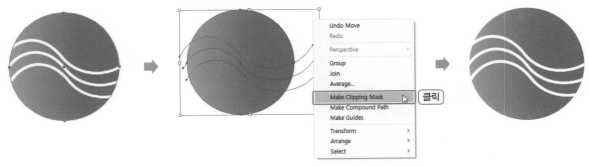

> **TIP** [Edit]
> • Paste : Ctrl + V   • Paste in Front : Ctrl + F   • Paste in Back : Ctrl + B

⑤ Pen Tool ()을 선택하여 아래와 같이 부드러운 곡선으로 갈매기를 그린 후 색상을 〈면 : 흰색, 테두리 : M70Y100〉으로 적용하고 완성된 심벌은 로고와 같이 배치합니다.

TIP [Edit]
펜 툴로 부드러운 패스 그리기 문제가 항상 출제되므로 많은 연습을 해야 합니다.

③ 등대

❶ Round Rectangle Tool (▢)을 선택하여 중심을 기준으로 [Alt]키를 누른 상태에서 드래그하여 아래와 같이 도형을 그리고, Line Segment Tool (╱)로 [Shift]키를 누른 상태에서 수평선을 그린 후 아래 방향으로 2회 복사합니다. 전체 선택하여 Pathfinder 패널에서 〈Pathfinders : Devide〉 버튼을 클릭하여 오브젝트를 분할하고, 마우스 오른쪽 버튼을 눌러 [Ungroup] 메뉴를 선택한 후 아래 그림과 같이 불필요한 오브젝트는 삭제하고 사각 오브젝트는 아래로 복사하여 배치합니다.

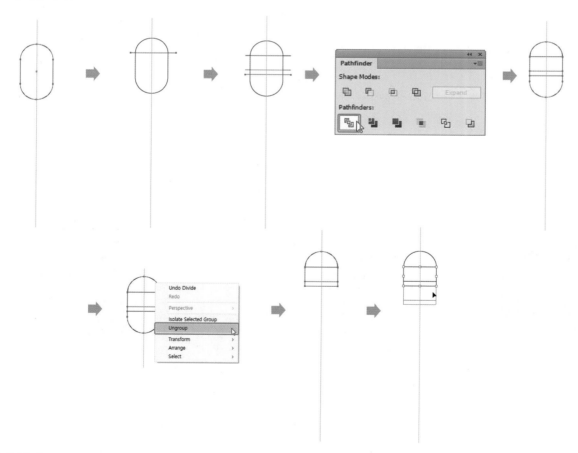

Round Rectangle Tool(■)을 선택하여 드래그하는 도중 마우스를 떼지 않은 상태에서 방향키(↑,↓)를 눌러 모서리의 둥근 정도를 조절할 수 있습니다.

❷ Direct selection Tool (▶)로 하단 두 개의 점을 선택하여 Scale Tool (⬚)을 더블클릭한 후 〈Uniform : 180%〉를 입력하여 가로로 확대합니다.

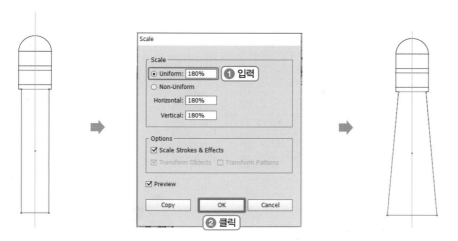

❸ Pen Tool (✐)을 선택하고 드래그하여 아래와 같이 언덕모양을 닫힌 패스로 그리고, Rectangle Tool (■)을 선택하여 창문과 하단 직사각형을 그린 후 색상을 디자인 원고 지시에 맞게 적용합니다.

〈면 : Y10K5, K40, C15M100Y90K10, M50Y100, C80M20Y100K20 테두리 : none〉

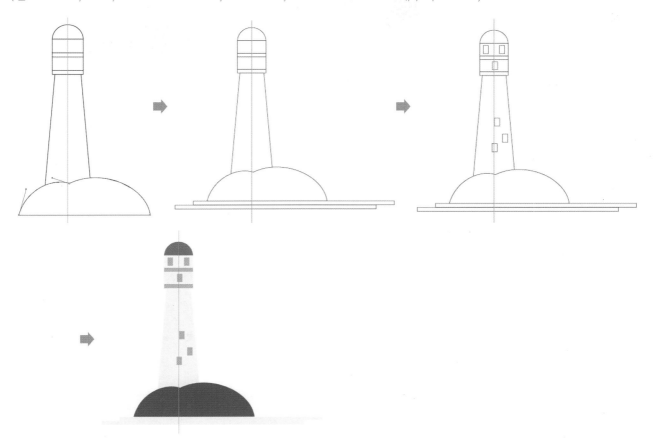

❹ Rectangle Tool (▢)을 선택하여 직사각형을 그립니다. Direct selection Tool (▷)로 오른쪽 두 개의 점을 선택하여 Scale Tool (▣)을 더블클릭한 후 〈Uniform : 400%〉를 입력하여 세로로 확대합니다. Gradient Tool (▣)을 더블클릭하여 Gradient 패널을 열어 양쪽에 위치한 Gradient Slider에 〈색상 좌→우 : K100→투명, Typ e : Linear〉 그라디언트를 적용하여 등대를 완성합니다.

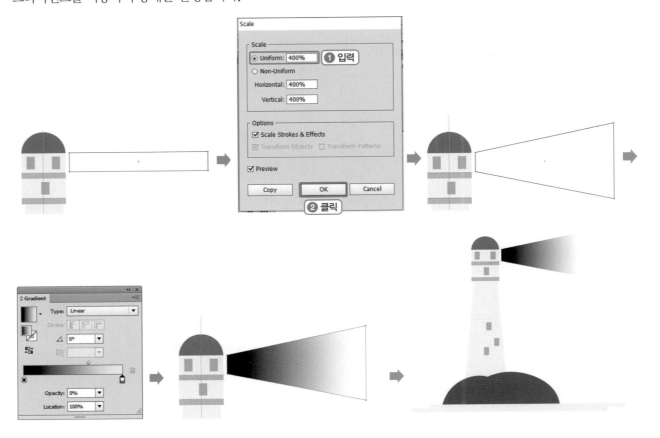

④ 패트병

❶ Round Rectangle Tool (▢)과 Rectangle Tool (▢)을 선택하여 중심을 기준으로 Alt 키를 누른 상태에서 드래그하여 아래와 같이 도형을 그린 후 전체 선택하여 Pathfinder 패널에서 〈Pathfinders : Minus Front〉 버튼을 클릭하여 사각형 오브젝트 영역을 빼냅니다.

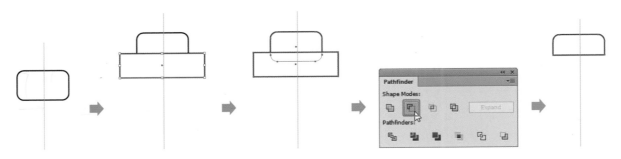

❷ Rectangle Tool(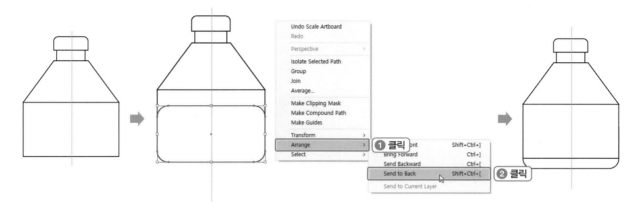)을 선택하여 아래 그림과 같이 그린 후 Round Rectangle Tool(⬜)을 선택하여 그린 오브젝트는 마우스 오른쪽 버튼을 클릭하여 [Arrange]-[Send Back] 메뉴를 눌러 뒤로 배열합니다.

❸ Round Rectangle Tool(⬜)을 선택하여 중심을 기준으로 Alt 키를 누른 상태에서 드래그하여 둥근사각형을 그리고, Alt + Shift 를 누른 상태에서 수직 방향으로 복사한 후 Ctrl + D 를 5번 눌러 반복 복사합니다. 하단 오브젝트들은 Pathfinder 패널에서 〈Shape Mode : Unite〉 버튼을 클릭하여 하나의 오브젝트로 합칩니다.

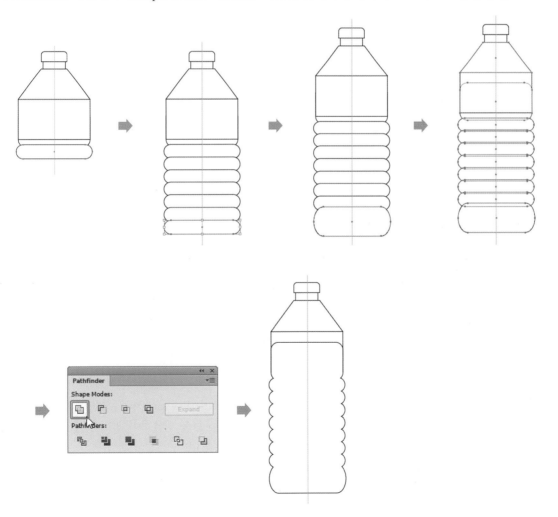

❹ Ellipse Tool (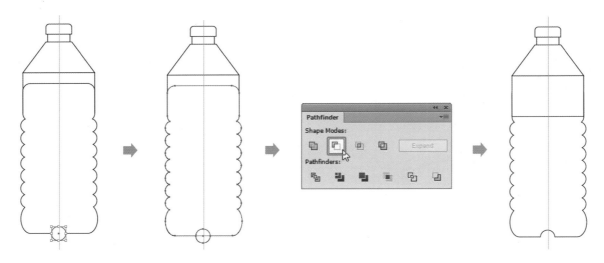)을 선택하여 [Alt]+[Shift]를 누른 상태에서 정원을 그리고, 겹쳐진 패트병 오브젝트를 같이 선택한 후 Pathfinder 패널에서 〈Pathfinders : Minus Front〉 버튼을 클릭하여 원형 오브젝트 영역을 빼냅니다.

> **TIP** Pathfinder 패널의 기능을 적용하면 선택한 오브젝트의 맨 상위 오브젝트를 기준으로 재배열됩니다. 이때 [Arrange]로 오브젝트를 원하는 배치로 변경합니다.

❺ 패트병 오브젝트는 Gradient Tool (▨)을 더블클릭하여 Gradient 패널을 열어 디자인 원고 지시에 맞게 색상을 적용합니다. 〈W→K30→K60, M100→W→M30→M100〉
Stroke 패널을 열어 〈Weight : 2pt, Cap : Round Cap〉을 설정하고 테두리를 흰색으로 적용한 후 Line Segment Tool (✓)을 아래 그림과 같이 드래그하여 사선과 수직선을 그립니다.

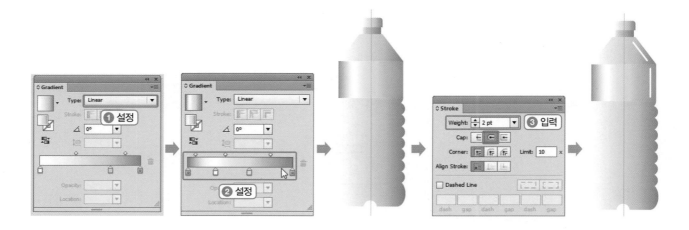

❻ Ellipse Tool (⬭)을 선택하여 [Shift]키를 누른 상태에서 정원을 그리고, Path Eraser Tool (✐)로 반쪽을 삭제한 후 상단 옵션패널에서 〈Stroke : 3pt, Veriable With Profile : With Profile 1〉을 적용하여 선의 양 끝을 뾰족하게 만듭니다. Segment Tool (✓)로 흰색 수평선을 만든 후 반원과 함께 [Ctrl]+[G]하여 그룹으로 만들고 [Alt]키를 누르고 세로로 드래그하여 복사한 후 [Ctrl]+[D]를 5회 눌러 반복을 적용합니다.

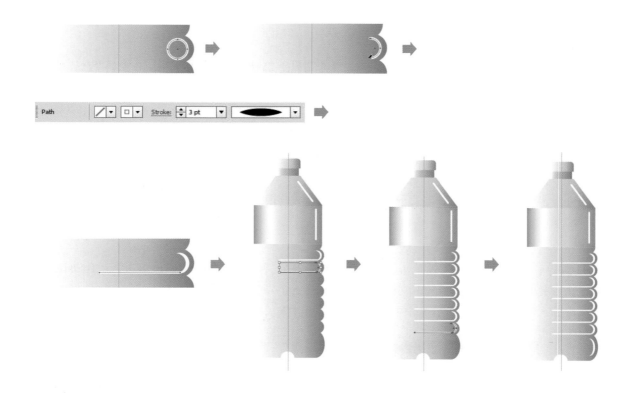

❼ 완성된 패트병 오브젝트를 Alt 키를 누르고 가로로 드래그하여 복사하고 Ctrl + D 를 2회 눌러 반복을 적용합니다. Gradient Tool (🔲)을 더블클릭하여 Gradient 패널을 열어 디자인 원고 지시에 맞게 색상을 적용합니다.
⟨C100Y100→W→C50Y50→C100Y100, C100→W→C70→C100, Y100→W→Y30→Y100⟩
4개의 패트병을 복사하고 회전하여 아래 그림과 같이 패트병 더미를 만들어 완성합니다.

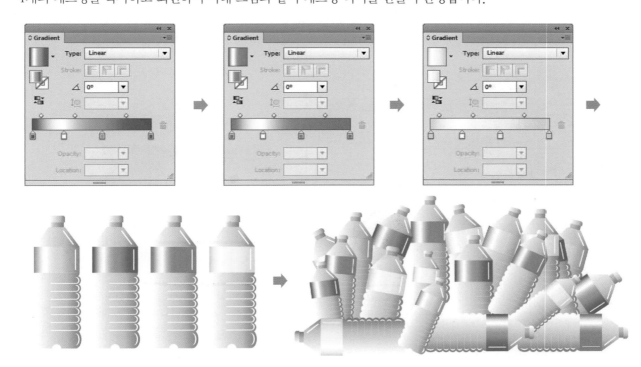

5 거품

❶ Ellipse Tool(⬭)을 선택하고 Shift 키를 누르고 드래그하여 정원을 그립니다. Alt 키를 누르고 오른쪽으로 드래그하여 3회 복사한 후 전체 선택하여 Pathfinder 패널에서 〈Shape Mode : Unite〉 버튼을 클릭하여 하나의 오브젝트로 합쳐주고 〈면 : K20, 테두리 : none〉으로 회색을 지정합니다.

❷ Ellipse Tool(⬭)을 선택하여 중심부에서 Alt 키와 Shift 키를 누른 후 드래그하여 정원을 그려주고 Brushes 패널 쪽으로 드래그합니다. Scatter Brush를 선택하여 〈Size : Random 20%~100%, Spacing : Random 10%~80%, Scatter : Random −150%~150%〉를 설정하여 브러시를 등록합니다.

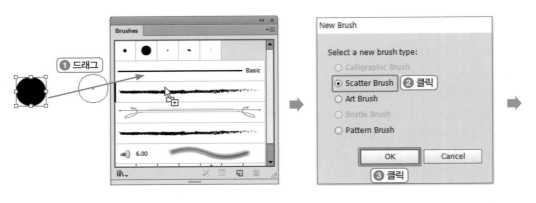

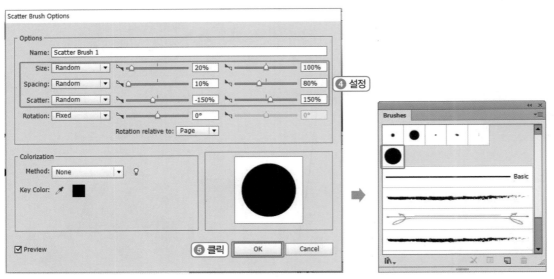

> **TIP** Scatter Brush 모양은 Brushes 패널에서 Scatter Brush로 등록된 썸네일을 더블클릭하면 Art Brush Options 대화상자에서 수정할 수 있습니다.

❸ Paintbrush Tool( ) 을 선택하여 프리핸드 선을 그립니다. Selection Tool( )로 브러시 선을 선택하고 [Object]−[Expand Appearance]하여 오브젝트로 전환한 후 다시 전체 선택하여 Pathfinder 패널을 열고 〈Pathfinders : Merge〉를 선택하여 색상이 같은 오브젝트들을 합칩니다.

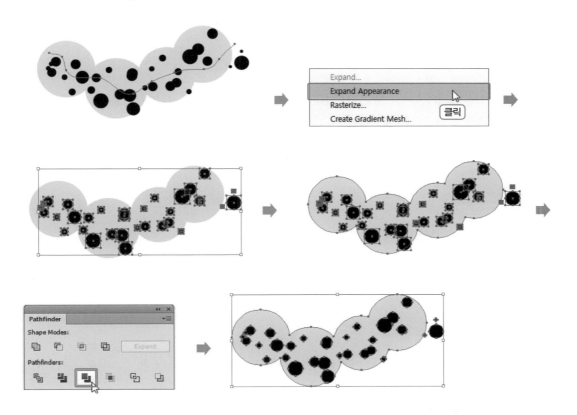

❹ Magic Wand Tool( ) 을 선택한 후 검정색 원 오브젝트를 모두 선택하고 Delete 키를 눌러 삭제합니다. 이와 같은 방법으로 두 개의 거품 오브젝트를 만들어 아래 그림과 같이 배치하고 색상을 적용합니다. 〈면 : C50, C70K40 테두리 : None〉

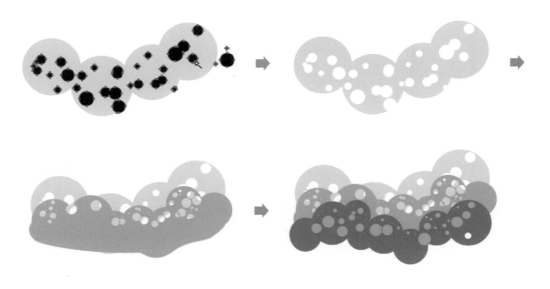

❶ [File]−[New] 메뉴를 선택하여 아래와 같이 〈Width : 166mm, Height : 246mm, Resolution 100Pixel/inch, Color Mode : RGB〉를 입력하여 도큐먼트를 생성합니다.

❷ 일러스트레이터 창으로 이동 후 그리드를 선택하여 Ctrl+C로 복사하고, 포토샵 작업창으로 이동하여 Ctrl+V를 하여 붙여넣기한 후 레이어창에 이름을 '가이드선'으로 바꿉니다.

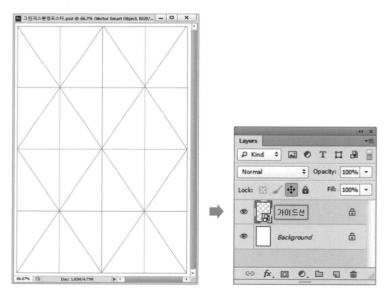

TIP 일러스트레이터 Layer 패널에서 '그리드' 레이어의 잠금체크를 풀고 그리드를 선택하여 복사합니다. 포토샵 Layer 패널에서 가져온 그리드는 "가이드선"으로 이름을 바꿔 주고 항상 상위에 가이드선을 배치하여 작업을 시작합니다.

❸ 일러스트레이터 창으로 이동 후 "패트병"을 선택하고 Ctrl+C로 복사한 후 포토샵 작업창으로 이동하여 Ctrl+V를 하여 붙여넣기 하고 Ctrl+T로 크기를 조절하여 그리드에 맞춰 배치합니다.

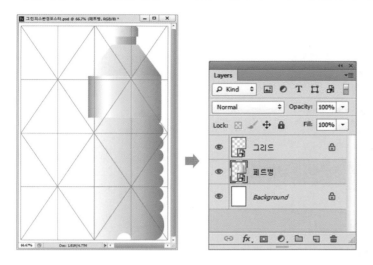

❹ Layer 패널에서 패트병 레이어를 선택하고 Layer Style (fx.)에서 Bevel&Emboss를 선택한 후 ⟨Size : 10, Soften : 5, Shadow Opacity : 23%⟩를 설정하여 입체감을 적용하고, Drop Shadow를 선택한 후 ⟨Angle : 160⟩을 설정하여 아래와 같은 그림자 효과를 적용합니다.

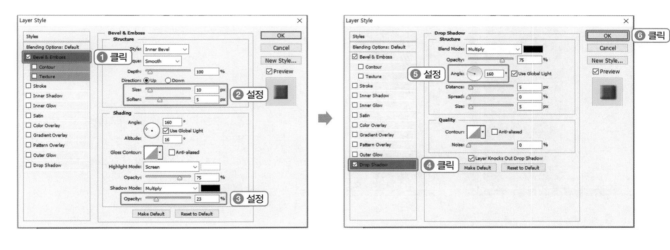

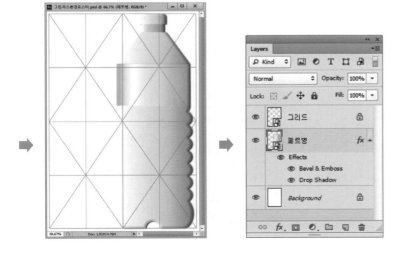

TIP 작업 도중 오류로 인해 프로그램이 다운되는 경우가 있으니 수시로 저장하도록 합니다.

저장 : Ctrl+S

❺ [File]−[Open] 메뉴에서 '06.jpg' 파일을 열고 Ctrl + A 로 전체 선택한 후 Ctrl + C 로 복사하고 작업창으로 이동하여 Ctrl + V 로 붙여넣기한 후 Ctrl + T 로 크기를 맞춥니다. '06' 레이어 선택 후 마우스 오른쪽 버튼을 클릭하여 [Create Clipping Mask] 메뉴를 적용하여 패트병 영역에만 이미지가 보일 수 있도록 합성합니다.

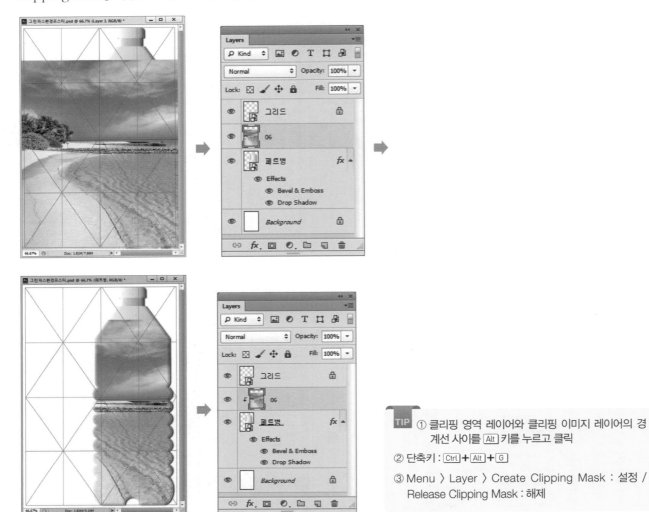

TIP
① 클리핑 영역 레이어와 클리핑 이미지 레이어의 경계선 사이를 Alt 키를 누르고 클릭

② 단축키 : Ctrl + Alt + G

③ Menu 〉 Layer 〉 Create Clipping Mask : 설정 / Release Clipping Mask : 해제

❻ Layer 패널에서 Layer Mask (▣) 버튼을 클릭하고 Gradient Tool (▣)을 선택합니다. 상단에 위치한 Options 패널에서 〈검정−흰색〉을 확인후 선형 그라디언트를 선택하고 수직방향으로 짧게드래그하여 상단을 자연스럽게 합성합니다.

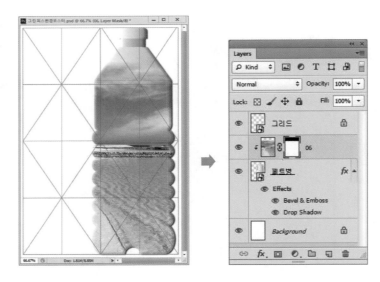

❼ [File]─[Open] 메뉴에서 '05.jpg' 파일을 열고 Ctrl+A로 전체 선택한 후 Ctrl+C로 복사합니다. 작업창으로 이동하여 Ctrl+V로 붙여넣기한 후 Ctrl+T로 크기를 맞춥니다. '06' 레이어 선택 후 마우스 오른쪽 버튼을 클릭하여 [Create Clipping Mask] 메뉴를 적용하여 패트병 영역에만 이미지가 보일 수 있도록 하고 Layer 패널에서 〈Blend Mode : Linear Burn〉을 적용하여 배경이미지와 어둡게 합성합니다.

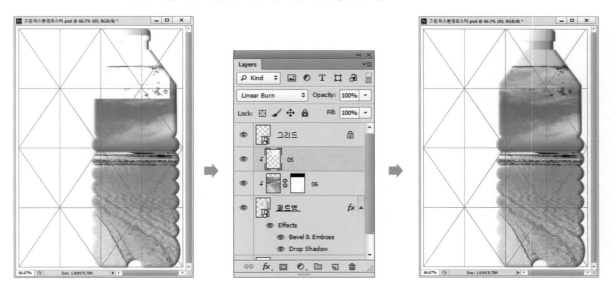

❽ 일러스트레이터 창으로 이동 후 '광택'을 선택하고 Ctrl+C로 복사한 후 포토샵 작업창으로 이동하여 Ctrl+V로 붙여넣기하여 배치한 후 Layer 패널에서 〈Opacity : 60%〉를 적용하여 반투명하게 표현합니다.

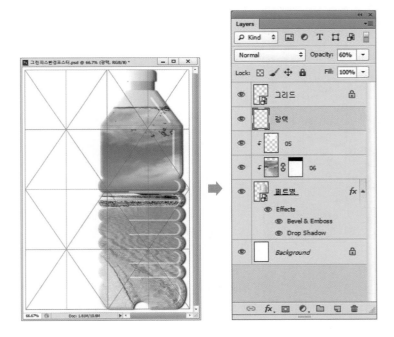

❾ 일러스트레이터 창으로 이동 후 "패트병2"를 선택하고 Ctrl+C로 복사한 후 포토샵 작업창으로 이동하여 Ctrl+V를 하여 붙여넣기하고 Ctrl+T로 크기를 조절하여 그리드에 맞춰 배치합니다. Layer 패널에서 '패트병' 레이어(fx)를 Alt 키를 누른 상태에서 '패트병2' 레이어로 위로 드래그하여 레이어 스타일 효과를 복사합니다.

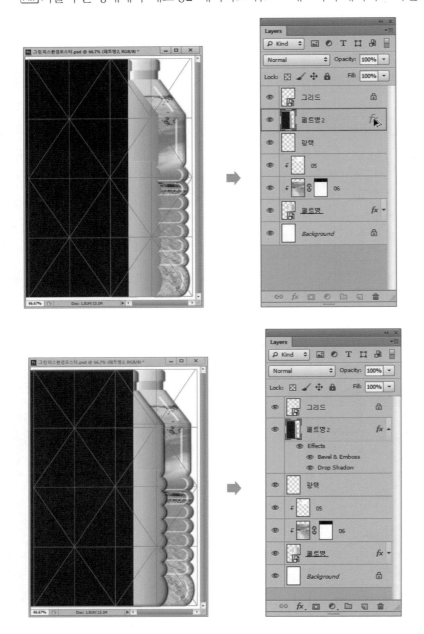

❿ [File]-[Open] 메뉴에서 '01.jpg' 파일을 열고 Ctrl+A로 전체 선택한 후 Ctrl+C로 복사하고 작업창으로 이동하여 Ctrl+V로 붙여넣기한 후 Ctrl+C로 크기를 맞춥니다. '01' 레이어 선택 후 마우스 오른쪽 버튼을 클릭하여 [Create Clipping Mask] 메뉴를 적용하여 패트병 영역에만 이미지가 보일 수 있도록 합성합니다.

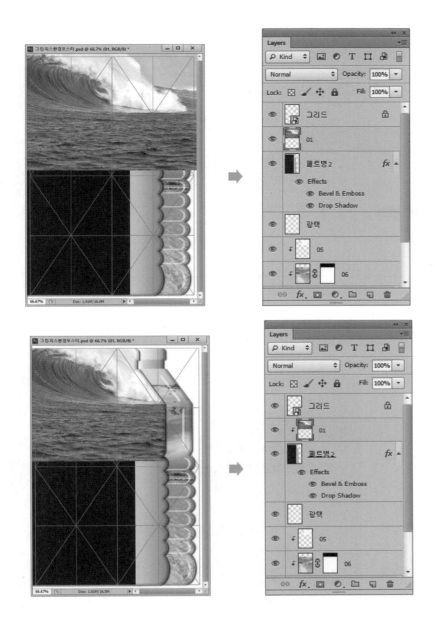

⑪ [File]-[Open] 메뉴에서 '04.jpg' 파일을 열고 Pen Tool(fx)을 선택하여 쓰레기더미 외곽을 패스로 그려준 후 마우스 오른쪽 버튼을 눌러 [Make Selection] 메뉴를 클릭하여 영역을 선택하고 Ctrl+C로 복사한 후 작업창으로 이동하여 Ctrl+V로 붙여넣기 합니다. '04' 레이어 선택 후 마우스 오른쪽 버튼을 클릭하고 [Create Clipping Mask] 메뉴를 적용하여 패트병2 영역에만 이미지가 보일 수 있도록 하고, Layer Style(⊘)에서 Drop Shdows를 아래와 같이 설정하여 그림자 효과를 적용합니다.

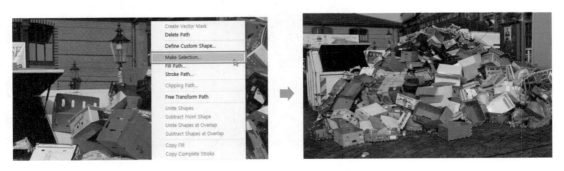

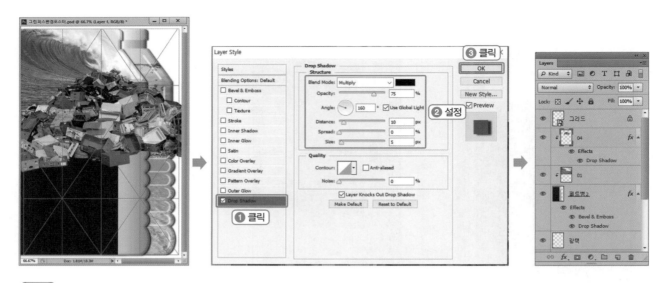

⑫ [File]-[Open] 메뉴에서 '07.jpg' 파일을 열고
Ctrl+A로 전체 선택한 후 Ctrl+C로 복사하
고 작업창으로 이동하여 Ctrl+V로 붙여넣기
한 후 마우스 오른쪽 버튼을 클릭하고 [Create
Clipping Mask] 메뉴를 적용하여 패트병 영역
만 이미지가 보일 수 있도록 합성합니다. Layer
패널에서 Layer Mask (▣) 버튼을 클릭하고
Gradient Tool (▣)을 선택합니다. 상단에 위
치한 Options 패널에서 〈검정-흰색〉을 확인 후
선형 그라디언트를 선택하여 수직방향으로 드래
그하여 물결을 자연스럽게 합성합니다.

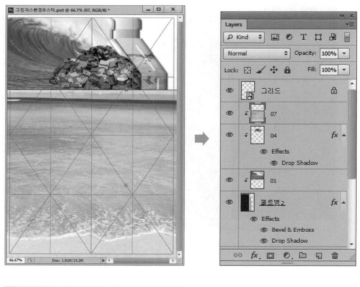

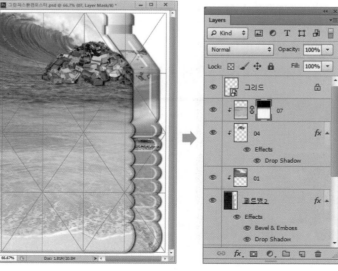

⑬ [File]–[Open] 메뉴에서 '02.jpg' 파일을 열고 Pen Tool ()을 선택하여 배 외곽을 패스로 그려준 후 마우스 오른쪽 버튼을 눌러 [Make Selection] 메뉴를 클릭하여 영역을 선택하고 Ctrl+C로 복사한 후 작업창을 이동하여 Ctrl+V로 붙여넣기 합니다. [Filter]–[Filter Gallery]–[Artistic]–[Sponge] 메뉴를 선택하여 필터효과를 적용하고 Layer Style (fx.)에서 Drop Shadow를 선택하여 아래와 같은 그림자 효과를 적용합니다.

TIP
• Filter는 포토샵 프로그램 버전에 따라 다른 위치에 있을 수 있습니다.
• 컬러 모드가 CMYK로 선택하여 문서를 생성해 작업할 경우 Filter가 적용되지 않습니다.
• 이때 [Image]–[Mode]–[RGB color] 메뉴로 변경하고 사용하면 Filter가 적용됩니다.

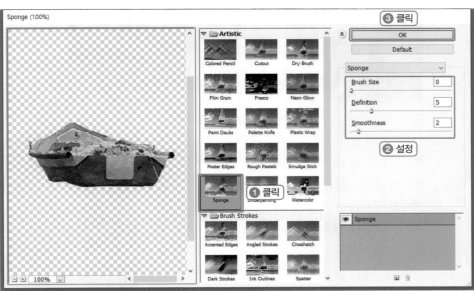

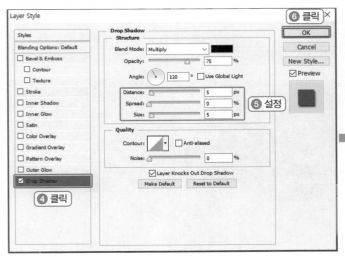

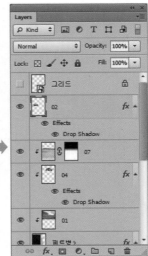

⓮ [File]−[Open] 메뉴에서 '03.jpg' 파일을 열고 Magnetic Lasso Tool (▨)을 선택하여 외곽을 드래그하여 영역을 선택합니다. 선택된 영역은 Ctrl+C로 복사하고 작업창으로 이동하여 Ctrl+V로 붙여넣기한 후 Ctrl+T로 크기를 맞추어 배치합니다.

⓯ 일러스트레이터 창으로 이동 후 "패트병"을 선택하고 Ctrl+C로 복사한 후 포토샵 작업창으로 이동하여 Ctrl+V를 하여 붙여넣기 합니다. Layer 패널에서 〈Blend Mode : Multiply〉를 적용하고 Layer Mask (▣) 버튼을 클릭한 후 패트병 상단부분에서 사선방향으로 드래그하여 자연스럽게 합성합니다.

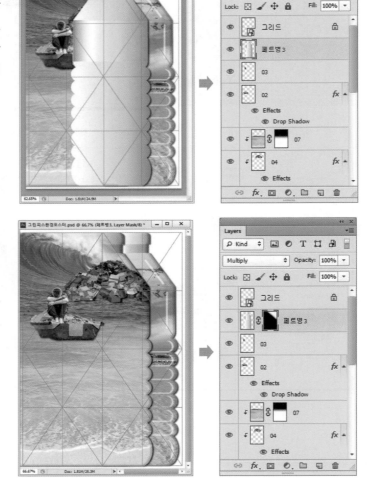

⑯ Layer 패널에서 '광택' 레이어를 선택하여 Alt 키를 누른 상태에서 '패트병3' 레이어 위로 드래그하여 레이어를 복사하여 배치합니다.

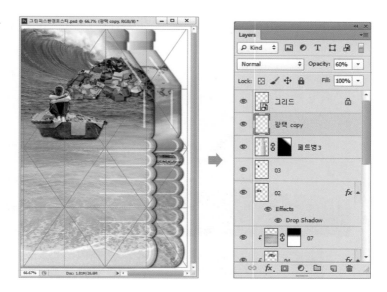

⑰ 일러스트레이터 창으로 이동 후 '패트병 더미'를 선택하고 Ctrl + C 로 복사한 후 포토샵 작업창으로 이동하여 Ctrl + V 를 하여 붙여넣기 합니다. Layer Style (fx.)에서 Drop Shadow를 선택하여 아래와 같은 그림자 효과를 적용합니다.

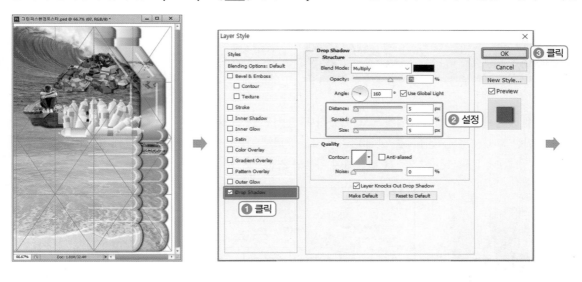

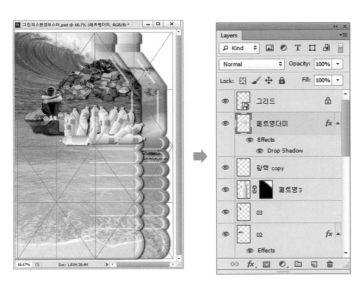

⑱ [File]–[Open] 메뉴에서 '08.jpg' 파일을 열고 Lasso Tool(◯)을 선택하여 아래와 같이 갈매기 주변을 선택한 후 Magic Wand Tool(✨)을 선택하여 Alt 키를 누른 상태에서 바탕 영역을 클릭하여 갈매기 영역만 남깁니다.

⑲ 갈매기 영역을 Ctrl + C 로 복사하고 작업창으로 이동하여 Ctrl + V 로 붙여넣기 합니다. Layer 패널에서 Layer Style(fx.)을 클릭한 후 Color Overlay를 선택하고 〈Color : 흰색〉을 설정하여 색상을 적용하고, Drop Shadow를 선택하여 〈Opacity : 40%, Distance : 25〉를 적용하여 아래와 같은 그림자 효과를 적용합니다.

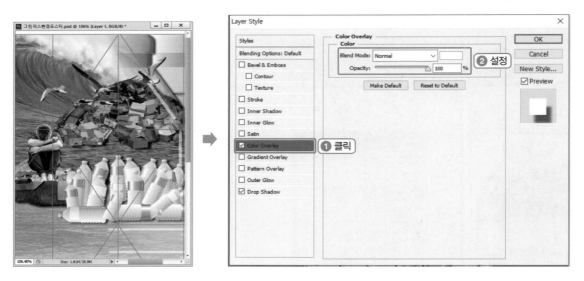

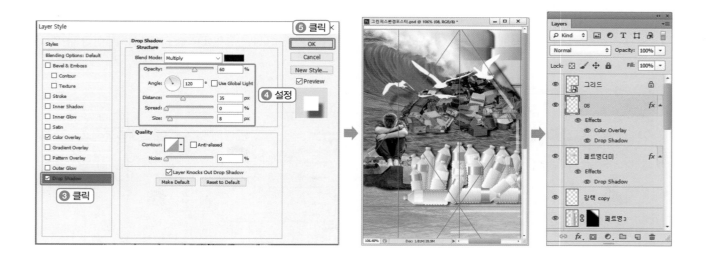

❷⓪ Custom Shape Tool (🎨)을 선택하고 상단 옵션패널에서 〈Fill : M100y100, Stroke : None, Shape : No symbol〉을 선택하여 아래와 같이 드래그하여 배치하고, Layer 패널에서 〈Blend Mode : Multiply〉를 적용하여 배경 이미지와 어둡게 합성합니다.

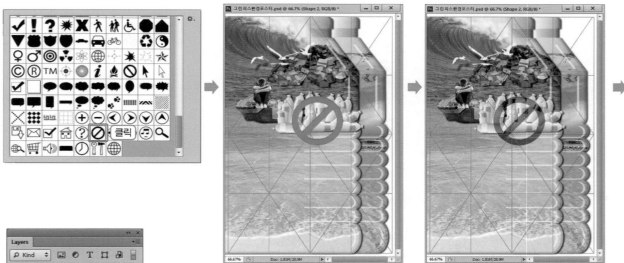

> **TIP** • Ctrl + T 에서 Warp와 Distort가 적용되지 않을 시 도형 레이어를 선택한 후 마우스 오른쪽 버튼 클릭하여 [Rasterize Layer] 메뉴를 선택하면 이미지화 하여 적용합니다.
> • 레이어 복사는 이동하며 복사(Alt) 키를 누르고 레이어 드래그와 원위치 레이어 복사(Ctrl + J)를 구분하여 사용하면 효율적으로 레이어를 관리할 수 있습니다.

㉑ 일러스트레이터 창으로 이동 후 '등대'를 선택하고 Ctrl + C 로 복사한 후 포토샵 작업창으로 이동하여 Ctrl + V 를 하여 붙여넣기 하고, Layer 패널에서 Layer Style (fx.)을 선택하여 아래 그림과 같이 Drop Shadow를 설정하여 그림자 효과를 적용합니다.

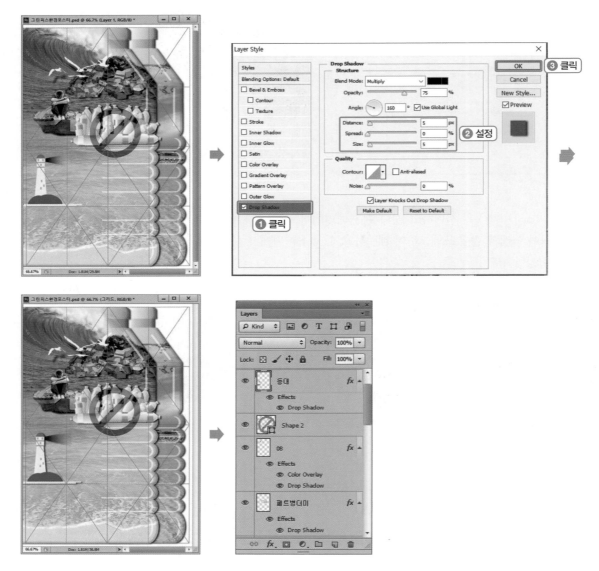

㉒ 일러스트레이터 창으로 이동 후 '타이틀'을 선택하고 Ctrl + C 로 복사한 후 포토샵 작업창으로 이동하여 Ctrl + V 를 하여 붙여넣기 하고 Layer Style (fx.)에서 아래와 같이 Strokes 〈Size : 3, Color : 흰색〉과 Drop Shadow 〈Angle : 160〉을 적용합니다.

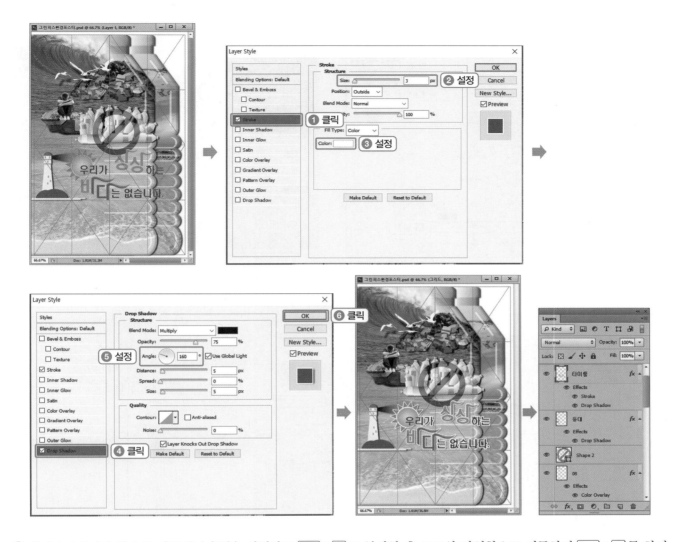

㉓ 일러스트레이터 창으로 이동 후 '거품'을 선택하고 Ctrl+C로 복사한 후 포토샵 작업창으로 이동하여 Ctrl+V를 하여
붙여넣기 하고 [Filter]−[Filter Gallery]−[Texture]−[Texturize]을 선택하여 〈Texture : Sandstone〉 필터 질감을 적
용합니다. Layer Style (fx.)에서 아래와 같은 Bevel & Emboss를 선택하고 〈Depth : 100, Shadow Opacity : 60〉
을 설정하여 입체감을 표현합니다.

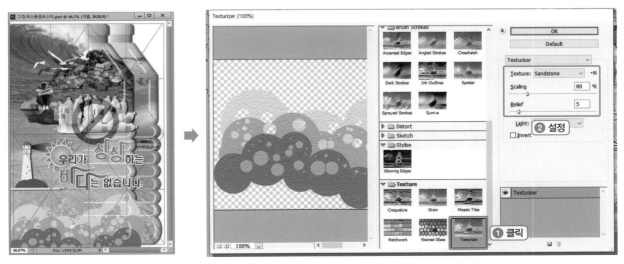

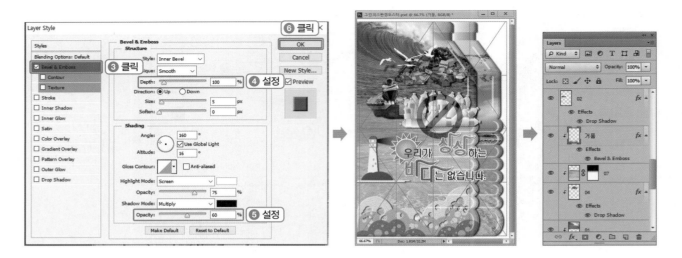

㉔ 일러스트레이터 창으로 이동 후 '로고'를 선택하고 Ctrl + C 로 복사한 후 포토샵 작업창으로 이동하여 Ctrl + V 를 하여
붙여넣기 하고 Layer Style (fx.)에서 아래와 같이 Strokes 〈Size : 2, Color : 흰색〉을 적용합니다.

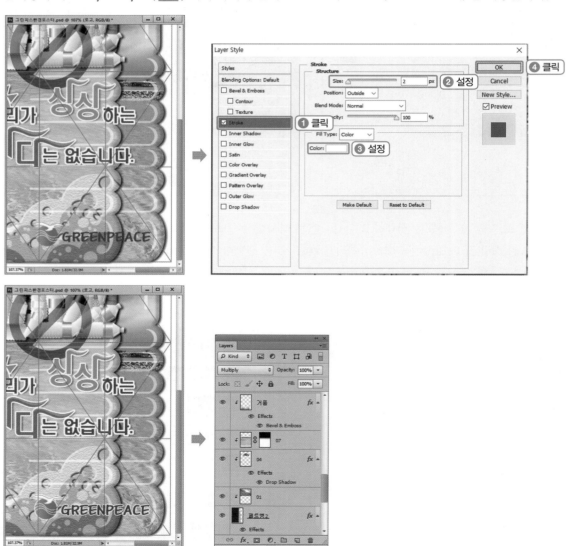

㉕ 포토샵 작업이 끝나면 가이드선 레이어의 눈을 끄고 화면에 가이드선이 없는 것을 확인한 후 [File]−[Save as] 메뉴에서 '그린피스환경포스터.psd' 파일형식으로 저장합니다.

㉖ 포토샵 저장이 끝나면 편집프로그램(인디자인)으로 가지고 갈 파일을 저장하기 위해 다시 [File]−[Save as] 메뉴의 Format에서 'JPEG'를 선택하고 〈Quality : 12〉로 입력 후 '등번호.jpg' 파일형식으로 저장합니다.

TIP JPG로 저장 시 Options 대화창이 뜨면 〈Quality : 12, Format Options : Baseline(Standard)〉으로 설정하여 고품질이 유지되도록 이미지의 압축 품질을 높게 설정하여 저장합니다.

❶ [파일]-[새로 만들기]-[문서] 메뉴를 선택하여 도큐먼트 설정 대화상자를 엽니다. 대화상자에서 〈페이지 크기 : A4〉, 여백은 〈위쪽 : 25.5mm, 아래쪽 25.5mm, 왼쪽 : 22mm, 오른쪽 : 22mm〉를 설정하여 도화지를 생성합니다.

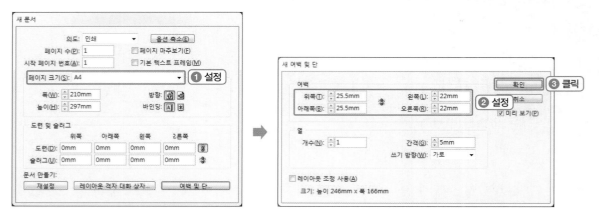

TIP 도화지 여백은 210mm-166mm=44mm이므로 왼쪽, 오른쪽에 22mm를 입력합니다.
297mm-246mm=51mm이므로 위쪽, 아래쪽에 25.5mm를 입력합니다.

❷ 원점을 여백선 왼쪽 상단에 드래그하여 위치를 맞춘 후 눈금자에서 마우스를 드래그하여 사방 안쪽 3mm로 이동시켜 가이드선을 표시합니다.

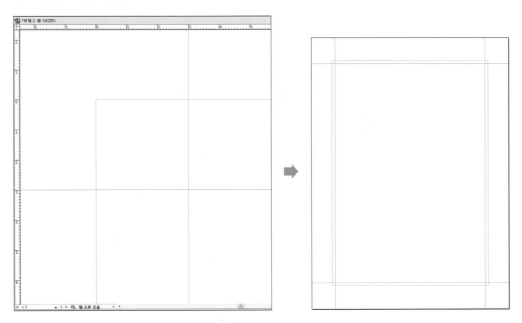

❸ 라인 툴을 선택하여 길이 5~10mm의 가는 선의 라인을 드래그하여 모서리 부분에 그립니다.

❹ ❸과 같은 방법으로 라인 툴을 활용하여 사방에 재단선을 표시합니다.

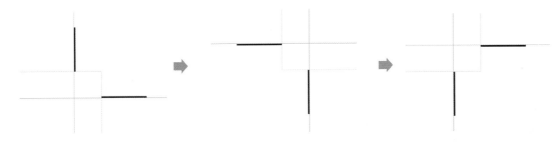

❺ [파일]-[가져오기] 메뉴로 포토샵에서 저장한 '01.jpg' 파일을 선택한 후 작업 규격의 좌측 상단에 마우스 포인터를 클릭하여 이미지를 불러옵니다.

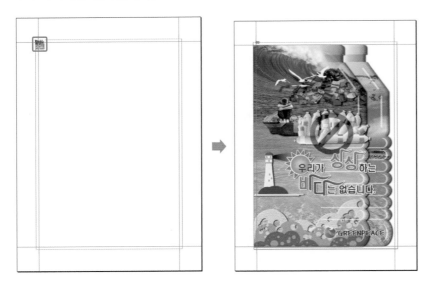

TIP • [파일]-[가져오기] : Ctrl + D
• 프로그램 설치 언어에 따라 이미지 가져오기가 Place로 표시됩니다.

❻ 불러온 이미지를 화면에서 선명하게 보기 위해 마우스 오른쪽 버튼을 눌러 [화면표시 성능]-[고품질 표시] 메뉴를 선택합니다.

❼ 문자 툴(T)을 선택한 후 문자를 입력할 영역을 드래그하여 글상자를 생성한 후 상단 컨트롤 패널에서 문단을 〈가운데 정렬〉로 선택합니다. 문자 패널에서 〈서체 : 견고딕, 크기 : 9pt, 자간 : 90%〉를 설정한 후 색상을 디자인 원고 지시에 맞게 〈C100M100Y50〉을 적용합니다.

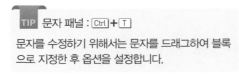

TIP 문자 패널 : Ctrl + T
문자를 수정하기 위해서는 문자를 드래그하여 블록으로 지정한 후 옵션을 설정합니다.

❽ 좌측 하단에 문자를 입력할 영역을 드래그하여 글상자를 생성한 후 등번호(비번호)를 〈서체 : 돋움, 크기 : 10pt〉로 입력합니다.

❾ [파일]−[다른 이름으로 저장] 메뉴를 선택하고 파일 이름은 '등번호.indd'로 저장합니다.

❿ 저장된 파일은 indd(인디자인 파일)와 jpg(포토샵 파일)를 네트워크로 저장한 후 프린터가 연결된 자리로 이동하여 출력합니다.

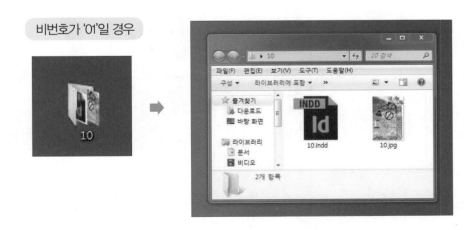

비번호가 '01'일 경우

⓫ 출력된 프린트 결과물은 시험장에서 제공하는 A3용지 뒷면에 양면테이프를 이용하여 4군데 모서리에 붙여 중앙에 고정시킨 후 디자인작업지시서와 함께 제출하고 퇴실합니다.

국가기술자격검정 실기시험

자격종목	컴퓨터그래픽기능사	과제명	쌀축제 포스터	비번호(등번호)	
				시험시간	3시간

1. 요구사항

※ 다음의 요구사항에 맞도록 주어진 자료(컴퓨터에 수록)를 활용하여 디자인 원고를 시험 시간 내에 컴퓨터 작업으로 완성하여 A4용지로 출력 후 A3용지에 마운팅(부착)하여 제출하고, 모든 작업은 수험자가 컴퓨터 바탕화면에 폴더를 만들어 저장하시오.

가. 작품 규격(재단 규격)
- A4용지 중앙에 배치
- 원고 규격 : 160×240mm

나. 구성 요소
❶ 문자 요소
- 의성군 쌀축제 / Rice Festival
- 일시 : 10.20~11.10
- 장소 : 생태 하천변

❷ 그림 요소

01.jpg

02.jpg

03.jpg

04.jpg

05.jpg

06.jpg

다. 작업 내용
1) 주어진 디자인 원고(그림, 사진, 문자, 색채, 레이아웃, 규격 등)와 동일하게 작업한다.
2) 디자인 원고 내용 중 불명확한 형상, 색상 코드 불일치, 색 지정이 없는 부분, 원고에 없는 형상 등이 있을 때는 수험자가 완성도면 내용과 같이 작업한다.
3) 요구하는 서체가 사용 컴퓨터 및 소프트웨어와 맞지 않을 경우는 가장 근접한 서체를 사용한다.
4) 디자인 원고는 상하, 좌우에 3mm 재단 여유를 갖도록 작품을 배치하고, 재단선은 작품 규격에 맞추어 용도에 맞게 표시한다. (단, 원고의 지시에 따라 외곽선이 있는지를 정확히 보고 표시 여부를 결정한다.)
5) 디자인 원고 좌측 하단으로부터 3mm를 띄워 비번호를 고딕 10pt로 반드시 기록한다.
6) 출력물(A4)은 어떠한 경우에도 절취할 수 없으며, 반드시 A3용지 중앙에 마운팅한다.

라. 컴퓨터 작업 범위
1) 용량 : 10MB 이내로 폴더에 수록될 수 있도록 작업 범위(해상도 및 포맷형식)를 계획한다.
2) 규격 : A4(210×297mm) 중앙에 디자인 원고와 같은 작품(원고규격)을 배치한다.
3) 해상도 및 포맷형식 : 제한용량 범위 내에서 선택한다.
4) 기타
   ① 제공된 자료 범위 내에서 사용한다.
   ② 3개의 2D 응용프로그램을 선택하여 사용하되, 최종 작업 및 출력은 편집프로그램(퀵익스프레스, 인디자인)을 활용한다.
      (최종 작업 파일이 다른 프로그램에서 생성된 경우는 출력할 수 없음)

컴퓨터그래픽기능사 / 디자인 원고 / 작품명 : 쌀축제 포스터

– 작품 규격(재단되었을 때의 규격) : 가로 160mm×세로 240mm, 작품 외곽선은 생략하고, 재단선은 3mm 재단 여유를 두고 용도에 맞게 표시할 것.
– 지정되지 않은 색상 및 모든 작업은 "최종결과물" 오른쪽 디자인 원고를 참고하여 작업하시오.

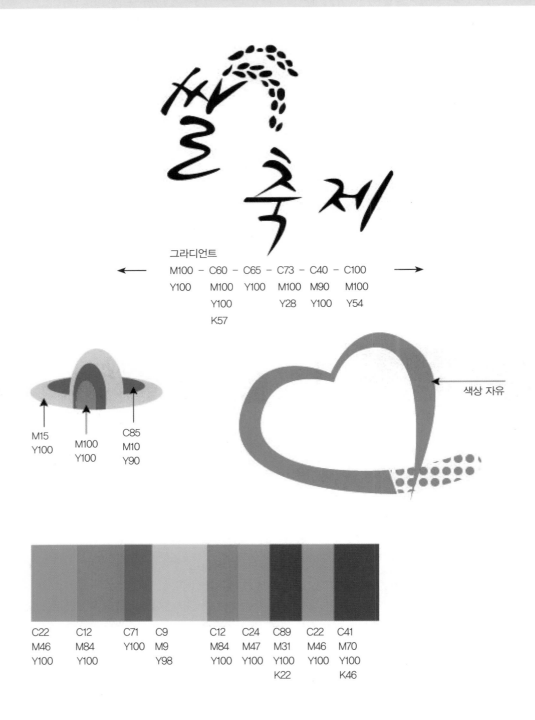

그라디언트

← M100 – C60 – C65 – C73 – C40 – C100 →
    Y100   M100 Y100 M100 M90 M100
           Y100   Y28   Y100 Y54
           K57

색상 자유

M15   C85
Y100   M100   M10
       Y100   Y90

C22	C12	C71	C9		C12	C24	C89	C22	C41
M46	M84	Y100	M9		M84	M47	M31	M46	M70
Y100	Y100		Y98		Y100	Y100	Y100	Y100	Y100
							K22		K46

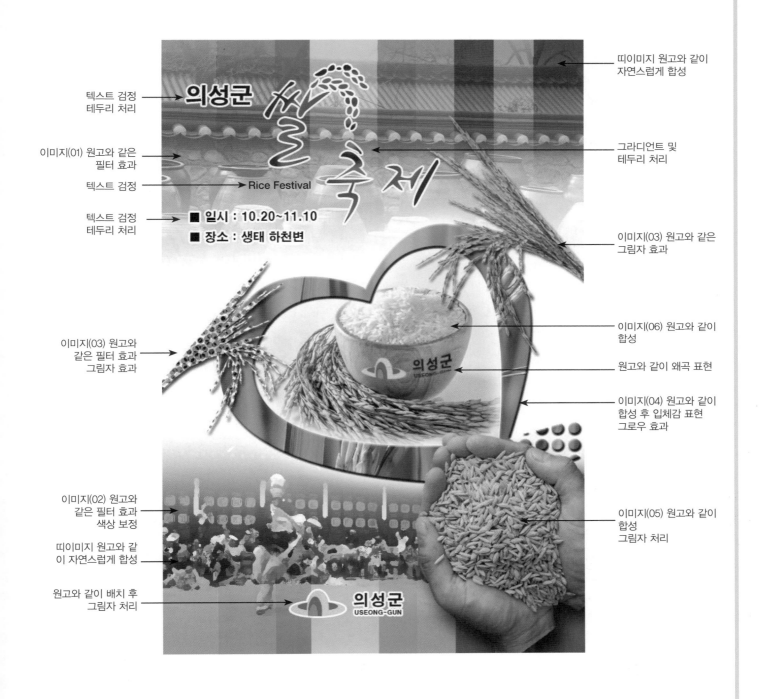

텍스트 검정
테두리 처리

이미지(01) 원고와 같은
필터 효과

텍스트 검정

텍스트 검정
테두리 처리

이미지(03) 원고와
같은 필터 효과
그림자 효과

이미지(02) 원고와
같은 필터 효과
색상 보정

띠이미지 원고와 같
이 자연스럽게 합성

원고와 같이 배치 후
그림자 처리

띠이미지 원고와 같이
자연스럽게 합성

그라디언트 및
테두리 처리

이미지(03) 원고와 같은
그림자 효과

이미지(06) 원고와 같이
합성

원고와 같이 왜곡 표현

이미지(04) 원고와 같이
합성 후 입체감 표현
그로우 효과

이미지(05) 원고와 같이
합성
그림자 처리

일러스트레이터 작업

※ 그리드 그리기는 166쪽~170쪽을 참고하세요.

▌1 타이틀 레터링

❶ Pen Tool (✐)을 선택한 후 프리핸드로 아래와 같이 레터링을 완성합니다. 이미지를 수정하고자 할때는 Dircet Selection Tool (▸)을 선택한 후 고정점을 이동시켜 로고를 다듬어 나갑니다.

❷ Pen Tool (✐)을 선택한 후 프리핸드로 쌀모양을 다듬어 줍니다. 〈면 : K100, 테두리 : 없음〉

▌2 로고 만들기

❶ Ellipse Tool (◯)을 선택하고 Alt + Shift 를 누른 상태에서 드래그하여 타원 오브젝트를 그린 후 상단 점을 선택하여 Scale Tool (⬚)을 더블클릭한 후 〈Uniform : 70%〉를 입력하여 축소시킵니다. 〈면 : M15Y100 테두리 : 없음 / 면:C85M10Y90 테두리 : 없음〉

❷ Ellipse Tool (◯)을 선택하여 타원 오브젝트를 그린 후 Dircet Selection Tool (▶)을 선택하여 고정점을 이동시켜 아래 모양을 잡아 줍니다. 같은 방법으로 오른쪽 모양도 잡아줍니다. 〈면 : M15Y100 테두리 : 없음〉

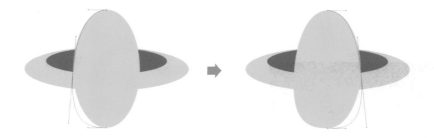

❸ Scale Tool (▨)을 더블클릭한 후 〈Uniform : 70%〉를 입력하여 축소시키고 색상을 바꾸어 준 후 같은 방법으로 축소하여 색을 바꾸어 줍니다. 〈면 : C85M10Y90 테두리 : 없음 / 면 : M100Y100 테두리 : 없음〉

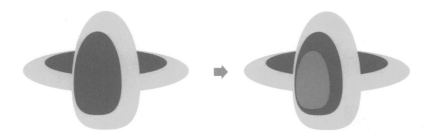

❹ 이미지를 전체 선택 후 Pathfinder 패널에서 〈Pathfinders : Devide〉 버튼을 클릭하여 각각의 오브젝트로 분할하고, 마우스 오른쪽 버튼을 클릭하여 [Ungroup] 메뉴로 그룹을 해제한 후 불필요한 이미지는 삭제합니다.

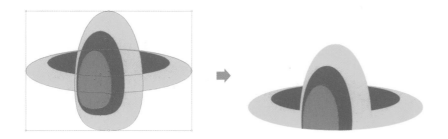

③ 하트만들기

❶ Pen Tool (✎)을 선택한 후 하트모양을 그리고, Dircet Selection Tool (▶)을 선택한 후 고정점을 이동시켜 이미지를 다듬어 나갑니다. 〈면 : 색상 상관없음, 테두리 : 없음〉

❷ Ellipse Tool(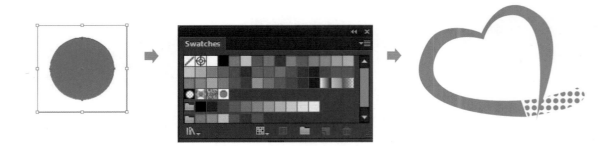)을 선택하고 Alt +Shift 를 누른 상태에서 드래그하여 정원 오브젝트를 그린 후 색상을 넣어주고, 사각형 툴로 〈면 : none, 테두리 : none〉 원보다 조금 큰 사각형을 그린 후 사각형과 원형을 모두 선택하고 [Swatches] 팔레트로 드래그하여 가져다 놓아 패턴을 만든 후 색상 면에 패턴을 클릭하여 넣어줍니다.

4 사각형 만들기

❶ Rectangle Tool()을 선택하여 직사각형을 그린 후 색상을 디자인 원고 지시에 맞게 색상을 적용합니다.
〈면 : C22M46Y100, C12M84Y100, C71Y100, C9M9Y98, C12M84Y100, C24M47Y100, C89M31Y100K22, C22M46Y100, C41M70Y100K46 테두리 : none〉

❶ [File]−[New] 메뉴를 선택하여 아래와 같이 〈Width : 166mm, Height : 246mm, Resolution 100Pixel/inch, Color Mode : RGB〉를 입력하여 도큐먼트를 생성합니다.

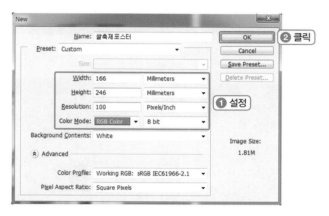

❷ 일러스트레이터 창으로 이동 후 그리드를 선택하고 Ctrl + C 로 복사합니다. 포토샵 작업창으로 이동하여 Ctrl + V 를 하여 붙여넣기한 후 레이어창에 이름을 '가이드선'으로 바꿉니다.

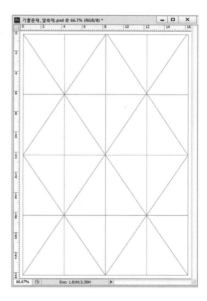 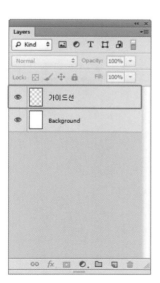

TIP 일러스트레이터 Layer 패널에서 '그리드' 레이어의 잠금 체크를 풀고 그리드를 선택하여 복사합니다. 포토샵 Layer 패널에서 가져온 그리드는 '가이드선'으로 이름을 바꾸어 주고 항상 상위에 가이드선을 배치하여 작업을 시작합니다.

❸ 일러스트레이터 창으로 이동 후 "사각형"을 선택하고 Ctrl + C 로 복사한 후 포토샵 작업창으로 이동하여 Ctrl + V 를 하여 붙여넣기 하고 Ctrl + T 로 크기를 조절하여 그리드에 맞춰 배치합니다.

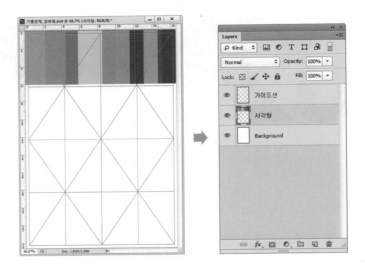

❹ Layer 패널에서 Layer Mask (🔲) 버튼을 클릭하고 Gradient Tool (🔳)을 선택합니다. 상단에 위치한 Options 패널에서 〈검정−흰색〉을 확인 후 선형 그라디언트를 선택하여 수직방향으로 짧게 드래그하여 상단을 자연스럽게 합성합니다.

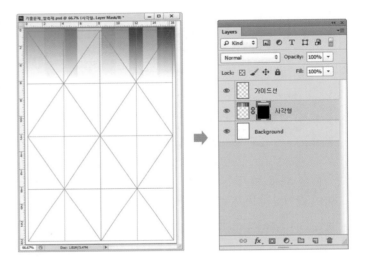

❺ 사각형 레이어를 복사 후 Ctrl + T 로 반전시켜 그리드에 맞춰 배치합니다.

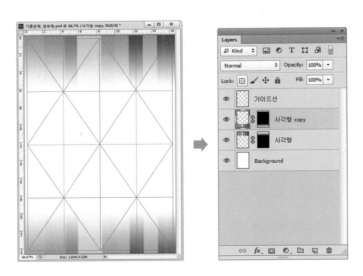

❻ [File]-[Open] 메뉴에서 '01.jpg' 파일을 열고 Ctrl + A 로 전체 선택한 후 Ctrl + C 로 복사합니다. 작업창으로 이동하여 Ctrl + V 로 붙여넣기한 후 Ctrl + T 로 크기를 맞추어 주고 ❹ 번과 같은 방법으로 레이어마스크를 줍니다.

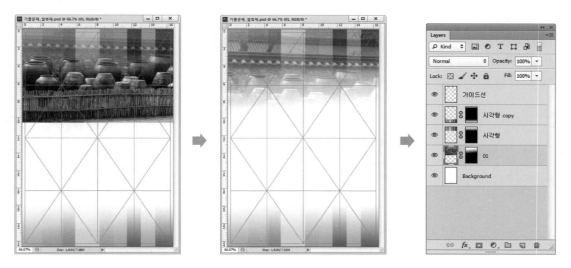

❼ [File]-[Open] 메뉴에서 '02.jpg' 파일을 열고 Ctrl + A 로 전체 선택한 후 Ctrl + C 로 복사합니다. 작업창으로 이동하여 Ctrl + V 로 붙여넣기한 후 Ctrl + T 로 크기를 맞추어 주고 ❹ 번과 같은 방법으로 레이어마스크를 줍니다.

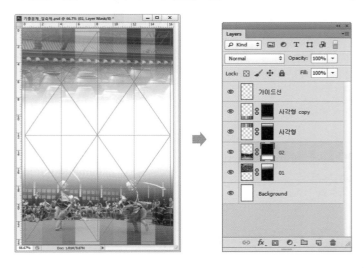

❽ [Image]-[Adjustmensts]-[Hue/Saturation] 메뉴를 선택 후 Hue 값을 조정하고 Colorize를 클릭하여 색상을 보정한 후 [Filter]-[Filter Gallery]-[Artistic]-[Dry Brush] 메뉴를 선택하여 필터효과를 적용합니다.

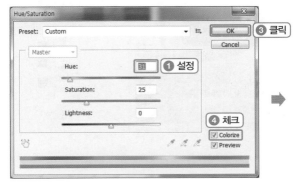

❾ 일러스트레이터 창으로 이동 후 "하트"를 선택하고 Ctrl+C로 복사한 후 포토샵 작업창으로 이동하여 Ctrl+V를 하여 붙여넣기 하고 Ctrl+T로 크기를 조절하여 그리드에 맞춰 배치합니다.

[File]-[Open] 메뉴에서 '04.jpg' 파일을 열고 Ctrl+A로 전체 선택한 후 Ctrl+C로 복사합니다. 작업창으로 이동하여 하트 레이어를 Ctrl 키를 눌러 선택 후 Alt+Ctrl+Shift+V로 하트 안에 붙여넣기한 후 Ctrl+T로 크기를 맞춥니다.

TIP 하트 레이어를 선택이 활성화된 상태로 놓아야만 안에 붙여넣기가 가능합니다.

❿ Layer Style (fx.)에서 아래와 같은 Bevel & Emboss를 선택하고 〈Depth : 100, Shadow Opacity : 60〉을 설정하여 입체감을 표현한 후 Outer Glow를 주어 외부 후광효과를 줍니다.

⓫ Paths로 하트모양을 그린후 패스를 선택 영역으로 만듭니다. [File]-[Open] 메뉴에서 '06.jpg' 파일을 열고 Ctrl+A로 전체 선택한 후 Ctrl+C로 복사하고 작업창으로 이동하여 Alt+Ctrl+Shift+V로 하트 안에 붙여넣기한 후 Ctrl+T로 크기를 맞춥니다.

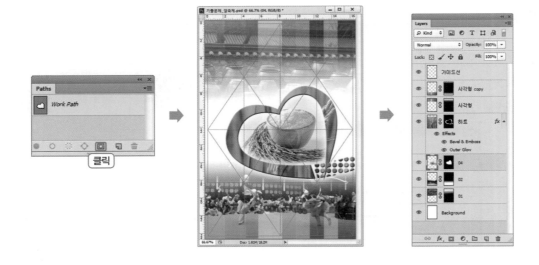

⓬ [File]-[Open] 메뉴에서 '03.jpg' 파일을 열고 Magic Wand Too(🔍)을 선택하여 흰색 배경을 클릭한 후 [Select]-[Inverse] 메뉴를 선택하여 선택 영역을 반전한 후 Ctrl+C로 복사하고, 작업창으로 이동하여 Ctrl+V로 붙여넣기한 후 Ctrl+T로 크기와 회전을 맞추어 줍니다.

Layer 패널에서 Layer Style(fx.)을 클릭하고 Drop Shadow를 선택하여 〈Opacity : 75%, Distance : 25〉를 적용하여 아래와 같은 그림자 효과를 적용합니다.

⓭ 03 레이어를 Alt 키를 누른 후 복사하여 레이어를 복사하고 Ctrl+T를 클릭하여 크기와 위치를 맞추어 줍니다. [Filter]-[pixelate]-[color Halftone] 효과를 적용합니다.

⓮ 일러스트레이터 창으로 이동 후 '레터링'을 선택하고 Ctrl+C로 복사한 후 포토샵 작업창으로 이동하여 Ctrl+V로 붙여넣기하여 배치한 후 Ctrl+T로 크기와 위치를 맞추어 줍니다.

Layer Style(fx.)에서 Gradient Overlay를 아래와 같이 색상을 설정하고 [style-Radial]을 주어 그라디언트를 준 후 Stroke를 흰색으로 1픽셀을 줍니다.

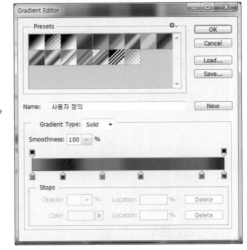

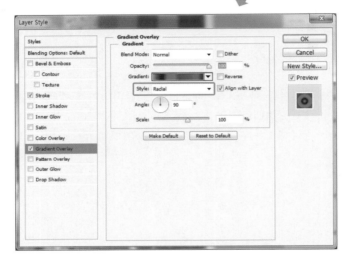

⑮ 일러스트레이터 창으로 이동 후 '타이틀'을 선택하고 [Ctrl]+[C]로 복사한 후 포토샵 작업창으로 이동하여 [Ctrl]+[V]를 하여 붙여넣기 하고 Layer Style ([fx.])에서 아래와 같이 Strokes 〈Size : 3, Color : 흰색〉과 Drop Shadow 〈Angle : 160〉을 적용합니다.

⓯ Type 툴을 선택 후 일시와 장소의 텍스트를 입력하고 Layer Style (fx.)에서 아래와 같이 Strokes 〈Size : 3, Color : 흰색〉과 Drop Shadow 〈Angle : 160〉을 적용합니다.

⓱ Type 툴을 선택 후 "의성군" 텍스트를 입력하고 Layer Style (fx.)에서 아래와 같이 Strokes 〈Size : 3, Color : 흰색〉과 Drop Shadow 〈Angle : 160〉을 적용합니다.

⓲ [File]−[Open] 메뉴에서 '05.jpg' 파일을 열고 Magnetic Lasso Tool (🔲)을 선택하고 외곽을 드래그하여 영역을 선택합니다. 선택된 영역은 Ctrl + C 로 복사하고 작업창으로 이동하여 Ctrl + V 로 붙여넣기한 후 Ctrl + T 로 크기를 맞추어 배치합니다. Layer Style (fx.)에서 Drop Shadow를 선택하여 아래와 같은 그림자 효과를 적용합니다.

⑲ 일러스트레이터 창으로 이동 후 '로고이미지'를 선택하고 Ctrl + C 로 복사한 후 포토샵 작업창으로 이동하여 Ctrl + V 를 하여 붙여넣기 하고 Ctrl + T 로 상단 메뉴의 🖼️ ⊙ ✓ 를 클릭한 후 포인트를 수정하여 자연스럽게 합니다.

⑳ 포토샵 작업이 끝나면 가이드선 레이어의 눈을 끄고 화면에 가이드선이 없는 것을 확인한 후 [File]-[Save as] 메뉴에서 '쌀축제포스터.psd' 파일형식으로 저장합니다.

㉑ 포토샵 저장이 끝나면 편집프로그램(인디자인)으로 가지고 갈 파일을 저장하기 위해 다시 [File]-[Save as] 메뉴의 Format에서 'JPEG'를 선택하고 〈Quality : 12〉로 입력 후 '등번호.jpg' 파일형식으로 저장합니다.

TIP JPG로 저장 시 Options 대화창이 뜨면 〈Quality : 12, Format Options : Baseline (Standard)〉로 설정하여 고품질이 유지되도록 이미지의 압축 품질을 높게 설정하여 저장합니다.

03 인디자인 작업

❶ [파일]-[새로 만들기]-[문서] 메뉴를 선택하여 도큐먼트 설정 대화상자를 엽니다. 대화상자에서 〈페이지 크기 : A4〉, 여백은 〈위쪽 : 25.5mm, 아래쪽 25.5mm, 왼쪽 : 22mm, 오른쪽 : 22mm〉를 설정하여 도화지를 생성합니다.

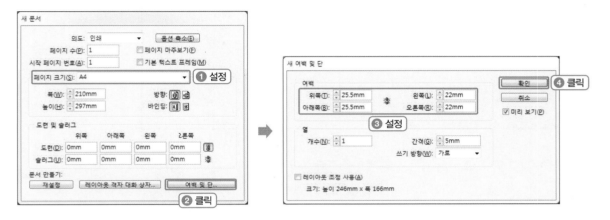

TIP 도화지 여백은 210mm-166mm=44mm이므로 왼쪽, 오른쪽에 22mm를 입력합니다.
297mm-246mm=51mm이므로 위쪽, 아래쪽에 25.5mm를 입력합니다.

❷ 원점을 여백선 왼쪽 상단에 드래그하여 위치를 맞춘 후 눈금자에서 마우스를 드래그하여 사방 안쪽 3mm로 이동시켜 가
이드선을 표시합니다.

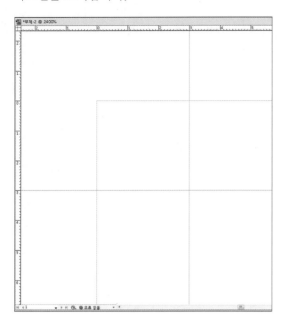 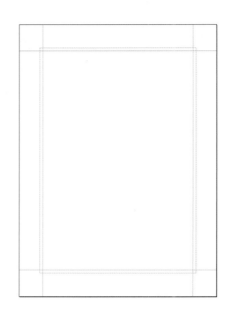

❸ 라인 툴을 선택하여 길이 5~10mm의 가는 선의 라인을 드래그하여 모서리 부분에 그립니다.

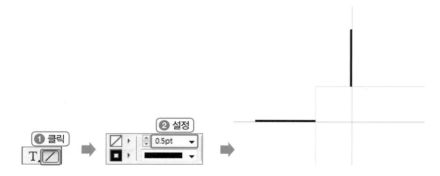

❹ ❸과 같은 방법으로 라인 툴을 활용하여 사방에 재단선을 표시합니다.

❺ [파일]-[가져오기] 메뉴로 포토샵에서 저장한 '01.jpg' 파일을 선택한 후 작업 규격의 좌측 상단에 마우스 포인터를 클릭하여 이미지를 불러옵니다.

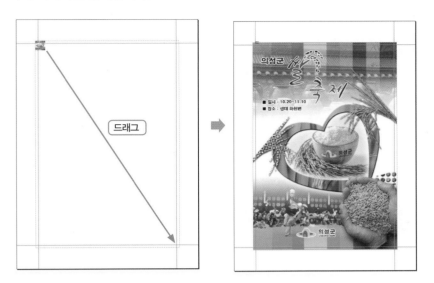

> **TIP** • [파일]-[가져오기] : Ctrl + D
> • 프로그램 설치 언어에 따라 이미지 가져오기가 Place로 표시됩니다.

❻ 불러온 이미지를 화면에서 선명하게 보기 위해 마우스 오른쪽 버튼을 눌러 [화면표시 성능]-[고품질 표시]를 선택합니다.

❼ 문자툴(T)을 선택하고 문자를 입력할 영역을 드래그하여 글상자를 생성한 후 글자를 입력하고 문자 패널에서 〈서체 : HY견고딕, Size : 10pt〉를 설정하고 색상 패널에서 〈K100〉 색상을 적용합니다.

❽ 좌측 하단에 등번호(비번호)를 〈서체 : 돋움, 크기 : 10pt〉로 입력합니다.

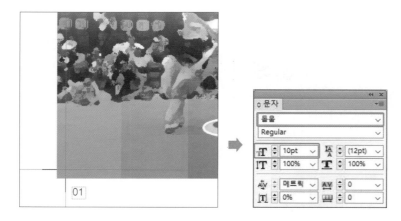

❾ [파일]─[다른이름으로 저장] 메뉴를 선택하고 파일이름은 '등번호.indd'로 저장합니다.

❿ 저장된 파일은 indd(인디자인 파일)과 jpg(포토샵 파일)를 네트워크로 저장한 후 프린터가 연결된 자리로 이동하여 출력합니다.

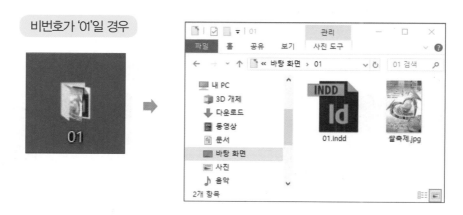

⓫ 출력된 프린트 결과물은 시험장에서 제공하는 A3용지의 뒷면에 양면테이프를 이용하여 4군데 모서리에 붙여 중앙에 고정시킨 후 디자인작업지시서와 함께 제출하고 퇴실합니다.

국가기술자격검정 실기시험

자격종목	컴퓨터그래픽기능사	과제명	태화강국가정원 포스터	비번호(등번호)	
				시험시간	3시간

1. 요구사항

※ 다음의 요구사항에 맞도록 주어진 자료(컴퓨터에 수록)를 활용하여 디자인 원고를 시험 시간 내에 컴퓨터 작업으로 완성하여 A4용지로 출력 후 A3용지에 마운팅(부착)하여 제출하고, 모든 작업은 수험자가 컴퓨터 바탕화면에 폴더를 만들어 저장하시오.

가. 작품 규격(재단 규격)
- A4 용지 중앙에 배치
- 원고 규격 : 160×240mm

나. 구성 요소

❶ 문자 요소
- 자연이 만들고 울산이 가꾼 U5-Graden
- 태화강국가정원
- Ulsan Taehwagang National Garden

❷ 그림 요소

01.jpg 02.jpg 03.jpg 04.jpg

05.jpg 06.jpg 07.jpg 08.jpg

다. 작업 내용
1) 주어진 디자인 원고(그림, 사진, 문자, 색채, 레이아웃, 규격 등)와 동일하게 작업한다.
2) 디자인 원고 내용 중 불명확한 형상, 색상 코드 불일치, 색 지정이 없는 부분, 원고에 없는 형상 등이 있을 때는 수험자가 완성도면 내용과 같이 작업한다.
3) 요구하는 서체가 사용 컴퓨터 및 소프트웨어와 맞지 않을 경우는 가장 근접한 서체를 사용한다.
4) 디자인 원고는 상하, 좌우에 3mm 재단 여유를 갖도록 작품을 배치하고, 재단선은 작품 규격에 맞추어 용도에 맞게 표시한다. (단, 원고의 지시에 따라 외곽선이 있는지를 정확히 보고 표시 여부를 결정한다.)
5) 디자인 원고 좌측 하단으로부터 3mm를 띄워 비번호를 고딕 10pt로 반드시 기록한다.
6) 출력물(A4)은 어떠한 경우에도 절취할 수 없으며, 반드시 A3용지 중앙에 마운팅한다.

라. 컴퓨터 작업 범위
1) 용량 : 10MB 이내로 폴더에 수록될 수 있도록 작업 범위(해상도 및 포맷형식)를 계획한다.
2) 규격 : A4(210×297mm) 중앙에 디자인 원고와 같은 작품(원고규격)을 배치한다.
3) 해상도 및 포맷형식 : 제한용량 범위 내에서 선택한다.
4) 기타
  ① 제공된 자료 범위 내에서 사용한다.
  ② 3개의 2D 응용프로그램을 선택하여 사용하되, 최종 작업 및 출력은 편집프로그램(쿽익스프레스, 인디자인)을 활용한다.
    (최종 작업 파일이 다른 프로그램에서 생성된 경우는 출력할 수 없음)

– 작품 규격(재단되었을때의 규격) : 가로 160mm×세로 240mm, 작품 외곽선은 생략하고, 재단선은 3mm 재단 여유를 두고 용도에 맞게 표시할 것.

– 지정되지 않은 색상 및 모든 작업은 "최종결과물" 오른쪽 디자인 원고를 참고하여 작업하시오.

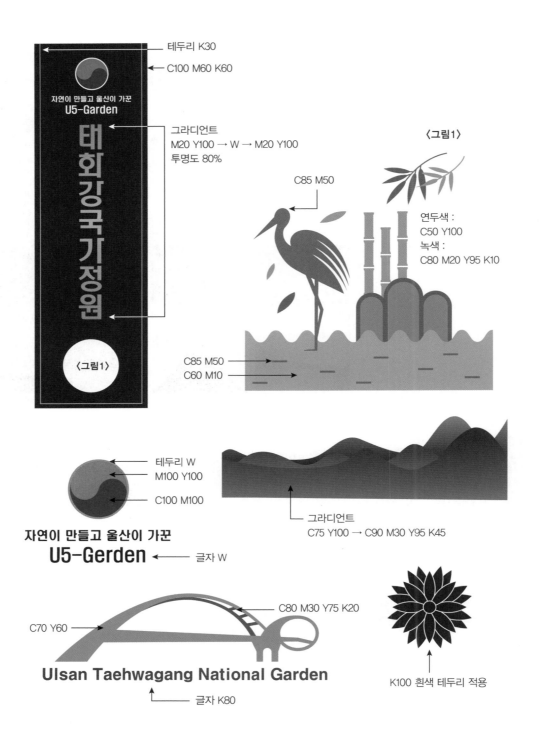

테두리 K30

C100 M60 K60

그라디언트
M20 Y100 → W → M20 Y100
투명도 80%

〈그림1〉

C85 M50

연두색 :
C50 Y100

녹색 :
C80 M20 Y95 K10

C85 M50
C60 M10

〈그림1〉

테두리 W
M100 Y100
C100 M100

그라디언트
C75 Y100 → C90 M30 Y95 K45

자연이 만들고 울산이 가꾼
U5-Gerden ← 글자 W

C80 M30 Y75 K20

C70 Y60

Ulsan Taehwagang National Garden

K100 흰색 테두리 적용

글자 K80

이미지(02) (03)
이미지 배경 제거
그림자 처리

꽃 문양 패턴 적용
투명도 30%

이미지(06)
배경 제거
원고와 같은
도트 필터 효과

이미지(08)
배경 제거
후광 효과

흰색 테두리 적용

이미지(04)
원고와 같이
흐림 효과 적용
투명도 60%

이미지(01)
하늘 배경 :
자연스럽게
사라지도록
마스크 효과 적용

후광 효과

이미지(07)
배경 제거
원고와 같이 합성

이미지(05)
배경 제거
원고와 같은
필터 효과

원고와 같은
필터 효과

자연이 만들고 울산이 가꾼
U5-Garden

태화강국가정원

Ulsan Taehwagang National Garden

일러스트레이터 작업

※ 그리드 그리기는 166쪽~170쪽을 참고하세요.

1 태극마크

❶ Ellipse Tool(⬭)을 선택한 후 Alt 와 Shift 를 누른 상태로 정원을 그리고, Scale Tool(⬚)을 더블클릭하여
⟨Uniform : 50%⟩를 설정한 후 [Copy] 버튼을 눌러 축소합니다.

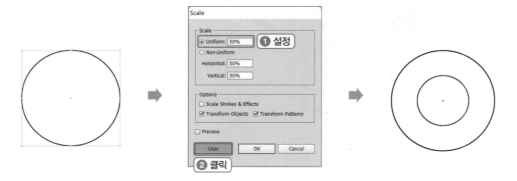

❷ 두 개의 원형 도형을 선택 후 Align 패널에서 ⟨Horizontal Align Left⟩ 버튼을 선택하여 왼쪽으로 정렬하고, 수평으로
오른쪽 방향으로 복사한 작은 원형과 큰 원형을 선택하여 Align 패널에서 ⟨Horizontal Align Right⟩ 버튼을 선택한 후
오른쪽으로 정렬합니다.

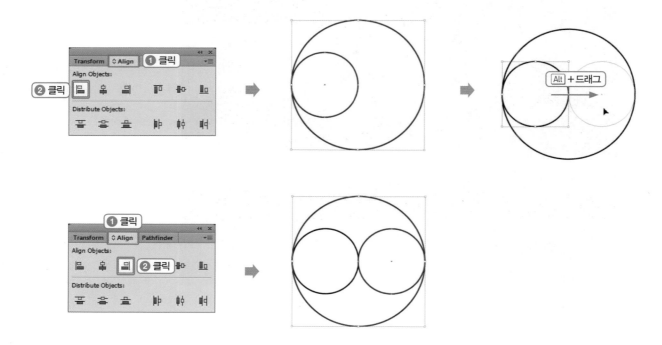

❸ 모든 원형을 선택하고 Pathfinder 패널에서 〈Pathfinders : Devide〉 버튼을 클릭하여 분할한 후 Shape Builder Tool(🔍)을 선택하여 태극마크 모양을 따라 드래그하여 도형을 합칩니다.

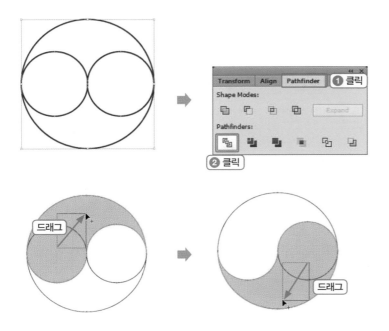

❹ Rotate Tool(🔄)을 더블클릭하여 대화상자가 나타나면 〈Angle : −15°〉를 설정하고 [Ok] 버튼을 눌러 회전합니다.
〈위에서부터 아래 면 : M100Y100, C100M100, 테두리 : None〉

❺ Ellipse Tool(⬤)을 선택한 후 Alt 와 Shift 를 누른 상태로 정원을 그리고, [Object]−[Arrange]−[Sand to Back] 메뉴로 맨 뒤로 배열하여 아래 그림과 같은 형태를 완성합니다.

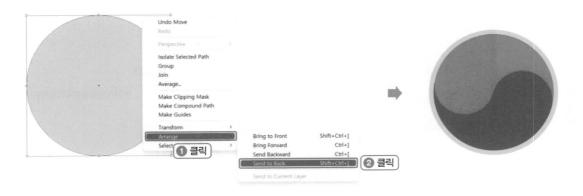

☑ 태화강 상징 일러스트

❶ Rectangle Tool(🔲)을 선택하여 직사각형을 그리고, 색상을 〈면 : C60 M10, 테두리 : none〉으로 지정합니다. [Effect]-[Distort & Transform]-[Zig Zag] 메뉴를 선택하고 〈Size : 2, Reges per segment : 18, Smooth〉를 설정하여 물결 형태로 변형한 뒤 [Object]-[Expand Appearance] 메뉴를 선택하여 오브젝트를 확장합니다.

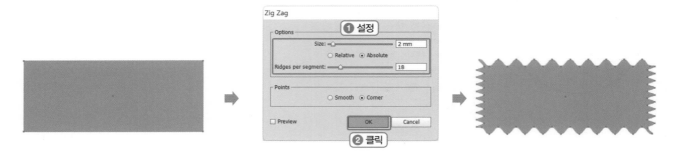

❷ Rectangle Tool(🔲)을 선택하여 그린 직사각형과 물결 도형을 함께 선택하여 Pathfinder 패널에서 〈Pathfinders : Intersect〉로 교차 영역만 남겨주고 Rectangle Tool(🔲)로 작은 직사각형을 그려 물결선을 만듭니다.
〈물결 도형 C60M10, 물결선 C85M50, 테두리 : None〉

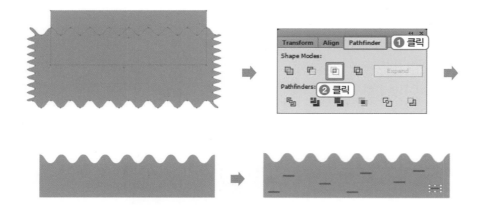

❸ Round Rectangle Tool(⬭)을 선택하여 도형을 그리고, 아래 그림과 같이 복사하여 배치하고 색상을 적용합니다.
〈면 : C50Y100, 테두리 : C80M20Y95K10〉

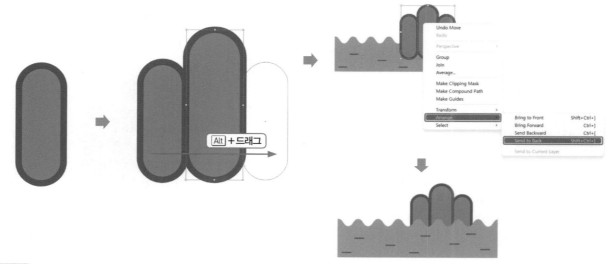

❹ Pen Tool(✏️)로 대나무 반쪽 형태를 그린 후 Reflect Tool(🔯)을 선택하여 세로축을 기준으로 Alt 를 누르고 클릭하고, 〈Vertical〉을 체크한 후 [Copy] 버튼을 눌러 복사합니다. 〈면 : C50Y100, 테두리 : 없음〉

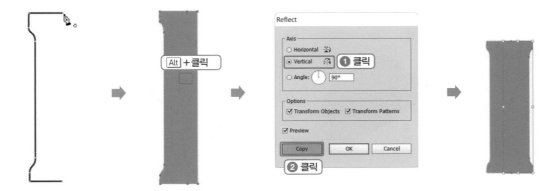

❺ Selection Tool(▶)로 두 개의 오브젝트를 선택한 후 Pathfinder 패널에서 〈Shape Mode : Unite〉 버튼을 클릭하여 오브젝트를 합치고 아래 그림과 같이 복사하여 배치합니다.

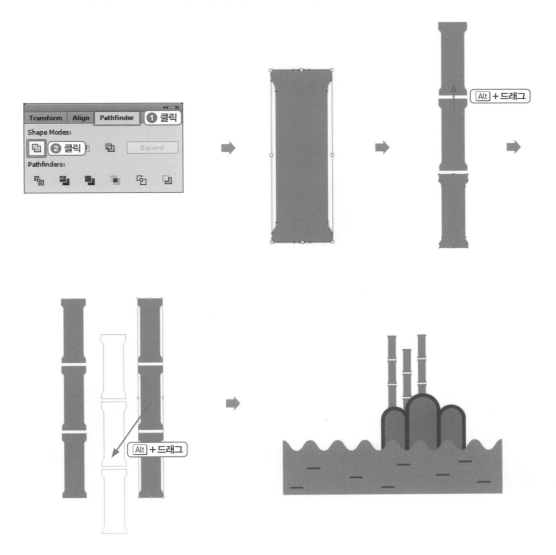

❻ Pen Tool(✎)로 백로를 그린 후 색상(면 : C85M50, 테두리 : 없음)을 적용합니다. Pathfinder 패널에서 〈Shape Mode : Unite〉 버튼을 클릭하여 하나의 오브젝트로 합칩니다.

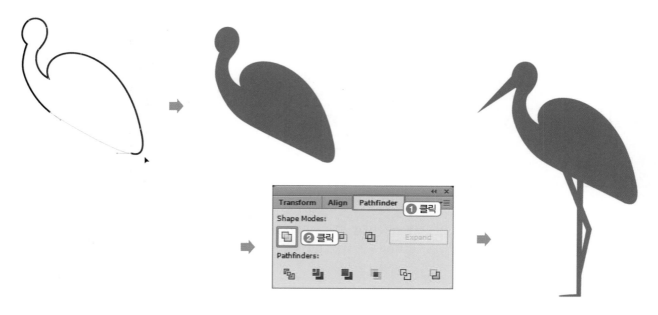

❼ Pen Tool(✎)로 날개를 그린 후 Alt 를 눌러 사선 방향으로 복사하고 바로 Ctrl + D 를 두 번 누릅니다. 전체 선택한 후 Pathfinder 패널에서 〈Shape Mode : Minus Front〉 버튼을 클릭하여 날개 영역만큼 뺍니다. 〈면 : C85M50, 테두리 : 없음〉

❽ Pen Tool(✐)로 대나무 가지와 대나무 잎을 아래와 같이 그린 후 색상을 적용합니다.

〈연두색 : C50Y100, 진녹색 : C80M20Y95K10〉

❾ 준비된 오브젝트들은 Arrange로 아래 그림과 같이 앞과 뒤로 배열하고 전체 선택하여 [Object]-[Group] 메뉴를 적용합니다.

③ 태화강 배너 그리기

❶ Rectangle Tool(▢)을 선택하여 직사각형을 그리고 색상을 지정합니다. 오브젝트를 선택한 후 [Object]-[Path]-[Offset Path] 메뉴를 선택하여 〈Offset : -3〉을 입력하고, 축소시킨 사각형은 Direction selection Tool(▷)로 상단 두 개 점을 선택한 후 아래 그림과 같이 이동합니다. 〈면 : C100M60Y60, 테두리 : none〉

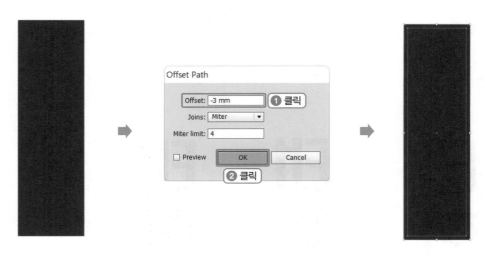

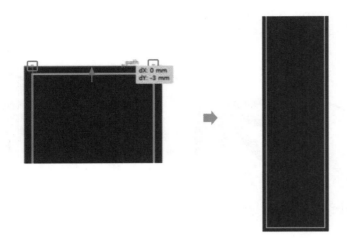

❷ Type Tool(T)을 선택하여 "태화강국가정원"을 입력하고 아래 그림과 같은 유사한 글꼴을 설정한 후 [Type]-
[Create Outline] 메뉴로 문자를 오브젝트로 전환합니다. (문자 선택 후 마우스 오른쪽 버튼을 클릭하여 Create
Outline을 클릭하거나 단축키 Ctrl + Shift + O 로도 적용할 수 있습니다.)

❸ Direction selection Tool(▸)로 수정할 점들을 선택한 후 고정점을 위로 드래그하여 아래 그림과 같이 레터링을 다
듬어 나갑니다.

❹ Gradient Tool()을 더블클릭하여 Gradient 패널을 열고 양쪽에 위치한 Gradient Slider를 더블클릭하여 아래와
같이 색상(좌 : M20Y100, 우 : M20Y100)을 등록합니다. Gradient Slider를 하나 더 추가하여 흰색을 적용한 후 위에
서 아래 방향으로 드래그하여 그라디언트 방향을 변경합니다.

❺ 완성된 레터링을 Selection Tool(▶)로 선택 후 상단 옵션 패널에서 〈Opacity : 80%〉을 적용하여 투명도를 설정하
고 아래 그림과 같이 배치합니다.

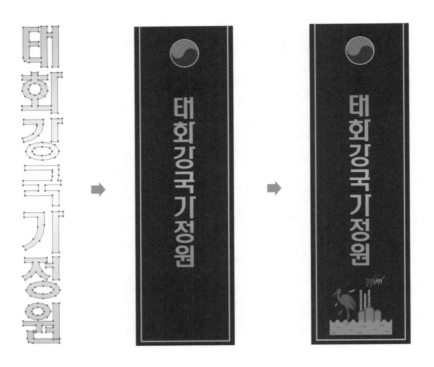

4 꽃 문양 패턴

❶ Ellipse Tool(◉)을 선택하여 타원형을 그리고, Direction selection Tool(▶)로 위아래 두 개의 점을 선택한 후 상단 옵션의 Convert selected anchor points to corner를 클릭하여 곡선을 직선으로 변경합니다.

Rotate Tool(↻)을 선택한 후 아래 점을 기준으로 Alt 를 누르고 클릭하여 대화상자가 나타나면 ⟨Angle : 45⟩를 입력하고 Ctrl + D 를 여섯 번 눌러 원형 모양의 꽃잎을 만든 후 Ctrl + G 를 눌러 그룹으로 만듭니다. ⟨면 : K100, 선 : 흰색⟩

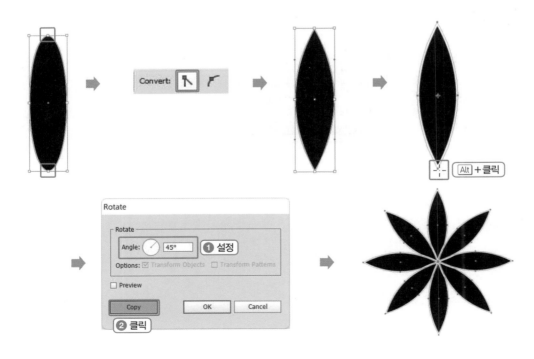

❷ 전체 선택한 후 Rotate Tool( )을 더블클릭하여 대화상자가 나타나면 〈Angle : 22.5〉를 입력하고 [Copy] 버튼을 눌러 복사합니다. 다시 Scale Tool( )을 더블클릭하여 대화상자가 나타나면 〈Uniform : 80%〉를 입력한 후 [Copy] 버튼을 눌러 복사하고 아래 그림과 같이 회전하여 꽃 문양을 만듭니다.

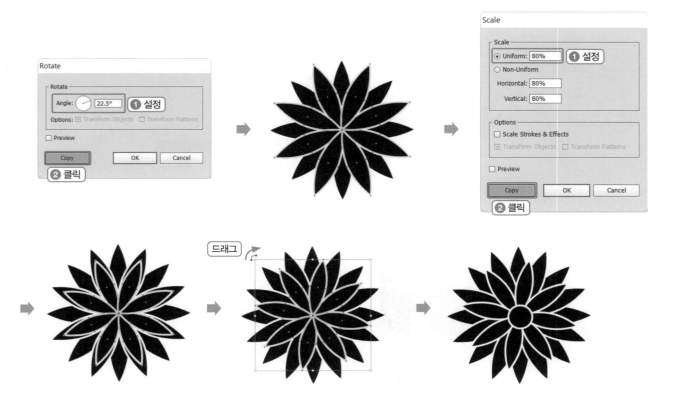

❸ 꽃 문양을 선택한 후 [Object]-[Pattern]-[Make] 메뉴를 선택하여 대화상자가 나타나면 〈Width : 24mm, Height : 24mm〉를 입력하여 패턴을 생성합니다. Rectangle Tool( )을 선택하여 포스터 영역 전체를 드래그하여 직사각형을 그린 후 Swatches 패널에서 등록된 꽃 문양을 적용합니다.

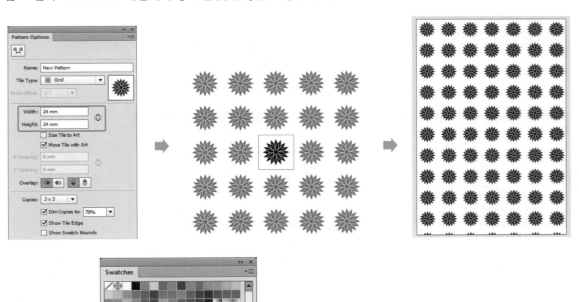

5 숲 일러스트

❶ Pen Tool(✑)로 아래 그림과 같이 패스를 그리고 전체 선택합니다. Gradient Tool(▣)을 더블클릭하여 Gradient 패널을 열어 White Black 그라디언트로 지정합니다.

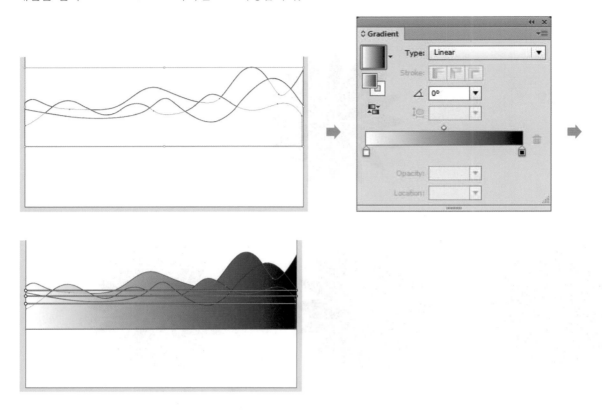

❷ Gradient 패널에서 양쪽에 위치한 Gradient Slider를 더블클릭하여 아래와 같이 색상을 등록하고 아래 그림과 같이 각각의 오브젝트의 그라디언트 방향을 다르게 적용합니다. 〈면 좌 : C75Y100, 우 : C90M30Y95K45, 테두리 : 없음〉

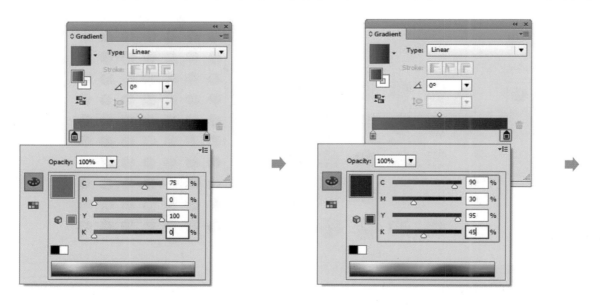

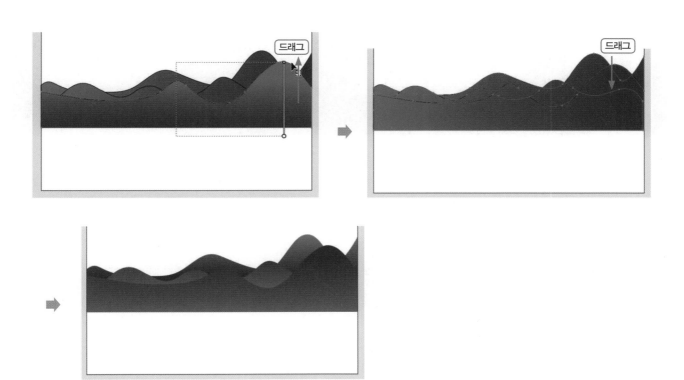

❶ [File]─[New] 메뉴를 선택하여 아래와 같이 〈Width : 166mm, Height : 246mm, Resolution 100Pixel/inch, Color Mode : RGB〉를 입력하여 도큐먼트를 생성합니다.

❷ 일러스트레이터 창으로 이동 후 그리드를 선택하고 Ctrl + C 로 복사합니다. 포토샵 작업 창으로 이동하여 Ctrl + V 로 붙여 넣기한 후 레이어 창에 이름을 '그리드선'으로 바꿉니다.

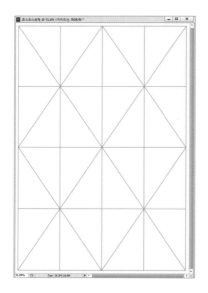

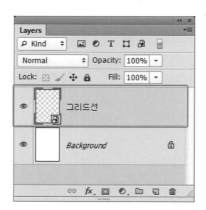

TIP 일러스트레이터 Layer 패널에서 '그리드' 레이어의 잠금 체크를 풀고 그리드를 선택하여 복사합니다. 포토샵 Layer 패널에서 가져온 그리드는 '그리드선'으로 이름을 바꾸고 항상 상위에 그리드선을 배치하여 작업을 시작합니다.

❸ [File]−[Open] 메뉴에서 '01.jpg' 파일을 열고 Ctrl+A로 전체 선택한 후 Ctrl+C로 복사합니다. 작업 창으로 이동하여 Ctrl+V로 붙여 넣기한 후 Ctrl+T로 크기를 맞추고 Layer Mask(▣) 버튼을 클릭하여 Gradient Tool(▣)을 선택합니다. 전경색(검정)−배경색(흰색)을 확인 후 선형 그라디언트를 선택하고 수직 방향으로 드래그하여 아래쪽이 자연스럽게 사라지게 표현합니다.

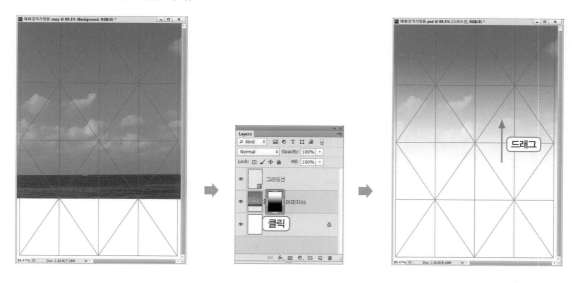

❹ [File]−[Open] 메뉴에서 '04.jpg' 파일을 열고 Polygonal Lasso Tool(☌)로 벚꽃 주위를 대략적으로 선택한 다음 Magic Wand Tool(✦)을 선택하여 옵션에서 〈Tolerance : 80, Contiguous 체크 해제〉합니다. 선택 영역 안에서 Alt를 누른 상태에서 하늘을 클릭하여 바탕 영역을 빼준 뒤 Ctrl+C로 복사하고 작업 창으로 이동하여 Ctrl+V로 붙여 넣기한 후 Ctrl+T로 크기를 맞춥니다.

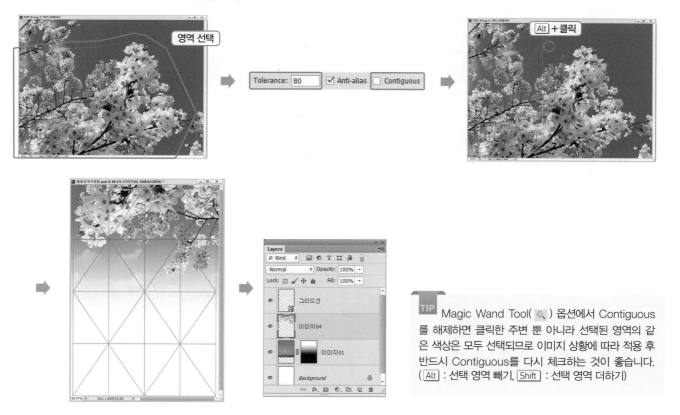

TIP Magic Wand Tool(✦) 옵션에서 Contiguous를 해제하면 클릭한 주변 뿐 아니라 선택된 영역의 같은 색상은 모두 선택되므로 이미지 상황에 따라 적용 후 반드시 Contiguous를 다시 체크하는 것이 좋습니다. (Alt : 선택 영역 빼기, Shift : 선택 영역 더하기)

❺ [Filter]-[Blur]-[Gaussain Blur] 메뉴에서 〈Radius : 2pixel〉을 설정하여 벚꽃 이미지에 흐림 효과를 적용하고 Layer Pannel에서 〈Opacity : 60%〉를 입력하여 아래 그림과 같이 적용합니다.

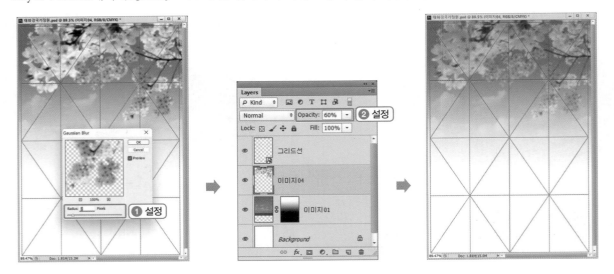

❻ [File]-[Open] 메뉴에서 '02.jpg'와 '03.jpg' 파일을 열고 Polygonal Lasso Tool(▷)을 선택하여 ❹번과 같은 방법으로 배경을 제거하고 Ctrl + C 로 복사합니다. 작업 창으로 이동하여 Ctrl + V 로 붙여 넣기한 후 Ctrl + T 로 크기를 맞추어 배치합니다.

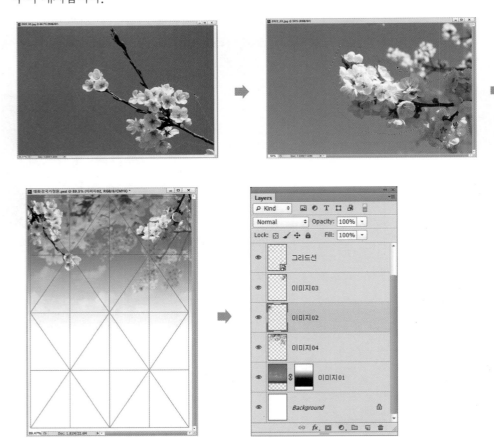

❼ 이미지02 레이어에서 Layer Style(fx.)의 Drop Shadow를 선택하고 〈Opacity : 40, Angle : 90, Distance : 15, Size : 10〉을 설정하여 그림자를 적용합니다. 이미지02 레이어의 fx. 를 Alt 누른 상태에서 이미지03 레이어로 드래그하여 효과를 복사합니다.

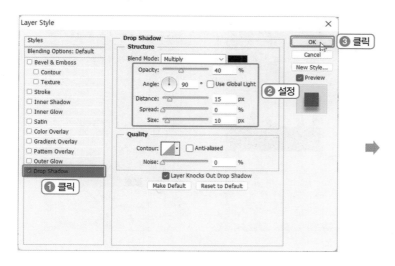
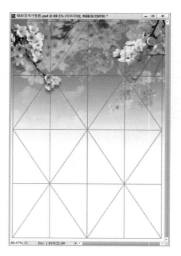

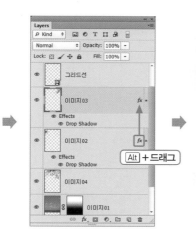
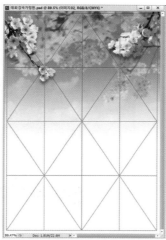

❽ 일러스트레이터에서 '꽃문양 패턴'을 선택하고 Ctrl + C 로 복사한 후 포토샵 작업 창으로 이동합니다. Ctrl + V 로 붙여넣기하고 Layer 패널 상단의 Opacity를 30%로 낮춰 이미지04 레이어 밑으로 배치합니다.

❾ [File]-[Open] 메뉴에서 '07.jpg' 파일을 연 후 Magic Wand Tool(🪄)을 선택하고 옵션에서 〈Tolerance : 20〉을 적용하여 숲을 선택한 후 Ctrl+C로 복사합니다. 작업 창으로 이동하여 Ctrl+V로 붙여 넣기한 후 Ctrl+T로 크기를 맞추어 꽃문양 패턴 레이어 위에 배치합니다.

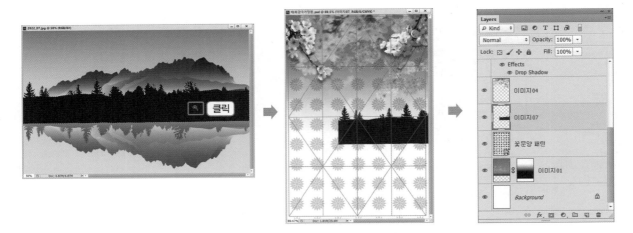

❿ [File]-[Open] 메뉴에서 '07.jpg' 파일을 열고 Magic Wand Tool(🪄)로 하늘을 선택합니다. [Select]-[inverse] 메뉴를 선택하여 선택 영역을 반전한 후 Ctrl+C로 복사하고 작업 창으로 이동하여 Ctrl+V로 붙여 넣기한 후 Ctrl+T로 크기를 맞추어 배치합니다. [Filter]-[Filter Gallery]-[Artistic]-[Dry Brush] 메뉴를 선택한 후 〈Brush Size : 2, Brush Detail : 5, Texture : 2〉를 설정하여 필터를 적용합니다.

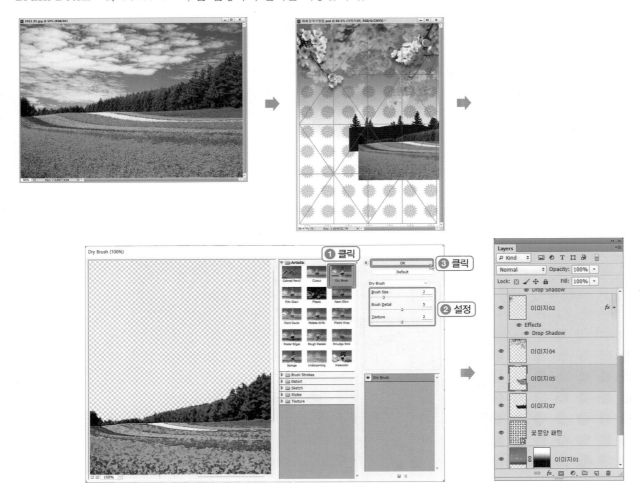

⓫ [File]−[Open] 메뉴에서 '06.jpg' 파일을 열고 Magic Wand Tool( ) 로 하늘을 선택한 후 [Select]−[inverse] 메뉴를 선택하여 선택 영역을 반전합니다. Ctrl+C 로 복사하고 작업 창으로 이동하여 Ctrl+V 로 붙여 넣기한 후 Ctrl+T 로 크기를 맞추어 배치합니다. Layer 패널에서 Layer Mask( ) 버튼을 클릭하여 마스크를 생성한 후 마스크 썸네일을 Alt 를 누른 상태에서 클릭하여 마스크 작업 창으로 전환합니다.

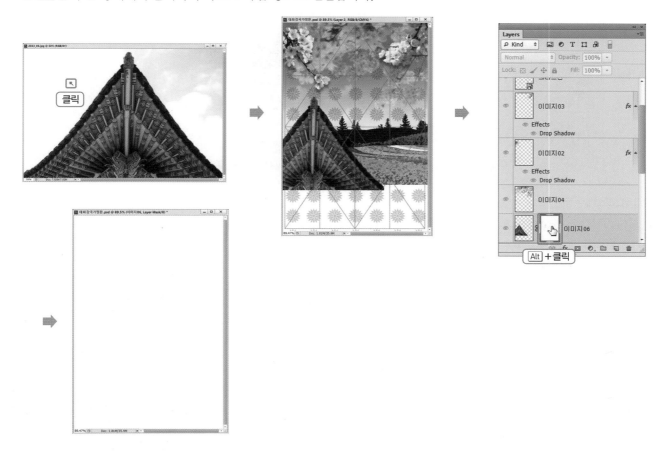

⓬ [Filter]−[Filter Gallery]−[Sketch]−[Halftone Pattern] 메뉴를 선택한 후 〈Size : 1, Contrast : 5〉를 설정하여 필터를 적용하고 [Image]−[Adjustment]−[Brightness/Contrast] 메뉴에서 〈Brightness : 150〉으로 설정한 후 Layer Pannel에서 이미지06 레이어 썸네일을 클릭하여 적용된 필터효과를 확인합니다.

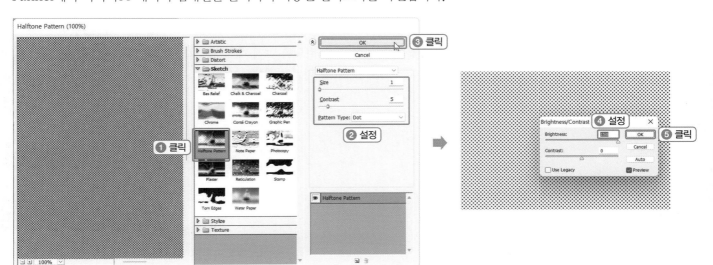

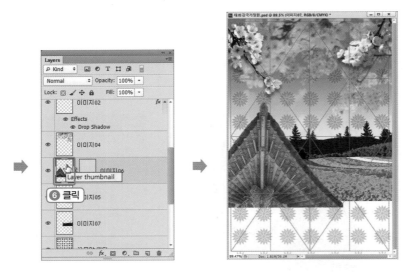

⓭ 일러스트레이터 창으로 이동 후 '태화강 배너' 도형들을 선택하고 Ctrl + C 로 복사합니다. 포토샵 작업 창으로 이동하여 Ctrl + V 로 붙여 넣기한 후 그리드에 맞게 배치합니다. Layer 패널에서 Layer Style(fx.)의 Outer Glow를 선택하고 〈Color : 흰색, Size : 20〉을 설정하여 후광효과를 적용합니다.

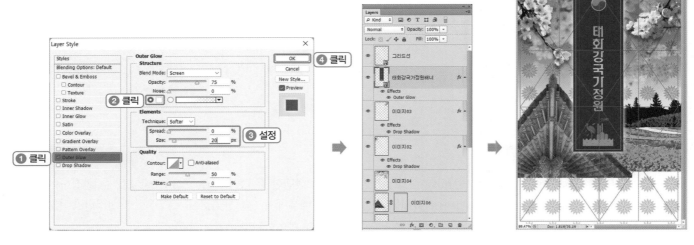

⓮ 일러스트레이터 창으로 이동 후 '숲' 도형들을 선택하고, Ctrl + C 로 복사한 후 포토샵 작업 창으로 이동하여 Ctrl + V 로 붙여 넣기한 후 그리드에 맞게 배치합니다. [Filter]-[Filter Gallery]-[Artistic]-[Paint Daubs] 메뉴를 선택하여 필터를 적용합니다.

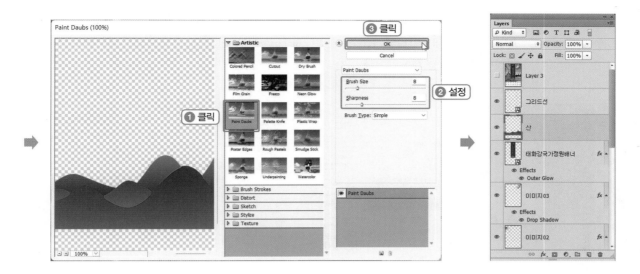

⓯ [File]−[Open] 메뉴에서 '08.jpg' 파일을 열고 Magic Wand Tool( )로 하늘을 선택한 후 [Select]−[inverse] 메뉴를 선택하여 선택 영역을 반전합니다. Ctrl+C로 복사하고 작업 창으로 이동하여 Ctrl+V로 붙여 넣기한 후 Ctrl+T로 크기를 맞추어 배치합니다. Layer 패널에서 Layer Style(fx.)의 Outer Glow를 선택한 후 〈Color : 흰색, Size : 15〉를 설정하여 후광효과를 적용합니다.

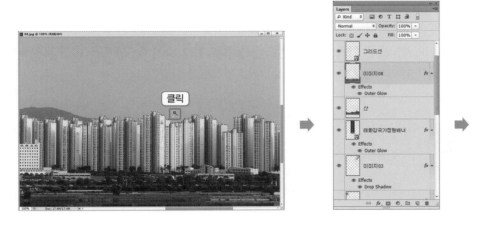

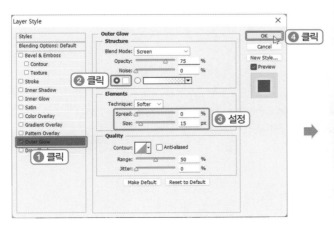

⑯ 일러스트레이터 창으로 이동 후 '로고' 도형들을 선택합니다. Ctrl+C로 복사한 후 포토샵 작업 창으로 이동하여 Ctrl +V로 붙여 넣기하고 그리드에 맞게 배치합니다. Layer 패널에서 Layer Style(fx.)의 Stroke를 선택하고 〈Size : 1, Color : 흰색〉을 설정하여 흰색 테두리를 적용합니다.

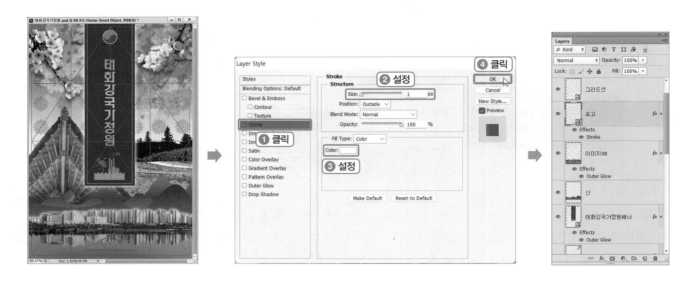

⑰ 포토샵 작업이 끝나면 '가이드선' 레이어의 눈을 끄고 화면에 가이드선이 없는 것을 확인한 후 [File]−[Save as] 메뉴에서 '태화강국가정원.psd' 파일 형식으로 저장합니다.

⑱ 포토샵 저장이 끝나면 편집프로그램 인디자인으로 가지고 갈 파일을 저장하기 위해 다시 [File]−[Save as] 메뉴에서 Format을 'JPEG'로 선택하고 〈Quality : 12〉로 입력 후 '등번호.jpg' 파일 형식으로 저장합니다.

TIP 바탕화면에 등번호로 된 새 폴더를 생성하여 작업 완료된 PSD 파일과 JPG 파일을 저장하면 파일 관리가 편합니다.

❶ [파일]-[새로 만들기]-[문서] 메뉴를 선택하여 도큐먼트 설정 대화상자를 엽니다. 대화상자에서 〈페이지 크기 : A4〉, 여백은 〈위쪽 : 25.5mm, 아래쪽 25.5mm, 안쪽 : 22mm, 바깥쪽 : 22mm〉를 설정하여 도화지를 생성합니다.

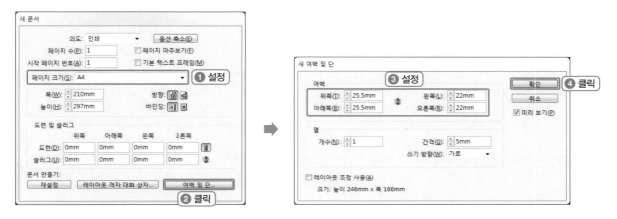

TIP 도화지 여백은 210mm−166mm=44mm이므로 안쪽, 바깥쪽에 22mm를 입력합니다.

297mm−246mm=51mm이므로 위쪽, 아래쪽에 25.5mm를 입력합니다.

❷ 원점을 여백선 왼쪽 상단에 드래그하여 위치를 맞춘 후 눈금자에서 마우스를 드래그하여 사방 안쪽 3mm로 이동시켜 가이드선을 표시합니다.

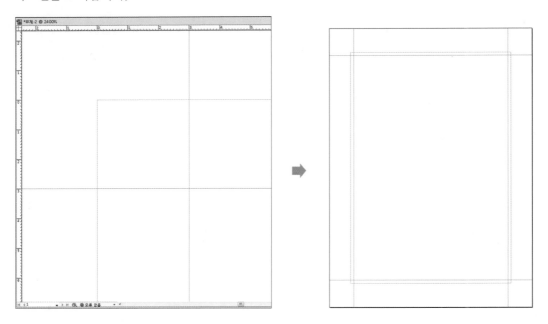

❸ 라인 툴(✏)을 선택하고 길이 5~10mm의 가는 선 라인을 드래그하여 모서리 부분에 그립니다.

❹ ❸번과 같은 방법으로 라인 툴을 활용하여 사방에 재단선을 표시합니다.

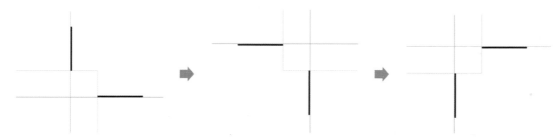

⑤ [파일]–[가져오기] 메뉴로 포토샵에서 저장한 '01.jpg' 파일을 선택한 후 작업 규격의 좌측 상단에 마우스 포인터를 클릭하여 이미지를 불러옵니다.

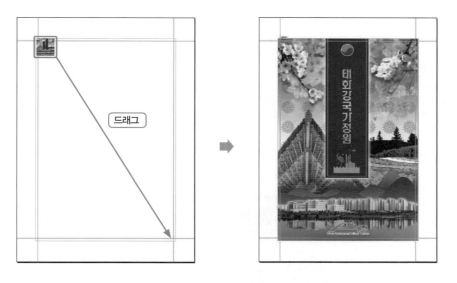

TIP • [파일]–[가져오기] : Ctrl + D

• 프로그램 설치 언어에 따라 이미지 가져오기가 Place로 표시됩니다.

⑥ 불러온 이미지를 화면에서 선명하게 보기 위해 마우스 오른쪽 버튼을 눌러 [화면표시 성능]–[고품질 표시] 메뉴를 선택합니다.

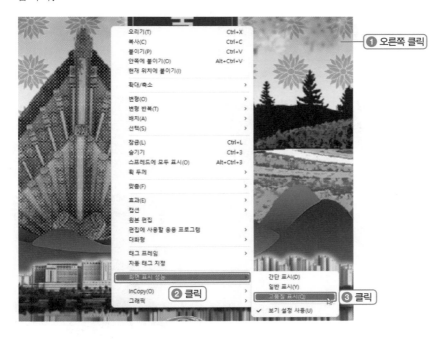

❼ 문자 툴(T.)을 선택하고 문자를 입력할 영역을 드래그하여 글상자를 생성한 후 글자를 입력합니다. 전체를 선택한 후 Ctrl+Shift+C를 눌러 문단을 가운데 정렬로 설정합니다. 문자 패널에서 〈서체 : HY헤드라인, Size : 9pt/13pt, 자간 : -30,-10〉으로 설정하고 색상 패널에서 색상을 용지로 적용합니다.

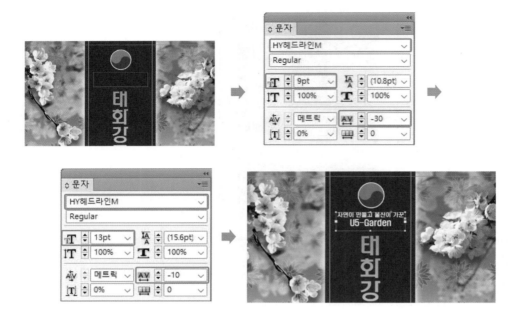

❽ 좌측 하단에 등번호(비번호)를 〈서체 : 돋움, 크기 : 10pt〉로 입력합니다.

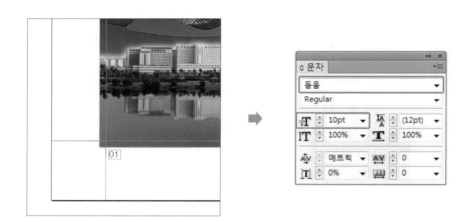

❾ [파일]-[다른이름으로 저장] 메뉴를 선택하고 파일 이름은 '등번호.indd'로 저장합니다.

⑩ 저장된 파일은 indd(인디자인 파일)과 jpg(포토샵 파일)를 네트워크로 저장한 후 프린터가 연결된 자리로 이동하여 출력합니다.

비번호가 '01'일 경우

⑪ 출력된 프린트 결과물은 시험장에서 제공하는 A3용지 뒷면에 양면테이프를 이용하여 4군데 모서리에 붙여 중앙에 고정시킨 디자인작업지시서와 함께 제출하고 퇴실합니다.

국가기술자격검정 실기시험

자격종목	컴퓨터그래픽기능사	과제명	4차산업혁명	비번호(등번호)	
				시험시간	3시간

1. 요구사항

※ 다음의 요구사항에 맞도록 주어진 자료(컴퓨터에 수록)를 활용하여 디자인 원고를 시험 시간 내에 컴퓨터 작업으로 완성하여 A4용지로 출력 후 A3용지에 마운팅(부착)하여 제출하고, 모든 작업은 수험자가 컴퓨터 바탕화면에 폴더를 만들어 저장하시오.

가. 작품 규격(재단 규격)

- A4용지 중앙에 배치
- 원고 규격 : 160×240mm

나. 구성 요소

❶ 문자 요소

- 과학기술과 ICT로 열어가는 4차산업혁명 심포지엄
- 8.25.(수) 13 : 00~15 : 00 과학기술정보통신부 5층 대강연실
- IoT 규제개선, O2O 규제개선, 클라우드 규제개선

❷ 그림 요소

01.jpg

02.jpg

03.jpg

04.jpg

05.jpg

06.jpg

07.jpg

08.jpg

다. 작업 내용

1) 주어진 디자인 원고(그림, 사진, 문자, 색채, 레이아웃, 규격 등)와 동일하게 작업한다.
2) 디자인 원고 내용 중 불명확한 형상, 색상 코드 불일치, 색 지정이 없는 부분, 원고에 없는 형상 등이 있을 때는 수험자가 완성도면 내용과 같이 작업한다.
3) 요구하는 서체가 사용 컴퓨터 및 소프트웨어와 맞지 않을 경우는 가장 근접한 서체를 사용한다.
4) 디자인 원고는 상하, 좌우에 3mm 재단 여유를 갖도록 작품을 배치하고, 재단선은 작품 규격에 맞추어 용도에 맞게 표시한다. (단, 원고의 지시에 따라 외곽선이 있는지를 정확히 보고 표시 여부를 결정한다.)
5) 디자인 원고 좌측 하단으로부터 3mm를 띄워 비번호를 고딕 10pt로 반드시 기록한다.
6) 출력물(A4)은 어떠한 경우에도 절취할 수 없으며, 반드시 A3용지 중앙에 마운팅한다.

라. 컴퓨터 작업 범위

1) 용량 : 10MB 이내로 폴더에 수록될 수 있도록 작업 범위(해상도 및 포맷형식)를 계획한다.
2) 규격 : A4(210×297mm) 중앙에 디자인 원고와 같은 작품(원고규격)을 배치한다.
3) 해상도 및 포맷형식 : 제한용량 범위 내에서 선택한다.
4) 기타
   ① 제공된 자료 범위 내에서 사용한다.
   ② 3개의 2D 응용프로그램을 선택하여 사용하되, 최종 작업 및 출력은 편집프로그램(쿽익스프레스, 인디자인)을 활용한다.
      (최종 작업 파일이 다른 프로그램에서 생성된 경우는 출력할 수 없음)

컴퓨터그래픽기능사 / 디자인 원고 / 작품명 : 4차산업혁명

– 작품 규격(재단되었을 때의 규격) : 가로 160mm×세로 240mm, 작품 외곽선은 생략하고, 재단선은 3mm 재단 여유를 두고 용도에 맞게 표시할 것.
– 지정되지 않은 색상 및 모든 작업은 "최종결과물" 오른쪽 디자인 원고를 참고하여 작업하시오.

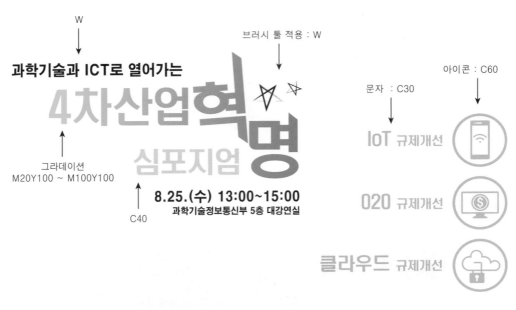

W

브러시 툴 적용 : W

과학기술과 ICT로 열어가는

4차산업혁명

심포지엄

그라데이션
M20Y100 ~ M100Y100

C40

8.25.(수) 13:00~15:00
과학기술정보통신부 5층 대강연실

아이콘 : C60

문자 : C30

IoT 규제개선

O2O 규제개선

클라우드 규제개선

블랜딩 모드 적용

흐림 효과,
자유 변형툴로 기울기 적용

자유 변형툴로 기울기 적용
C35Y5

문자 및 선 : W

신청인원 선착순 150명
신청기간 8. 20. (금) 18:00까지
신청방법 신청서 제출 (http://www.koit.go.kr)

강연일정

구분	시간	내용
개최	18:00~18:10	개회사 및 심포지엄
강연	18:10~19:30	4차산업으로 인한 경쟁구도 변화
	19:30~19:40	티타임(Break time)
	19:40~21:00	4차산업시대의 기업조건
폐회	21:00~	폐회선언

문 의 02.2579-3021

테두리 : W

K100

M100Y80

C100M70Y20K40

과학기술정보통신부

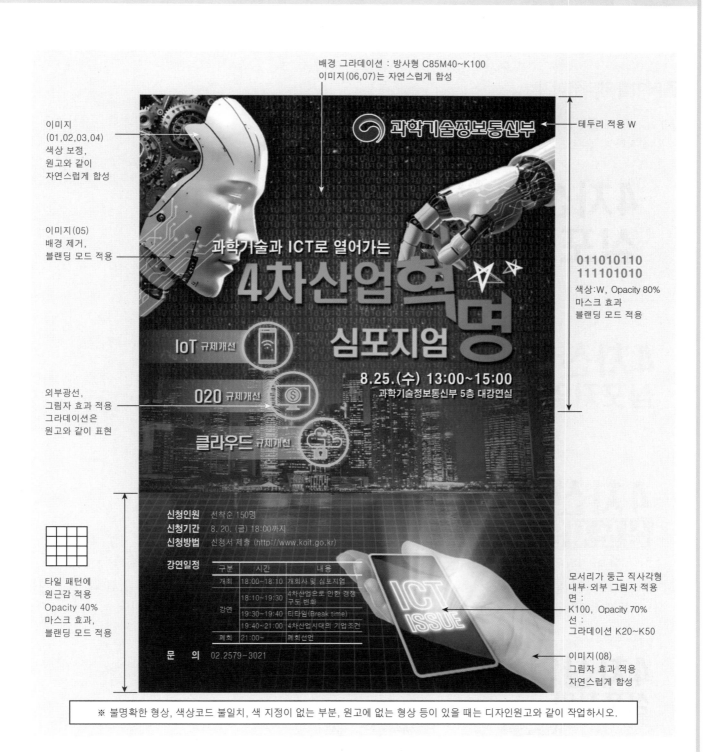

배경 그라데이션 : 방사형 C85M40~K100
이미지(06,07)는 자연스럽게 합성

이미지
(01,02,03,04)
색상 보정,
원고와 같이
자연스럽게 합성

이미지(05)
배경 제거,
블랜딩 모드 적용

외부광선,
그림자 효과 적용
그라데이션은
원고와 같이 표현

테두리 적용 W

011010110
111101010
색상:W, Opacity 80%
마스크 효과
블랜딩 모드 적용

타일 패턴에
원근감 적용
Opacity 40%
마스크 효과,
블랜딩 모드 적용

모서리가 둥근 직사각형
내부·외부 그림자 적용
면 :
K100, Opacity 70%
선 :
그라데이션 K20~K50

이미지(08)
그림자 효과 적용
자연스럽게 합성

과학기술정보통신부

과학기술과 ICT로 열어가는
4차산업혁명
심포지엄

8.25.(수) 13:00~15:00
과학기술정보통신부 5층 대강연실

IoT 규제개선
O2O 규제개선
클라우드 규제개선

신청인원　선착순 150명
신청기간　8. 20. (금) 18:00까지
신청방법　신청서 제출 (http://www.koit.go.kr)

강연일정

구분	시간	내용
개회	18:00~18:10	개회사 및 심포지엄
강연	18:10~19:30	4차산업으로 인한 경쟁 구도 변화
	19:30~19:40	티타임(Break time)
	19:40~21:00	4차산업시대의 기업조건
폐회	21:00~	폐회선언

문　의　02.2579-3021

ICT ISSUE

※ 불명확한 형상, 색상코드 불일치, 색 지정이 없는 부분, 원고에 없는 형상 등이 있을 때는 디자인원고와 같이 작업하시오.

일러스트레이터 작업

※ 그리드 그리기는 166쪽~170쪽을 참고하세요.

1 타이틀 레터링하기

❶ Type Tool(T.)을 선택하여 "4차산업혁명 심포지엄"을 입력하고 Chatacter 패널에서 아래 그림과 같은 유사한 글꼴을 설정한 후 폰트 크기를 〈Size : 54pt/78pt/37pt〉로 설정합니다.

❷ Selection Tool (▶)로 문자를 선택하고 마우스 오른쪽 버튼을 클릭하여 [Create Outline] 메뉴를 선택한 후 문자를 오브젝트로 전환하고, 마우스 오른쪽 버튼을 클릭하고 [Ungroup] 메뉴를 선택하여 그룹을 해제합니다.

TIP • Create Outline 단축키 : Ctrl + Shift + O
• Ungroup 단축키 : Ctrl + Shift + G

❸ Direction selection Tool (▸)로 아래와 같이 세 개의 점을 선택하여 위쪽으로 이동시킵니다. 다시 Direction selection Tool (▸)로 아래와 같이 두 개의 점을 선택하여 'ㅕ'의 모음의 길이를 늘여주고 '혁'만 선택하여 아래 그림과 같이 회전합니다.

④ Gradient Tool()을 더블클릭하여 Gradient 패널을 열고 양쪽에 위치한 Gradient Slider를 더블클릭하여 아래와 같이 색상 〈좌 : M20Y100, 우 : M100Y100〉을 등록한 후, 왼쪽 방향으로 드래그하여 그라디언트 방향을 변경합니다. '심포지엄'은 색상 〈면 : C40, 테두리 : none〉을 적용합니다.

2 별 만들기

① Pen Tool(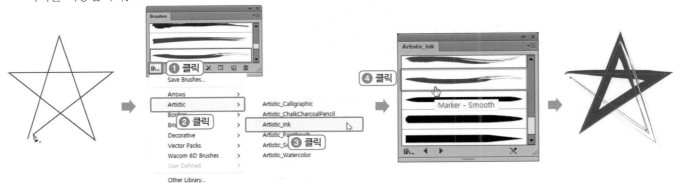)로 별 모양을 아래와 같이 그린 후 Brush 패널 하단 Brush Libaraies Menu( )를 선택하여 [Artistic]-[Artistic_Ink] 패널을 불러옵니다. [Artistic_Ink] 패널에서 〈Marker-Smooth〉를 선택하여 별 모양에 브러시를 적용합니다.

❷ Selection Tool (▶)로 별 모양을 선택한 다음 Alt 를 누른 상태에서 사선 방향으로 드래그하여 복사한 뒤 각각 크기와 각도를 아래 그림과 같이 수정합니다. 완성된 별 모양은 타이틀 레터링과 함께 배치합니다.

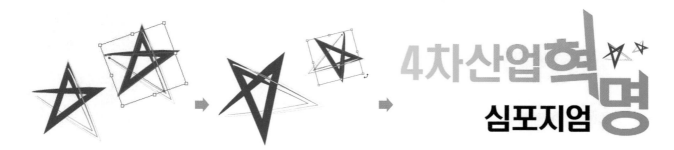

③ 핸드폰 만들기

❶ Round Rectangle Tool (▢)을 선택하여 직사각형 모양으로 드래그하며, 방향키 ↑, ↓를 눌러가며 모서리의 동근 정도를 조절한 다음, 아래 그림과 같이 색상과 투명도를 설정합니다. 〈색상 : K100, Opacity : 70%〉

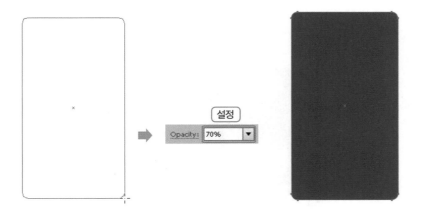

❷ Selection Tool (▶)로 둥근 사각형을 선택하고 Ctrl + C 를 눌러 복사합니다. Ctrl + F 를 눌러 제자리 붙여넣기 한 다음, 면색을 없애고 테두리 〈Weight : 3pt〉를 적용합니다. Gradient Tool (▣)을 더블클릭하여 Gradient 패널이 열리면 〈흰색 → 검정, Type : Linear〉를 적용합니다.

❸ Gradient 패널 양쪽에 위치한 Gradient Slider를 각각 더블클릭하여 아래와 같이 색상을 등록하고 각도를 변경합니다.
〈좌 : K20, 우 : K50, Angle : −45〉

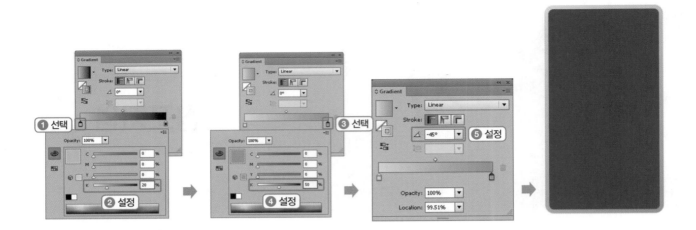

❹ Type Tool(T.)을 선택하여 "ICT ISSUE"를 입력하고 Chatacter 패널에서 아래 그림과 같은 유사한 글꼴을 설정한 후 Option 패널에서 〈Paragraph : Center〉을 선택하여 문단을 중앙 배치합니다. 폰트 크기 〈Size : 25pt/47pt〉와 색상 〈면색 : None, 테두리 : 흰색〉을 설정합니다.

❺ Selection Tool(▶)로 전체 선택한 후 Ctrl + G 를 눌러 그룹을 적용합니다. [Menu]−[Effect]−[Distort & Transform]−[Free Distort] 메뉴를 선택하여 네 개의 조절점을 드래그하여 아래 그림과 같이 원근감을 표현합니다.

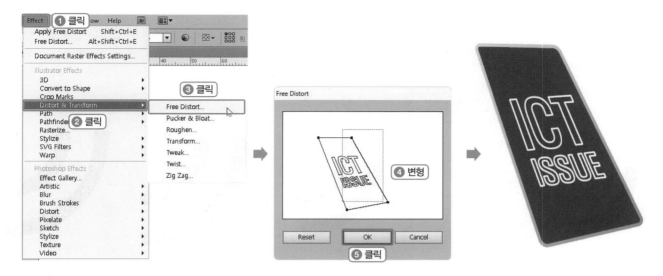

④ 아이콘 만들기

❶ Rectangle Tool(■), Round Rectangle Tool(▢), Ellipse Tool(●)을 선택하여 도형들을 아래 그림처럼 배치하고 색상 〈면 : C60/흰색 테두리 : none〉을 적용합니다.

❷ Arc Tool (⌒)을 선택하여 원호를 그린 후 Stroke 패널에서 선의 두께를 조정합니다. Alt 를 눌러 사선 방향으로 드래 그하여 복사하고, Alt + Shift 를 동시에 누른 상태에서 크기를 확대합니다.

⟨Weight : 10pt, Cap : Round Cap⟩

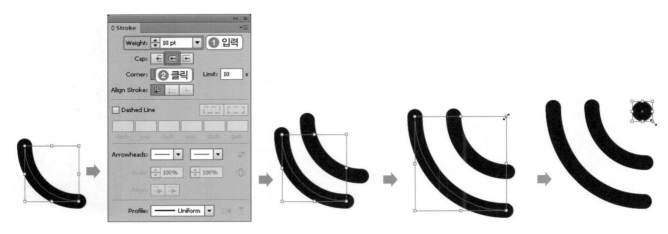

> **TIP** 도형을 확대하거나 축소할 때 테두리의 두께가 변형되지 않게 하기 위한 방법
> [Menu]-[Edit]-[Preference] 메뉴 또는 Ctrl + K 를 눌러 환경설정 대화상자가 열리면 [General] 옵션에서 Scale Strokes & Effects 항목 의 체크를 해제합니다.

❸ Selection Tool (▶)로 전체 선택하여 [Object]-[Group]을 적용하고 Rotate Tool (↻)을 더블클릭하여 대화상자 가 나타나면 ⟨Angle : 225°⟩를 설정하고 색상 ⟨C60⟩을 적용합니다.

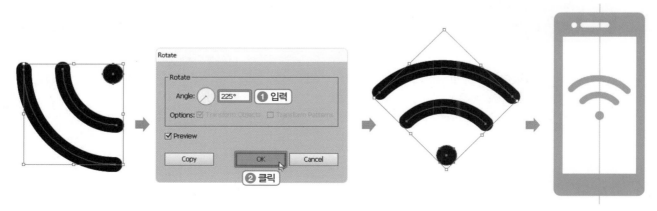

❹ Rectangle Tool (▣), Round Rectangle Tool (▢), Ellipse Tool (◉)을 선택하여 도형들을 아래 그림과 같이 배치한 다음 문자를 입력하고 색상을 적용합니다. 〈도형과 문자 색상 : C60〉

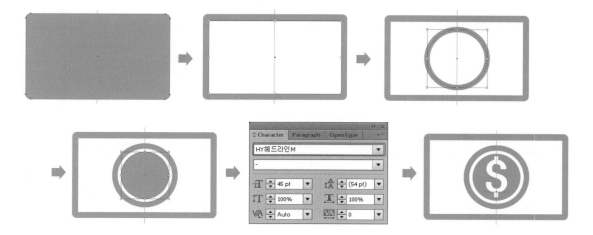

❺ Rectangle Tool (▣)을 선택하여 세로축 가이드선 기준으로 Alt 를 누른 상태에서 드래그하여 직사각형 두 개를 그립니다. 하단 직사각형을 선택하고 Pen Tool (✐)로 점을 추가한 다음 Direction selection Tool (▸)로 점을 위로 이동시켜 형태를 완성합니다.

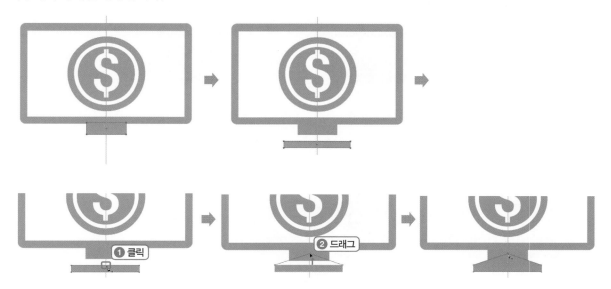

❻ Rectangle Tool (▣), Ellipse Tool (◉)을 선택하여 도형들을 아래 그림처럼 배치한 다음 색상 〈면 : none, 테두리 : C60〉을 적용합니다. 전체 선택하여 Pathfinder 패널에서 〈Shape Mode : Unite〉 버튼을 클릭하여 하나의 오브젝트로 합쳐줍니다.

❼ Round Rectangle Tool(▢)을 선택하여 둥근 사각형을 삽입한 다음 Selection Tool(▸)로 왼쪽 상단의 둥근 모서리를 선택하고 Delete 를 눌러 삭제합니다. 다시 아래 그림과 같이 Selection Tool(▸)로 점을 선택하여 아래 방향으로 드래그하며 길이를 수정합니다. 〈면 : none, 테두리 : C60〉

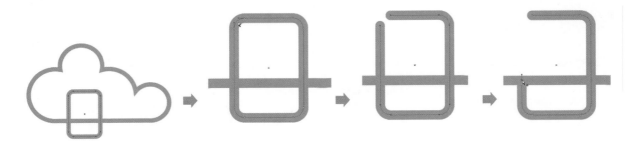

❽ Rectangle Tool(▣), Round Rectangle Tool(▢), Ellipse Tool(⬭)을 선택하여 도형들을 아래 그림처럼 배치하고 색상을 적용합니다. 〈면 : C60/흰색 테두리 : none〉

❾ Selection Tool(▸)로 완성된 세 개의 아이콘을 모두 선택하고 [Menu]-[Object]-[Expand] 메뉴를 선택하여 오브젝트 속성을 면으로 확장합니다. Pathfinder 패널에서 〈Pathfinders : Merge〉를 클릭하여 인접되어 있는 같은 색상의 도형들은 합쳐줍니다.

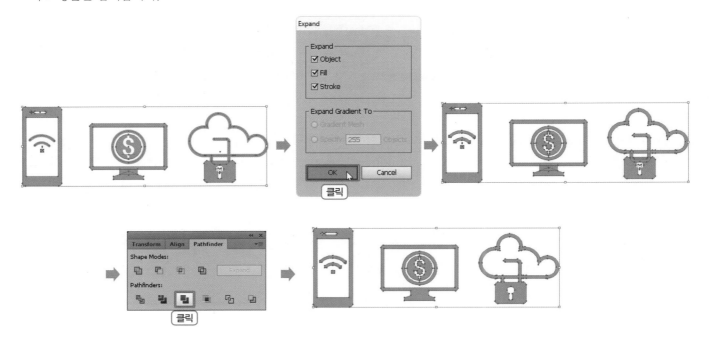

❿ 선택된 아이콘 개체 위에 마우스를 올린 후 더블클릭하여 그룹 속성 안으로 들어갑니다. Magic Wand Tool () 을 선택한 다음 아이콘의 흰색 영역을 클릭하여 선택된 모든 흰색 영역을 Delete 를 눌러 삭제합니다. 그룹 속성을 빠져 나오기 위해 상단 ⇦ 버튼을 누르거나 아트보드의 비어있는 흰 바탕 영역을 더블클릭합니다.

⓫ Ellipse Tool (◉) 을 선택하여 정원을 그린 뒤 색상 〈면 : none, 테두리 : C60〉을 적용합니다. [Menu]–[View]–[Show Transparency Grid] 메뉴를 눌러 아트보드를 투명하게 하고 정돈된 아이콘 모양을 확인합니다.

TIP 아트보드를 다시 흰색으로 설정하고 싶다면, 다시 [Menu]–[View]–[Hide Transparency Grid] 메뉴를 선택합니다.

⑤ 로고 만들기

❶ Ellipse Tool (⬤)을 선택하고 Alt 와 Shift 를 누른 상태로 정원을 그린 후 Scale Tool (📐)을 더블클릭하여
〈Uniform : 85%〉를 설정하고 [Copy] 버튼을 눌러 복사합니다.

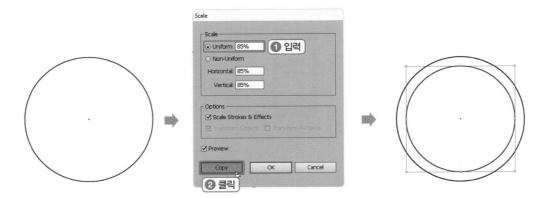

❷ 두 개의 원형 도형을 선택 후 Align 패널에서 〈Horizontal Align Left〉 버튼을 선택하여 왼쪽으로 정렬합니다. 수평으
로 오른쪽 방향으로 복사한 작은 원형과 큰 원형을 선택하고, Align 패널에서 〈Horizontal Align Right〉 버튼을 선택
하여 오른쪽으로 정렬합니다.

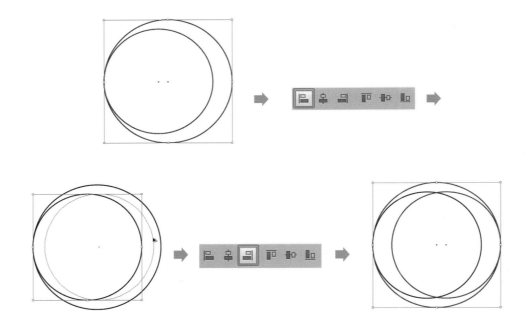

❸ 큰 원형 도형을 선택한 다음 Scale Tool (📐)을 더블클릭하여 〈Uniform : 35%〉를 설정하고 [Copy] 버튼을 눌러 복
사합니다. ❷와 같은 방법으로 안쪽에 배치된 작은 원형들과 오른쪽/왼쪽으로 각각 정렬합니다.

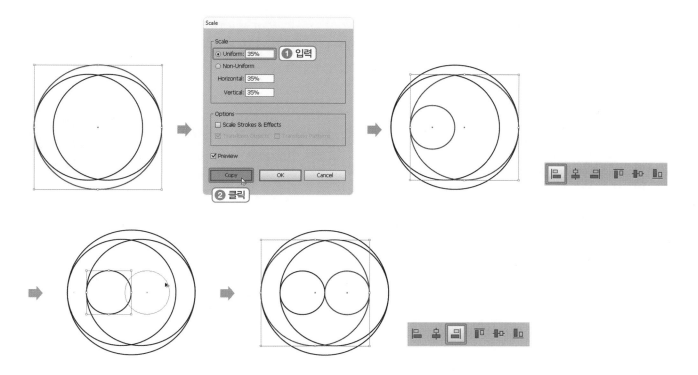

❹ Selection Tool(▶)로 큰 원형을 선택한 다음 Alt + Shift 를 누른 상태에서 수평으로 복사하고 색상 〈면 : M100 Y80〉을 적용합니다. Scale Tool(⊡)을 더블클릭하여 〈Uniform : 80%〉을 설정한 후 [Copy] 버튼을 눌러 복사합니다.

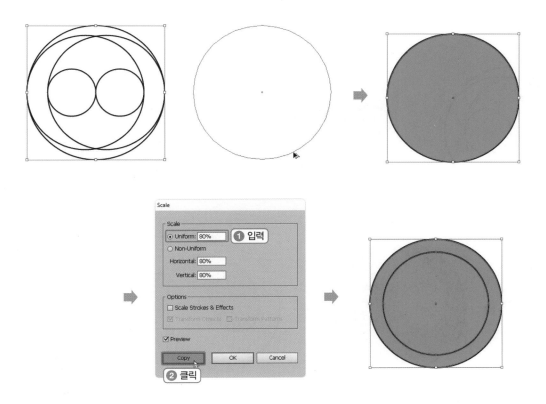

❺ Selection Tool(🔺)로 두 개의 원형 도형을 선택 후 Align 패널에서 〈Horizontal Align Bottom〉를 선택하여 하단으로 정렬합니다. Rotate Tool(🔄)을 더블클릭하여 대화상자가 나타나면 〈Angle : 20°〉를 설정하여 회전시킨 후 Pathfinder 패널에서 〈Pathfinders : Minus Front〉를 클릭하여 작은 원형 모양을 제거합니다.

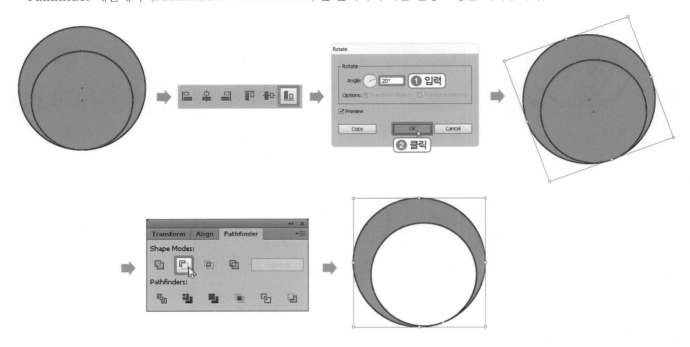

❻ 모든 원형을 선택하고 Pathfinder 패널에서 〈Pathfinders : Devide〉 버튼을 클릭하여 분할한 후 Shape Builder Tool(🔲)을 선택하여 태극마크 모양을 따라 드래그하며 도형을 합쳐줍니다.

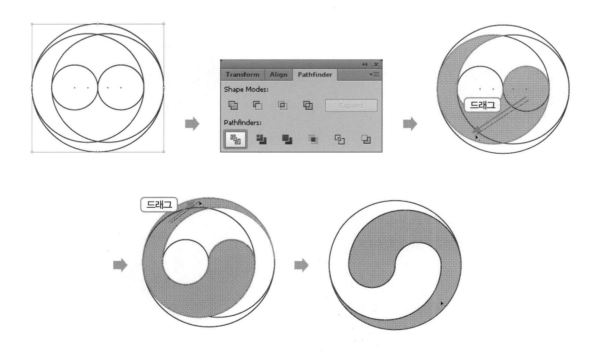

❼ Rotate Tool (⟳)을 더블클릭하여 대화상자가 나타나면 〈Angle : −30°〉를 설정하고 〈OK〉 버튼을 눌러 회전한 후, 불필요한 태극마크는 삭제한 뒤 색상을 적용합니다. 〈면 : C100M70Y20K40, 테두리 : None〉

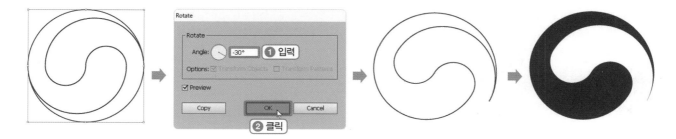

❽ ❺에서 완성한 도형을 태극마크 위에 겹친 다음 마우스 오른쪽 버튼을 클릭하여 [Arrange]−[Send To Back] 메뉴를 눌러 맨 아래로 배치합니다. Erazer Tool (✐)을 선택하여 불필요한 영역을 드래그하며 삭제합니다.

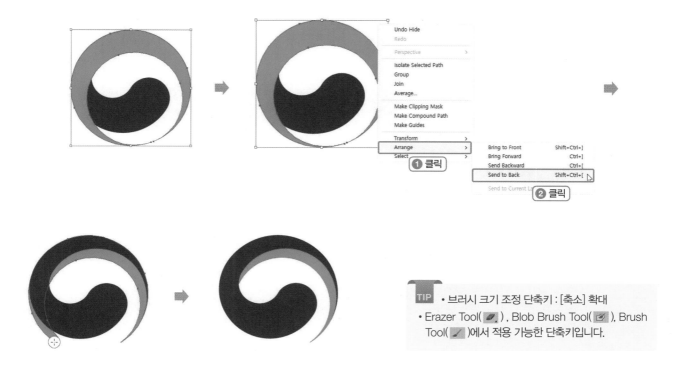

TIP • 브러시 크기 조정 단축키 : [축소] 확대
• Erazer Tool(✐), Blob Brush Tool(✐), Brush Tool(✐)에서 적용 가능한 단축키입니다.

❾ Type Tool (T)을 선택하여 "과학기술정보통신부"를 입력하고 아래 그림과 같은 유사한 글꼴을 설정한 후 심벌과 함께 배치합니다.

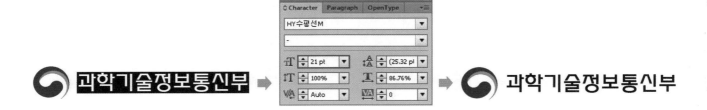

⑥ 타일 패턴 만들기

❶ Rectnagular Tool (▦)을 더블클릭하여 대화상자가 나타나면 〈Width : 166mm, Height : 80mm, Horizontal Deviders Number : 20, Vertical Deviders Number : 40〉을 설정하여 격자 그리드를 생성합니다.

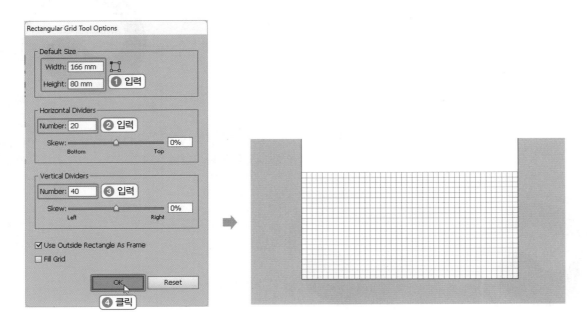

❷ Free Transform Tool (▨)을 선택한 후 격자 그리드 오른쪽 하단 조절점을 수평 방향으로 드래그하면서 Ctrl을 눌러 변형합니다. 왼쪽 하단 조절점도 같은 방법으로 변형하여 원근감을 표현합니다. 완성된 타일 패턴에 테두리 〈Weight : 0.5pt〉와 색상 〈면 : none, 테두리 : 흰색〉을 적용합니다.

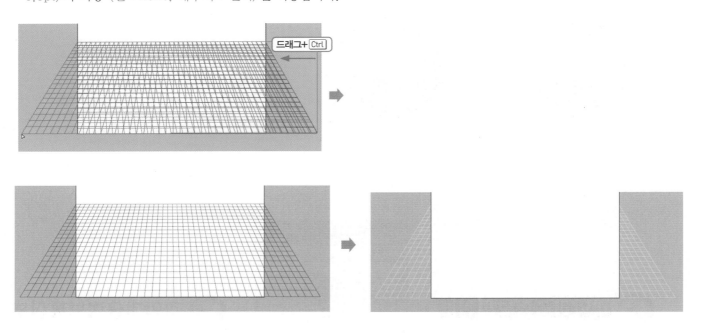

포토샵 작업

❶ [File]-[New] 메뉴를 선택하여 아래와 같이 〈Width : 166mm, Height : 246mm, Resolution 100Pixel/inch, Color Mode : RGB〉를 입력하여 도큐먼트를 생성합니다.

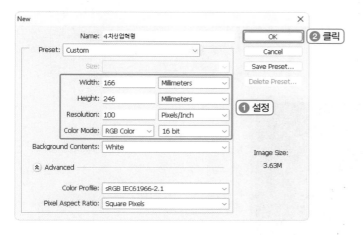

❷ 일러스트레이터 창으로 이동 후 그리드를 선택하고 Ctrl+C로 복사합니다. 포토샵 작업 창으로 이동하고 Ctrl+V로 붙여넣기 한 후 레이어의 이름을 '그리드선'으로 바꿉니다.

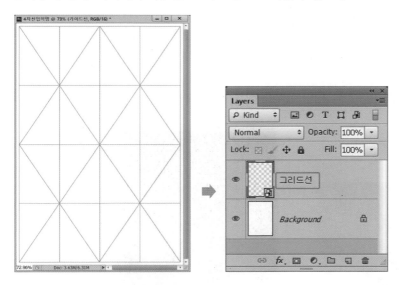

> **TIP** 일러스트레이터 Layer 패널에서 '그리드' 레이어의 잠금 체크를 풀고 그리드를 선택하여 복사합니다.
>
> 포토샵 Layer 패널에서 가져온 그리드는 '그리드선'으로 이름을 바꿔 주고 항상 상위에 그리드선을 배치하여 작업을 시작합니다.

❸ Layer 패널에서 Adjustment Layer(◑) 버튼을 클릭하여 [Gradient]를 선택한 다음 대화상자가 나타나면 〈Style : Radial, Angle : 90, Scale : 80%〉를 지정하고 그라디언트 색상을 설정합니다. 〈그라디언트 중심 : C85M40, 바깥쪽 : K100〉

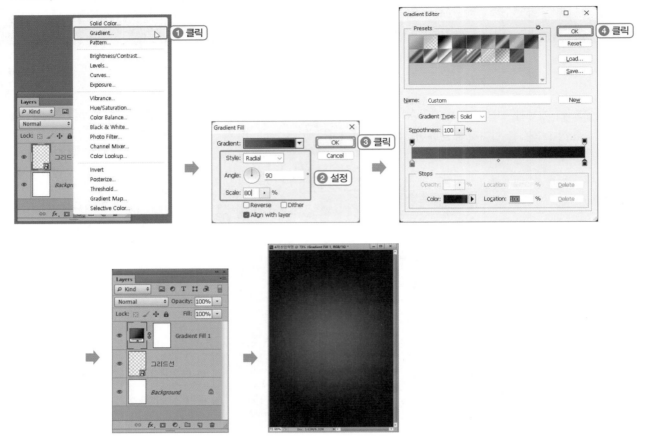

❹ [File]−[Open] 메뉴에서 '07.jpg' 파일을 열고 [Ctrl]+[A]로 전체 선택하고, [Ctrl]+[C]로 복사합니다. 작업 창으로 이동하여 [Ctrl]+[V]로 붙여넣기 한 후 [Ctrl]+[T]로 크기를 맞추고 Layer Mask (◻) 버튼을 클릭하여 Gradient Tool (▣)을 선택합니다. 전경색(검정)−배경색(흰색)을 확인 후 선형 그라디언트를 선택하여 수직 방향으로 드래그하여 아래쪽이 자연스럽게 사라지게 표현합니다.

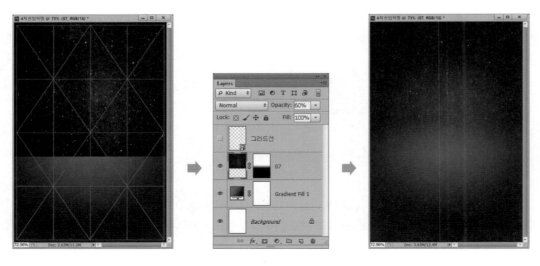

❺ [File]-[Open] 메뉴에서 '06.jpg' 파일을 열고 Ctrl+A 로 전체 선택한 후 Ctrl+C 로 복사합니다. 작업 창으로 이동하여 Ctrl+V 로 붙여넣기 한 후 Ctrl+T 로 크기를 맞추고 Layer 패널에서 〈Blend Mode : Luminosity〉를 적용합니다.

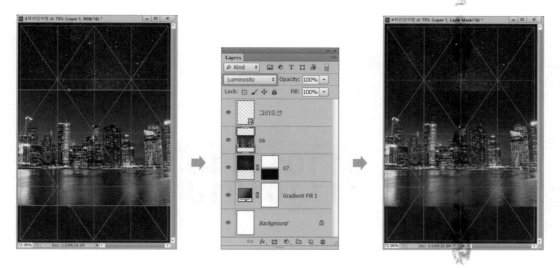

❻ Layer 패널에서 Layer Mask (🔳) 버튼을 클릭하여 마스크를 생성한 후 Brush Tool (✏)을 선택하고 전경 색상을 검은색으로 지정합니다. 상단 브러시 옵션 패널에서 〈Opacity : 50%〉를 설정하여 반투명한 브러시로 자연스럽게 주변이 사라질 수 있도록 아래 그림과 같이 리터칭합니다. Layer 패널 상단의 Opacity를 70%로 낮춥니다.

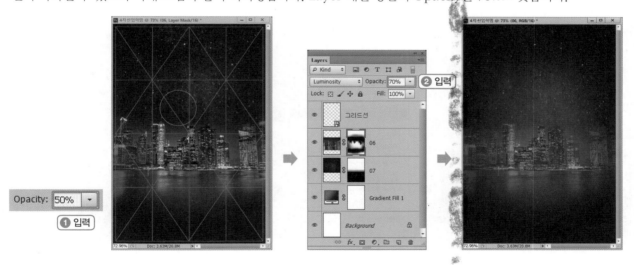

TIP
• 캔버스 위에서 마우스 오른쪽 버튼을 누르면 브러시의 Size와 Hardness를 빠르게 설정하고
  선택할 수 있습니다.
• 브러시 크기 단축키 : 축소 [
                    확대]

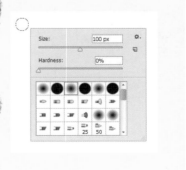

❼ 숫자 패턴을 만들기 위해 [File]-[New] 메뉴를 선택하여 아래와 같이 〈Width : 80pixel, Height : 25Pixel, Resolution 100Pixel/inch, Color Mode : RGB, Background Contents〉를 입력하여 도큐먼트를 생성합니다. 아래 그림과 같이 숫자를 입력하고 색상은 흰색으로 변경하고 [Menu]-[Edit]-[Define Pattern] 메뉴를 선택하여 패턴으로 등록합니다.

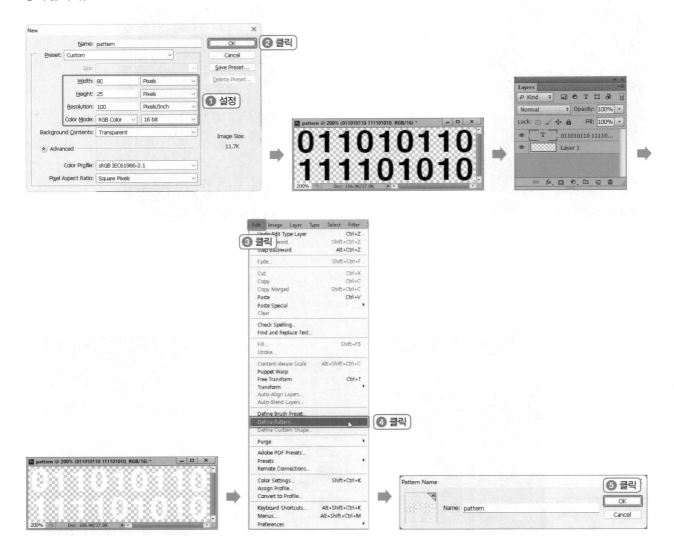

❽ Layer 패널에서 Adjustment Layer(◕)버튼을 클릭하여 [Pattern]을 선택한 다음 대화상자가 나타나면 ❼ 에서 등록한 숫자 패턴을 선택합니다. Layer 패널에서 〈Blend Mode : Overlay〉, 〈Opacity : 80%〉를 적용하고 Layer Mask (▣)버튼을 클릭하여 Gradient Tool (◨)을 선택합니다. 전경색(검정)-배경색(흰색)을 확인 후 선형 그라디언트를 선택하여 수직 방향으로 드래그하여 아래쪽이 자연스럽게 사라지게 표현합니다.

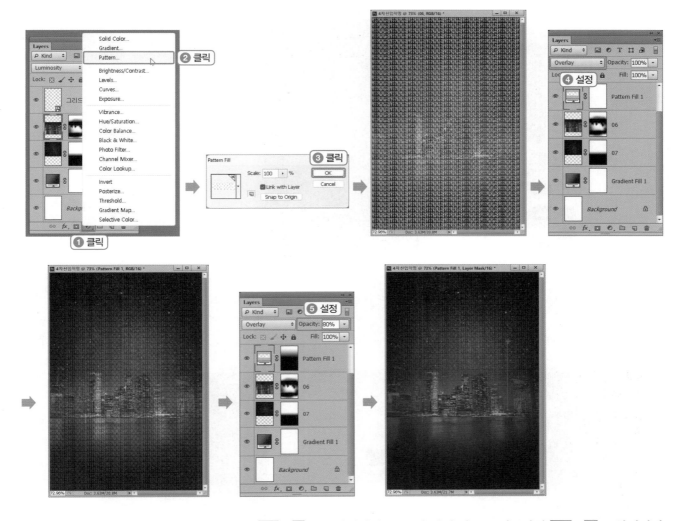

❾ 일러스트레이터에서 '타일패턴'을 선택하고 [Ctrl]+[C]로 복사합니다. 포토샵 작업 창으로 이동하여 [Ctrl]+[V]로 붙여넣기하고 [Edit]-[Transform]-[Distort] 메뉴를 선택하여 아래 그림과 같이 변형합니다. Layer 패널에서 Layer Style (fx.)의 Color Overlay를 선택한 후 〈Color : C60〉을 설정하고 〈Blend Mode : Overlay〉를 적용합니다.

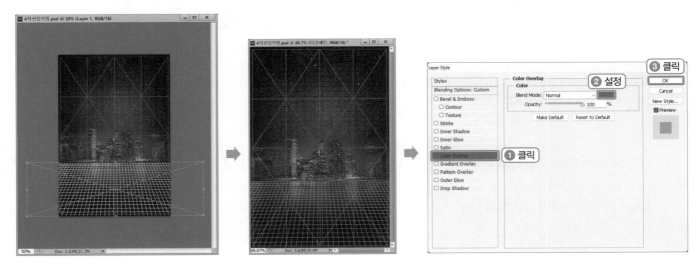

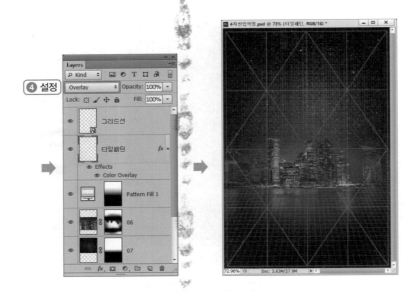

⑩ Layer 패널에서 Layer Mask(▣)버튼을 클릭하여 마스크를 생성한 후 Brush Tool(✦)을 선택하고 전경 색상을 검은색으로 지정합니다. 상단 브러시 패널에서 〈Opacity : 50%〉를 설정하여 반투명한 브러시로 자연스럽게 주변이 사라질 수 있도록 아래 그림과 같이 리터칭하고, Layer 패널에서 〈Blend Mode : Screen, Opacity : 40%〉를 설정합니다.

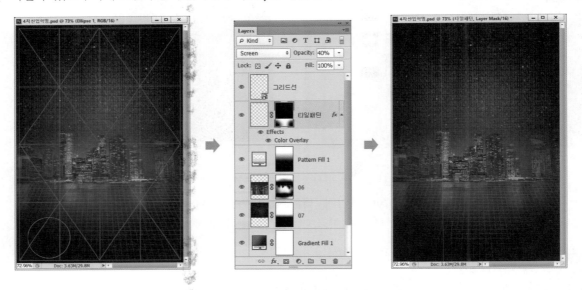

TIP Layer Mask(▣)에서 브러시의 단단함 정도는 〈Hardness : 0%〉로 설정하고, 투명도는 〈Opacity : 50%〉 이하로 조정하여 여러 번 덧칠하듯이 리터칭하면 부드럽고 자연스럽게 합성할 수 있습니다.

⑪ 일러스트레이터에서 '타이틀'을 선택하고 Ctrl+C로 복사한 후 포토샵 작업 창으로 이동하여 Ctrl+V로 붙여넣기 합니다. Layer 패널에서 Layer Style(fx.)의 Drop Shadow를 선택하고 〈Opacity : 75, Angle : 120, Distance : 5, Size : 2〉를 설정하여 그림자를 적용합니다.

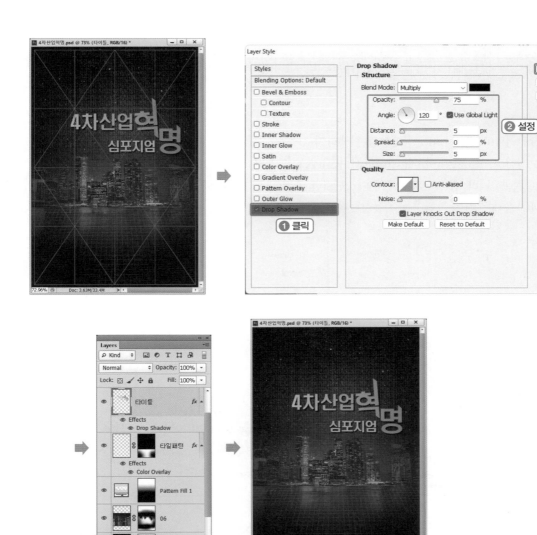

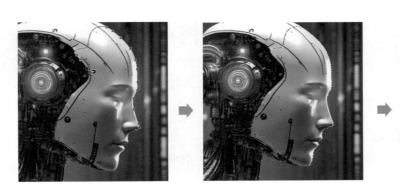

⑫ [File]-[Open] 메뉴에서 '01.jpg' 파일을 열고 Magnetic Lasso Tool (▷)을 선택하여 아래 그림과 같이 선택 영역을 지정한 후 Ctrl + C 로 복사합니다. 작업 창으로 이동하여 Ctrl + V 로 붙여넣기 한 후 Ctrl + T 로 크기를 맞추어 배치합니다.

TIP Magnetic Lasso Tool( ) 사용 중 Alt 를 누른 상태에서 클릭하면 Polygonal Lasso Tool( ) 도구로 전환되고, 드래그하면 Lasso Tool( ) 도구로 전환되어 원하는 영역을 빠르게 선택할 수 있습니다.

⑬ [Image]−[Adjustment]−[Hue/Saturation] 메뉴를 선택하여 〈Hue : 225, Saturation : 40, Colorize 항목 체크〉를 적용하여 색상을 보정하고, [Image]−[Adjustment]−[Curves] 메뉴를 선택하여 〈Output : 210, Input : 188〉을 적용하여 밝기/대비 보정을 합니다. Layer 패널에서 Layer Style (fx.)의 Drop Shadow를 선택하고 〈Distance : 5, Spread : 10, Size : 40〉을 설정하여 그림자를 적용합니다.

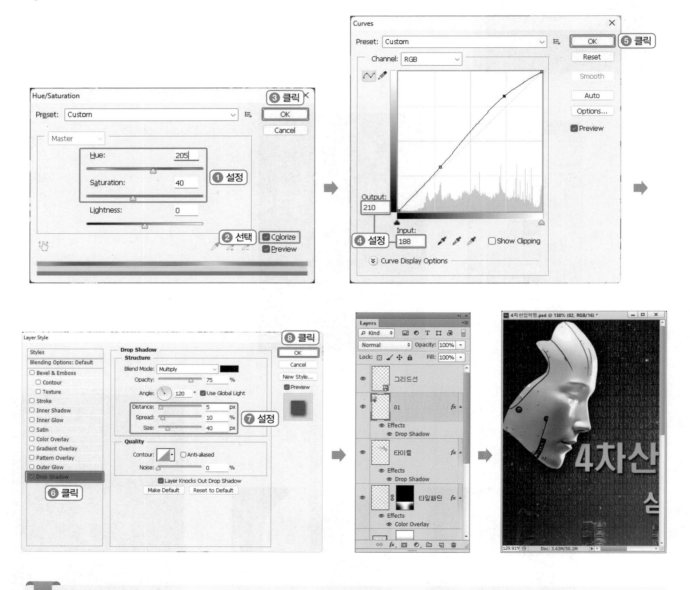

TIP • Hue/Saturation 단축키 : Ctrl + U
• Levels 단축키 : Ctrl + L
• Color Balance 단축키 : Ctrl + B
• Curves 단축키 : Ctrl + M

⑭ [File]─[Open] 메뉴에서 '03.jpg' 파일과 '04.jpg' 파일을 열고 Magnetic Lasso Tool( ) 을 선택하여 아래 그림과 같이 선택 영역을 지정한 후 Ctrl+C 로 복사합니다. 작업 창으로 이동하여 Ctrl+V 로 붙여넣기 한 후 Ctrl+T 로 크기를 맞추어 배치합니다.

⑫ ~ ⑬ 방법을 참고하여 색상 보정과 밝기/대비를 조정한 후 아래 그림과 같이 배치합니다.

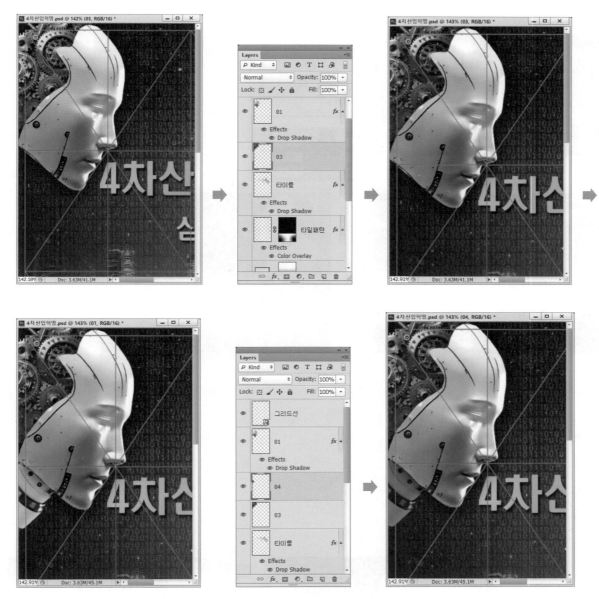

⑮ [File]─[Open] 메뉴에서 '02.jpg' 파일을 열고 Magnetic Lasso Tool( ) 을 선택하여 아래 그림과 같이 선택 영역을 지정한 후 Ctrl+C 로 복사합니다. 작업 창으로 이동하여 Ctrl+V 로 붙여넣기 하여 아래 그림과 같이 배치합니다. Ctrl+T 를 누르고 마우스 오른쪽 버튼을 눌러 [Warp] 메뉴를 선택하여 손가락의 모양을 자연스럽게 구부려 줍니다.

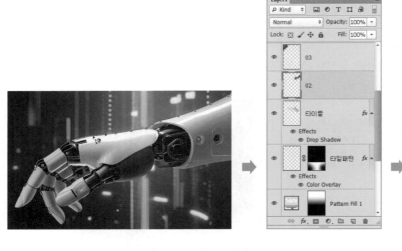

⓰ Layer 패널에서 Layer Mask(▣) 버튼을 클릭하여 마스크를 생성한 후 아래 위치한 '타이틀' 레이어 썸네일을 Alt 를 누른 상태에서 클릭하여 타이틀 영역을 자동 선택합니다. Brush Tool(✏)을 선택하고 전경 색상을 검은색으로 지정한 후 마우스 오른쪽 버튼을 클릭하여 〈Size : 15, Hradness : 100%〉를 설정합니다. 손가락과 타이틀이 자연스럽게 합성될 수 있도록 브러시 크기를 조절해 가며 불필요한 영역을 삭제합니다.

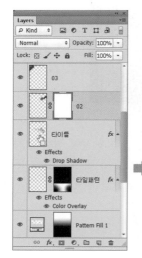

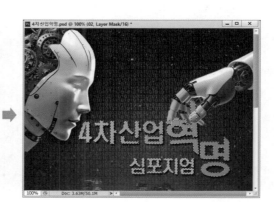

⓱ Layer 패널에서 Layer Style (fx.)의 Drop Shadow를 선택하고 〈Opacity : 50, Angle : −56, Distance : 5, Size : 3, Use Global Light 체크 해제〉를 설정하여 그림자를 적용합니다.

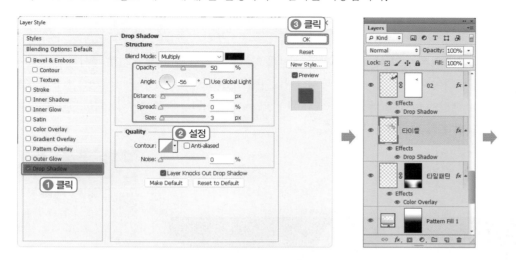

TIP Layer Style(fx.) 옵션 설정 항목에서 Use Global Light 항목을 해제하면 선택한 레이어의 그림자의 방향을 바꾸어도 전체 레이어에 영향을 주지 않습니다. 단, 모든 레이어의 Angle을 동일하게 적용하고 싶다면 Use Global Light 항목을 체크해야 합니다.

⓲ 일러스트레이터에서 '별'을 선택하고 Ctrl + C 로 복사한 후 포토샵 작업 창으로 이동하여 Ctrl + V 로 붙여넣기 합니다. 흰색의 반투명한 '별' 레이어는 Ctrl + J 를 두 번 눌러 레이어를 복사하면 선명한 흰색으로 표현됩니다.

TIP • 레이어 또는 레이어의 선택 영역 복사하기 단축키 : Ctrl + J

• 레이어의 선택 영역을 잘라 새 레이어로 생성하기 단축키 : Ctrl + Shift + J

⑲ [File]−[Open] 메뉴에서 '05.jpg' 파일을 열고 아래 그림과 같이 선택 영역을 지정한 후 Ctrl + C 로 복사하고 작업 창으로 이동하여 Ctrl + V 로 붙여넣기 하여 아래 그림과 같이 배치합니다. [Image]−[Adjustment]−[Invert] 메뉴를 선택하여 흑백 반전을 적용한 후 Layer 패널에서 〈Blend Mode : Color Dodge, Opacity : 50%〉를 적용하고 Ctrl + J 를 눌러 복사한 레이어는 오른쪽 로봇 팔 위에 배치합니다.

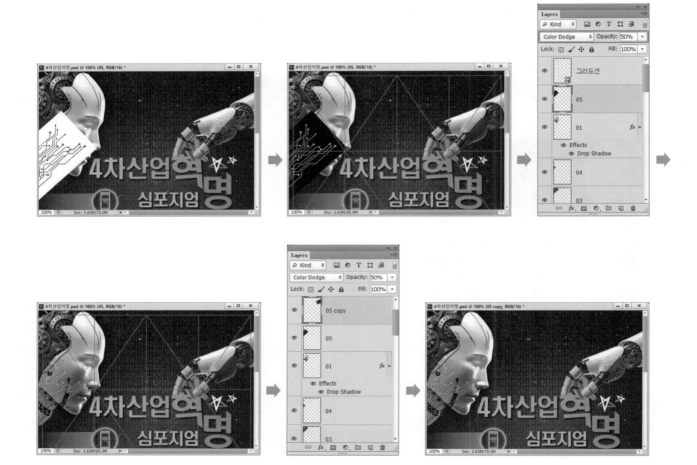

⑳ 일러스트레이터에서 '아이콘'을 선택하고 Ctrl + C 로 복사한 후 포토샵 작업 창으로 이동하여 Ctrl + V 로 붙여넣기 합니다. Layer 패널에서 Layer Style (fx.)의 Inner Glow, Out Glow, Drop Shadow를 아래 그림과 같이 적용합니다.

〈Inner Glow − Blend Mode : Screen, Opacity : 50, Color : 흰색〉

〈Outer Glow − Blend Mode : Overlay, Opacity : 75, Color : C60, Spread : 10, Size : 9〉

〈Drop Shadow − Opacity : 30, Angle : 130, Distance : 10, Use Global Light 체크 해제〉

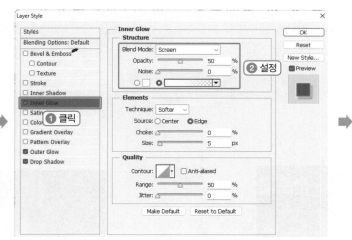

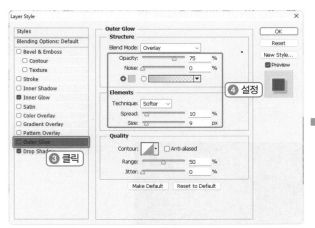

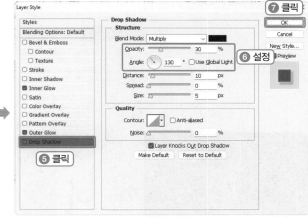

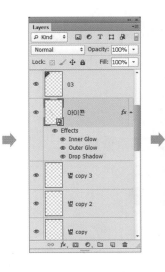

㉑ Rectangle Tool (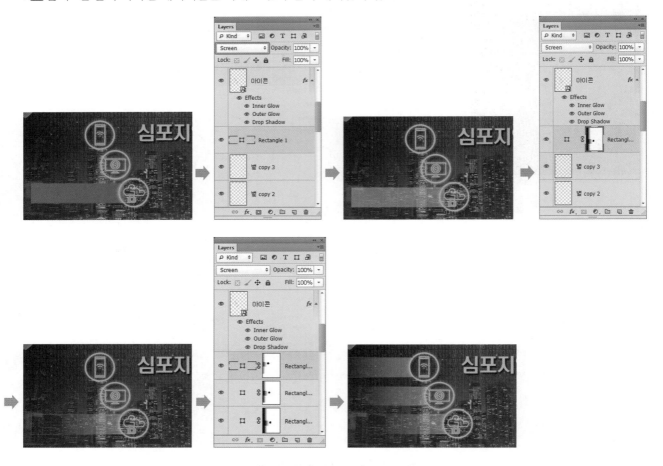)을 선택하고 아이콘 왼쪽에 직사각형을 삽입한 후 Layer 패널에서 〈Blend Mode : Screen〉을 적용합니다. Layer 패널에서 Layer Mask ( ) 버튼을 클릭하여 마스크를 생성한 후 전경색(검정)–배경색(흰색)을 지정합니다. Brush Tool ( ) 또는 Gradient Tool ( ) 을 적용하고 자연스럽게 합성될 수 있도록 표현하고 Ctrl +J를 두 번 눌러 복사한 레이어들은 아래 그림과 같이 배치합니다.

㉒ [File]–[Open] 메뉴에서 '08.jpg' 파일을 열고 아래 그림과 같이 선택 영역을 지정한 후 Ctrl +C로 복사하고 작업 창을 이동하여 Ctrl +V로 붙여넣기 하여 아래 그림과 같이 배치합니다. Layer 패널에서 Layer Style (fx.)의 Drop Shadow를 선택하고 〈Distance : 5, Spread : 0, Size : 20〉을 설정하여 그림자를 적용합니다.

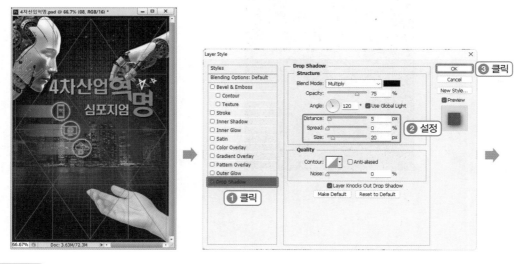

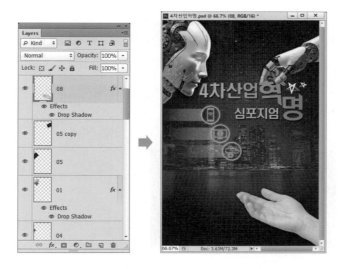

㉓ 일러스트레이터에서 '핸드폰'의 면/테두리/문자 요소를 각각 선택하고 Ctrl+C로 복사한 후 포토샵 작업 창으로 이동하여 Ctrl+V로 붙여넣기 합니다. 세 개 레이어를 다중 선택한 후 Ctrl+T를 누르고, 마우스 오른쪽 버튼을 클릭을 하여 [Disort] 메뉴를 선택한 다음 아래 그림과 같이 변형합니다.

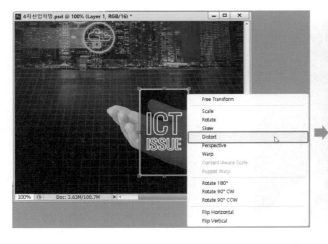

㉔ 핸드폰 테두리 레이어를 선택한 다음 Layer 패널에서 Layer Style (*fx.*)의 Drop Shadow를 선택하고 〈Distance : 3, Spread : 0, Size : 5〉를 설정하여 그림자를 적용합니다. 핸드폰 문자 레이어를 선택한 다음 Layer 패널에서 Layer Style (*fx.*)의 Outer Glow를 선택하고 〈Color : C30Y5, Spread : 12, Size : 6〉을 설정하여 외부 광선을 적용합니다.

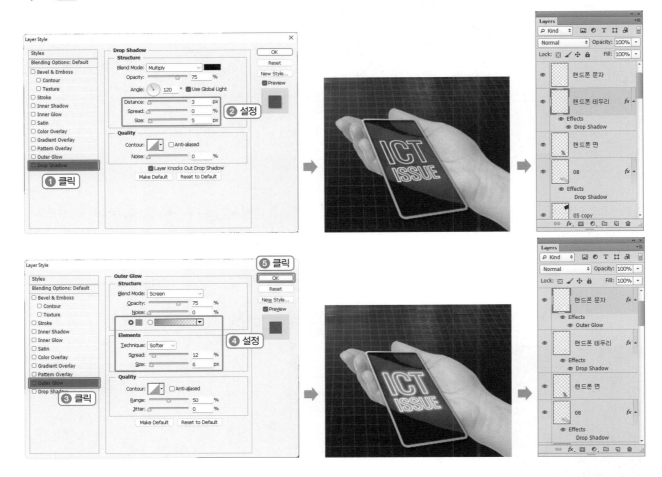

㉕ 핸드폰 문자 레이어를 Ctrl + J로 눌러 복사한 다음 아래 위치한 레이어를 선택하고, 마우스 오른쪽 버튼을 클릭하여 [Resterize Layer Style] 메뉴를 선택합니다. [Filter]-[Blur]-[Motion Blur] 메뉴를 선택하여 〈Angle : 75, Distance : 75〉를 적용하고 Ctrl + F를 눌러 Motion Blur 필터를 한 번 더 적용합니다.

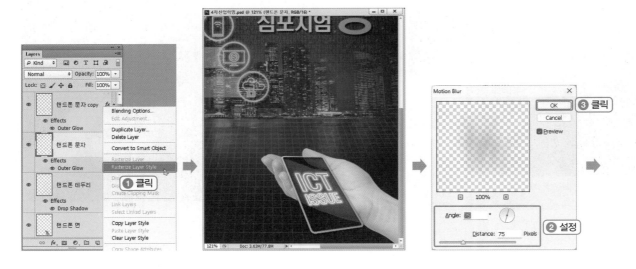

TIP 레이어에 방금 적용한 필터와 같은 설정값을 반복해서 적용하고 싶다면 Ctrl +F를 눌러 빠르게 적용할 수 있습니다.

㉖ Motion Blur 필터가 적용된 레이어는 Ctrl+J를 두 번 눌러 레이어를 복사한 뒤 전체 선택합니다. Ctrl+T를 누르고 마우스 오른쪽 버튼을 클릭하여 [Disort] 메뉴를 선택하고, Layer 패널에서 〈Blend Mode : Screen〉을 적용합니다.

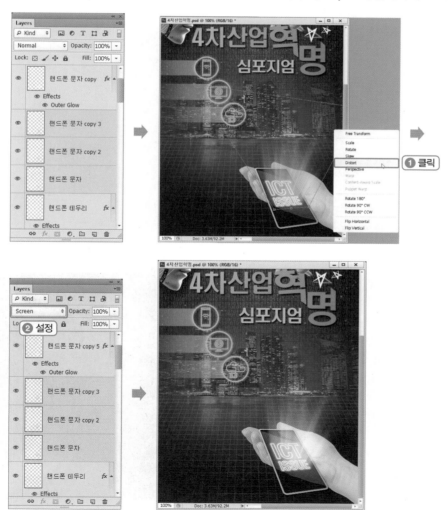

㉗ 일러스트레이터에서 '로고'를 선택하고 [Ctrl]+[C]로 복사한 후 포토샵 작업 창으로 이동하여 [Ctrl]+[V]로 붙여넣기 합니다. Layer 패널에서 Layer Style(fx.)의 Stroke를 선택하고 〈Size : 2, Color : 흰색〉을 설정하여 테두리를 적용합니다.

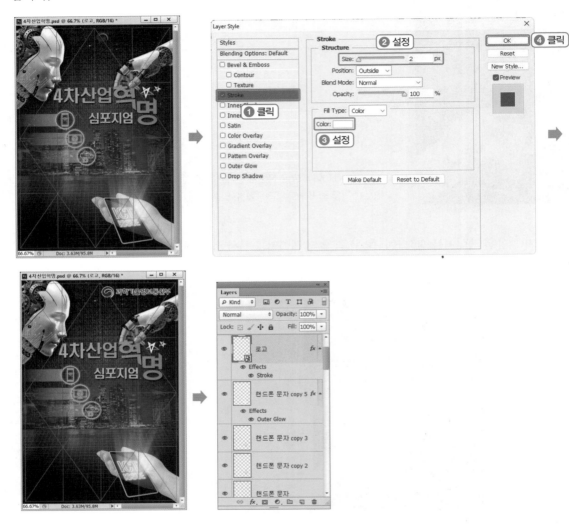

㉘ 포토샵 작업이 끝나면 '가이드선' 레이어의 눈을 끄고 화면에 가이드선이 없는 것을 확인한 후 [File]-[Save as] 메뉴를 선택하여 '4차산업혁명.psd' 파일 형식으로 저장합니다.

㉙ 포토샵 저장이 끝나면 편집프로그램 인디자인으로 가지고 갈 파일을 저장하기 위해 다시 [File]-[Save as] 메뉴로 저장하여 Format에서 'JPEG'를 선택하고 〈Quality : 12〉로 입력 후 '등번호.jpg' 파일 형식으로 저장합니다.

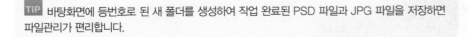
TIP 바탕화면에 등번호로 된 새 폴더를 생성하여 작업 완료된 PSD 파일과 JPG 파일을 저장하면 파일관리가 편리합니다.

03 인디자인 작업

❶ [파일]-[새로 만들기]-[문서] 메뉴를 선택하여 도큐먼트 설정 대화상자를 엽니다. 대화상자에서 〈페이지 크기 : A4〉, 여백은 〈위쪽 : 25.5mm, 아래쪽 25.5mm, 안쪽 : 22mm, 바깥쪽 : 22mm〉를 설정하여 도화지를 생성합니다.

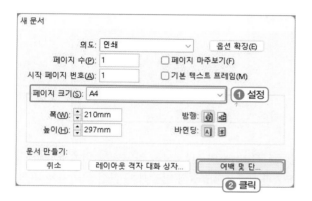 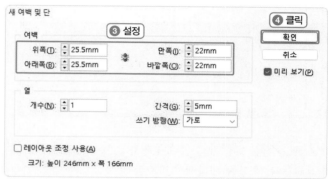

TIP 도화지 여백은 210mm-166mm=44mm이므로 안쪽, 바깥쪽에 22mm를 입력합니다.
297mm-246mm=51mm이므로 위쪽, 아래쪽에 25.5mm를 입력합니다.

❷ 원점을 여백선 왼쪽 상단에 드래그하여 위치를 맞춘 후 눈금자에서 마우스를 드래그하여 사방 안쪽 3mm로 이동시켜 가이드선을 표시합니다.

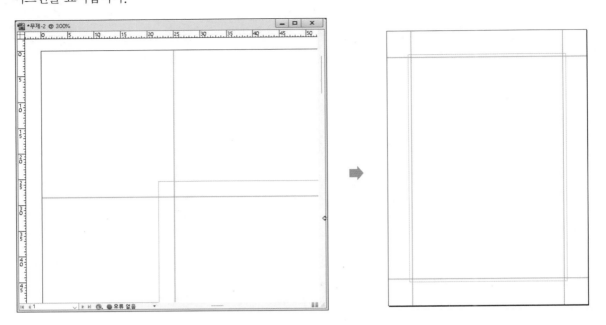

❸ 라인 툴(✎)을 선택하고 선의 두께는 0.5pt~1pt로 지정하고, 길이 5~10mm의 가는 선을 가이드선 위에서 드래그하여 그립니다. 컨트롤 패널에서 참조점 아래 그림과 같이 선택하고 X축과 Y축을 3mm씩 가감하며 완성 이미지와 거리를 3mm 띄워줍니다.

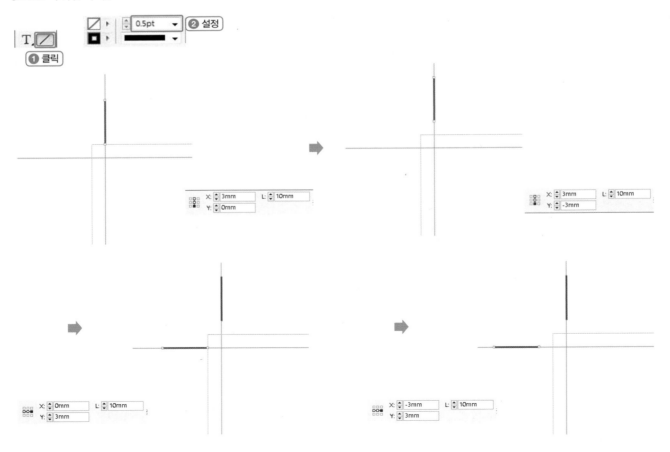

❹ ❸과 같은 방법으로 라인 툴을 활용하여 사방에 재단선을 표시합니다.

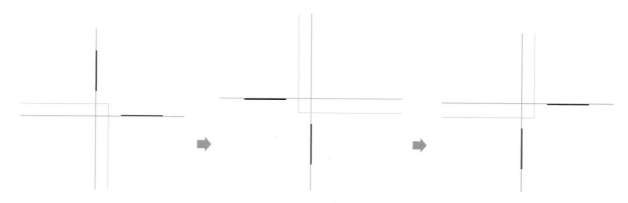

❺ [파일]-[가져오기] 메뉴로 포토샵에서 저장한 '01.jpg' 파일을 선택한 후 작업 규격의 좌측 상단에 마우스 포인터를 클릭하여 이미지를 불러옵니다.

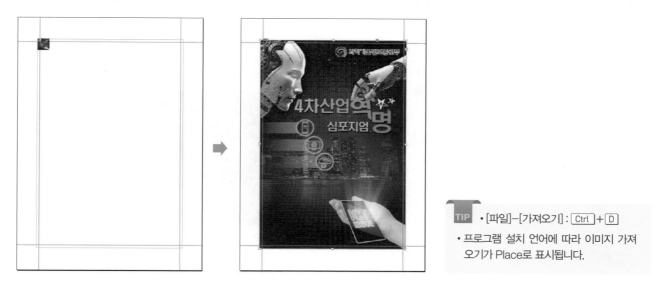

TIP • [파일]-[가져오기] : Ctrl + D
• 프로그램 설치 언어에 따라 이미지 가져오기가 Place로 표시됩니다.

❻ 불러온 이미지를 화면에서 선명하게 보기 위해 마우스 오른쪽 버튼을 눌러 [화면표시 성능]-[고품질 표시] 메뉴를 선택하고, 마우스 오른쪽 버튼을 눌러 [잠금] 메뉴를 선택합니다.

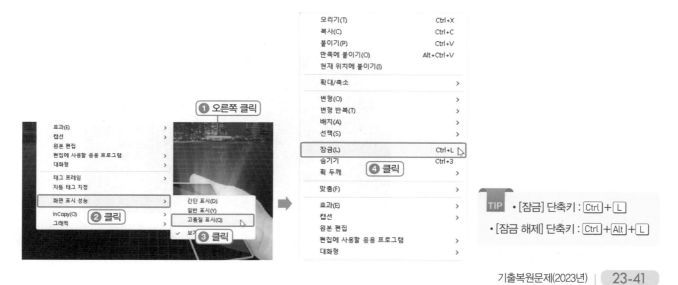

TIP • [잠금] 단축키 : Ctrl + L
• [잠금 해제] 단축키 : Ctrl + Alt + L

❼ 문자 툴(T.)을 선택하고 문자를 입력할 영역을 드래그하여 글상자를 생성한 후 문자를 입력하고, 문자 패널에서 〈서체 : 견고딕, 크기 : 18pt, 장평 : 90%〉를 설정하고 색상은 흰색으로 지정하여 입력합니다. 컨트롤 패널에서 fx.를 클릭하여 [그림자]를 선택하고 옵션을 지정합니다. 〈위치 X옵셋/Y옵셋 : 0.5mm, 옵션 크기 : 0.5mm〉

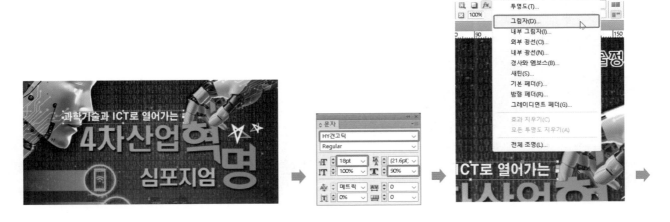

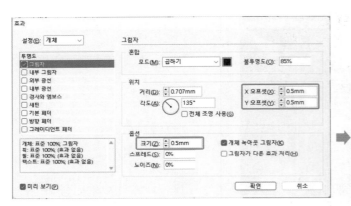

TIP [그림자] 단축키 : Ctrl + Alt + M

❽ ❼에서 만든 글상자를 Alt 를 누른 상태에서 타이틀 이래 방향으로 드래그하여 복사한 뒤 컨트롤 패널에서 〈단락 오른쪽 정렬〉을 선택합니다. 아래 그림과 같이 내용을 수정하고 문자 패널에서 〈서체 : YH견고딕, 크기 : 17pt/11pt〉로 설정합니다.

❾ 문자 툴(T.)을 선택하고 문자를 입력할 영역을 드래그하여 글상자를 생성합니다. 문자를 입력하고 문자 패널에서 〈서체 : HY헤드라인M, 크기 : 18pt/10pt〉를 설정하고 색상 패널에서 〈면 : C30, 테두리 : 없음〉을 지정합니다. 컨트롤 패널에서 *fx.* 를 클릭하여 그림자를 선택하고 〈위치 X옵셋/Y옵셋 : 0.3mm, 옵션 크기 : 0.3mm〉를 지정한 후 Alt 를 누른 상태에서 아래 방향으로 복사하여 아래 그림과 같이 내용을 수정합니다.

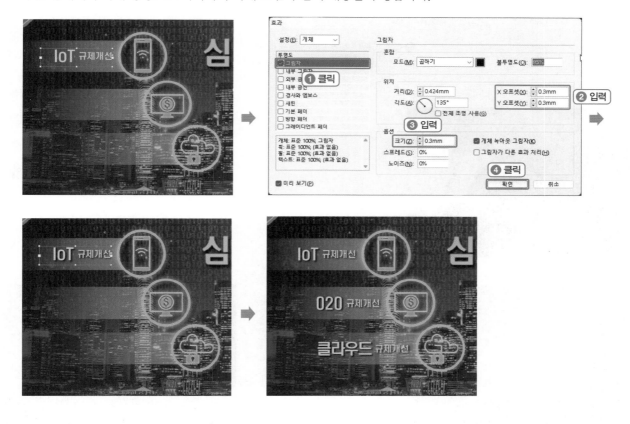

❿ 문자 툴(T.)을 선택하고 문자를 입력할 영역을 드래그하여 글상자를 생성합니다. 문자를 입력하고 문자 패널에서 〈서체 : HY견고딕/HY중고딕, 크기 : 11pt/10pt, 줄간격 : 16pt〉를 설정하고 색상은 흰색으로 지정합니다.

⑪ 문자 툴(T,)을 선택하고 표 크기에 맞춰 드래그한 후 [표]-[표 삽입] 메뉴를 선택하고 대화상자에서 〈본문 행 : 6, 본문 열 : 3〉을 입력하여 표를 생성합니다. 전체 셀을 선택한 다음 컨트롤 패널에서 표 테두리의 영역을 지정하며, 테두리의 색상과 두께를 아래 그림과 같이 지정합니다.

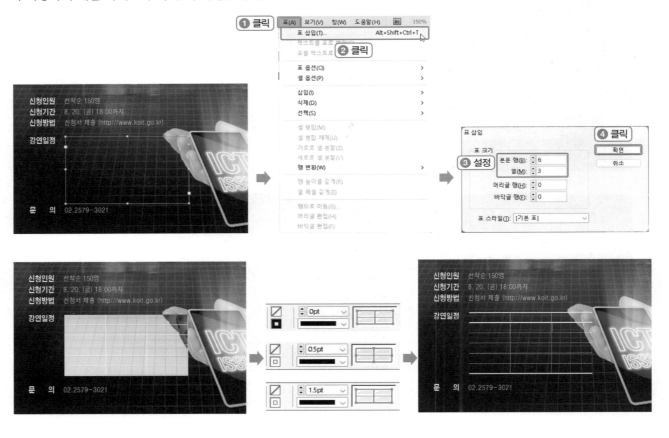

TIP
• [표 삽입] 단축키 : Ctrl + Alt + Shift + T
• 문자 툴(T,)로 영역을 만든 곳에만 표를 삽입할 수 있고, 문자 툴(T,)이 선택된 상태에서 표 편집이 가능합니다.

⑫ 마우스로 드래그하여 셀을 선택하고 마우스 오른쪽 버튼을 클릭하여 [셀 병합] 메뉴를 선택합니다. 아래 그림과 같이 흰색 문자를 입력하고 컨트롤 패널에서 〈문단 정렬과 : 왼쪽 정렬/ 중앙정렬, 수직 균등 배치 : 가운데〉를 설정합니다. 표 테두리는 Shift 를 누른 상태에서 셀의 높이를 동시에 조절합니다.

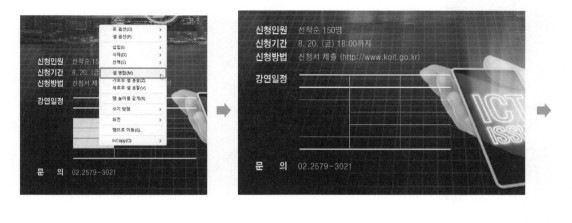

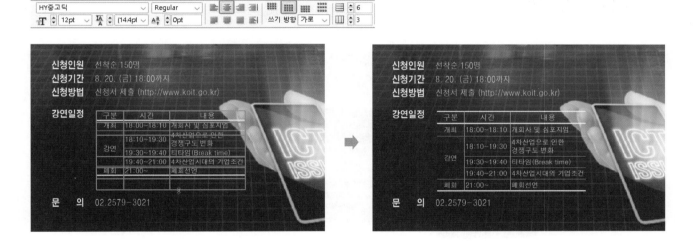

TIP 행/열의 셀을 선택한 상태에서 표 테두리에서 Alt 를 누르고 드래그하면 행/열을 추가할 수도 있습니다.

⑬ 좌측 하단에 등번호(비번호)를 〈서체 : 돋움, 크기 : 10pt〉로 입력합니다.

⓮ [파일]-[다른 이름으로 저장] 메뉴를 선택하고 파일 이름은 '등번호.indd'로 저장합니다.

⓯ 저장된 파일은 indd(인디자인 파일)와 jpg(포토샵 파일)를 네트워크로 저장한 후 프린터가 연결된 자리로 이동하여 출력합니다.

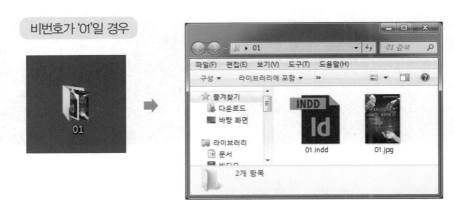

⓰ 출력된 프린트 결과물은 시험장에서 제공하는 A3용지에 뒷면에 양면테이프를 이용하여 4군데 모서리에 붙여 중앙에 고정시킨 후 디자인작업지시서와 함께 제출하고 퇴실합니다.

국가기술자격검정 실기시험

자격종목	컴퓨터그래픽기능사	과제명	음식물 쓰레기 캠페인 포스터	비번호(등번호)	
				시험시간	3시간

1. 요구사항

※ 다음의 요구사항에 맞도록 주어진 자료(컴퓨터에 수록)를 활용하여 디자인 원고를 시험 시간 내에 컴퓨터 작업으로 완성하여 A4용지로 출력 후 A3용지에 마운팅(부착)하여 제출하시오.

가. 작품 규격(재단 규격)

• A4용지 중앙에 배치   • 원고 규격 : 160×240mm

나. 구성 요소

❶ 문자 요소

음식물 쓰레기를 줄이면 돈이 모입니다

– 음식물 쓰레기를 20% 줄이면 사회적, 경제적 이익이 모여 5조원에 달하는 자원이 절약됩니다.

– 먹을 만큼만 덜어먹고 남기지 않는 습관과 올바른 음식물 쓰레기 분비 배출 방법으로 낭비되는 자원과 환경을 보호할 수 있습니다.

– 먹을 만큼만! 남김없이 깨끗하게! 먹을때는 싹싹! 먹고 나서 쏙쏙!

❷ 그림 요소

01.jpg   02.jpg   03.jpg   04.jpg   05.ai

다. 작업 내용

1) 주어진 디자인 원고(그림, 사진, 문자, 색채, 레이아웃, 규격 등)와 동일하게 작업한다.

2) 디자인 원고 내용 중 컴퓨터에 수록된 시험자료나 응용프로그램상에 없는 형상 및 로고 등이 있을 경우는 제작하여 작업한다.

3) 불명확한 형상 및 색 지정이 안 된 부분이 있을 때는 원고와 같이 수험자 임의로 표현한다.

4) 요구하는 서체가 사용 컴퓨터 및 소프트웨어와 맞지 않을 경우는 가장 근접한 서체를 사용한다.

5) 디자인 원고는 상하, 좌우에 3mm 여유를 갖도록 작품을 배치하고, 재단선은 작품 규격에 맞추어 용도에 맞게 표시한다. (단, 원고의 지시에 따라 외곽선이 있는지를 정확히 보고 표시여부를 결정한다.)

6) 디자인 원고 좌측 하단으로부터 3mm를 띄워 비번호를 고딕 10pt로 반드시 기록한다.

7) 출력물(A4)은 어떠한 경우에도 절취할 수 없으며, 반드시 A3용지 중앙에 마운팅 한다.

라. 컴퓨터 작업 범위

1) 용량 : 10MB 이내로 폴더 안에 저장될 수 있도록 작업형식(해상도 및 포맷형식)을 계획한다.

2) 규격 : A4(210×297mm) 중앙에 디자인 원고와 같은 작품(원고 규격)을 배치한다.

3) 해상도 및 포맷형식 : 제한용량 범위 내에서 선택한다.

4) 기타

① 제공된 자료 범위 내에서 사용한다.

② 3개의 2D 응용프로그램을 선택하여 사용하되, 최종 작업 및 출력은 편집프로그램(퀵익스프레스, 인디자인)을 활용한다. (최종 작업 파일이 다른 프로그램에서 생성되어진 경우에는 출력할 수 없음)

– 작품 규격(재단되었을 때의 규격) : 가로 160mm×세로 240mm, 작품 외곽선은 생략하고, 재단선은 3mm 재단 여유를 두고 용도에 맞게 표시할 것.
– 지정되지 않은 색상 및 모든 작업은 "최종결과물" 오른쪽 디자인 원고를 참고하여 작업하시오.

K100

W

W

W

C65 M10 Y90

C90 M45 Y100 K30

C50 M70 Y90 K15

W100

C5 M95 Y90

C60 M10 Y100

C30 M70

C75 M15 Y100

C80 M15 Y100   C85 M55 Y10

음식물 쓰레기를
C70 M95 Y10 → ## 줄이면
돈이 모입니다

C30 M100 Y90   K100

먹을 만큼만!   남김없이 깨끗하게!

음식물 쓰레기를 20% 줄이면   ← K100
사회적, 경제적 이익이 모여
5조원에 달하는 자원이 절약됩니다.

먹을 만큼만 덜어먹고 남기지 않는 습관과
올바른 음식물 쓰레기 분비 배출 방법으로
낭비되는 자원과 환경을 보호할 수 있습니다.

먹을때는 싹싹!   먹고 나서 쑥쑥!

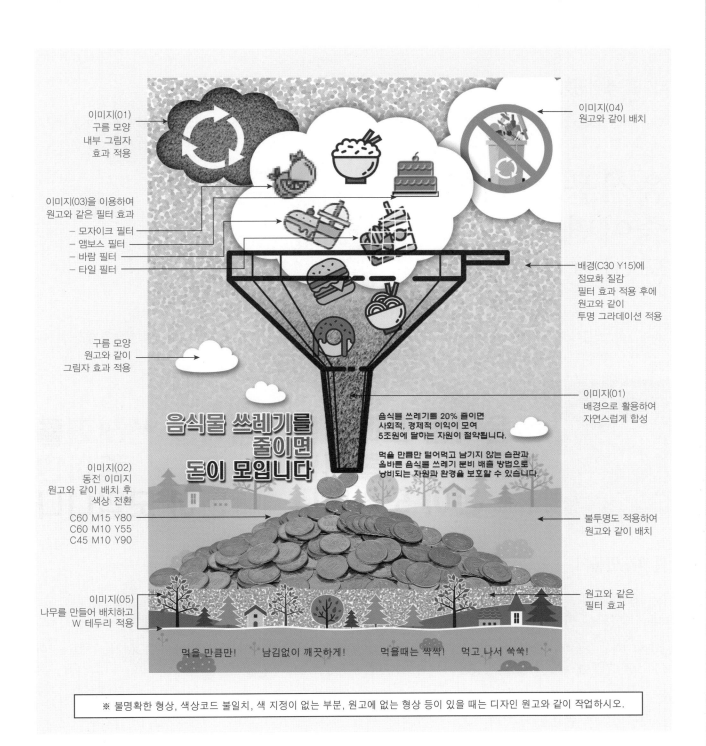

이미지(01)
구름 모양
내부 그림자
효과 적용

이미지(03)을 이용하여
원고와 같은 필터 효과
– 모자이크 필터
– 앰보스 필터
– 바람 필터
– 타일 필터

구름 모양
원고와 같이
그림자 효과 적용

이미지(02)
동전 이미지
원고와 같이 배치 후
색상 전환
C60 M15 Y80
C60 M10 Y55
C45 M10 Y90

이미지(05)
나무를 만들어 배치하고
W 테두리 적용

이미지(04)
원고와 같이 배치

배경(C30 Y15)에
점묘화 질감
필터 효과 적용 후에
원고와 같이
투명 그라데이션 적용

이미지(01)
배경으로 활용하여
자연스럽게 합성

불투명도 적용하여
원고와 같이 배치

원고와 같은
필터 효과

**음식물 쓰레기를
줄이면
돈이 모입니다**

음식물 쓰레기를 20% 줄이면
사회적, 경제적 이익이 모여
5조원에 달하는 자원이 절약됩니다.

먹을 만큼만 덜어먹고 남기지 않는 습관과
올바른 음식물 쓰레기 분비 배출 방법으로
낭비되는 자원과 환경을 보호할 수 있습니다.

먹을 만큼만!   남김없이 깨끗하게!   먹을때는 싹싹!   먹고 나서 쑥쑥!

※ 불명확한 형상, 색상코드 불일치, 색 지정이 없는 부분, 원고에 없는 형상 등이 있을 때는 디자인 원고와 같이 작업하시오.

일러스트레이터 작업

※ 그리드 그리기는 166쪽~170쪽을 참고하세요.

1 타이틀 레터링하기

❶ Type Tool (T.)을 선택하여 "음식물 쓰레기를 줄이면 돈이 모입니다"를 입력하고 Chatacter 패널에서 아래 그림과 같은 유사한 글꼴을 설정한 후 폰트 크기를 〈Size : 23pt, Tracking : −10pt〉로 설정합니다. 〈문자 색상 : K100〉

❷ Paragraph 패널에서 문단 정렬을 〈Right Align Text〉로 선택하여 오른쪽 정렬 후 아래 그림처럼 색상을 설정합니다. 〈음식물 : C80M15Y100, 쓰레기 : C85M55Y10, 줄이면 : C70M95Y10, 돈 : C30M100Y90)

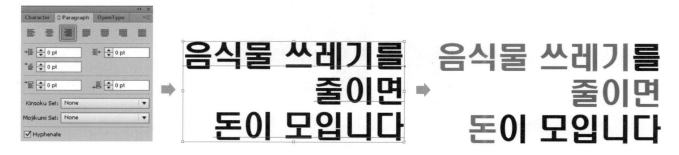

2 깔대기 만들기

❶ Pen Tool (✎.)로 깔대기 반쪽 형태를 그린 후 Stroke 패널에서 선의 두께를 조정합니다. 〈Weight : 6pt, Cap : Round Cap〉

Reflect Tool (⚙)을 선택하여 세로축을 기준으로 Alt 를 누르고 클릭한 후 대화상자가 나타나면 〈Vertical〉을 체크하고 [Copy] 버튼을 눌러 복사합니다. 〈면 : 흰색, 테두리 : K100 〉

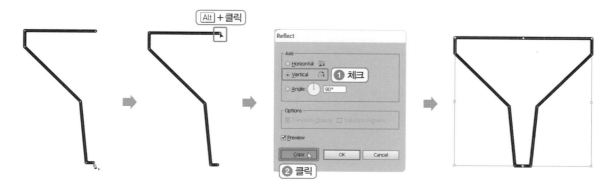

❷ Selection Tool(▶)로 깔대기를 선택한 다음 Scale Tool(⬚)을 더블클릭하여 〈Non-uniform Horizental : 80%, Vertical : 100%〉를 설정하고, [Copy] 버튼을 눌러 복사한 후 선의 두께를 조정합니다. 〈Weight : 2pt〉

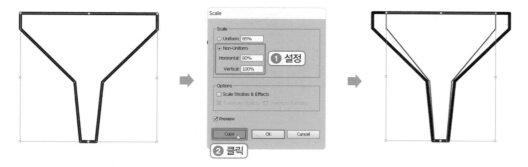

❸ ❷와 같은 방법으로 다시 Scale Tool(⬚)을 더블클릭하여 〈Non-uniform Horizental : 70%, Vertical : 100%〉를 설정하고, [Copy] 버튼을 눌러 복사한 후 아래 그림처럼 오른쪽 패스를 삭제합니다.

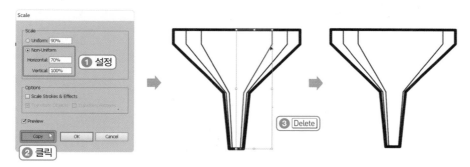

❹ Line Tool(╱)을 선택한 후 Stroke 패널에서 선의 두께를 설정한 뒤 아래 그림처럼 깔대기 내부와 손잡이를 그립니다. 〈Weight : 6pt, Cap : Round Cap〉

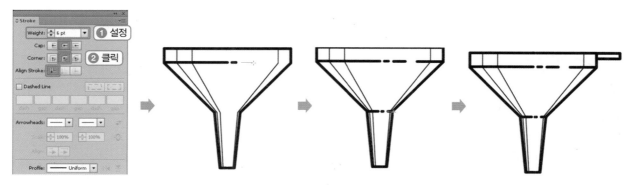

⓷ 재활용 마크·금지 마크 만들기

❶ Ellipse Tool(◯)을 선택하여 두 개의 원형을 아래 그림과 같이 배치합니다. Polygon Tool(⬡)을 선택하고 빈 바탕을 클릭하여 Polygon 대화상자가 나타나면 〈Sides : 3〉으로 설정하여 삼각형을 생성하고, Line Tool(╱)을 선택하여 사선을 그려 넣은 후 아래 그림과 같이 배치합니다.

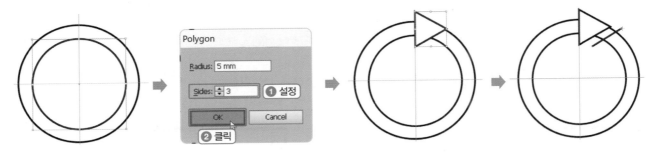

❷ Selection Tool(▶)로 삼각형과 사선을 선택한 후 Rotate Tool(↻)을 선택하여 중심에 맞춰 Alt 를 누르고 클릭합니다. 대화상자가 나타나면 〈Angle : 120°〉를 설정하고 [Copy] 버튼을 눌러 복사한 후 Ctrl + D 를 한 번 눌러줍니다.

❸ 모든 도형을 선택하고 Pathfinder 패널에서 〈Pathfinders : Devide〉 버튼을 클릭하여 분할한 후, 마우스 오른쪽 버튼을 클릭하여 [Ungroup] 메뉴를 선택하여 불필요한 개체들을 삭제합니다.

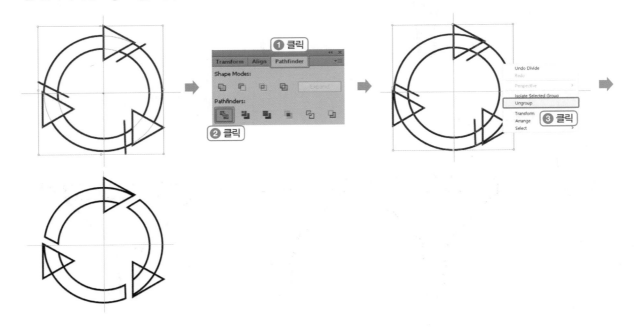

❹ 모든 도형을 선택하고 Pathfinder 패널에서 〈Shape Mode : Unite〉 버튼을 클릭하여 오브젝트를 합치고 색상을 적용합니다. 〈면색 : 흰색, 테두리 : None〉

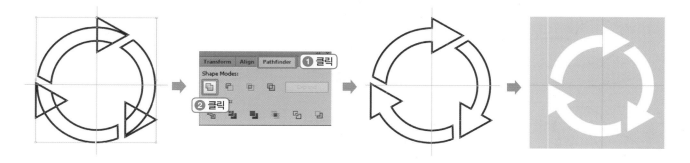

❺ Ellipse Tool(⬭)을 선택하여 정원을 그리고, Line Tool(✏)을 선택하여 사선을 그려 넣은 후 아래 그림처럼 테두리의 두께 〈Weight : 10pt〉와 색상 〈면 : None, 테두리 : C5M95Y90〉을 적용합니다.

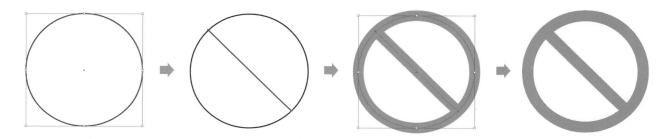

④ 구름 만들기

❶ Ellipse Tool(⬭)을 선택하여 도형들을 아래 그림과 배치하고, 전체 선택한 후 Pathfinder 패널에서 〈Shape Mode : Unite〉 버튼을 클릭하여 오브젝트를 합쳐 구름 모양을 만듭니다.

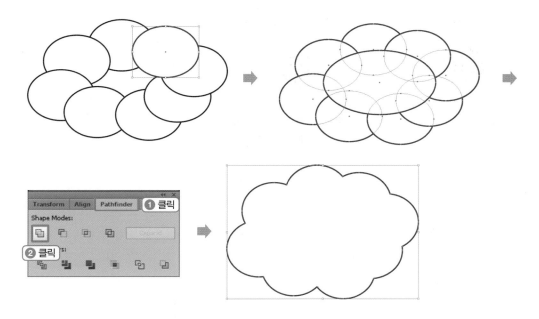

❷ ❶과 같은 방법으로 아래와 같은 형태의 구름 모양을 만든 후 구름 색상을 적용합니다. 〈면 : 흰색, 테두리 : none〉

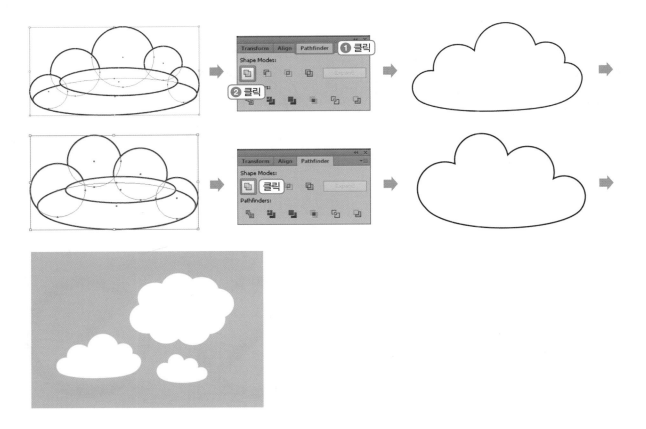

⑤ 나무 만들기

❶ Line Tool (✎)을 선택한 후 Stroke 패널에서 선의 두께를 설정한 뒤 나뭇가지를 그려주고, Ellipse Tool (⬭)을 선
   택한 후 Alt 와 Shift 를 누른 상태에서 정원을 그린 후 아래 그림처럼 원형을 복사하여 배치하고 색상 〈C60M10Y100〉을
   적용합니다.

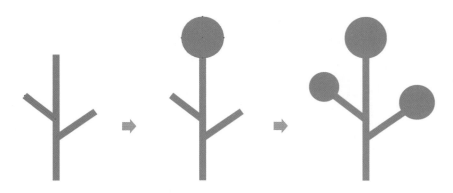

TIP 도형을 확대하거나 축소할 때 테두리의 두께 변형이 되지 않게 하기 위한 방법

[Menu]–[Edit]–[Preference] 메뉴 또는 단축키 Ctrl + K 를 눌러 환경설정 대화상자가 열리면 [General] 옵션에서 Scale Strokes & Effects 항목의 체크를 해제합니다.

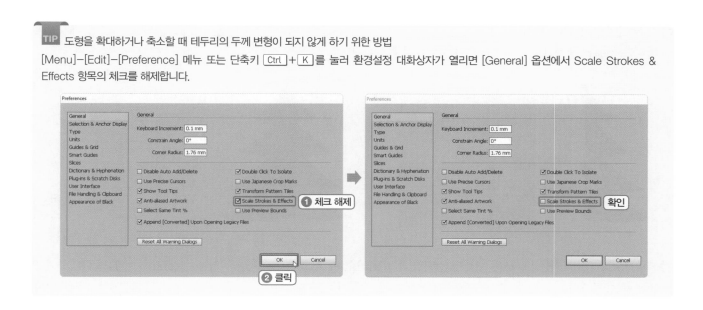

❷ Ellipse Tool(◯)과 Rectangle Tool(▣)을 선택하여 도형들을 아래 그림과 같이 배치하고 전체 선택합니다. Pathfinder 패널에서 〈Shape Mode : Unite〉 버튼을 클릭하여 오브젝트를 합쳐 나무 모양을 만든 후 색상 〈면 : C75M15Y100, C30M70, 테두리 : None〉을 적용합니다.

❸ Pen Tool(✐)로 나무 모양 일부를 그린 후 Selection Tool(▶)로 선택한 다음 Alt 와 Shift 를 누른 상태에서 수직으로 복사하고 아래 그림과 같이 배치하여 색상을 적용합니다. 〈면 : C65M10Y90, 테두리 : None〉

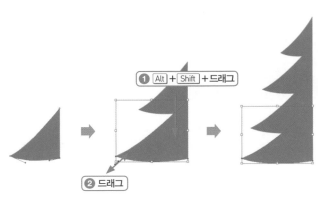

❹ 모든 개체를 선택한 후 Reflect Tool ( )을 선택하여 세로축을 기준으로 [Alt]를 누르고 클릭하여 대화상자가 나타나면 〈Vertical〉을 체크한 후 [Copy] 버튼을 눌러 복사합니다.

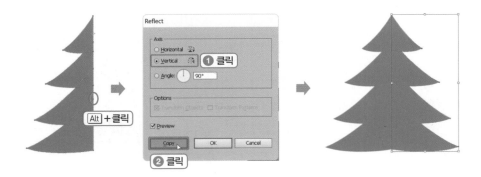

❺ Selection Tool ( )로 모든 개체를 선택한 후 Pathfinder 패널에서 〈Shape Mode : Unite〉 버튼을 클릭하여 오브젝트를 합치고, Rectangle Tool ( )을 선택하여 나무 기둥을 삽입한 뒤 아래 그림처럼 복사하여 색상을 적용합니다.
〈면 : C65M10Y90, C90M45Y100K30, C50M70Y90K15 테두리 : None〉

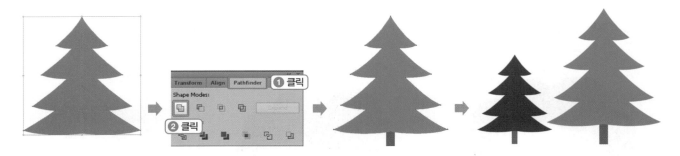

❻ '05.ai' 파일을 열고 완성된 나무 모양을 [Ctrl]+[C]로 복사하고 작업 창으로 이동하여 [Ctrl]+[V]로 붙여넣기 한 후 아래 그림처럼 크기를 조정하여 배치합니다.

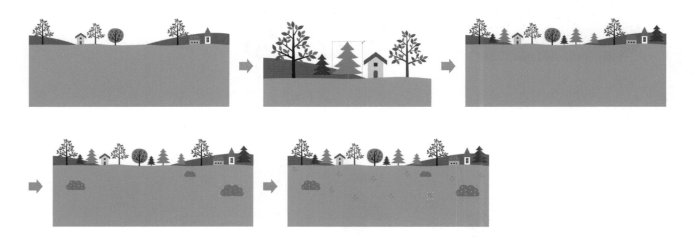

❶ [File]-[New] 메뉴를 선택하여 아래와 같이 〈Width : 166mm, Height : 246mm, Resolution 100Pixel/inch, Color Mode : RGB〉를 입력하여 도큐먼트를 생성합니다.

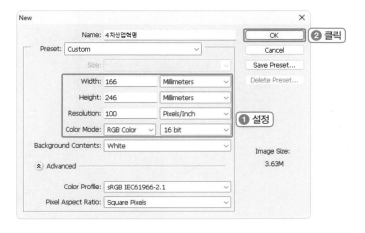

❷ 일러스트레이터 창으로 이동 후 그리드를 선택하고 Ctrl+C로 복사한 후 포토샵 작업 창으로 이동하고, Ctrl+V로 붙여넣기 한 후 레이어의 이름을 '그리드선'으로 바꿉니다.

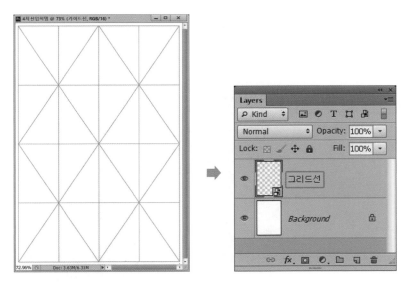

TIP 일러스트레이터 Layer 패널에서 '그리드' 레이어의 잠금 체크를 풀고 그리드를 선택하여 복사합니다.

포토샵 Layer 패널에서 가져온 그리드는 '그리드선'으로 이름을 바꿔주고 항상 상위에 그리드선을 배치하여 작업을 시작합니다.

❸ Layer 패널에서 New Layer(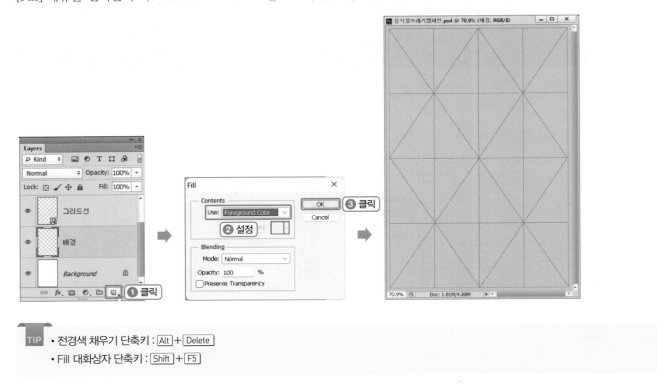) 버튼을 클릭하여 새 레이어를 생성한 다음 전경색 〈C30Y15〉를 지정합니다. [Edit]-
[Fill] 메뉴를 선택한 후 〈Contents Use : Foreground〉를 적용하여 색상을 채워줍니다.

TIP • 전경색 채우기 단축키 : Alt + Delete
 • Fill 대화상자 단축키 : Shift + F5

❹ '배경' 레이어를 선택하고 [Filter]-[Pixalate]-[Pointillize] 메뉴에서 〈Cell Size : 10〉를 설정하여 점묘화 필터를 적용
합니다.

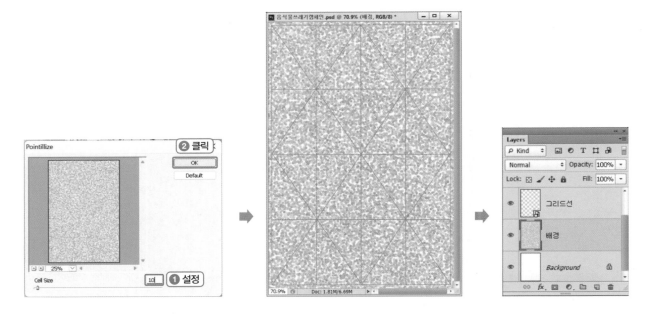

❺ Layer 패널에서 Adjustment Layer(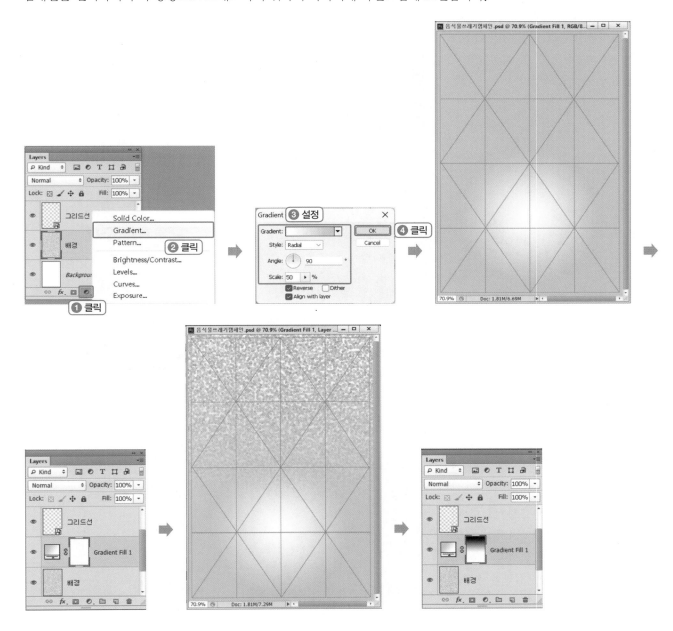) 버튼을 클릭하여 [Gradient]를 선택한 다음 대화상자가 나타나면 〈Style : Radial, Angle : 90, Scale : 50%〉를 지정하고 그라디언트 색상을 설정합니다. 〈그라디언트 중심 : 흰색, 바깥쪽 : C30Y15〉

전경색(검정)-배경색(흰색)을 확인한 후 Gradient Tool(▦)을 선택하여 선형 그라디언트를 지정하고, Layer Mask 섬네일을 선택하여 수직 방향으로 드래그하여 위쪽이 사라지게 자연스럽게 표현합니다.

❻ '05.ai' 파일을 열어 '나무와 언덕' 일러스트를 Ctrl + C 로 복사하고 작업 창으로 이동하여 Ctrl + V 로 붙여넣기 한 후, 아래 그림처럼 크기를 조정하고 Ctrl + T 를 눌러 [Filp Horizental]을 선택하여 좌우반전을 적용합니다. Layer 패널 상단 옵션에서 〈Opacity : 30%〉를 설정하여 반투명한 이미지로 표현합니다.

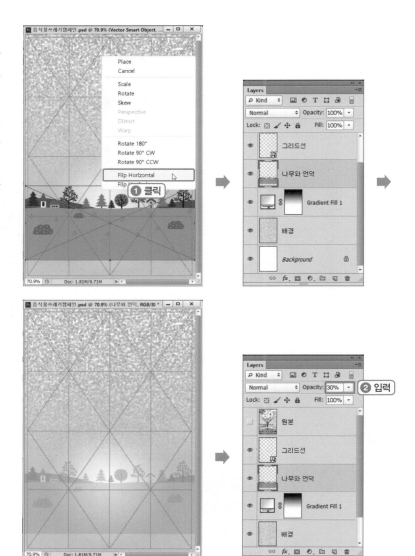

❼ '05.ai' 파일을 열어 '언덕' 일러스트 개체만 Ctrl + C 로 복사하고 작업 창으로 이동하여 Ctrl + V 로 붙여넣기 한 후, [Filter]-[Pixalate]-[Pointillize] 메뉴를 선택하고 〈Cell Size : 5〉를 설정하여 점묘화 필터를 적용합니다.

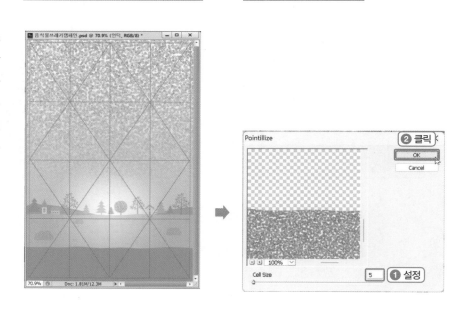

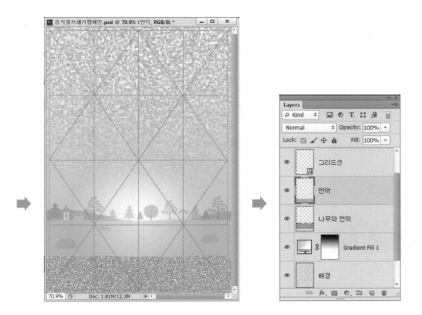

❽ '05.ai' 파일을 열어 '나무 일러스트'를 Ctrl+C 로 복사하고 작업 창으로 이동하여 Ctrl+V 로 붙여넣기 한 후 아래 그림처럼 크기를 조정하여 배치합니다. Layer 패널에서 Layer Style (fx)의 Stroke를 선택한 후 〈Size : 1, Color : 흰색〉을 설정하여 흰색 테두리를 적용합니다.

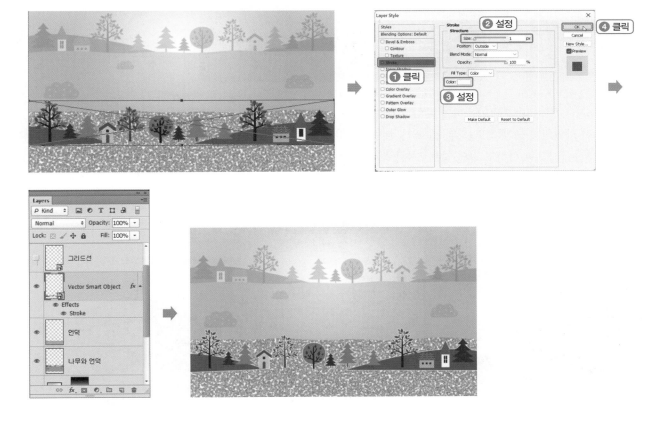

❾ '05.ai' 파일을 열어 언덕 일러스트를 Ctrl+C로 복사하고 작업 창으로 이동하여 Ctrl+V로 붙여넣기 한 후 아래 그림 처럼 크기를 조정하여 배치합니다. Layer 패널에서 Layer Style (fx)의 Stroke를 선택한 후 〈Size : 3, Color : 흰색〉 을 설정하여 흰색 테두리를 적용합니다.

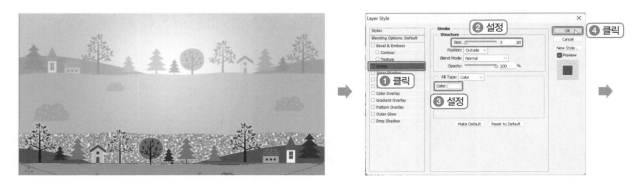

❿ [File]-[Open] 메뉴에서 '02.jpg' 파일을 열고 Magic Wand Tool ( )을 선택한 후 흰색 배경을 클릭하여 배경을 선택한 뒤 동전 사이의 흰색 배경도 Shift를 눌러 추가 선택합니다. [Select]-[Inverse] 메뉴를 적용하여 선택 반전된 동전 이미지를 Ctrl+C로 복사하고 작업 창으로 이동하여 Ctrl+V로 붙여넣기 한 후 Ctrl+T로 크기를 맞추어 줍니다.

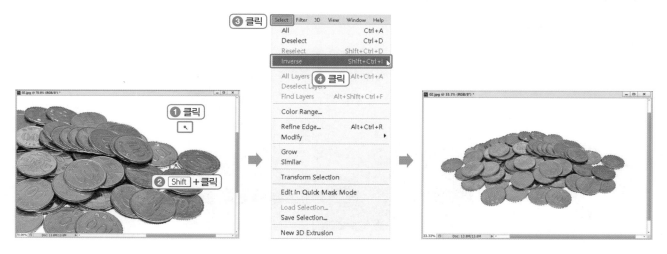

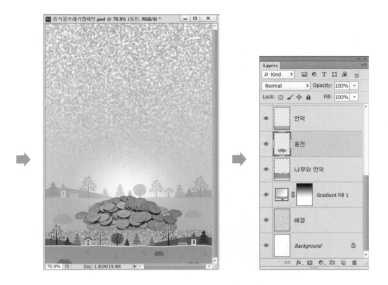

⓫ Layer 패널에서 Adjustment Layer (◐) 버튼을 클릭하여 [Solid Color]를 선택한 다음 대화상자가 나타나면 〈C60M15Y80〉 색상을 설정합니다. 'Color Fill 1' 레이어와 동전 레이어 경계선 위에 마우스를 올리고 Alt 키를 누른 상태에서 클릭하여 [Clipping Mask]를 적용하고 Layer 패널에서 〈Blend Mode : Color〉를 선택하여 색상을 혼합합니다.

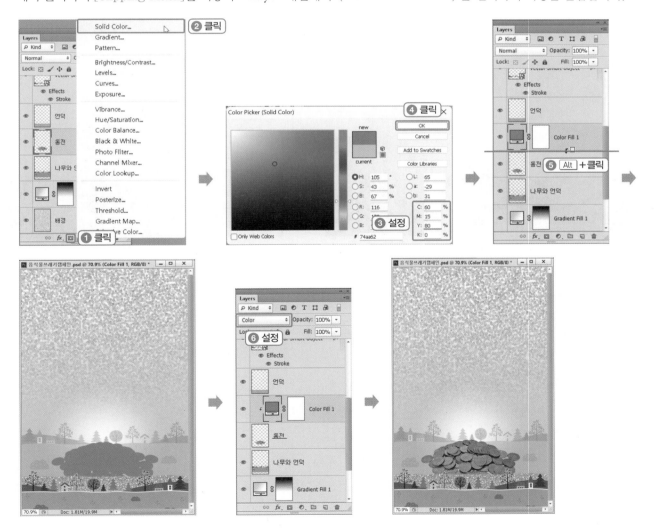

⑫ '동전' 레이어와 'Color Fill 1' 레이어를 같이 선택한 후 `Alt`를 누른 상태에서 아래 방향으로 드래그하여 복사합니다. 복사된 'Color Fill 1 Copy' 레이어 섬네일을 더블클릭하여 색상 〈C60M10Y55〉을 변경하고 아래 그림처럼 오른쪽으로 배치합니다.

위와 같은 방법으로 색상 〈C45M10Y90〉이 적용된 '동전' 레이어는 왼쪽에 배치합니다.

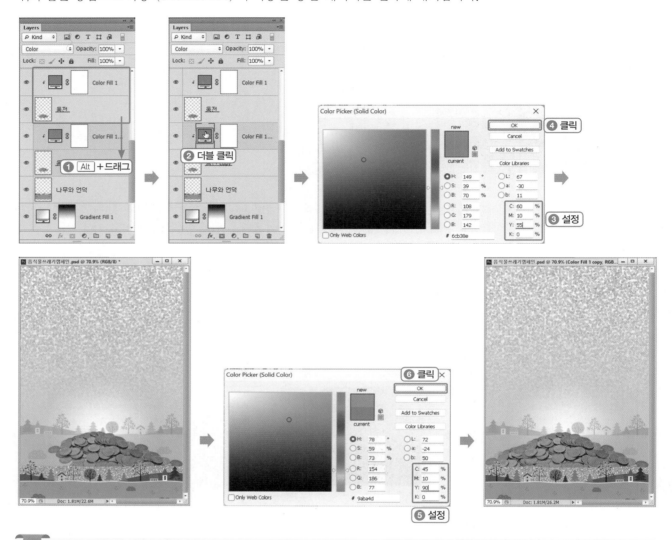

TIP Layer 패널에서 레이어 복사하는 방법

• 레이어 또는 레이어의 선택 영역 복사하기 단축키 : `Ctrl` + `J`
• 선택된 레이어를 `Alt`를 누른 상태에서 위 또는 아래로 드래그하여 삽입

⑬ [File]-[Open] 메뉴에서 '02.jpg' 파일을 열고 Elliptical Marquee Tool (⬭)을 선택하여 아래 그림처럼 동전을 선택한 후 Ctrl+C로 복사하고, 작업 창으로 이동하여 Ctrl+V로 붙여넣기 합니다. Ctrl+J를 눌러 레이어를 하나 더 복사한 후 각각 Ctrl+T로 크기를 조절하여 아래 그림과 같이 배치합니다.

⑭ 일러스트레이터에서 '구름'을 선택하고 Ctrl+C로 복사한 후 포토샵 작업 창으로 이동하여 Ctrl+V를 하여 붙여넣기 합니다. [File]-[Open] 메뉴에서 '06.jpg' 파일을 열고 Ctrl+A로 전체 선택한 후 Ctrl+C로 복사하고, 작업 창으로 이동하여 Ctrl+V로 붙여넣기 합니다. Ctrl+T로 크기를 맞추고 레이어 마우스 오른쪽 버튼을 클릭하여 [Create Clipping Mask] 메뉴를 적용합니다.

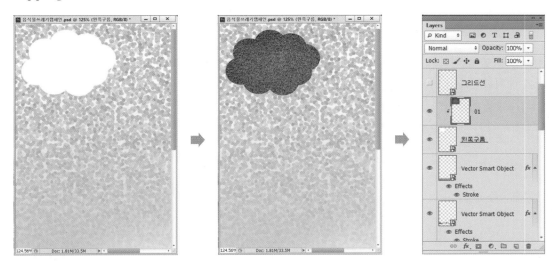

⑮ Layer 패널에서 Layer Style(fx)의 Inner Shadow를 선택하고 〈Opacity : 75, Angle : 120, Distance : 0, Choke : 15, Size : 20〉을 설정하여 그림자 효과를 적용합니다. 일러스트레이터에서 '재활용 마크'을 선택하고 Ctrl+C 로 복사한 후 포토샵 작업 창으로 이동하여 Ctrl+V 로 붙여넣기 한 후 아래 그림과 같이 배치합니다.

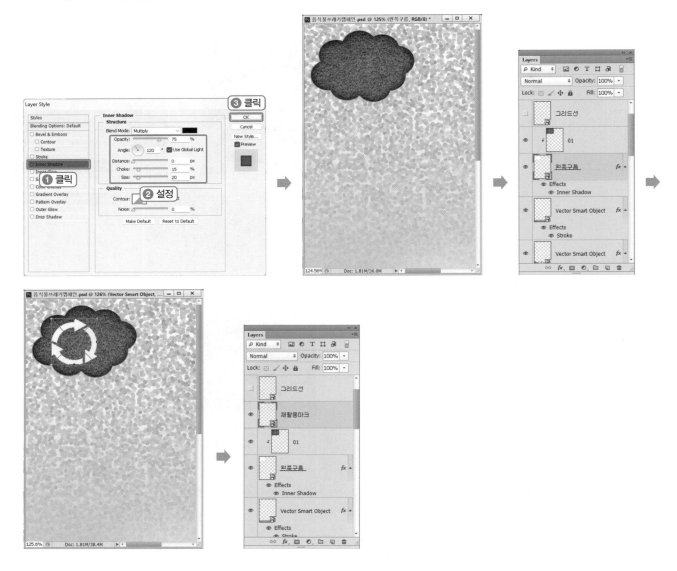

⑯ 일러스트레이터에서 '구름'을 선택하고 Ctrl+C 로 복사한 후 포토샵 작업 창으로 이동하여 Ctrl+V 로 붙여넣기 한 후 아래 그림과 같이 배치합니다. Layer 패널에서 Layer Style(fx)의 Drop Shadow를 선택하고 〈Opacity : 50, Distance : 5, Size : 10〉을 설정하여 그림자를 적용하고, '04.jpg' 파일과 일러스트레이터에서 '재활용 마크'와 '금지 마크'를 가져와 아래 그림과 같이 배치합니다.

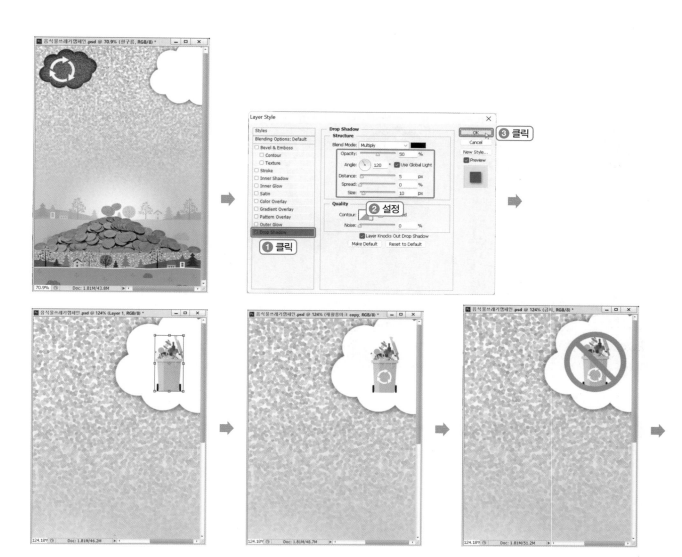

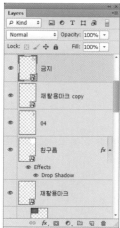

⑰ ⑯에서 효과를 적용한 '구름' 레이어는 Ctrl+J를 눌러 복사하여 아래 그림처럼 배치하고, 일러스트레이터에서 다른 '구름'을 Ctrl+C로 복사한 후 포토샵 작업 창으로 이동하여 Ctrl+V로 붙여넣기 한 후 크기를 조정합니다. Alt를 누른 상태에서 Layer Style(fx)를 위쪽 레이어로 드래그하여 그림자 효과만 복사한 후 아래 그림과 같이 배치합니다.

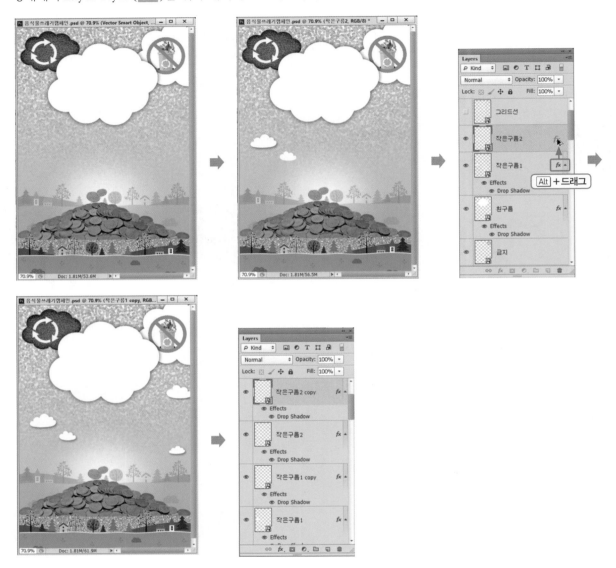

TIP 레이어에 적용된 Layer Style(fx)은 Alt를 누른 상태에서 효과가 적용되지 않은 레이어로 드래그하면 효과만 복사하여 적용할 수 있습니다.

⑱ 일러스트레이터에서 '깔대기'를 선택하고 Ctrl + C 로 복사한 후 포토샵 작업 창으로 이동하여 Ctrl + V 로 붙여넣기 한 후, Ctrl + T 로 크기를 맞추고 Layer 패널에서 〈Blend Mode : Multiply〉를 적용합니다.

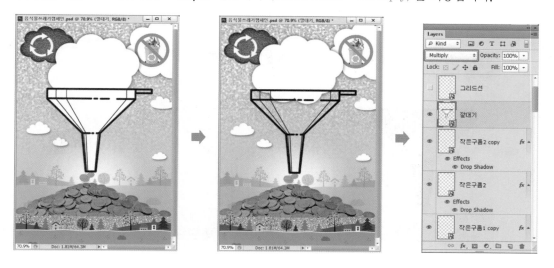

⑲ [File]−[Open] 메뉴에서 '01.jpg' 파일을 열고 Ctrl + C 로 복사한 후 작업 창으로 이동하여 Ctrl + V 로 붙여넣기 하고 '깔대기' 레이어 아래로 배치합니다. '깔대기' 레이어를 선택한 후 마우스 오른쪽 버튼을 눌러 [Select Pixels] 메뉴를 적용한 다음 '01' 레이어를 선택하고 Layer 패널에서 Layer Mask (▣) 버튼을 클릭하여 마스크를 생성합니다.

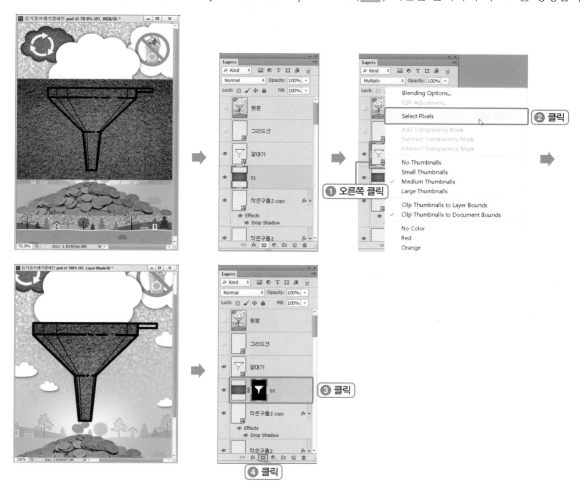

⓴ '01' 레이어의 Layer Mask (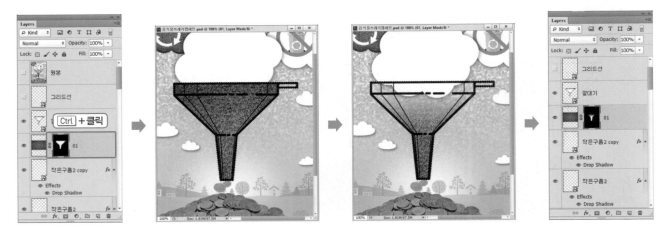) 섬네일을 Ctrl 을 누른 상태에서 클릭하여 깔대기 모양 영역을 선택합니다. 전경색(검정)–배경색(흰색)을 확인한 후 Gradient Tool (▣)을 선택하여 위에서 아래 방향으로 드래그하면 위쪽이 사라지게 자연스럽게 표현합니다.

> **TIP** 레이어 섬네일과 마스크 섬네일을 Ctrl 을 누른 상태에서 클릭하면 선택 영역이 자동으로 생성됩니다.
> • 레이어 섬네일 : 픽셀이 있는 이미지 영역 선택
> • 마스크 섬네일 : 마스크가 적용되어 보여지는 영역 선택

㉑ [File]–[Open] 메뉴에서 '03.jpg' 파일을 열고 Layer 패널에서 'Background' 자물쇠 아이콘을 더블클릭하여 레이어로 전환한 뒤, Magic Wand Tool (✲)을 선택하여 흰색 배경을 클릭한 후 Delete 를 눌러 흰색 배경을 삭제합니다.

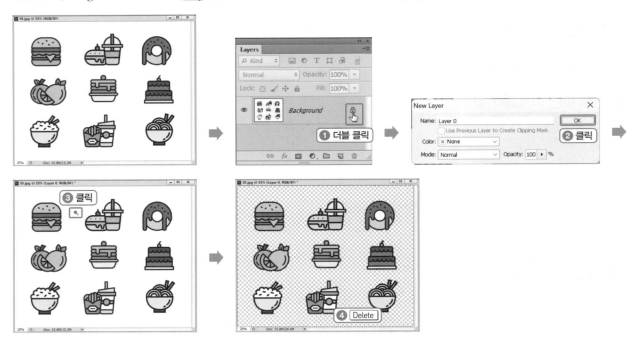

> **TIP** Background를 레이어로 전환하면 배경을 투명하게 삭제할 수 있고, 다양한 선택 도구를 활용하여 편리하게 이미지를 선택할 수 있습니다.

㉒ '03.jpg' 파일에 있는 아이콘들을 Lasso Tool ( ) 도구로 선택하여 Ctrl+C로 각각 복사하고, 작업 창으로 이동하여 Ctrl+V로 붙여넣기 한 후 Ctrl+T로 크기를 맞추어 아래 그림과 같이 배치합니다. '03_과일' 레이어, '03_케익' 레이어, '03_음료' 레이어들은 디자인 원고 지시에 맞게 필터를 적용합니다.

- 03_'과일' 레이어 : [Filter]-[Pixelate]-[Mozaic] 메뉴에서 〈Cell Size : 3〉
- 03_'케익' 레이어 : [Filter]-[Stylize]-[Emboss] 메뉴에서 〈Angle : 133, Height : 2, Amount : 100%〉
- 03_'음료' 레이어 : [Filter]-[Stylize]-[Wind] 메뉴에서 〈Method : Wind, Direction : Form the Left〉

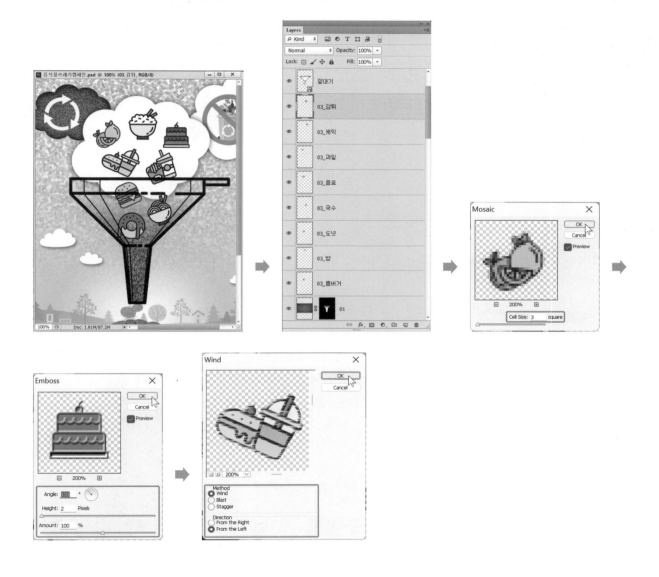

㉓ Layer 패널에서 '03_감자튀김' 레이어를 선택하고 Lasso Tool ( ) 도구로 아래와 같이 선택한 다음 [Filter]−
[Stylize]−[Tiles] 메뉴에서 〈Number Of Tiles : 6, Maximum Offset : 10%〉를 설정하여 필터를 적용합니다.

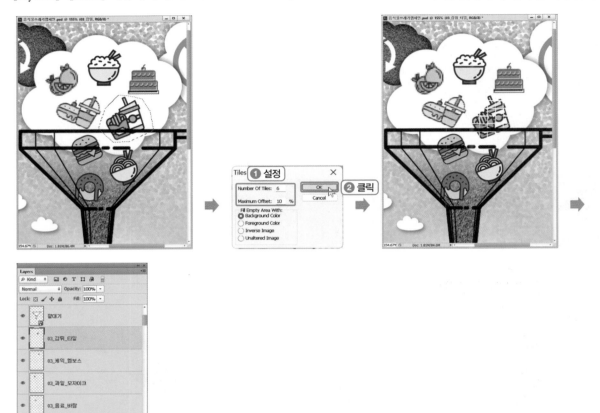

㉔ 일러스트레이터에서 '타이틀'을 선택하고 Ctrl + C 로 복사한 후 포토샵 작업 창으로 이동하여 Ctrl + V 로 붙여넣기 한
후, Layer 패널에서 Layer Style (fx)을 선택하여 Stroke와 Drop Shadow 효과를 적용합니다.

Stroke : 〈Size : 2, Color : 흰색〉, Drop Shadow : 〈Distance : 4, Spread : 50, Size : 4〉

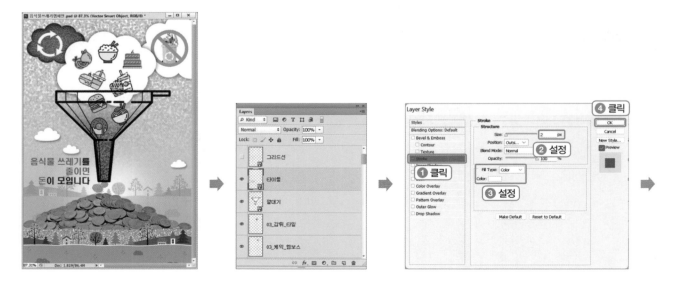

㉕ 포토샵 작업이 끝나면 '가이드선' 레이어의 눈을 끄고 화면에 가이드선이 없는 것을 확인한 후 [File]–[Save as] 메뉴를 선택하여 '음식물 쓰레기 캠페인.psd' 파일 형식으로 저장합니다.

㉖ 포토샵 저장이 끝나면 편집프로그램(인디자인)으로 가지고 갈 파일을 저장하기 위해 다시 [File]–[Save as] 메뉴의 Format에서 'JPEG'를 선택하고 〈Quality : 12〉로 입력 후 '등번호.jpg' 파일 형식으로 저장합니다.

TIP Background를 레이어로 전환하면 배경을 투명하게 삭제할 수 있고, 다양한 선택 도구를 활용하여 편리하게 이미지를 선택할 수 있습니다.

❶ [파일]–[새로 만들기]–[문서] 메뉴를 선택하여 도큐먼트 설정 대화상자를 엽니다. 대화상자에서 〈페이지 크기 : A4〉, 여백은 〈위쪽 : 25.5mm, 아래쪽 25.5mm, 안쪽 : 22mm, 바깥쪽 : 22mm〉를 설정하여 도화지를 생성합니다.

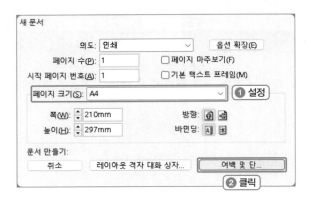

TIP 도화지 여백은 210mm–166mm=44mm이므로 안쪽, 바깥쪽에 22mm를 입력합니다.
297mm–246mm=51mm이므로 위쪽, 아래쪽에 25.5mm를 입력합니다.

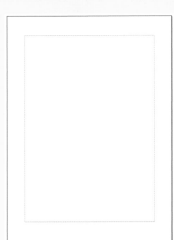

❷ 원점을 여백선 왼쪽 상단에 드래그하여 위치를 맞춘 후 눈금자에서 마우스를 드래그하여 사방 안쪽 3mm로 이동시켜 가이드선을 표시합니다.

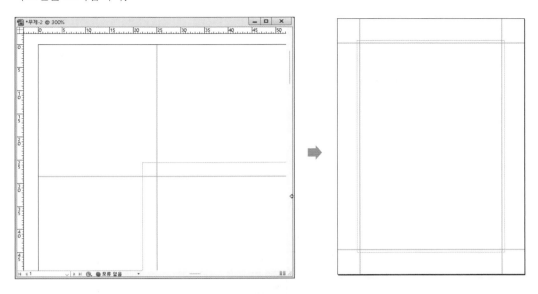

❸ 라인 툴(╱)을 선택하여 선의 두께는 0.5pt~1pt로 지정하고, 길이 5~10mm의 가는 선을 가이드선 위에서 드래그하여 그립니다. 컨트롤 패널에서 참조점 아래 그림처럼 선택하고 X축과 Y축을 3mm씩 가감하며 완성 이미지와 거리를 3mm 띄웁니다.

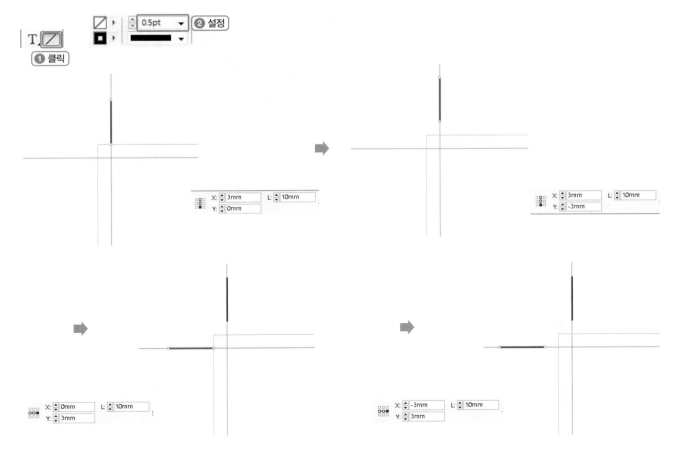

❹ ❸과 같은 방법으로 라인 툴을 활용하여 사방에 재단선을 표시합니다.

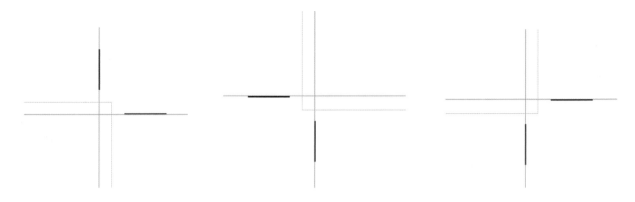

❺ [파일]-[가져오기] 메뉴로 포토샵에서 저장한 '01.jpg' 파일을 선택한 후 작업 규격의 좌측 상단에 마우스 포인터를 클릭하여 이미지를 불러옵니다.

TIP [파일]-[가져오기] : Ctrl + D
프로그램 설치 언어에 따라 이미지 가져오기가 Place로 표시됩니다.

❻ 불러온 이미지를 화면에서 선명하게 보기 위해 마우스 오른쪽 버튼 눌러 [화면표시 성능]−[고품질 표시] 메뉴를 선택하고 마우스 오른쪽 버튼을 눌러 [잠금] 메뉴 선택합니다.

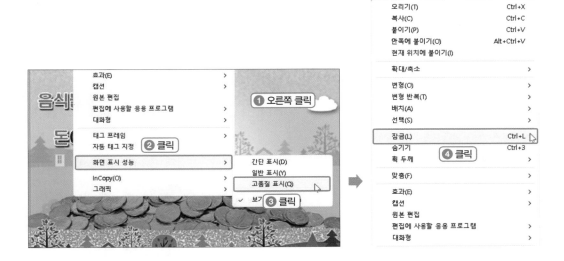

TIP • [잠금] 단축키 : Ctrl + L
• [잠금 해제] 단축키 : Ctrl + Alt + L

❼ 문자 툴(T.)을 선택하고 문자를 입력할 영역을 드래그하여 글상자를 생성한 후 문자를 입력하고, 문자 패널에서 〈서체 : HY울릉도M, 크기 : 9pt, 자간 : −20〉을 설정한 후 색상은 검은색으로 지정합니다.

❽ 문자 툴(T.)을 선택하고 문자를 입력할 영역을 드래그하여 글상자를 생성한 후 문자를 입력하고, 문자 패널에서 〈서체 : HY중고딕, 크기 : 12pt, 장평 : 95%, 자간 : −10〉을 설정한 후 색상은 검은색으로 지정합니다.

❾ 좌측 하단에 등번호(비번호)를 〈서체 : 돋움, 크기 : 10pt〉로 입력합니다.

❿ [파일]-[다른 이름으로 저장] 메뉴를 선택하고 파일 이름은 '등번호.indd'로 저장합니다.

⑪ 저장된 파일은 indd(인디자인 파일)와 jpg(포토샵 파일)를 네트워크로 저장하여 프린터가 연결된 자리로 이동하여 출력합니다.

⑫ 출력된 프린트 결과물은 시험장에서 제공하는 A3용지 뒷면에 양면테이프를 이용하여 4군데 모서리에 붙여 중앙에 고정시킨 후 디자인 작업지시서와 함께 제출하고 퇴실합니다.

• 함께 보면 좋은 책 •

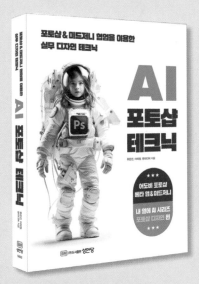

포토샵 & 미드저니 협업을 이용한
실무 디자인 테크닉
AI 포토샵 테크닉

포토샵은 AI 기능인 어도비 센세이 인공지능이 발전하여 마치 챗GPT처럼 프롬프트 입력창을 제공하고 있다. 작성된 문장이나 단어 입력만으로도 디자인 작업에 필요한 이미지를 바로 생성할 수 있으며, 포토샵에서 이미지를 여는 순간부터 빛 방향과 색감, 형태를 인식하여 합성 가능한 이미지를 다양한 형태로 제시한다.

AI 기능으로 인해 디자인 작업 과정에서 전통적인 방식의 변화도 필요하다. 디자이너의 손그림 실력에 의존했던 일러스트 작업은 AI 이미지 생성 도구인 미드저니와 협업하여 작업의 효율성을 높이고, 뛰어난 디자인 결과물을 생성할 수 있다. 창의적인 디자인 콘셉트와 더불어 AI 협업으로 높은 퀄리티의 결과물을 생성해야 하는 디자이너의 역할은 더 중요해졌다. 이 책에서 새로운 디자인 작업 방식인 포토샵 & AI 협업 방법을 학습해 보자.

유은진, 이미정, 앤미디어 지음
180 × 235 / 384쪽 / 24,300원

혼자서도 쉽게 배우는
포토샵 & 일러스트레이터 기초 테크닉
나 혼자 한다
포토샵 & 일러스트레이터

포토샵 및 일러스트레이터를 처음 접하는 초보자를 위해 프로그램 설치와 파일 저장 등의 기본적인 기능부터 이미지를 다루는 주요 기능을 함께 다루며, 디자인 감각을 키우기 위한 다양한 실습으로 구성했다.

디자인 실무와 교육 현장에서 쌓은 노하우를 토대로 주로 사용하는 대표 기능들과 간단한 사용법만 알고 있으면 바로 사용할 수 있는 기능을 선별했고, 기본 기능부터 세부 기능과 응용까지 자연스럽게 익힐 수 있도록 했으며, 작업을 효율적으로 진행하는 데 도움이 되는 단축키나 보조 설명도 함께 첨부했다.

김두한, 황진도, 이상호 지음
188 × 257 / 624쪽 / 28,000원

쇼핑몰 QR코드 ▶다양한 전문서적을 빠르고 신속하게 만나실 수 있습니다.
경기도 파주시 문발로 112번지 파주 출판 문화도시   TEL. 031)950-6300   FAX. 031)955-0510

BM (주)도서출판 성안당

컴퓨터그래픽
기능사 실기

2019. 1. 23. 초 판 1쇄 발행
2020. 1. 6. 개정증보 1판 1쇄 발행
2021. 1. 4. 개정증보 2판 1쇄 발행
2021. 5. 7. 개정증보 3판 1쇄 발행
2022. 7. 15. 개정증보 4판 1쇄 발행
2024. 1. 10. 개정증보 5판 1쇄 발행
2024. 6. 12. 개정증보 6판 1쇄 발행

저자와의
협의하에
검인생략

지은이 | 윤한정, 김지숙
펴낸이 | 이종춘
펴낸곳 | BM ㈜도서출판 성안당

주소 | 04032 서울시 마포구 양화로 127 첨단빌딩 3층(출판기획 R&D 센터)
10881 경기도 파주시 문발로 112 파주 출판 문화도시(제작 및 물류)

전화 | 02) 3142-0036
031) 950-6300
팩스 | 031) 955-0510
등록 | 1973. 2. 1. 제406-2005-000046호
출판사 홈페이지 | www.cyber.co.kr
도서 내용 문의 | sisa4u@naver.com
ISBN | 978-89-315-8669-5 (13000)
정가 | 29,000원

이 책을 만든 사람들
책임 | 최옥현
진행 | 최창동
본문 디자인 | 인투
표지 디자인 | 박원석
홍보 | 김계향, 임진성, 김주승
국제부 | 이선민, 조혜란
마케팅 | 구본철, 차정욱, 오영일, 나진호, 강호묵
마케팅 지원 | 장상범
제작 | 김유석